中国近代人物日记丛书

张廷银 刘应梅 整理

王伯祥日记

第十三册

中华书局

第十三册目录

1955 年

元旦(甲午岁十二月初八日　壬戌)星期六

晴寒。晨七时起。竟日未出。午前看书报。午后文权、达先、业熊、芷芬及潜、清、汉儿并预、硕、鉴、昌诸孙陆续来,韵启亦至,乃周旋达暮,共进晚餐,珏人亦强自持,欢宴如常。夜饭后居然与三女婿打牌,近九时韵启先行,即以托带交漱之物与之,嗣后达等亦归去。业熊止宿我家。十时就寝。是夕珏人虽仍作痛,不久即止,但导溲仍行两次,后即自溲五次也。

1 月 2 日(十二月初九日　癸亥)星期

晴寒。晨七时起。八时滋儿偕业熊往游颐和园。九时湜儿自校归。芝九、剑华来访。十一时许,芝、剑去。有顷,文权来,因共饭,饭次小文、家梅来,遂同饭。饭后湜儿即返校,二时小文、家梅去。四时潜儿来省,越半时偕文权去。五时滋、熊归来,六时许夜饭,宗鲁来,为其母取阿胶等物,谈半时辞去,八时半业熊亦去。颉刚五时见过,谈移时去。珏人起坐如常,入夜大便,九时就寝,小便亦能自泌,惟至翌晨五时、七时仍导溲各一次,痛亦仍发,阅时一小时始止。

1 月 3 日(十二月初十日　甲子)星期一

阴寒竟日,薄暮彤云密布。晨七时起。九时工作,用会注本校

《张释之冯唐列传》并分段标点,下午三时罢。潗儿今日向古籍编辑部报到,午后与润儿同归。知试用期改为三月而工资分暂定一百卅六分,伊情绪遂不大佳,余等亦为之不安,真奈何不得也。写信寄漱儿,告家下近状并告托程韵启带去各物须照指示分别送给。填好十二月工作汇报表,作书寄与积贤托转其芳、冠英。珏人十一时起,饭后遂未睡,坐至五时痛作,强自夜饭,七时半即就卧,仍作痛,未久即止,一时后又导溲三次。余夜十时就寝。

1 月 4 日（十二月十一日　乙丑）星期二

晴寒,刮风。

晨七时起。九时作《张释之冯唐列传》校释,至下午四时半罢,得三十七则。午饭后,潗儿自工作所来省,知正在整理书籍编目录卡,情绪似稍稍定矣。珏人十一时起,午后二时半就卧,又作痛,移时乃定,得入睡二小时,六时起与家人共进晚饭。(是日午、晚俱啖面。)清儿来省,谈至九时去。十时就寝。是夜下半夜为珏导溲两次,天明后又导两次,他虽无甚剧变,此则症结所在,终恐恶化耳,奈何?

1 月 5 日（十二月十二日　丙寅）星期三

晴,风,苦寒。

晨七时起。九时续作校释,至午后四时止,得三十则。潗、汉两儿午来省,潗自所中来,已饭。汉则来饭,饭后往总署听报告也。珏人十时起,午后睡一时馀,未痛,甚快,入夜又痛。汉儿来晚饭,九时去,珏亦睡。十二时后导溲两次,余自起溲五次,痛则十二时前已止矣。病情发展规律无从掌握,故投药每致失时耳。余十时就寝,连日食糯米块及猪油年糕,腹中颇不舒,夜起解三次,俱未畅,甚感胀苦。

1 月 6 日 (十二月十三日　丁卯　小寒) 星期四

晴寒。晨七时起,腹仍胀,便二次,未得舒,其后屡便不畅,因而三餐俱减食,至深夜始稍好。九时后续作校释,至午后四时得二十余则。晓先来访,谈至五时半去。夜饭后又续为之,共成三十则。珏人十一时起,午后濬来,三时后就卧,六时起,夜饭后与滋儿、阿凤接龙为戏,九时半就寝。痛仍作,但不剧,终夜仍导溲三次,自起溲亦三次云。预孙因考试期近温课要紧,家中不静,今晚赶住来我家,夜饭后来。有顷濬儿复至,近九时乃去。余十时就寝。月色莹澈。

1 月 7 日 (十二月十四日　戊辰) 星期五

阴寒偶晴,入夜月色朦胧,有顷仍晶莹照彻也。

晨七时起。九时续作校释,至下午四时半共成二十五则。饭后濬儿来省,四时许雪英来访珏人,六时许业熊来省,预孙亦来。夜饭后八时许业熊、雪英俱去,业熊奉差回张店,下星一即行矣。滋儿发热未到班,亦未起,虽有大便而不畅,疑有食阻,即受寒所致耳,且俟夜来得汗否再定疗法。珏人仍如昨,夜亦作痛,导溲三次,天明后又导一次,终非佳征,真令人无所措手矣。余十时就寝,惟腹胀已痊。

1 月 8 日 (十二月十五日　己巳) 星期六

晴不甚朗,有风,甚寒,夜月好。

晨七时起。九时续作校释，至午后五时半始毕，得四十二则，《张冯列传》全完，共一百六十四则。滋儿寒热已退，下午请张静容来诊，注射盘尼西林液而去，据云感冒带动扁桃腺而已。珏人十二时起，下午未睡，饭后接龙为戏，九时始就卧，幸未大作痛，溲亦仅导一次耳。余十时就寝，睡尚好。潜儿午后来省，一时半去上班，预孙则今晚未住来。

1 月 9 日（十二月十六日　庚午）星期

晴寒有风，夜月澄朗。晨七时起。上午清儿、达先、建昌、汉儿、业熊、雪英、昌预来，因共饭，惟汉儿因须加班，未饭即去。饭后汉、润两儿陪余往东四人民市场估衣廊购得貉绒外套一领，价一百六十九万元，当付定银十万元，约明日上午送到取款，即与两儿出隆福寺，在对面聚芳花厂购得梅花一盆、象牙红一盆、水仙头五枚，价四万三千元，属汉儿先乘三轮送归，余则与润儿步至南小街北口始乘十路公共汽车归。到家时芷芬在，正与珏、雪等打牌。六时半夜饭。饭后谈至九时熊、芷、汉、英等去，预则留。是夜十时就寝，珏人以日间过于兴奋，九时三刻即感痛，且剧甚，直延至二时三刻始稍止，因此导尿五次，终夜无眠，惫甚矣。余以是牵心亦未好睡也。

1 月 10 日（十二月十七日　辛未）星期一

晴，风已止，寒亦稍杀，夜月皎洁。晨七时起。终日为珏人牵心，但以其间得通校《魏其武安侯列传》四过（蜀本、百衲本、汲古本、会注本）。接灯始了。夜饭后唤缝工张姓来家，属将昨购至外套属改制。（此衣午前十一时三刻送到。）索资二十万元，约十六日(星期)可交货云。珏人十一时起,午后小睡,至五时半起,食坐尚好,惟觉脚硬行走不便耳。晚饭后与润、凤接龙为戏,九时半就寝。是夜居然未痛,自起小便四次,竟未导溲,大幸。余九时听广播梅姜《凤还巢》录音,十时许觉倦,遂关机就寝。

1 月 11 日（十二月十八日　壬申）星期二

晴寒如昨,夜月仍好。

晨七时起。上午写信复谢致觉,自出投邮,并汇卅万元聊资度岁,力微,不能振其厄,甚愧之。下午标点《魏其武安侯列传》,并酌为分段,四时半乃毕。潜儿未来,知小同患病,有电话属润儿请假者。晚滋儿自社归,知清儿亦病,因于夜饭后属滋往视潜、清,甫出门而昌预至,知小同热已退矣。越半小时滋遍视归告清及小同俱就痊,为之稍慰。珏人上午十时起,下午亦小睡三时,似大好,乃夜饭后又感膝酸,勉强坐至九时半就寝,小便竟不能自泌,终夜先后导放四次,情绪又受影响矣。余九时三刻就寝。

1 月 12 日（十二月十九日　癸酉）星期三

晴不甚朗,寒亦弗烈。

晨七时起。九时续作校释工作,至下午四时半得《魏其武安侯列传》校释四十则。五时汉儿来省,有顷润、滋、琴、佩皆归,未黑之前都见归来,近日稀有之事也,宜书。珏人上午九时二十起,午后一时五十分就卧,五时一刻起,乃与家人共饭。饭后汉儿入总署听报告,潜儿来省,八时半去。九时半珏就卧。是夕又不能自便,终夜导五次,流血自多,精神遂大萎。余十时就寝,为珏人故,亦难入睡。昌预住来。

1 月 13 日（十月二十日　甲戌）星期四

晴寒时昙。晨六时半即起。七时十分及九时一刻又各为珏人导溲一次，十一时廿分珏人起，起后能自便矣。勤为服药，维持至暮未作痛，亦未就睡。余十时开始工作，续成校释二十八则，至下午四时半止，翻检思索俱较多，所得遂远不逮昨耳。珏人夜饭后八时三刻就寝，又作痛，终夜导溲三次，天明后又导一次。余十时就寝，夜虽未起，而牵挂至大，天明后乃再睡。昌预仍住来。

1 月 14 日（十二月廿一日　乙亥）星期五

晴寒，时有风。

晨七时半起。十时续作校释，至下午五时仅得十五则，固以照料珏人有所稽留，而精神衰敝大为主因，奈之何哉？午后接十一日漱儿复书，知韵启带物未得即到沪，颇诉笙伯为人不相投，至为廑念也。珏人九时三刻起，能自便，虽精神未复，而午后小睡，竟未作痛，六时起。夜饭后与滋、风接龙为戏，九时一刻就寝。幸未作痛，惟导溲仍三次，天明后又导一次。余十时就卧，卧前濯身易衷衣。

1 月 15 日（十二月廿二日　丙子）星期六

晴寒。晨六时半即起。达先来省，代买索密痛片九匣，至感之。近日市上售缺，珏人日需此，能为搜求若干如何弗喜。谈有顷，七时半去。九时续作校释，至下午四时止得廿一则，只《灌夫传》未及矣。是日珏人较好，下午略睡，夜饭后仍与滋、风接龙为戏，九时三刻乃睡，终夜导溲两次，幸未作痛。余十时就寝。润儿在汉儿所夜饭，十时始归。佩华归，达先托带大公报社出版之《一九五五年人民手册》呈余,盖代余预订者,甚感之。湜儿未归,亦无信至,甚悬之,迄无如何也。昌预仍来住。

1 月 16 日（十二月廿三日　丁丑）星期

晴寒。晨七时起。九时往访雪村,晤伯恩,谈至十一时归。汉儿来省。午后清、达、芷、硕均来,盘桓至五时半俱去,惟昌、预留,乃共夜饭。夜饭后,张缝工送来所改大氅至试服,尚适,以工资二十万元与之,计前后共费一百八十九万元,亦贵矣哉。珏人起坐如常,因儿女齐至,不免兴奋。夜大便后阅时较久,尿道出血颇多,遂导溲不过两次,而形神俱敝矣,所幸未作剧痛耳。余十时就寝,夜起一次,尚可睡。

1 月 17 日（十二月廿四日　戊寅）星期一

晴不甚寒。

晨七时起。九时续作校释,至午后四时半得四十一则。珏人竟日未起,幸投药不失时,未作痛,且竟导溲俱自便,或宜多睡,忌兴奋,而伊稍感小舒,便不肯卧,甚或躬亲劳作,劝亦无益,如之奈何？傍晚濬儿来省,因留饭,饭后余独往吉祥看春秋京剧团演出。此团主角为武生李元春,小旦李韵秋,团名以此。是晚剧目为全部《白水滩》,自"徐宁教艺"起,至"通天犀劫法场"止(七时一刻至十一时)。武工颇可观,尤以李元春连饰三角(前高登,中十一郎,后青面虎)为更卖力。统观元春三角,尚以高登为最出色,十一郎平平。《通天犀》中"盘问程老雪"一场不逮荣庆多矣,韵秋则喉音带沙,不受听,做工尚过得去耳。散出亟归,已十一时半,珏人尚未入睡,告我大椿来辞行,明日即南归云。曾托带物与漱儿也。日间接平伯片,问治癌偏方,夜间接致觉信,寄回十五万元。此公方正,只肯受半数也。十二时就寝。

1月18日(十二月廿五日　己卯)星期二

晴不甚寒,一如昨日。

晨七时起。上午写信三封,分复平伯、致觉及潄儿(告托严大椿带物数事)。珏人十时起坐,至十一时许感左腹痛,下午二时廿分大便,便后复睡,遂未起。饮食大受影响,精神更见萎靡,不识左腹究与病原有关涉否?殊虑。午后元镇来省,夜饭后去。夜饭后,昌预来住。余十时就寝。润、滋俱有晚会,未能早归。余睡后始返。是夕珏人仍腹痛,自便数次,导放两次,

1月19日(十二月廿六日　庚辰)星期三

阴寒欲雪,向午风高日出,气亦不增冷。

晨七时半乃起,仍感勉强,疑将致病矣。珏人竟日未起,而小溲频频,自起为之,左腹痛依旧,饮食大减。午间延张静容来诊,量得体温为卅八度五(有一度五浮热),为注射盘尼西林油剂一针。据告此痛极可能为癌源作祟,只有勤服麻醉品减除痛苦而已,言外可想,聆之内悲不自已,只有坐待恶化之至,奈何奈何?九时续作校释,硬欲收此心纳于圈中耳,至下午五时凡得四十二则。今日报载昨日解放台州湾外一江山岛,是坚决解放台湾之先声也,为之破颜一喜。闻清儿、达先俱感冒,甚念之。是夜珏人热仍未退,小溲频起,有一次导放未出,但后又自溲,近明五时大便俱黑粪水。余十时就寝,而起视多次,亦大累矣。

1 月 20 日（十二月廿七日　辛巳）星期四

晴冷如昨。

晨七时半强起,量珏人寒热为卅八度八,反增三分,而腹痛处仍未痊,精神益衰。九时半后强饮薄糜小半瓯,不免昏沉,仍属琴珠电话再邀静容来诊。十时作书与积贤,应募福利互助基金卅万元转代向工会一说(以昨接工会募集通知),即于二日发放工资时照扣代缴。午后晓先来谈。三时半静容来诊,体温又增至卅九度五,当为注射链霉素、葡萄糖等针药三剂,另配退热药三包,据告希望热退。明日再来诊而去。夜八时半量体温,已降至卅七度七,天明后量又降至卅六度六,是浮热已退,虽小便都能自泌,而遍身疼痛。左腹部分仍未见轻,精神大衰,情绪又大劣矣,环其旁者闻之实刺心难忍也。汉儿夜饭时来省,九时去。余十时就寝,黎明起一次。下午曾续作校释廿四则。

1 月 21 日（十二月廿八日　壬午　大寒）星期五

晴,较昨前温。

晨七时半起。为珏人量寒热已退去,十一时一刻静容来诊,以热已退,未加再察,存药未若干而去。夜饭前后潜、汉、芷、锴、预先后来省。珏人因略好,情绪亦转平。夜睡尚好,天明前得大便,遂觉大松云。余十时后续作校释,至午后五时止又得廿五则。夜振甫见访,九时去。潜、汉、芷亦随同齐去,十时就寝,黎明前起视一回。

1 月 22 日（十二月廿九日　癸未）星期六

晴温如昨。

晨七时半起。九时祖文见过,长谈至十一时始去,久别,不自觉话多也。接所中通知,一月廿七日至二月五日放寒假十天云。珏人十一时卅五分强起,略进泡饭半碗,午后二时十分就卧,尚觉勉可坐话,但起行则腿软如棉,不得不倩人扶持耳。夜饭后达先、清儿来省,谈至九时半去。珏人虽未起,饮食仍如常,竟夕起溲多次,但不曾导放,亦幸事矣。湜儿傍晚归,据云甫考毕。夜饭后有同学管姓住来,翌晨赴天津也。滋儿夜饭后独往长安剧院看杨宝森《失空斩》。余十时就寝,竟未闻其何时归也。

1月23日(十二月三十日　甲午　大除夕)星期

晴朗,大有春煦之象。

晨七时起。珏人今日虽无大苦,而精神殊欠振,近午强起进食,午后二时五十分就卧。家人为度岁忙,各有所事,余亦周旋竟日,亦大累矣。湜儿午前往看潘家,下午与滋儿同到东安市场购物。接所中工会负责人高逸群信,谓余与积贤书已转到,不宜太多缴款,询减缴意见,即复书改为十万元,仍于二月内一次扣清。珏人傍晚起,与家人团坐吃年夜饭。余及润、滋、湜三儿、琴、佩两儿媳、元孙共一席,九时始罢,又为掷骰之戏,至十一时乃各就寝。

1月24日(乙未岁正月初一日乙酉春节　是日小建戊寅　乙酉　朔)星期一

晴和。晨七时半起。八时半振甫伉俪及其女慧官来,少坐去。余与滋、湜两儿往雪村家贺岁,遇诗圣、永清、士信、又信等。未几即偕雪村及滋、湜往过颉刚及藏云两家,遇计剑华、隋育楠,十一时归。潘、权、预、硕、清、达、昌、新、汉、芷、锴、镇、鉴俱在,分两席进年朝饭,佩华之友陆女士亦至,并知庄似旭曾来见访云。午后静

庐、履善、趾华、久安伉俪先后来,薄暮去。余以达先赠长安今晚戏
票早吃夜饭,六时将出门而程韵启至,因留晚饭,命诸儿陪之。余
则乘三轮径往长安,在场遇陆联棠、马元宰,坐甫定即开演。是夕
为河北京剧团演出,剧目:一,张少波、张占荣之《白水滩》;二,孟
幼冬、关鸿斌、秦国庆之《失空斩》;三,李砚秋、郭景春、陈茂春之
《击鼓战金山》。第三出去年年初九余曾与滋儿在天桥大剧场见
之,演员亦无大变动也,孟幼冬唱做俱老,不弱也。十一时散,仍乘
三轮遄返。去时颇暖,返时稍冷,露驰风中,不免感寒,到家,烩面
饮茶,至十二时乃寝。是夕珏人尚好,虽数起小溲,未须导放也。
日间宾客来往,竟未睡。

1 月 25 日(正月初二日　丙戌)星期二

晴,气较昨寒,以有风故。

晨七时起。八时许金泉源来,知已约小文、家梅同来饭,甚喜
慰。颉刚伉俪及沈永清来,有顷去。调孚来,因与同出偕过圣陶,
遇祖璋、雪舟、雨岩、诗圣、志霍、啸曾等,比午俱去,余与调孚则留
饮焉。饭后一时半辞归,约明晨八时半再到其家共载出城访介泉。
到家知藏云、佳生、泽民均来访,未之遇,为怅,而小文、家梅、泉源
正与滋儿剧谈,询知润儿出访友,琴、佩及湜则过汉家午饭云。芷
芬乃来,有顷滋儿、泉源偕小文伉俪出复兴门过其宿舍玩,雪舟、诗
圣、小川、芳娟、继文、漱玉、弼臣、承荫先后来,最后雪村亦至,抵暮
毕去,而滋、琴、佩、润俱归,遂同进夜饭。珏人竟日起坐,酬答至夜
八时半乃睡,过劳倦矣。余亦大累,九时后即寝。是夕珏人又作
痛,导溲二次。

1月 26 日（正月初三日　丁亥）星期三

晴暖，大有春融之意。

晨七时起。八时出，乘三轮过圣陶，八时半同载出城，驰往燕东园访介泉，长谈至下午四时半即其家饮且啖，甚酣畅。湜儿来介泉家见我，盖昨日属往订期，竟至延后如此，可笑也。离潘家后仍与圣陶同驰入城，送余往石驸马桥汉儿家，当由元鉴邀晓先来，因共饮。本须与汉往民主剧场看评剧，以谈兴健，即令鉴孙与邻女同往看之，余等纵谈至九时乃偕锴孙同归。晓先、芷芬、镇孙送至十路车站，俟余与锴登车，渠等乃返。十时前到家，珏人尚未入睡，知今日上午起坐，下午即卧，饮食尚好云。余睡后珏人幸未痛，但导溲仍行两次也。

1月 27 日（正月初四日　戊子）星期四

晴温如昨。

晨七时起。十时三刻颉刚挈其四儿与李平心偕来，抵午去。午后坚吾之子女令琰、令玮来，谈至三时一刻去。均正夫人国华来访珏人，移时去。四时瀿儿来省。锴孙三时归去，珏人即以小黄猫给之。六时三刻润、滋、琴俱归，因与瀿同饭，饭后文权来省，八时半偕瀿去。九时就寝。是夕珏人导溲三次，幸未作痛，而大便亦解。

1月 28 日（正月初五日　己丑）星期五

阴，气温仍不大低，似有酿雪意，午后又晴。

晨六时半起。元孙咳嗽增剧，今日未到幼儿园，琴珠携往张静容处求诊，注射盘尼西林而归，已十一时，谓明日此时仍须复往续诊云。今日恰为伊生日，出外就医，珏人颇为不怡，其实有病求医，事理之常，婉言譬之，亦解其愠矣。午间潛儿来面，润亦归。夜清儿来面。晚六时余先饭，即乘三轮往粮食店中和剧院看梅剧团演出，戏票为芷芬腊尾送余者。七时一刻开幕，先为徐元珊、袁世涌之《蜈蚣岭》，继为萧英翔、王世续之《捉放曹》，休息后为梅兰芳、刘连荣之《别姬》。本为《凤还巢》，以梅感冒，改为此剧，可以少出几场也。十一时散，即乘三轮遄返。到家珏人尚未入睡，告余佩华归述小猫到汉家后甚好，并知芷芬接苏州电报，其老母已于乙未元旦逝世矣。久病在床，一旦解脱，本人宜无大憾耳。但珏人闻之，未免难过也。是夕又导溲三次。十二时余始就寝。午前接业熊来信，知二月一日携眷全部迁京矣。

1 月 29 日（正月初六日　庚寅）星期六

晴，有风，较寒于前昨。

晨七时起。珏人八时四十分亦起。午后二时一刻小睡，四时一刻昌预、昌硕来省，珏即起抚慰之，移时即去。夜六时半，余偕润、滋两儿过雪村家饮，坐遇煦桴诸人，谈至九时乃归。时珏人尚未睡，正与琴珠、阿凤接龙为戏，且奇严，精神大好，十时后始寝。是夕伊痛未作，导溲仍三次，大便亦两次，天明后又导溲一次。午前接所中工会负责人高逸群来信，并发动认购五五年建设公债，当即复书认购八十万元，自三月至十月，月扣十万元，就近代缴。又接湜儿片，谓须卅一日晚上始可归云。

1 月 30 日（正月初七日　辛卯）星期

晴寒不甚烈。

　　晨七时起。九时许刚主见过,还余前假之款四万元,谈至十一时去。午间治馔,家人团食,惟湜儿缺如。饭后芷芬、汉儿、元镇来,知夜间晓先一家将来饭。有顷,芷、汉、镇及琴珠往徐荫祥家拜年。余与滋儿乃出逛厂甸,乘十路转四路以往,摊儿清冷,旧书摊亦不逾十,且都无好书。余仅以一万元购得残本《点石斋丛书》七本及五千元得寿鹏飞之《方志通义》、《历代长城考》各一本而已。未几,离此北返,步入和平门,走至西长安街,始附十路车到王府井南口,再步入大街,先后过新华、百货公司、美术服务部等三处,然后乘三轮以归。到家,一家及元鉴都已来,濬儿亦在。(权、预、硕亦已来过,时已归去。)入夜围坐两席吃夜饭。饭后雪英、汉儿、佩华陪珏人打牌,至九时濬、汉及诸客皆去,家人亦各就寝。珏人日间及黄昏都好,半夜后又导溲四次,且较往日为苦云,惟大便仍通,剧痛亦未发作耳。

1 月 31 日(正月初八　壬辰)星期一

　　晴寒。夜星月交灿。

　　晨七时起。上午看《方志通义》,颇有见地。珏人虽强起而小溲困难,股胫亦疼,较往日为差,下午二时即劝令小睡。三时前写信与潄儿告近况并询韵启究归未。刚主来访,知上午曾过访调孚、彬然、雪村、静庐等,接洽《晚明史籍考》出版事,已有眉目云,近五时辞去。谢去未久,徐荫祥夫人来回拜。珏人今日适差劲,五时起后小溲不出,正令阿凤导放,有顷出谈,留伊晚点而去。入夜湜儿归,乃共夜饭。余夜饭后头晕殊甚,想系珏人病况所激而然,或且导致他疾乎,九时即寝。珏人夜饭后尚好,居然与湜、凤接龙,九时半就卧。是夕导溲四次,自便竟未得一滴也,甚虑之。

2 月 1 日（正月初九日　癸巳）星期二

晴寒。夜大风撼户。

晨七时起。元孙连日休息，今日坚欲上学，余以其咳嗽未止，留之不果，九时许乘所包之车去。珏人九时十分起，居然自便，精神亦好。预、硕、昌三孙来省，十时后预、硕去，昌则留午饭后去。湜儿上午为余补缀书帙，下午三时返校，取去购买《阿拉伯文字典》费廿四万元，谓后日或可归省一次云。珏人二时五分就卧。小文来访，为将出差赴东北，特为滋儿取款百万元，在彼购置摄影机云，四时半去。珏人醒来，觉作痛，亟投药止之，五时起，与家人共进晚饭，尚好。乃碗甫放下又感痛。适权、濬来省，亦无情酬答，一时即去。九时就卧后痛剧甚，复呈往年剧烈状，虽时时投药，亦不止，润儿侍至二时三刻乃就寝。是夕又导溲五次，几无宁晷，余牵掣终宵，惝劳交至矣。

2 月 2 日（正月初十日　甲午）星期三

晴，风寒。

晨七时起。珏人痛仍时作，流血亦多。十时又导溲，十一时五十分强起，午后一时延张静容来诊，为注射盘尼西林油剂两 CC，痛未止而自便绝无，四时十分又为导溲一次，廿分就卧，勉入睡。傍晚汉儿来省，滋儿、琴珠亦归。知澄儿一家今日下午五时可以到达北京车站，濬、润两儿前往接候矣，余等即共夜饭。七时五十分，珏人醒，又导溲，汉儿与谈，俟至九时，润先归，知已接到澄儿，送往天桥重工业部有色金属管理局临时宿舍。（预租起码小客栈，无自来水。）安排夜饭而后来。明日午间澄家将来探省云。汉儿亦去。是夕珏人未再起,至天明导溲四次。余九时半就寝,起一次,身体难支尚在其次,精神紧张乃复臻高峰矣。

2月3日(正月十一日　乙未)星期四

晴和。晨七时起。珏人较昨略好,九时四十分醒,十时导溲,又越十分起坐,能小便些许,勉坐至十二时半,澄儿、业熊挈埼、基、埼、埙、垲、培、增七孙来省。珏人预属阿凤治馔享之,潜儿、润儿、琴珠、清儿午间都来会,预、硕、昌三孙亦来会,一时热闹非凡。珏虽未能同坐进饭,而大为展颜,饭后湜儿又归,益喜。至午后三时业熊先去向局中报到,四时澄儿挈培、增乘三轮回天桥宿舍,湜儿挈埼、基、埼、埙、垲五孙乘电车送之归。预、硕、昌三孙亦各归去,珏人始就卧,以太倦,就枕即入睡,余亦得清静默坐矣。傍晚汉儿来省,润儿亦归。有顷,湜亦归,告已安送诸外孙等到达,乃共进夜饭,珏人亦起同坐食泡粥半小瓯,即作痛而止,少选即卧,芷芬来,坐至九时同汉归去,琴、滋、佩亦返,于是各自归寝。深夜三时五分珏人溲急不出,正在导放而寒战作,重被蒙盖抖不已,呼润儿起,共持之,历三刻钟始稍止,但发烧又起,右腿剧痛大作,呼喊难闻,不减去年夏秋矣。余为心荡神越,随而寒战,诚不知措身何地耳。六时半后珏人始入睡,余亦无法再睡矣。

2①月4日(正月十二日　丙申　立春)星期五

晴冷。晨七时起。珏人八时起大便,五十分又导溲,然后入睡。午后起坐片响,终卧未起。小便自起五次,俱不畅,竟日夕导

---

①　此处及下文五月、六月原文均误作"一月",整理时径改。

溲却占六次,以投药勤,痛未大作,而寒热又高,夜七时为三十九度四。润儿走询静容未晤,归购氯霉素四丸,依时投之,亦未见退。一昼夜间仅进牛乳麦糊两次,乐口福、葡萄糖一次而已。余为此耽心,坐不遑暖,夜亦起视四次,疲累极矣。午间潜儿来省,午后锴孙来省,湜儿午后出购物,薄昏归,与锴孙同食,即复出。锴归去,湜则往天桥剧场看中央实验歌剧院音乐舞蹈戏曲联合演出,看毕,即与同学结伴径行返校也。夜饭后雪村、达先来访,询候珏人,坐谈移时去。滋儿为余购得中华书局新出新中国地图社编制之《中国地形鸟瞰图》、《新华本国地图》各一册,皆为一九五四年十二月初版本,此为当前最新之图籍矣。

2 月 5 日(正月十三日　丁酉)星期六

阴寒,飞雪午后止。夜月甚好。

晨六时半即起,以珏人寒热未退,仍延张静容来诊。十一时三刻来量体温,已降至卅七度五,仍注射盘尼西林二 CC,听断呼吸及消化系统尚无损,力主加强营养云。雪英十时来访珏人,十一时五十分去,谓将过饭调孚家,饭后与卧云偕访墨林云。下午倦甚,小睡片晌。夜饭后文权、潜儿、汉儿来省,谈至九时半,权、潜去,汉则留侍其母,余因洗足濯身易衷衣,就南屋湜儿床卧。是夜睡尚好,汉儿终夜侍母,为导溲两次,幸尚平安云。

2 月 6 日(正月十四日　戊戌)星期

阴,有雪不大,午后显日,夜月甚姣。

晨七时起。十时芷芬挈元鉴、升埒来,十一时与汉儿同往小椿树胡同访调孚,十二时半乃复来饭。饭后润儿与芷、汉往南河沿听报告。三时雪村夫人、清儿、澄儿、升埙、升垲、升培及业熊先后来，盖澄一家在清儿所午饭也，将暮俱去。潸儿午后来省，将晚去。滋儿过清所，为送升埙等归去，适湜儿归，因属追踪往，七时半滋归饭，谓已送到，八时半湜归，谓在清儿所饭云。珏人竟日未起，一日夕导溲五次，寒热亦渐退，惟饮食锐减，精神大乏而耳，所幸剧痛未作，睡眠尚好。余仍宿北屋，心亦稍安。夜写信与必陶，拟将撰写《郑成功》稿之约解除。接漱儿四日来信，复告近况，知韵启尚未回沪也，将托乔小姐带食物与其母云。

2 月 7 日（正月十五日　己亥　元宵）星期一

晴，较和。夜色朗。

晨七时起。珏人八时半起，有大便且能自溲少许，坐至下午一时四十分就卧，五时醒，尚无所苦。佩华发热未起，今日请假，滋儿归后电约静容来诊，以值班未能即来，夜饭后滋亲往其家邀之，约十时后下班再来。余续撰《魏其武安侯列传》校释卅五则，下午五时歇。晓先来，谈至六时去。清儿傍晚来省，少选即去。湜儿午后一时即返校，余填好一月分工作汇报表属带交王积贤。珏人夜进元宵团两枚，未起，终宵未导溲，每两小时自便一次而已，气力少差，不痛不导溲，大幸矣。余十时就寝。十一时静容来诊佩华，如何诊断，何时去，均不知也。

2 月 8 日（正月十六日　庚子）星期二

阴霾，气却不冷。午后又晴，夜色亦明。

晨七时起。滋儿告佩华系重感冒，亦注射盘尼西林，热亦少退矣，余与珏人俱得放心，仍属在家休息。余续作校释二十四则，午后五时罢。饭后濬儿来省,有顷,墨林、雪英来访珏人,濬儿旋去上班,墨、雪则四时乃去。六时上海乔小姐(漱儿之邻)来,带到食物三宗,同时接笙伯信,亦言此事,乔少坐即去。珏人竟日未起坐,虽能自溲(仍每两小时一次)亦未发痛,但神委气索,墨等来谈益甚勉强,饮食亦远不如数日前,夜饭后量体温,又有一度寒热矣,甚不能恝然舍之耳。静容傍晚出诊过此特来访问珏人,其情亦可感也。珏人夜间自起小便七次,投以退热药,天明始退净,且起溲一次。余九时半就寝,夜起一次耳。

2 月 9 日(正月十七日　辛丑)星期三

晴冷,夜起风。

晨七时起。珏人热退,九时亦起。余续作校释二十二则,至午后四时罢,于是《魏其武安侯列传》校释完毕,凡得三百十七则。珏人午后一时廿分就卧,三时半澄儿挈埙孙来省,遂醒,五时半澄、埙去。六时半珏起,夜饭后又微痛,即投药就卧,幸未大作。是夕起溲六次,天已明矣。余九时半就寝,夜起两次。是日上午写信复笙伯、漱儿,饭后交润儿带出投邮。佩华已愈,今日照常到班工作,曾至医院复查,宿疾亦好转,略慰。元孙今日惮于入学,珏人留之未遣,小孩赖学情况发端矣。

2 月 10 日(正月十八日　壬寅)星期四

晴,较昨陡寒,夜月色好。

晨七时起。八时清儿来省,琴珠送元孙入学,八时三刻清儿去上班。余亦将《李将军列传》展开,仍用前定四本通校之,至下午四时毕之。珏人未起,十时十分量体温,又有浮热五分,且感闷急,乃以静容所配退热药投之，一时复量，已退，欠一分，进泡饭及服药，二时后又作冷，想寒热又来矣。午间润儿未归视，潜亦不来省，殊令人恓惶难持也。六时润归，复量，又有四分热而呻吟不已，七时一刻以氯霉素一丸投之，有顷稍松。其后照医嘱投药，热乃退，终夜自起，小便五次，惟气力大乏耳。余九时半就寝，夜起两次。

2月11日（正月十九日　癸卯）星期五

晴寒如昨。晨七时起。元孙欲留不上学，终遣之，珏人姑息，亦不得曲从之也。苏联最高苏维埃连日开会，九日已闭幕。会中重要决定有马林科夫请求解除部长会议主席职务，准以布尔加宁为主席，（马林科夫为部长会议副主席兼电站部部长。）以朱可夫为国防部部长，并发布宣言及外交部部长莫洛托夫外交报告《国际局势和苏联政府的外交政策》，针对帝国主义猖狂而发，所谓有备无患，紧张局势或将稍弛乎？十时将《李将军列传》分段标点，十二时半毕之。珏人十时十分起，热退而能坐矣，午进炒面亦有味，溲亦以时解，下午二时半就卧，适鉴孙偕周妈来探省，遂未入睡，六时半起，进泡饭之后颇有说笑，九时廿五分乃寝。是夕自起溲五次。余十时就寝，夜起两次。

2月12日（正月二十日　甲辰）星期六

晴冷。晨七时起。珏人八时半大便，亦起。十一时接所中学委会通知，谓今日下午三时江副校长在大礼堂作国际形势报告。余昨承亦秀送吉祥戏票，今日日场看韩世昌、白云生演昆剧，既接通知，只得放弃看戏矣。午后二时所中车来，乃乘以过接平伯御人入请返，云已出看戏矣。遂行，接健吾于其家，共驰出阜成门，径赴校中大礼堂,讵知阒其无人,只得过哲学楼一问,仅遇积贤,亦不了了,再以电话问工会,始知改在大饭厅,至则师生麇集,屋内几无隙地。三时半开会,季羡林主席,有两苏联专家及物理化学二系教授各一人讲话。五时半宣布散会。在场晤默存、季康、冠英、逸群诸人,亦不知所谓,及结局,乃知为中苏友好同盟互助条约签订五周年作纪念耳,江副校长始终未吐一言也。通知内容与地点皆不符,诚不知所中学委何所见而云然焉。散会后,与健吾、积贤、逸群同载入城,彼三人俱西城下,独送余到家,正六时半。珏人午后一时半就卧,五时半起,余归,乃与珏人、润、琴、元孙同进晚餐,滋儿以看电影未归饭,湜儿在校既未之见,是夕亦未返。八时半珏就卧,余于九时半就寝。珏起溲七次,虽得畅而神且疲矣,较导放则已大幸耳。

2 月 13 日 (正月廿一日　乙巳) 星期

晴,无风,气较和。

晨七时起。珏人九时大便,十一时五分起,午后二时半就卧,又有七分寒热,气闷神殆,遂未起,夜饭亦未进,服以退热剂,天明退凉。是夕自溲六次,余夜起两次。潜儿十时许来省,近午去。清儿、达先、建昌十一时来省,午饭后挈同元孙出游北海公园。余与滋儿于午后二时半出,乘十路公共汽车到宣外南樱桃园下,步出右安门,沿城根东行,右带城河杨柳夹道,亦颇阴凉。至姚家井南所开之城阙折而入,复循城根而东,经人工雨试验站,越大土山,即陶然亭公园矣。沿湖东北行,见土山多修整石级及湖石边缘者,群儿纵放风筝,其上斑斓满空,天然图画不啻也。坐道旁椅稍憩,遥见陶然亭故台之西南正兴建亭台等物,想为点缀未来园林者也。余自迁来北京,每一过此,辄为改观,是殆象征首都之日在改进中乎?惟每见拆毁东西三座门、西四牌楼、地安门及大高殿牌坊、北海左右琉璃三座门等,则不免畅然不解,何以有此矛盾耳。由陶然亭东北至北纬路乘五路公共汽车(原十路行线),到天安门下,改乘十路公共汽车返禄米仓,复步以归。正五时四十分,清等方自北海归(送元孙),有顷,伊等归去。六时半夜饭,饭后文权来省,闲谈至八时半去。九时余亦就寝。

2月14日(正月廿二日　丙午)星期一

晴,近午发风扬沙,气乃冷于昨。

晨七时起。九时许预孙来省,午后四时半乃去。午后二时半颉刚偕谭季龙来访。(自复旦大学调来地图出版社专为整理杨守敬《历代地理沿革图》重印行世者。)谈移时去。珏人今日大惫,竟未起坐,饮食亦少进,惟小溲甚多而数气索呻吟,令人难安。余强作《李将军列传》校释十二则。五时停。珏人四时后感痛。夜饭后潚儿来省,近九时珏痛稍止,潚亦去。是夕自溲六次。大便又三日不解矣。余十时就寝,夜起一次。

2月15日(正月廿三日　丁未)星期二

晴寒。晨六时半起。八时所中车来,因即乘以过接平伯、健吾,共载出城,八时四十分到所,九时开会。力扬主席报告《胡风文艺理论之谬误》,号召展开学习,加以批判。其芳、蔡仪、燎荧加以补充。决定此项学习进程将展至暑假以前云。十二时四十分散会,即与平伯同载入城,径过其家,取渠辑印之《脂砚斋红楼梦辑评》见赠。一时四十分到家。珏人十一时半起,澄儿及埙、培、增三孙俱去,已饭过,余乃另具餐焉。珏人今日痛未作,但精神差,眼亦难抬。澄儿夜饭后挈孙辈归去,而清儿适来省,谈至九时半乃去。余与珏人亦就寝。是夕珏自溲六次,余夜起一次。

2 月 16 日（正月廿四日　戊申）星期三

晴,有雾,寒不甚烈,但仍见冰。

晨七时起。八时与滋儿出,乘公共汽车赴乃兹府朱砚农所,已有三人先在,待至十时三刻始得诊,仍主前议,须拔去而且下颚右侧之五齿亦须去,决先将此五齿拔除,十一时半乃竣,不甚痛而血出不少,即乘三轮径归。滋则仍往中国青年出版社上班,耽误伊半日工作矣。回溯去年初拔时已越半载,畏事苟延,自贻伊戚,否则早已装好义齿矣。归后出血不止,入夜始稍好,天明乃止。近午雪英来访珏人,珏人适起坐,因留与共面,长谈至下午四时去。六时三刻汉儿来省,遂与珏人等共饭,饭后谈至九时始去。余与珏人乃寝,是夕珏人起溲五次,惟四时至天明又作酸楚,虽投药,不见有何效果,诚难捉摸起伏规律也。

2 月 17 日（正月廿五日　己酉）星期四

晴,有风,仍寒。

晨七时起。拔牙处已不觉异样矣。珏人十时大便甚畅,旋即起坐。潜儿来省,盖去门诊部诊目疾,顺道过此,有顷仍去上班。余续作《李将军列传》校释,至下午四时半止,得三十则。珏人年后二时廿分就卧,六时半起,进泡饭一碗,感胸闷气急,颇为难受。八时三刻复卧,幸渐平。是夕自溲五次,四时至天明又感股胫作痛,全身牵掣不安云。余九时半就寝,夜起二次,精神震越,无所措身矣。

2月18日（正月廿六日　庚戌）星期五

昙阴兼作，夜半后风振户，气冷如昨。

晨七时起。珏人九时半亦起，午后一时五十分就卧，五时起。余以其间强自镇定，续作校释三十则。六时晚饭，饭后独乘三轮往天桥剧场看华东戏曲研究院越剧实验剧团第二团演出《春香传》，票系汉儿托佩华昨晚带来者。（余与汉坐楼下第三排廿二、廿三号，佩华则在二楼第七排，得票之难如此。）在坐遇金竹君，其他新华书店同人甚夥，余多未识者。七时一刻开，凡五幕七场，徐玉兰饰李梦龙，王文娟饰春香，陈兰芳饰月梅（春香之母），钱妙花饰卞学道（南京府使道迫窘春香者），筱桂芳饰房子（梦龙侍者）。布景服装及配乐皆好，情节颇类《玉堂春》（朝鲜古典歌剧改编者）。十一时散，遇见佩华，乃与共乘电车（先到司法部街北口，再转车到东单市场），转三轮归。时珏人已睡，适醒来小溲，询悉经过尚好，余为调乐口福、葡萄糖饮之即寝，时已十二时。是夕伊自溲四次，睡眠较前昨为佳，余乃少慰。

2月19日（正月廿七日　辛亥　雨水）星期六

晴，大风，扬尘蔽日，日色遂白，风中寒甚。

晨七时起。珏人九时一刻起，午后一时半小睡，六时起，适清儿来省，因共夜饭，浞儿亦于七时半归，再具餐焉。八时清去，滋、浞、凤陪珏人接龙为戏，十时后始就寝，睡至四时又感痛，六时天明始止。余续作校释十四则，午后四时半罢。夜十时就寝，起视一次。

2 月 20 日（正月廿八日　壬子）星期

晴寒，仍有风，入晚稍停。

晨七时起。九时许芷芬、汉儿、元鉴、建昌皆来省，湜儿则清晨即出，十一时乃归。元孙咳嗽不止，润、琴挈往王恩普所求诊，亦近午乃还（风寒，非痧子）。珏人八时半即起，欣然共饭。饭后，达先、清儿亦至，芷、滋、佩陪珏人打牌四圈。业熊、澄儿、升垲来省。有顷，湜儿返校，芷、汉往访韵锵。四时许业熊、澄儿、升垲及清、琴偕出，过访潏儿。五时三刻，汉儿来，谓甫从圣陶家来，圣陶约余往饮，芷芬即在彼等候云。余即乘三轮以往，晤圣陶、墨林、至善、满子，因就饮，饮后长谈至八时半乃行。芷芬送余归，共乘十路公共汽车，行到家，知达、清、汉、昌、鉴俱留夜饭，饭后文权亦来省，十分钟前皆去矣。芷芬遂行。珏人夜饭后觉股胫作痛，夜起溲七次，天明后得大便，痛终未绝也。余夜起两次，时时醒，大感乏累。

2 月 21 日（正月廿九日　癸丑）星期一

晴寒。晨七时起。珏人十一时卅五分起，适章家送彩黄鱼两尾至，还锅重烹以进，大为得意。午后二时卅五分就卧。六时一刻起坐，又感不舒，夜仅进麦片半盂，九时廿五分就寝，后起溲五次，以觉内灼索冷饮，余为起调果子露饮之。阿凤夜饭后往天桥剧场看《春香传》，十二时始归。余午后续作校释廿八则，五时乃止，夜十时就寝，翻《日本大百科事典》，颇感丰富多彩也。

2 月 22 日（二月大建　己卯　甲寅　朔）星期二

晴寒，威稍杀。晨七时起。珏人十时三刻起，精神较昨为差，下午一时三刻即卧，遂未起，夜溲七次，痛虽未大作而牵绊不舒，竟无已时，影响情绪又转甚。傍晚，清儿来省，饭后达先来省。余日间为中国青年出版社审读方白所编《郑成功故事》稿本。夜饭后独往吉祥看京市第四京剧团演出，适润儿为其母往东安市场购物，乃与偕行，缓步以往。七时五分入场，坐楼上特座第一排六十六号，近台之右侧。越十分开幕。是夕剧目为吴素秋主演之《宝莲神灯》，此剧前已看过，今复看，仍有味，素秋已许久不见，消瘦多多，而嗓音大低矣。惟善体剧情，依然叫座。十一时半始散，乘三轮遄归，少坐就寝，已十二时，为照料珏人服药等仍起两次。

2月23日（二月初二日　乙卯）星期三

晴不甚寒。晨七时半起。午前看毕方白稿，待书提意见矣。午后一时半车来，盖昨接所中学委会通知，今日下午二时半本校请钱三强在大礼堂作原子能报告也。司机老赵言俞先生不去，乃径驰往阜内接健吾。二时即到，乃偕过文研所小憩，晤积贤。将至二时半始往大礼堂听讲。堂内挤满，竟未遇到较稔之人。钱三强能言善谑，虽讲至六时始散，尚无倦容，于原子性能分析极浅显，谓热核子武器本身有局限性，未可怵于夸大的宣传云。六时五十分到家，潘、达、汉、建、昌等俱在，乃共夜饭。饭后文权、清儿亦至，谈至九时许皆去。珏人午前十时卅五分起，午后二时小睡，六时起，夜九时一刻就寝，起溲五次，尚好。余十时就寝，起视一次耳。

2月24日（二月初三日　丙辰）星期四

晴冷如昨。晨七时起。八时与滋儿同出，步往乃兹府朱砚农牙医师所，适为半时，幸为第一号。九时开诊，续为余拔去左上颔齿五枚,约定三个月后往装义齿,计价须一百三十万元左右云。今日拔牙付费十五万,又另付预约费五万元。十时即离所乘三轮归,滋儿则径往出版社上班矣。昨日上午十时半接漱儿上海廿一日下午六时发航空信,知致仁之兄寿松廿三日可到北京,托带熏鱼、蛋拓等物。下午二时三刻寿松即来,带到无误。余归已去,未之晤,约星期日或能再来晤谈云。自朱医所归,强笔写复漱儿,告寿松已到,且详示近况,冀忘拔齿之处沁沁血出也。午刻啜稀粥代饭,余仅能吃炖鸡蛋耳。珏人九时半起,精神远不逮昨日,迷糊欲睡,下午二时半就卧,欲大便未果也。澄儿、垲孙来省,四时半去。傍晚濬、汉来省,未几即去。珏人竟未起,虽能自溲,而尿道出血又多,夜间复时时作痛。余新拔牙,心境乃如此,真活地狱矣。九时半就寝,夜起两次,睡眼模糊中记病历也。

2 月 25 日 (二月初四日　丁巳) 星期五

晴冷如昨。晨七时半起。九时续作校释,至下午四时半成四十三则,《李将军列传》过半矣。珏人又发冷发热,体温达卅八度八,竟日未起,仅进麦片及咸泡饭各半盂而已,大便则十一时半已解,稍见松动,亦一慰耳。傍晚清儿来省,未饭即去。余牙创已略愈,惟咀嚼之力全失,烂饭舌拌,囫囵吞下而已,今后坐待三月之久,正不知如何度过也。九时半就寝。珏人起溲四次,余起视一次。是夕珏尚平稳,惟感烦热,时索冷食,想内热仍未清解耳。

2 月 26 日 (二月初五日　戊午) 星期六

晴较温,下午时晏。

晨六时半起,续作校释。下午四时彬然见过,因止,凡得三十三则。五时许彬然去。晚饭时寿松来,谈至七时廿分去,据告下周会毕,即须返沪,不复来辞矣。珏人热未退净,饮食大减,竟未起,半睡时多,虽未作痛,而神志大衰,殊可虑也。夜仍有热,自起溲三次。余十时就寝,夜起视两次,投药后幸未见珏人发痛耳,牖外风声如吼,大增寒凛。

2 月 27 日（二月初六日　己未）星期

风稍止,日出不甚朗,户外大冷。

晨七时半起。九时,雪村、清儿、建昌、小逸来,谈至十时三刻去。有顷,潏儿来省,近午去。清儿意请王恩普来诊,取得珏人同意,即由润儿往商,居然下午肯来,但须放车去接（出诊费六万元）。王医已七十六岁,久不出诊,特许来诊,亦匪易易矣。午后达先、清儿、建新、汉儿、元锴偕来省候,润儿则雇车自骑,骑车往迓王医,乃将其预购大华影戏票奉余,余遂独乘三轮往观《作曲家格林卡》,在场遇彬然、静庐、潏儿、昌预、建昌等。四时许散,即乘三轮遄返。王医已至,诊后据云至少办法可照亦只有姑拟清化之剂试投而已（寒热非纯关感冒也）。五时半仍由润儿御车送之归。业熊来省,六时一刻达、清、汉等俱去,惟熊留此,饭后移时乃行。文权、潏儿、绣君下午亦来访问,与达等同去。滋儿上午在天坛参加团日会,下午在出版社值班。湜儿竟未归。珏人服中药后尚见好,夜仅起溲四次,据言胸口大松云。余十时寝,夜仍起一次。

2 月 28 日（二月初七日　庚申）星期一

晴,略有风,较昨已稍和,但仍见冻也,夜有月。

晨六时半起。续作校释十九则。下午二时佳生见过,谈《郑成功》稿事,移时乃行,因未能赶完(《李将军列传》尚有六则未了)。五时三刻罢。夜饭后与滋儿出购物,在王府井新华书店买到二月《人民画报》及《行政区划简册》各一,并在东安市场吉祥剧院买得明晚戏券一纸。又在稻香春为珏人买得乐口福一瓶即返,来回俱乘公共汽车。到家,清儿在,有顷乃去。珏人今日仍未起,但热已退,痛未作,进食稍多,亦有大便,夜起溲五次。午间雪英来探询,饭后二时三刻乃去,濬儿则傍晚来省,未饭即归去。余十时就寝,夜起一次。

3 月 1 日(二月初八日 辛酉)星期二

晴,薄寒。晨七时起。赶将《李将军列传》校释六则作完,前后凡得二百三十一则。以头左侧时作剧痛,只得罢手。近午稍好,填出二月分工作汇报表,作书寄与积贤,午饭后交润儿携出投邮。下午汉儿使周妈来省,送到红烧小块肉一碗,内盛六十六块供余明日生日用,俗有六十六岁须女儿奉肉六十六块之说。先一星期清儿已奉过,食未过半,为许妈失手打碎,故今日汉儿再补行此仪也,世俗可笑,然儿女之诚足嘉矣。六时夜饭,饭后独往吉祥看燕鸣剧团演出。七时一刻开幕,先为九龄童郭长胜之《三岔口》,继为小高雪樵之《挑滑车》,休息后为赵燕侠(李慧娘)、郑盛芝(裴瑞卿)、杨世桢(贾似道)、崔熹云(孙蕊娘)、刘盛通(江良成)、陈志华(贾殷勤)、袁世涌(廖寅)之《红梅阁》,小高雪樵武功甚叫座,赵燕侠亦能体贴剧情,表现深刻,唱功亦有独到处,余初见之,似与报上批评不同也。十一时一刻散,乘三轮急返。珏人仍未起,中药停一天,痛虽未发作,小溲亦自解,而正气已衰,不能久坐矣,奈何! 余十二时就寝,夜起一次。是日起政府发行新人民币,以旧万元作一元。

3月2日（二月初九日　壬戌）星期三

晴和。晨七时起。为青年出版社审读《郑成功》稿后写读后意见五则，备交滋儿带与佳生。上午十时澄儿挈埙、堨、垲、培、增五孙来，盖今日为余六十六岁初度之辰，故诸女及外孙咸来也。十一时半治面令埙孙食，食已即去其校上半日课，下午即须上课耳。下午倦坐假寐，垂暮，业熊、芷芬、镇孙、鉴孙、硕孙、昌孙、清儿、汉儿、达先、锴孙先后至，惟濬儿以文权感冒，属硕言不来矣。七时诸人毕集，珏人乃起同坐进面，在京诸亲属只濬、湜及文权、新孙未到，然亦近三十人，热闹之至。余虽无齿可嚼，团坐诸儿女中亦如饮醇矣。是夕珏人竟好转未痛，亦不气急，自溲五次，平稳达旦。夜谈既阑，时为九时半，诸来者皆去，润儿亦偕清、汉往过濬家，为候文权，及润归已十时半。余十一时就寝，夜起一次耳。

3月3日（二月初十日　癸亥）星期四

初阴见微雪，近午渐露阳光，气较昨略冷。

晨七时起。午前用蜀本、百衲本、汲古本、会注本通校《汲黯郑当时列传》一过。午后正在标点而农祥见过，遂阁置与谈，近五时乃去。珏人今日较好，遂未起而饮后较有味矣，但大便又隔三日，余不免为之耽心耳。夜九时四十分正在睡中，忽又痛醒，急投药，仍延至十一时许始止。（投药距离不及四小时。）真无可捉摸也。余十时就寝，夜起两次。珏人自起溲四次，馀状尚好。

3月4日（二月十一日　甲子）星期五

大雪竟日，虽随化而积存亦不薄。

晨七时起。九时将《汲郑传》标点完毕。接文研所学委会信，知余拔牙后身体未复，属在家静养，明日下午讨论会可不参加，车亦不来接云。(星六开会通知早到，故有此。)是同人照顾处，可感也。珏人仍未起，饮食尚可，夜起溲六次。余夜十时后寝，亦起视两次，睡眠实大大折扣矣。

3 月 5 日 (二月十二日　乙丑) **星期六**

竟日阴晦，时飘雪花，气陡寒。

晨七时起。珏人情况如昨，正气益衰，且隐隐作痛，经常不止，虽投药，已感痹木，以是影响情绪又非常下劣。余在其旁，如何得安，搓手无益，强自写信寄告漱儿。汉儿偕芷芬昨晨回南，径奔苏州为其母治丧，事毕，将赴沪与漱会晤云。傍晚清儿来省，适自张静容大夫所取得珏专用之药一批，谓已与专卖局接通，今后可以供应云云，余为之一宽。顾近日珏况日下，有时此药亦且失灵矣，奈何！湜儿于晚饭后赶归，再具餐焉，其母时念之，如今尚不归省，则更激动伊情绪不少也。幸得归来，当夜略安，仍起溲五次。余十时就寝，夜仍起一次。

3 月 6 日 (二月十三日　丙寅　惊蛰) **星期**

雾凇间霰，气寒地滑，午后又时见雪花，春深有此变候，殊失时宜也。

晨七时起。九时清儿来省，旋去。十时滋儿往前门外购戏票，近午乃返，日夜两场都客满，空手白归耳，为之怅然。午饭后潸、权、清及建昌均来，移时皆去。湜儿五时返校，先煮面享之，据告本星期不归矣。珏人晨间又忽作痛，投以索密痛两枚，移时乃定，其后渐好,兼以儿女咸集,竟转为欢喜,合家为之大慰。乃夜九时后又作痛,延至十二时始止,馀人已寝,余独知之耳,真正生活如旋磨矣。是夕珏人仍起溲四次,所幸便溺无阻,不须导放,已为无上佳朕也。

3月7日(二月十四日　丁卯)星期一

雪虽止而阴寒,檐头冰筋垂尺许,下午曾略露阳光,黄昏月色朦胧。

晨七时起。九时始作《汲郑传》校释,至下午五时后得卅二则。珏人晨来较好,时时坐起床中,亦有谈笑,饭后小睡至二时五十五分,忽从梦中痛醒,一时颇剧,乃亟以何大丸、索大丸各一投之,至四时半始稍止,幸夜饭仍可进也。是夕起溲四次。余十时就寝,夜起一次。庭中月色甚姣,想明日必可得晴矣。

3月8日(二月十五日　戊辰)星期二

晴寒,微有风,旋阴,傍晚夕阳甚好,夜月朦胧。

晨七时起。九时续作《汲郑列传》校释,至下午五时仅得十九则。珏人今晨有大便,亟投张丸及索密痛,幸未发作剧痛。虽仍未起,而饮食、小解俱无问题,似较昨有起色。但夜间起溲六次,睡至近明四时又作痛,逾时乃定。余十时就寝,夜起一次,中间醒六七次,至苦。

3月9日(二月十六日　己巳)星期三

晴寒,夜初月色模糊,深宵朗澈矣。

晨七时起。九时续作校释,至下午五时得廿二则。澄儿挈增孙下午四时来省,夜饭后滋儿送之归,看其在东单上电车后乃返。潇儿、文权、清儿、达先先后来省,适澄已去,乃闲谈至九时半始去。润儿感冒咳嗽,今日未上班,往王恩普所求诊,服药一剂。珏人今日略硬朗,午间及傍晚各起坐三小时,夜睡至三时又作痛,亟投索密痛二丸,移时乃止。通夜起溲六次。余十时就寝,起视两次。

3 月 10 日(二月十七日　庚午)星期四

晴,傍晚略阴,气较昨暖。

晨七时起。九时续作《汲郑传》校释,至下午四时半仅成十七则。珏人十一时半起,午后二时三刻就卧。傍晚六时起,夜与润、滋、凤接龙为戏,九时后始寝。精神、饮食俱较昨佳,诚出意料矣,举家为之大喜。夜睡至一时许又痛作,亟投索密痛二丸,幸隔时即止,起溲四次耳。余十时就寝,夜起一次。

3 月 11 日(二月十八日　辛未)星期五

晨阴,近午大雪,旋止,终阴,气较冷。夜又大雪,移时止。

晨七时起。九时续作校释。下午清儿来省,移时去。珏人十一时半起,忽痛,服药,至下午一时乃止,始进食。下午与清儿谈至四时四十分就卧,清乃去。六时后润、滋、琴等陆续归,乃夜饭,珏人亦起同餐。六时三刻余乘三轮往吉祥,看京市第四京剧团演出新排之《张羽煮海》。坐楼上特坐第一排第廿九号,适在台左侧最远之一位,幸此剧重在灯光布景略同电影,稍远亦尚无妨耳。票为佩华昨日代购,甚难得。吴素秋饰琼莲公主,李德彬饰张羽,萧英翔饰龙王,张曼君饰梅香,终场灿烂,好看而已。十一时即行,仍乘三轮返,知珏人尚好,仍接龙至九时三刻乃寝云。是夕珏起溲四五次,余起视一次耳。

3月12日（二月十九日　壬申）星期六

晴有风,仍寒。

晨七时起。九时正展开校释,晓先见过,谈其社中正谋印《清史稿》事,至十一时乃去。适珏人起,余为照料,遂同进午饭。饭后二时半珏人就卧,又感痛,旋止。六时五分起,同进晚饭。饭毕,文权、潏儿来省,谈至九时半去,余与珏人等乃就寝。珏夜起溲四次,余亦起照料一次。元孙昨夜忽发烧,今日未退,乃于傍晚延张静容来诊,谓系扁桃腺肿胀,注射盘尼西林一针去,是夕热亦退尽。

3月13日（二月二十日　癸酉）星期

晴,较昨稍和。

晨七时起。九时许清儿、达先来省,十时湜儿亦归,谓积贤托渠来白,今年将纪念司马迁诞生二千一百年,所中属余准备撰文并须组织纪念文字发表云云。事繁意乱,不耐此役,然而既处其地,义不容辞,只得勉为之,又当悉索以应之耳。午前介然、介程、建为(金造)来谈,移时仍偕介然去。午间达先归去,清儿留饭。余则于饭后出,往访圣陶、墨林,谈至四时半归。临行,入谒叶伯母,神色迥异往时,恐不能久矣。九十二高龄,不药无疾,其待终天年乎?到家,业熊、澄儿一家都在,而珏人则以午前曾作痛,大伤精神,卧床若昏睡然。余心头仿佛又浇一瓢凉水矣,草草夜饭,目送熊等去,闷坐至十时,俟珏人服药后乃就寝,幸夜间尚好,珏仅起溲三次,余亦仅起视一次耳。

3 月 14 日（二月廿一日　甲戌）星期一

晴和如前、昨，夜色亦佳。

晨七时起。看有关《史记》诸书为作纪念文准备。下午雪英来看珏人，适珏人欲睡，乃就床共话，至四时半乃去。珏今日上午大便（六昼夜未解矣），不免牵动，流血颇多，所幸投药及时，剧痛未发耳，仍未起，三餐均蓐食也。润儿感冒未愈，头痛增剧，今日下午未到班，就中医赵君达诊，方用疏化，服药后未审何如，须睡后始知之。元孙则热已退，惟令在家休息而已。滋儿参加工会大会未归晚饭，直至九时半乃归。余十时投药珏人后始睡。是夕珏起溲四次，余起视两次。

3 月 15 日（二月廿二日　乙亥）星期二

阴寒料峭，终未露日色也。

晨六时半起。珏人情况与昨同，但午前起坐三小时，傍晚六时半亦起坐三小时，九时许乃就卧。余仍搜材备作纪念文，但尚不能草创也。滋儿晚归，携来青年出版社致送《郑成功故事》稿审阅费五十五元。余即以前所存约编《郑成功》稿稿费百元及原契约交滋儿带去，属明日面交覃必陶，谢不能应约矣。前昨接君宙、致觉信，知君宙近况依然，致觉已租得亭子间一所与其婿同居，食宿俱得解决云，为之大慰。十时就寝。是夕珏人颇好，仅起溲四次，余为起视一次耳。

3 月 16 日（二月廿三日　丙子）星期三

晴不甚朗，地还润，日中颇燥热，而阴处仍峭寒，无怪近来疾病之多矣。

晨六时即起。九时后着手属草为纪念文字,头绪苦繁,一时不易统整也。润儿感冒服药已多日,在家休息亦已两日,而滋儿今日又发热,早晨力疾上班,竟以不支折回。下午延张静容来诊,谓亦重感冒,仍注射盘尼西林液而已,入夜热稍退未净也。珏人尚好,午、晚各起坐三小时,夜起溲三次,较往时似略平耳。下午二时,余以闷损甚,即偕润儿出散步,扬长至于东单、崇内大街一带,在保元堂为润撮药,在新华书店古典门市部及特价门市部一看,稍稍购物而回,在新开路西口上十路公共汽车,返禄米仓,徐步以归。傍晚清儿来省,即与家人共饭。饭后潜儿、文权来省,谈至九时偕清共去,余亦就寝,夜起一次耳。语文学习社已于今日正式移往人民教育出版社,琴珠今后恐不能赶回夜饭矣,办公在西城,下班又较迟故。

3 月 17 日(二月廿四日　丁丑)星期四

平明风作,撼户振棂,天昙,气冷,又是一番景象。

晨六时半起。润儿强起到局上班。滋儿热仍未净,卧床未起。珏人状况如昨,午前得大便,惟神思懒倦,昼晚各起坐两小时,而饮食感味亦较差,夜仅起溲三次,入眠时多。余九时后草纪念太史公文,至午后四时仅得千馀言,已觉惝恍难任,甚矣吾衰也,为之浩叹。夜九时半即寝,起视珏人授药一次。

3 月 18 日(二月廿五日　戊寅)星期五

晴,午后阴,有黄沙,风中仍寒,阴处见冰,夜深大雪。

晨六时起。八时佩璋来,未几所中车来,遂共乘以过平伯,长驱出城,径到北大哲学楼文研所阅览室,出席古典文学组例会。到其芳、冠英、默存、友琴、范宁、妙中、力扬及平伯、佩璋与余十人。
其芳主席,各人汇报工作后讨论冠英《汉魏六朝诗选》拟目。席上
知文协及科学院将于今年为司马迁诞生二千一百年作纪念,我所
当有人撰文云,然则非必人人作而尤无须由余组织稿件也。十三
日湜儿归述积贤之语殆展转失真耳。余文已属草,自当足成之组
织云云,宜可舍旃矣。十二时半散,与平伯过饭冠英家,余啜粥而
已,一时即行。与冠英、平伯、之琳、友琴同载入城,伊等俱往北京
剧场听艾思奇讲演,余则径归。到家已二时,澄儿、增孙在,并知潜
儿亦来省,已去云。有顷,文权至,为中国建设社借《插图本中国文
学史》,移时乃去。澄等则夜饭后由阿凤送上十路车归去。清儿傍
晚来省,旋去。夜八时许达先来谈,九时去。珏人状况同昨,惟夜
饭前后又作痛,幸未剧发。滋儿热已退,但又有回热四分。余对此
均不能宁静自处,如之何再务其他乎?十时就寝。是夕珏人起溲
四次,余起照料一次。

3 月 19 日(二月廿六日　己卯)星期六

　　积雪消融,终阴,仅下午见日数四,须臾即逝,气却不甚冷,风
亦微弱。

　　晨六时起。滋儿热已退净,今日扔在家休息。珏人依然如故,
惟向晚精神较差,夜起溲四次,午、晚仍各起坐两小时也。余续草
纪念文字,至下午四时半歇,前后仅两千馀言耳,未及半也。夜十
时就寝,夜起视一次。

3 月 20 日(二月廿七日　庚辰)星期

　　阴霾竟日,气亦较肃。

晨六时半起。九时半与滋儿同出，步至青年会乘电车到前外大栅栏下，往鲜鱼口大众剧场购得明晚京剧院一团戏票一纸（楼上特座第一排第七号）。返途在会仙居吃包子炒肝，然后乘三路公共汽车到东安市场下，入市场西门至吉祥，欲购今日日场票，以排队甚长，废然而罢，即出北门，乘三轮径归。到家，达先、清儿、建昌俱在，以知汉儿、芷芬昨日归京，今日当来饭，特预候晤谈也。珏人亦于十一时起，待至十二时汉等未至，达、清遂归去，建昌则留此午饭。饭后二时芷、汉、元鉴及芷侄女璐（新从苏州携来住京）同来省。有顷，达先、清儿亦至，四时后珏命元鉴、建昌往召潏儿，越时亦来，而珏人以久坐不支，于五时半就卧，六时半余等共饭，珏遂未与焉。饭后诸人绕床困坐，与珏闲谈进粥共话，亦甚高兴。至九时许潏、清、汉、芷、达等俱去，余等亦各就寝。睡至十二时许珏人痛作，唤余亟投索密痛及何丸、张丸等，俱无效，剧烈至于号泣，一如从前最剧时。余先抚摸，继呼润儿起，又呼阿凤起，扰攘达二时半始稍止，各归寝。继而珏起溲两次，于是天明矣。

3月21日（二月廿八日　辛巳　春分）星期一

晴，有风，旋止，气较昨和。

晨六时半起。九时续草文字，至午后五时，仅得四百言，亦可笑矣。珏人今日痛止后仍能于十一时后起坐进食，午后三时就卧，六时复起，与共进晚餐。六时四十分出，独乘三轮径往前外鲜鱼口大众剧场登楼坐特座第一排第七号。七时一刻开演，初为茹元俊、刘鸣发之《打酒馆》，即《快活林》、《醉打蒋门神》耳。继为叶盛兰、杜近芳、王玉让、苏维明、曹韵清、萧盛萱、李洪春等之《周仁献嫂》。此剧为新排之明代戏，叶饰周仁，杜饰冯素蕙，王饰严年，苏饰严嵩,曹饰杜文学,萧饰凤承东,李饰王四公,俱显功力,而叶尤翘出,苏只露一场,惜未尽其材也。十一时散,仍乘三轮归。时珏人已睡,唤醒投药,幸未发痛,询悉今晚甚好,与诸儿讲故事至十时始就寝云。是夕仅起溲三次。余十二时就寝,直睡至五时半乃醒,久未得此矣。

3 月 22 日 (二月廿九日　壬午)星期二

雪,午后晴,气不甚寒。

晨六时半起。拂拭几案等杂事后,九时乃开始续草前文。午后三时许颉刚见过,雪英亦同时来访珏人,余与颉刚畅谈至近五时乃别,承检出余囊在草桥中学窗稿两册。(四十年前偶存在伊所,今伊移家来京,整理苏州书屋乃得发见之,遂见还。)甚欣意外得睹幼年手稿,虽咿唔学舌,不成腔调,老去重温,亦殊醰醰有味也,心感之至。珏人午起两小时,傍晚清儿来省,因即起与雪英、清儿等共饭,饭后雪英、清儿偕过潜儿,珏亦就寝,精神较昨大差,夜起溲三次,至五时许突又发冷颤,至天明七时乃略止,继又发热,牵动腹臀诸部皆作痛矣。余与润儿照料之,不免发慌无措耳。余十时就寝,五时后即未睡。

3 月 23 日 (二月三十日　癸未)星期三

晴。晨六时即起,照料珏人至九时半始见入睡,心得稍安,但时时醒,醒则痛号,惨不忍闻,诸儿俱已上班,仅稚孙在侧,余一人承当而已,岂已至紧急关头耶? 竟不敢涉想也。直至下午二时半始进炒米粉一小盂,痛亦渐止。下午三时许清儿来省,盖已得润儿电话,特先退班来视也。傍晚达先亦来省。入夜润、滋俱归,潜、汉亦至，遂共饭。珏人仍未起，八时半啜粥汤一碗耳，精神大差矣。夜饭后琴、佩亦归。共谈至九时许，瀋、汉先去，清亦归其家。余心乱如麻，续草纪念文字才数百言耳。夜十时就寝。是夕珏人倍服张丸（八时五十分），居然睡宁，虽起溲三次，未作剧痛也。余亦以是未起，惟己身以失牙故影响消化，腹膨胸闷，颇不适，须畅便乃行乎？

3 月 24 日[①]（三月　小建庚辰　甲申　朔）星期四

晴，较和。

晨六时半起。腹胀未愈，早膳减损一半，午饭如常，晚饭竟停罢，夜睡亦大为不安。盖大便未能通畅，影响亦匪浅鲜也。九时续草纪念太史公文。午饭后晓先见过，少坐便去。余以体气不舒，无心属文，至晚仅得五百言耳。晚六时四十分出，独乘三轮往鲜鱼口大众剧场看叶盛兰、杜近芳、徐玉川等演出之《白蛇传》，坐楼上第四排十九号，戏票为润儿在局组团体中搭买，坐位较远，幸代假小型望远镜，偶一用之，亦殊清晰也。七时一刻开，十一时一刻散，中间休息两次，在"盗草"、"金山"两出中。杜近芳居然大显身手，颇见武功。余精神阑珊，竟亦终局未倦，足征技艺生动矣。散场，仍乘三轮遄返，到家已十一时四十分，为珏人服药等事照料至十二时半始就寝，但以腹胀为患，起便数四，仍未畅解耳。珏人时时作痛，精神大衰，每一呻吟，刺耳剜心不啻也，终日望有人来，至薄暮清儿始来，八时后去，珏得稍慰。

───────────────

①底本为："复初日记第八卷"。原注："乙未春分后二日，容叟自署。时珏人又疾作，诸儿都到班治事，仅稚孙在侧，无由相慰，孤寂酷痛，意乱如麻，涉笔书此茫茫，殆非人境矣，吁！"

3 月 25 日(三月初二日　乙酉)星期五

初阴旋晴,微有风,仍薄寒。

晨七时强起,腹胀依旧,早餐仅饮牛乳一碗,午餐仅吃焦饭粥一碗半,晚餐仅及午之三二耳。屡便不畅,或且尽拉不出也。珏人元气已损耗,今日虽未作剧痛,而午起未久即感迷倦,午后即就卧,饮食仅恃粥汤象征而已。清儿午间来省,饭后即去。澄儿下午二时半来省,挈垲孙俱五时去。濬儿傍晚来省,夜饭后亦去。余以种种不适,仅续前文三百言,意不属,亦无奈何也。夜饭后为略事运动,偕滋儿出散步于附近胡同中,未几即返,未感舒松,服酵母剂五颗,坐至九时半就寝,始稍好。珏人夜起溲四次。

3 月 26 日(三月初三日　丙戌)星期六

阴寒,既而日出有风扇之,气反稍和。

晨六时即起,拂治坐头,至九时乃开始工作,续草前文。以珏人病况加深,不免牵萦,仍仅得数百言,惟大体已完,只待总结矣。午后三时许平伯见过,谈移时去。湜儿五时许归,偕同学一人来,即时呼饭,饭毕偕去天桥剧场听音乐。十一时复仍偕来过宿,其母延望旬日,满拟叙话,乃匆匆而来一饭即去,竟不得好好一语,是诚不知轻重矣。珏人亦昼夜未大便,今日下午二时廿五分始解。先用开塞路,又得阿凤铃去肛门硬粪乃下,费力太多,尿道受影响,流血颇多,以是精神益委顿,饮食更减损,惟投药甚勤,幸未剧痛耳。八时后乃入睡,夜起溲四次。余十时就寝。

3 月 27 日(三月初四日　丁亥)星期

阴雨闷湿,午后见晴,大气仍感不舒。

　　晨六时半起。珏人情绪益劣。午前业熊、清儿来省,饭后达先、澄儿、建昌、升垲皆来。清儿为言东四六条有陈介夫大夫能治毒瘤,已有多人说起,请延来一试,因即由伊前往邀请,二时许即来。据陈医云,脉象与消化系统都好,虽不敢说绝对可治,宜有把握可疗也,当为施金针于右膝下前后各一,谓可止痛(坐骨神经痛),惟服药须用渠熬煎之成药,不告药名且须预制一月量,价四十万四十元。颇嫌其江湖气,不能十分置信。经家人商量之馀,金主先试针五天,并先制半月量成药试服,陈亦谓然。至三时半始送出,珏人却得慰不少,是日竟又得大便一次,夜睡亦好,起溲四次。下午接漱儿廿五日来信,清、澄、汉等俱见之。余自送出陈医后,与润儿出散步,忽忆蟠桃宫庙会尚未撤,乃各乘三轮以赴之。游人甚挤,竟未入宫一瞻,仅在临时市集购得玩物数事,与润仍乘三轮归。则汉儿、元错、升埒亦在,余即以布制大象给元孙,以色布书囊三具分给元鉴、建昌及升垲。未几,即夜饭矣,余以腹膨复作未与,后与珏人各啜稀饭。夜饭后汉等去振甫家,业熊、澄儿等归去,达、清等则未饭即先去。余独坐冥想至十时亦就寝,拥热水袋熨腹际,幸未大不适耳。

3月28日(三月初五　戊子)星期一

　　晴较温,日中已有春深之感矣。

　　晨七时起。体中不舒,心绪如麻,勉将纪念文字初稿草完。午后候陈医来,为珏人施金针,乃至三时三刻始来。今日在尻部、右臀、右腿、膝弯、脚踝等处扎八处,历时二十分钟,又与谈半响,近五时始去。陈医去后,余方伸纸欲誊正文稿,而叩门声急,延入,乃颉刚偕丕绳见过也,谈半小时,为司机所催,即辞去,未获畅言为惜耳。夜饭后腹胀脘闷如故,因与滋儿出散步,信行至什方院西口登十路公共汽车往西单。西单市况远胜东单,霓虹之灯高烛,大有天津市街之概,因遍历零售公司、桂香村合作社诸处,顺购食物数事。(生涯之盛首推合作社零售公司,次之桂香村,虽已公私合营,顾客远不逮上两处多多。)并在长安戏院购得明晚燕鸣剧团戏票一张,居然楼下第一排廿一号坐位,亦意外之遇也。仍返步至西单南路东上十路车遄返,到家尚未及九时。珏人已睡,询知扎针后零星酸痛已减,或陈医所说有其万一之效乎?余十时就寝,腹胀不适,终夜为之未宁也。

3 月 29 日（三月初六日　己丑）星期二

晴不甚朗,午后有风,日中颇暖,背阴却冷。

晨六时起,腹胀未愈,七时半车来,力疾乘以过平伯、健吾,同载到北大文研所应召参加全所会议。听何其芳作去年年终总结报告,中间休息,遂如厕一次,勉坐至十二时半散会,仍乘原车送归。到家,知珏人少进一次索密痛,九时许即作痛,余回,始稍好。余少坐,强进稀饭碗许,至近三时珏人乃痛止,进炒面半碗。三时陈医始至,适滋儿下午休息在家,即由伊陪之,仍在昨扎之处扎针,并开方一帖,四时乃去。余回家后连泄两次,俱未畅,后又如厕,则仅一屁而已,脘闷难忍,恐大病至矣,因将下午牛乳停饮(属滋儿饮)。夜饭亦只半碗。适清儿来省,饭后遂与同出,伊归去,余则登十路公共汽车往长安看夜戏,一因昨已购得票子,白丢太可惜,一因心闷难舒,偏要硬挺一下耳。至则《嘉兴府》已过去一半,只看得后段"余千打酒馆",盖世春之鲍自安、袁世涌之余千,俱够格,而袁之干净亦今乃见之。(以前只见他充配角,今乃得展其长也。)可见埋没之才正不在少也。休息后为赵燕侠、郑盛芗、刘通、杨世桢等之《凤还巢》，尚无大疵，赵尚不失为好演员也。十时五十分散，即乘三轮归。询知珏人陈药已服，尚可相应，惟日间因扎针不能蒙被而受凉，又有轻微寒热耳。夜起溲七次，甚感累。余十一时五十分就寝，腹胀较好，仅在枕上为珏作起居记录，未起也。

3 月 30 日（三月初七日　庚寅）星期三

晴，较昨稍和。

晨七时起。九时起整理纪念文字，至下午五时得二千言，中间惟于三时至四时半陪陈医为珏人扎针耳。珏人昨虽有寒热，今晨尚好，维持至午居然进饭。饭后一时，文权、潜儿俱来省。有顷，泉源来省，先后与之谈话，皆未见有异。及陈医来扎针去后，又忽感冷发热并作痛，亟投止痛之剂，至夜八时始稍平。清儿来晚饭，见其平，乃去。十时余就寝。珏人夜起溲四次，余以腹中不舒，未起也。

3 月 31 日（三月初八日　辛卯）星期四

晴和。晨六时半起。九时起，续草前文，至晚写完，凡七千五百字。珏人今日停止扎针，寒热亦止，午后得大便，夜眠尚好，起溲四次。下午五时，泉源来，有顷，清、汉两儿亦至，午后潜亦来，因共饭。饭后，泉源去，清、汉则九时半始归。余腹胀稍好，但夜卧后又大作，竟致转侧难寐也，恚甚。

4 月 1 日（三月初九日　壬辰）星期五

晴和。晨六时半起。九时起将纪念史迁文字誊清毕，已十一时。仁林来省,久未见来,询悉正随车见习,近始期满,定职为操纵副司机,今日休假,遂来探望耳。留饭后至三时乃辞去。潸儿午来,澄儿挈埒、垲、增三孙二时三刻来,未得与潸晤。余今起下泄,初感甚适,乃连泄三四次,反又觉闷胀,而腹中毕剥作声,至为不舒,未审究竟何如耳。六时半澄、润、滋、埒、垲晚饭,余以减膳,只索不食,饭后滋送澄等上车,余则乘三轮往平伯家晤其伉俪及亦秀,饱聆《藏舟》、《游园》、《惊梦》三曲,九时半始与亦秀辞出,偕行至新鲜胡同西口而别,伊乘车归去。余乃缓步徐行,返家时起风扬尘,灯光黯淡,踽踽孤凉,殊感落寞矣。到家珏等已睡,余亦遂卧,腹胀反松舒些,亦奇。珏夜溲起六次,余枕上记录而已。

4 月 2 日 (三月初十日　癸巳) 星期六

晴和。晨六时半起。九时续作《汲郑列传》校释,至下午四时止。中间雪村夫人耦庄挈建昌、小逸来望珏人,与谈若干时,因仅得十六则。珏人情况如昨,傍晚起,进夜餐,唉章家送来饺子十枚。夜间润、琴挈元孙往出版管理局看电影,滋为余出城购戏票,湜又未归,因与阿凤陪珏人接龙,而文权、潸儿来省,共谈至九时乃罢。有顷,权等去,余亦濯身易衷衣而寝。珏人就卧后至深夜一时忽痛作而醒,余与阿凤迭起抚摩并投药求止。(竟剧痛难忍,据云骨盘烈痛与前不同,余等大慌。)幸后渐平,至三时半乃稍止得入睡。如此惨遇,奈何独钟于珏人一身,天何酷哉! 因痛剧,又见多血,且起溲五六次。

4 月 3 日 (三月十一日　甲午) 星期

晴和,略有风。

晨七时起。九时半力子、泽民先后来访,与谈,力子特过慰问,泽民则来还我《小腆纪年》等三书耳。谈至十时半泽民先去,力子亦行。润、滋、湜(十时由校归)及琴、佩、元孙等俱往视澄家,应约吃饺子,惟余与珏人相守而已。午后达先、清儿、建昌、建新来省,近五时去。小文来访,新自东北差毕归来,夜饭后去。润等适亦自澄家返,乃与共餐焉。六时半余独乘三轮往大众观中国京剧院一团演出。到时少坐(楼上第二排七号)即开幕,首为赵文奎等之《锁五龙》,次为茹元俊等之《打酒馆》,次为杜近芳等之《思凡》。(昆曲太高,鲜为观众所了解,杜唱演俱臻上乘,而众多冷视。)休息后为叶盛兰、李盛藻、苏维明、王玉敏等之《断臂说书》,各逞所长,精采极矣。十时五十馀分,先出场,即乘三轮遄返,到家已十一时半,家人俱睡,珏人为言芷芬、汉儿、元锴七时许曾来省,至九时乃去云。余即就寝。珏人今日颇好,午起与余共饭,夜深曾得大便,起溲亦仅四次耳。

4月4日(三月十二日 乙未)星期一

晴和。晨六时半起。九时续作校释,甫写二则,刚主见过,同时接所中通知,今起放春假三天云。十时半,刚主辞去。有顷,珏人起,少坐后即与余及湜儿、元孙同饭。午后二时珏人就卧,余乃偕湜儿出散闷,走至无量大人胡同东口,乘十路公共汽车到东单换乘十二路汽车,出崇文门,经蒜市口法塔寺、龙潭达左安门下,城门已撤除,仅见缺口,且门右侧外厢城砖多剥去内蕴,黄土亦挖去不少,似故为者也。出城立壕上新建之桥略加眺望即入城,徐步复往龙潭,至法塔寺(寺亦仅存一塔)候北上车至乘以复返东单,时正三时半,乃更乘三路公共汽车往北海后门,相将入园,过春雨林塘,访颉刚于画舫东北古柯庭东屋得性轩。轩为清德宗书斋,庭中古柯,唐物也,尚抽条发荣,生意盎然,至可珍宝矣。颉刚方与王崇武居轩中治《通鉴》,方振笔作《得性轩读鉴记》,与谈移时出,晤容元胎于画舫斋西轩观妙中,少驻即行,经濠濮间,陟土冈,穿桃林(已多着花),迤逦由陟山桥东侧沿海子南行出园前门,乘二路公共汽车东归,至灯市东口下,在安利食品店购饵数事,扬长自史家胡同步归家中,时未及六时也。有顷,润、滋俱归,珏人复起共饭,惟精神不逮午爽,未几即寝。余以多走路,心头虽略舒而体倦加剧,九时半亦睡。睡至十二时许,珏人忽又作痛,继以发冷作颤,但起溲反多,竟达六次。余起两次,照料服药,阿凤亦起一次也,天明方稍宁。

4 月 5 日(三月十三日 丙申 清明)星期二

晴和。晨六时半起。珏人略平,但情绪大劣,又不肯服药,经劝始勉进之。十时,澄儿挈墣、垲、培、增四孙来省,十二时埼孙亦至,珏强起就食,惮于启唇,甫食毕,眼下垂,不能睁,一时三刻即就卧。二时,湜儿归校,埼、墣、垲往章家看建昌,余与澄得细谈家况,总之吾家盛衰系于珏人,万一有变,现局即难维持耳,言之凄然。五时许埼等归来,因即与澄等偕归,饬阿凤送之上车。六时半濬儿来,少坐便去。未几,清儿为珏人自陈介夫大夫处取汤药送来,未及与濬、澄遇,有顷,亦归去。润、滋俱未归饭,仅余与元孙同餐,珏人以未起,仍就床进食也。是晚北屋始熄炉未燃,它屋早撤炉矣,可征大有春融之感矣。九时后滋、润等始陆续归来,余九时半就寝。珏人睡后尚好,起溲五次,余起视照料亦两次也。

4 月 6 日（三月十四日　丁酉）星期三

晴暖，日中庭院烘然矣。入夜有风，月色遂不甚朗澈。

晨六时半起。十时许刚主来访，谈移时去。珏人今日较好，晨得大便，昼起坐二小时，傍晚亦起坐三小时，眠食俱佳，夜起溲五次，晚六时尝为余指点缝工裁制丝绵袄裤也。余今日为尚在春假中，但既不得出外寻春，枯坐无聊，只索续作校释，翻检考订仅得一十六则，而天已垂暮矣。清、汉、琴俱来夜饭，饭后权、瀋、达、硕、昌亦至，欢谈至九时乃各归去，盖今日为余与珏人结缡四十四年纪念，故珏人备见兴奋耳。润、滋依时归饭，佩则九时后方归也。十时馀就寝，夜起一次，视珏人安否，但觉宵深气逆，不如往时顺适，或多说话有伤胸气乎，终为憬憬。

4 月 7 日（三月十五日　戊戌）星期四

昙，微风，气暖不舒。

晨六时起。九时续作校释，至下午五时廿分止得四十则。眼花胸闷，不得不停矣。十时许绍华来访，谈至十二时乃去。瀋儿午后来省，二时去。珏人今日尚好，午晚俱起坐进食，夜九时乃寝。家中诸事凌乱丛脞，集于我一身，日常琐务权乃操诸女仆，长此以往，终非至计。珏人连日召诸儿女为言，拟函招大姨幽若来京照料，众意金同，并征得余意，决定爰于昨日发函相招，其议即寄沪漱儿阅转顺征意见，如谓然，即由彼径发矣，不识能否如愿耳。姑待之。滋儿以参加团会未归晚饭，润儿亦以听报告，夜饭后仍赴局，家中颇见岑寂，将九时润归，又有顷，滋亦归。接漱儿五日来信，复余上月三十日去信，附来弥同照片及笙伯复芷、汉信，知漱儿半月后即将分娩也。珏人夜睡亦好,惟仍起溲六次,余九时三刻就寝,起视一次。

4 月 8 日（三月十六日　己亥）星期五

昙闷,刮风,午后晴,气终未舒,恐致雨也。

晨六时起。九时续作《汲郑列传》校释,至下午三时半得三十五则,《汲郑传》全毕,先后凡二百一十则。午后潚儿来省,知甫自干面胡同门诊部割去右眼皮结石返,二时仍赴古籍编辑部上班。四时后元锴、元镇两孙来省,薄暮清儿、达先、芷芬亦至,入夜清、达先去,芷及锴、镇则夜饭后乃去。珏人初尚好,午起后余及元孙共进炒面,午后二时就卧,六时十分起大便牵动脱力,又感微痛,晚膳未进,呻吟不辍,余煎熬已久,如坐针毡,徒唤奈何而已。因忆前日绍华为余言国药公司之舒肝丸颇有验,乃命润儿驰往购归,即试服焉。越半小时气略平,居然能进稀饭半盂,痛亦渐止,夜起溲五次。余十时就寝,夜起视一次。

4 月 9 日（三月十七日　庚子）星期六

昙,午后晴气较爽。

晨六时起。九时工作,用蜀本、百衲本、黄善夫本、汲古阁本、会注考证本通校《游侠列传》一过,下午三时半毕。珏人今日午起坐三小时,下午二时就卧。潚儿来午饭,亦二时去。下午五时珏得大便（但用开塞露）,尿道又牵引出血筋及血块,或陈药之验乎?而珏为此又波动情绪,以为加疾,气分乃不平。夜饭后清儿来省,九时始去,余亦于半小时后就卧。珏夜起溲四次,余起持药两次。

4月10日（三月十八日　辛丑）星期

晴和。晨六时半起。八时出，乘十路车到中山公园，晤彬然、汉儿于大门首，同出来今雨轩。晓先、芷芬已在，其后文叔、心如、雪村、力子、振甫、寿白、梓生陆续至，谈至十一时散。余与振甫、芷芬、汉儿同乘一路车到东安市场，共饭于奇珍阁。十二时半出，芷芬、汉儿归省珏人，余则入吉祥剧院，看中国京剧院二团演出（票系昨晚滋儿代购）。一时开演，先为陈世新、孟昭元之《真假李逵》，继为李宗义、王泉奎、赵炳啸、李世章等之《将相和》。四时一刻即散出，信步至王府井南口，仍乘十路车返。到家知珏人尚好，潜、澄、汉及达先、业熊、芷芬、昌预、建昌、建新、升埕、升基、升垻、升垲、升培、升增俱在。是日惟滋儿、佩华在家，润儿、琴珠、元孙亦附出版管理局集团往游颐和园，适与余同时返家门。傍晚，潜、预、新归去，馀俱夜饭。饭后业熊一家先去，达先、芷芬、汉儿、建昌则至九时方辞去，越半时，余亦就寝。珏人饮食尚可，惟左腹内下方遇食后即作痛（此系新发生之象），因而影响精神不小，夜起溲六次，余起视一次。

4月11日（三月十九日　壬寅）星期一

晴暖，午后阴，有风。

晨六时起。九时分段标点《游侠列传》，十一时半毕。午后潜儿来省，二时与润儿同去上班。清儿晨来省，少坐便去。下午作《游侠列传》校释，至四时三刻止，仅得七则耳。珏人状况如前昨，午、晚都强起进食，各坐二小时馀，夜起溲五次。余夜十时就寝，起授药视疾一次。

4 月 12 日（三月二十日　癸卯）星期二

晴暖,微有风。

晨六时起。九时续作《游侠列传》校释,至午后五时得二十五则。珏人上午大便复影响左腹痛,精神为之减损。午后一时五十分强起吃开水淘饭半碗。潗儿来省,二时去上班。三时三十五分珏人就卧,幸得入睡两时馀,八时乃复进泡饭半碗,就床食,竟未起也。今日北屋始撤火炉,馀煤筛出存放,煤屑则唤工摇成煤约三四担,踵去年成例也。小水道壅塞庭中泛滥已兼旬,屡唤徐工成田来修,终未应,今晚始来看,约星六来动工(十六日),不识果否耳。北地严冻,此屋又材劣工减,得来如负重累,每年两修,费巨而心耗,诚可叹恨。余九时半就寝。珏起溲三次,余竟未起视也。

4 月 13 日（三月廿一日　甲辰）星期三

晴暖。晨六时起。九时续作校释,以内容较繁复,思考较周折,至下午四时半仅得十则,而脑胀不复能赓为之矣。午后三时三刻,接潄儿复信,对接取幽若来京提出不同意见,言之极有理,当再考虑决定再复告之。潗儿、清儿、达先、建新午后俱来省,二时皆去。滋儿亦于饭后归,为家人摄影,盖昨日新购一照相机,正热于试摄也。润儿本每日饭后上班前归省一次,以其常例不特书。达先今日生辰,其家午前送面来,夜间又邀滋儿往吃面。珏人较昨稍好,午晚俱起进食,但腹内左侧不舒未复,颇怪陈药所致,又不肯继服矣,幸夜间尚好,起溲五次。余仍十时就寝,夜起视授药一次。润儿夜出看木偶戏、皮影戏观摩演出招待晚会(文化部主办),十一时后乃归。

4 月 14 日（三月廿二日　乙巳）星期四

晴不甚朗，午后阴气闷，欲雨。

晨六时起。九时续作校释，至下午四时三刻得四十七则，遂歇手。珏人午起强饭半小碗，二时五分大便即感不舒，仍就卧。四时许雪英来访，珏人与语无力，留雪英夜饭而后去，伊竟未进食，夜起溲五次，精神更见下沉，腹内左侧隐痛依然，虽大解后不松，或病原发展所致乎？陈医今日即停服，惟止痛等麻醉品则一仍旧贯云。余本拟今晚偕润儿出治牙，以珏人临时加严而罢，夜九时半就寝，起视珏人两次，枕上作记，则每醒必录，一如往常。

4 月 15 日（三月廿三日　丙午）星期五

阴，时有微雨，气转冷。

晨六时起。八时所中车来，即乘以行过接平伯，同驰出城，雨即止，到北大文研所，为时仅四十分，九时开会。（古典文学组例会讨论上次大会所作两草案。）到何其芳、钱默存、陈友琴、力扬、毛星、范宁、周妙中、王佩璋、胡念贻、曹道衡及平伯与余十二人，余冠英病假。会上对两草案皆有修正，十一时半即散，仍乘原车入城，友琴附焉。未登车前，湜儿来见，因属明日务归省其母，行不久，十二时已到家。时家中方饭罢，濬、润两儿俱侍其母谈，晓先亦在，乃一边进饭，一边与晓谈。午后一时三刻，濬、润等三人皆赴局上班。见珏人卧未起，询知仅食藕粉、燕窝少许，精神益萎矣，为之凛然。傍晚汉儿来省，珏人得慰稍安，进泡饭半碗，饭后与汉长谈，似好转不少。润儿夜饭后出参会，滋儿在社值班，俱九时后乃归。汉儿去后，余亦就寝。珏人夜起溲三次，情形尚好，为之略慰。

4 月 16 日（三月廿四日　丁未）星期六

阴雨终日，闷损甚。

晨六时起。九时续作《游侠列传》校释，至下午五时得五十则。珏人情况依旧，夜起溲四次，俱不畅，一次竟泌不出，恐又有变，为之抱虑不少。午后濬来省，上班时去。夜饭后清、达、建昌俱来省，九时后乃去。余九时半就寝，夜起两次视珏人，耽心之至。

4 月 17 日（三月廿五日　戊申）星期

晴，转寒。

晨五时半起。六时半与润儿偕往出版管理局访晤彬然，至七时廿分乘局中中吉普同过圣陶，车中同载者有金灿然、傅彬然、朱熙、邱守谦、欧剑新诸人，凡十四人。到八条后余转圣陶车偕过南锣鼓巷接裴文中，同驱出阜成门，迤逦西南去，经卢沟桥、长辛店、良乡县城，转西又经房山县城，径到周口店龙骨山，途中历三小时，即憩于科学院古脊椎动物研究所周口店工作组之招待室。先由裴文中介绍周口店北京人及山顶洞人发见之经过，然后导往陈列室展物标本模型及实物，其中嵌砌壁间之鱼化石远在五十万年之前，而形态骨肉宛然如生，最为奇古矣，周历三室，仍返招待室进午餐。（出版局自备面包等物，携去遍供。）餐后，由裴君导往发见北京人原洞及山顶洞等处实地指讲，颇饶亲切之味，因而了解不少，快甚，竟不觉登陟之劳。约一小时再返招待室小憩，适北京市长张友渔、吴晗等一行至，略与叙话即由裴君导彼等周览。余等乃于二时一刻辞出，仍乘原车返京。六时到家，知珏人导尿二次，第二次始得放出，痛苦异常。午后竟大发股胫剧痛，至一时，人事不知云。并知业熊、澄儿、埻孙都来过,而清儿上下午均来,雪英、立斋、亦秀亦来访,均未之晤,甚以为歉。夜饭后清儿复来,则珏人已略平,惟精神大差,时见气哽耳。湜儿则午前十一时即返校矣。清儿来后,珏人适入睡,乃与润、滋、琴、佩作剧谈,为招幽若问题,伊等大抵为照顾实况计,仍主招来云。九时后清去,余等亦各就寝。是夕珏自起小溲四次,余起视授药两次。今日徐匠带小工二人开始修沟。

4 月 18 日（三月廿六日　己酉）星期一

晴,冷。晨六时起。九时仍续作校释。十一时绣君来视珏人,留饭焉。汉儿亦以省母来饭。饭后,润、滋俱归视且看修沟,一时许潜亦来,谈至一时三刻,绣君及潜、汉、润、滋诸儿俱去。余又续作校释。至四时,凡得二十六则,以接漱婿笙伯信,报漱十五日上午十时三刻产一女,因说与珏人,遂停笔。有顷,即书复笙伯,为新生外孙女取名熹和,为其生于春天和平的晨光里故耳。顺告此间近状,并附去一笺与漱儿,对其所提意见作解释,珏意仍要招幽若来,即属进行。徐匠今日仍偕小工二人来,化粪池已基本完成,只待水泥干及接沟管矣,但此项刨地工程殊非易易,正不知数日内能否毕工已也。夜饭后与润儿出乘三轮到东安市场内丹桂商场十一号田济川牙科治牙,讲明装义齿上颚十四枚、下颚八枚,共四十六元,先付十元。当即嵌模型,上颚用石膏,下颚用橡胶。用石膏时颇难受,试三次,中间一次竟致呕吐也。事毕出,已八时三刻,约本星六往试装模型,仍坐三轮归。珏人今日较昨日略好,啜粥三次,小便尚能自泌也,夜起溲三次。余十时就寝,起视授药一次。

4 月 19 日（三月廿七日　庚戌）星期二

晴,冷。晨六时起。八时续作校释,至十时成二十一则,《游侠列传》全篇完,凡一百八十七则。珏人今日气隔更甚,稍食即感饱闷喘急,上下似有不通处,虽有大便,益增疲惫。十一时余出寄信,并汇廿元与漱儿,潜儿适自门诊部归(左眼上下皮俱施手术),因共饭。饭后墨林来访,谈至三时三刻,与潜儿俱去。徐匠今日仍有两小工来,粪池砌完,沟管亦接成多节,已弯至二门口,惟出街一段尚有周折,不识尚须几日始得完成耳。夜饭后文权、达先、清儿俱来省,谈至九时后乃去。余十时就寝。珏人起溲四次,进药二次。

4 月 20 日（三月廿八日　辛亥）星期三

晴,较昨前稍和。

晨六时起。八时工作,将《滑稽列传》用蜀大字本、百衲宋本、汲古阁本、会注本通校一过,下午四时半始毕。十时半澄儿挈增孙来省,夜饭后去。清儿夜饭后来省,九时去。小文来访,亦九时乃去。徐匠仍带两小工来工作,下水管大半安设,惟翻动门外地面须报经卫生工程局上下水道养护管理处批准方可进行,于是润、滋两儿为此奔走于本管派出所、区政府以及上述管理处之间,滋儿下午为之请假未上班也。据报申请表已填出,须三天内始得派人来查看核定云,是又须拖长一时期矣,为之闷闷。珏人情况益非,头脸似有浮肿,食后终感不舒,脘膈间作痛更甚,深为忧虑。夜九时半濯身换衷衣就寝,珏起溲三次,余起授药一次。

4月21日（三月廿九日　壬子　谷雨）星期四

晴和。晨六时起。午前出购物。潧儿饭后来省。雪山午前来访，谈移时乃去。渠已来京数日，住士信所，大约须俟中国青年出版社董事会开过后始回杭也。下午标点《滑稽列传》，未及半已四时半矣。徐匠仍率两小工来，下水沟管已埋妥，只待门外翻动矣，以须官方核准，不得不暂移工程于别处，乃先平院子备补铺洋灰，门楼下所刨之沟亦已填平，只待盖施方砖矣。珏人情况依旧，惟食后作痛已稍好，晚七时后大便也，夜睡亦好，仅起溲三次。余十时就寝，起视授药一次。

4月22日（闰三月初一日　癸丑）星期五

昙，午后阴，气不甚冷，殆将致雨乎。

晨六时起。八时续将《滑稽列传》施标点并分段，至十二时毕之。午后看匠工施工，地面已灌浆矣。三时许上下水道爱护管理处派人来查勘，有一两处须返工，且正式回音必待两三天后方由邮局寄来通知云。耽阁工事，日常受累，真恼人也。傍晚清儿来省，夜饭后与之同出，乘三轮赴天桥大剧场看周信芳舞台生活五十年，纪上海京剧院旅京公演，坐二楼一排十一、十二号。七时半开演，为全部《文天祥》。主角即由信芳饰，十一时半始散，中间仅休息十分钟，通体认真，末了"拒诱就义"一场尤见精采，是能曲达《正义歌》意义者，无怪周之擅名矣。自剧场散出后，原蹬三轮之人仍在，即乘以归。清亦径返其家，到家已十二时，询悉珏人仍如前昨，而吴述琇偕其友来访，佩华留宿吾家也。余睡至四时，珏人又以泌便不出，唤阿凤为导尿，总之情况转坏，渐臻严重耳，心为扯碎矣。

4 月 23 日（又三月初二日　甲寅）星期六

晴和。晨六时起。九时作《滑稽列传》校释，至下午四时半仅得一十三则。珏人情况依旧，但小便尚能自泌，午间竟起坐啜汤羹，二时复就卧。饭后潜儿、硕孙来省，二时去。三时基、垲两孙来省，夜饭后去。五时三刻润儿归，即偕之同出，径赴东安市场，先在中图公司及书摊上购得数书并到美术服务社参看，七时许往田济川处试装牙，费时一小时多，据说后天可以正式带上应用云。自田医所出，乃往奇珍阁进晚餐，润用十锦烩饭，余则用三鲜汤粉，亦餍饱矣，九时始归家。知俞承荫及预孙曾来过。珏人夜进泡饭一碗，尚好，睡后起溲四次。余十时就卧，起视一次耳。是日徐匠仍偕两小工来干活。

4 月 24 日（又三月初三日　乙卯）星期

晴和。晨六时起。徐匠今日来两大工三小工，内院地面已基本修复，西屋葺漏亦大致完成，仅外院地面及水井口、北屋等处葺漏耳，大门外接管子则须等候动工也。滋儿、佩华晨过清儿，同往北大看湜儿在彼游览，午后四时乃归。汉儿十一时来省。午饭后芷芬亦来，余乃与芷、汉、润同出，往隆福寺人民市场闲逛，在东二街一组陈记摊上购得观剧用直光望远镜一具，计价廿七元。旋在寺对门花店购得月季及洋绣球各一盆，计三元，即属润雇车送归，以遗珏人。芷芬别去，余与汉儿徐步至北小街南口乘十路车以归。继文、漱玉夫妇及其女琴儿俱在，有顷乃去，润儿亦挈元孙随汉归去吃饺子。傍晚达先、清儿来省，夜饭后谈至九时始辞去。珏人状况依然，面部及两脚俱浮肿，晨得大便，夜起溲四次。余十时就寝，夜起视授药一次。

4月25日（又三月初四日　丙辰）星期一

　　晴和。晨六时起。续写《滑稽列传》校释十则，午后潴儿来省，上班时去，以城外小剧场戏票两纸奉余，盖上海市人民评弹工作团旅京演出，欲一过家乡娱乐之瘾耳。二时后澄儿来省，挈垲、增两孙，俱夜饭后去。徐匠今日来两大工两小工，明日不来矣。葺漏及铺修地面工作已全毕，北屋短墙外皮已脱壳，亦乘此重修之，因撤柜移案，大费周章，所以不克多写者正坐此故，抑且腰酸腿软，百不适意也。夜饭后与滋儿乘三轮出前门，径赴北剧场，遇晓先、雪英、静庐、明心、文权、潴儿，时已开场，为新书中篇王孝和、唐耿良之楔子，已将完，继说四场，一姚荫梅、蒋月泉、张鉴庭、吴子安；二蒋月泉、唐耿良、周云瑞、张鸿声；三姚荫梅、张鸿声、周云瑞、杨德麟；四蒋月泉、唐耿良、张鸿声、陈希安。十时半散，仍乘三轮归。珏人情况依旧，脚肿益甚，精神更差，夜起溲五次。余起视两次，作记录，授药也。

4月26日（又三月初五日　丁巳）星期二

　　昙，午后晴，刮风扬尘，入夜撼户作声，气仍温。
　　晨六时起。九时续作《滑稽列传》校释，至午成二十一则。午饭后偕润儿往田济川处诊牙，当为余装配义齿，费时一小时始毕，仍乘三轮归。初装大感不舒，说话调舌困难，试啮糕饵，一若衔枚含核，隔膜之至，且略有活动，殊为尴尬也。升埕来省，三时芷芬来省，与谈久之，夜饭后升埕先去，芷芬则八时乃去。上下水道爱护管理处回音仍未到，出水停顿，颇焦急，然无奈之何，徒自闷损耳。

珽人今日上午得大便,情况似较往日为佳,但饮食总见减,肿亦不消,前瞻不免漆黑一片,思之寒心也。夜睡至二时半又泌便不出,徒见血块阻塞不得不唤阿凤为导放一次,余亦起溲三次,均痛苦万状,点滴而已。余十时就寝,为起视授药两次。元孙夜来,又感冒发热,终宵不安,其父母亦未好睡也。

4 月 27 日（又三月初六日　戊午）星期三

晴有风,气温如昨。

晨六时起。八时续作校释,至下午五时止,得卅二则。午后潛儿、清儿来省,上班去。元孙发高热,琴珠未到班。饭后润儿归,偕琴携元孙往干面胡同门诊部求急诊,越时返,谓系扁桃腺肿胀,无它疾,心为一宽。润告余下水道事已去电话催询,谓今日可以寄出复件,明日当可接到云。且看如何再说。上午接廿五日漱儿复信,谓母子平安,请勿念,幽若已转信去,五月初可以来京云。珽人情况依然,上午导尿一次,亟投氯霉素,午后小便稍利,午间曾啜粥一碗,下午进莲子羹一碗。六时锴孙来省,夜饭后去。润儿以夜间参加民进开会未归饭,滋儿夜饭后出购物,八时后乃返。上下水道工程局养护管理处傍晚寄到,接修下水道户线核准执照,明日将持往区政府建设科,换取掘路执照云。夜饭后文权来省,八时半去。余九时半就卧,珽夜起溲三次,后两次又闭涩难下,点滴而已,仅免导放耳。余仍起视一次。

4 月 28 日（又三月初七日　己未）星期四

晴,微有风,气较燥。

晨六时起。八时续作《滑稽列传》校释,至下午五时得四十八则,太史公原著部分已完毕,共一百二十三则,馀下褚先生补益部分待作,其量转比原著多倍许,恐日内又未必遂能赶完也。掘修路面执照已由润儿往区人民委员会建设科领到,而徐匠访招不至,仍感焦急耳。珏人今日较好,傍晚居然起坐,与余及润儿共进晚餐。(滋儿以参加团会未归饭,元孙热甫退,勉坐少进食。)饭后清儿、达先来省,与谈良久。(上午雪村、耦庄亦来。)俱与笑语。九时后清等去,始入睡。余十时就寝。珏夜起溲四次,平明且得大便。余为起视两次。

4 月 29 日(又三月初八日　庚申)星期五

昙,午后阴,气寒暖无定。

晨五时即起。珏人状况如昨,乃八时半忽又作痛,幸十时即止。十一时许澄儿来省,埙、垲、培、增四孙从,珏人竟起坐共进面,午后三时乃就卧,似又转好,岂作痛受大便影响乎? 余八时续作校释,至下午四时止,凡得三十二则。滋儿晨往招徐匠,晤之,约今夜来动工,润儿则饭后四出接洽,如电知养护处及往派出所洽告掘地且购料备用焉。下午四时半澄儿、埙孙等去。六时晚饭,饭后余独自出城,往小剧场听书,在场晤调孚、卧云、雪英、潏儿。七时一刻开,仍四回相贯,为《林冲》上集,第一回,张鸿、姚荫梅、朱慧珍、杨振雄之“相国寺结义”;第二回,杨振雄、刘天韵、吴子安之“计赚白虎堂”;第三回,蒋月泉、朱慧珍、周云瑞之“长亭送别”;第四回,姚荫梅、张鸿声、刘天韵、杨振雄之“野猪林”。十时半散,仍乘三轮独归。到家门首,电灯高揭,路面已发土,正开沟,预备埋设缸管,并在门下砌检查井,徐匠带两小工认真工作,润、滋两儿均在场督修,余亦时时出望之。十二时备粥酒供匠人,竟至彻夜,天曙方毕工,余与润、滋俱未睡也。

4 月 30 日（又三月初九日　辛酉）星期六

晴和。晨五时,余就睡,开发匠工诸事均由两儿任之。六时半即醒,既展转难寐,只索披衣起,知匠工已去。滋入睡,润则仍到班工作也。写信复潄儿,为珏人转述絮语者累纸,亲出寄发,先乘十路到东单邮局,汇兑处甚挤,排队甚长,乃转环行路电车回青年会,在煤渣胡同口邮局办汇,亦候七八人始发出。（汇四十元去,其中卅元作幽若川费,十元与其妹。）缓步归家,已十一时半矣。午饭后二时小睡,至四时半起。六时进面,面毕即行,乘三轮赴前外小剧场,仍坐昨日原位听《林冲》下集。在场晤晓先、调孚、卧云、潜儿、文权、清儿、达先、昌硕等。七时一刻开,第一回,"柴庄"（杨振雄、薛小卿、张鸿声）;第二回,"刺奸"（张鉴庭、姚荫梅、朱慧珍）;第三回,"酒店"（刘天韵、蒋月泉、周云瑞、张鉴庭）;第四回,"杀谦"（蒋月泉,刘天韵,杨德麟）。十时一刻散,即乘三轮归,知湜儿偕同学三人住来,备明晨出发参加游行。珏人未起坐,肿仍不消,夜溲五次。余起视授药各一次。

5 月 1 日（又三月初十日　壬戌　国际劳动节）星期

晴和。晨五时半起,看湜儿偕其同学三人出,润、琴、滋、佩今年俱以体孱未参加游行,而机关值班亦免派,以此都在家未出,甚为难得。十时后潜儿来省,为余翻装丝绵袄及背心。（此事珏人力主重制新者,以为不经伊亲自上动赶制,恐将耽误冬用也,绝痛。）午后三时始毕,四时归去云。十一时圣陶令凤祥来请,谓介泉在其家,希往叙谈。余本拟往访,初谓今日必在天安门观礼,故未行。

及凤祥来,始知在家,乃欣然乘三轮以赴之。至则介泉正与圣陶商榷翻译字句,反覆推敲,阅时良久,余则与墨林长谈。一时乃共小饮,二时罢,复纵谈至三时半乃行。介泉出城,余亦径归。圣陶诗词稿余尝录副存览,今知又有续增,并得王了一、林宰平两家评阅,因索归。连夜续抄并过录王、林评语于眉上,九时毕之。夜饭后诸儿及女佣俱出看焰火,独余坐案抄诗,珏人则卧床呻吟耳。岑寂中达先见过,因与谈移时始去。珏人夜感不舒,起溲三次俱未畅,后竟泌不出,晨间且为自起小便,竟致摔地云,种种情况不遑记,亦不忍说矣。颉刚下午四时来访,承以新近重版之《秦汉的方士与儒生》一书见贻。此书本由唐坚吾出版,初名《汉代学术史略》,今改归群联出版社,易用今称云。谈至五时三刻去。据言所编沿革地图亦已印就,因图中尚待修改,尚不能公开发售耳。

5月2日（又三月十一日　癸亥）星期一

晴暖,颇有夏意,傍晚有风,恐致雨矣。

晨五时起,珏人又以不能泌令阿凤导放,自五时三刻开始连易橡管六次,俱为血阻未出(下部大肿),至六时四十分始放出,痛苦万状,余实不忍设想矣。九时,余与滋儿出散闷,乘十路到东单换乘电车往天坛,历祈年殿长廊,摄景四五帧,南至皇穹宇西侧茶棚小坐啜茗,移时乃起行,登圜丘摄影,即由西路出,仍乘电车到青年会下,徐步以归,时正十二时十分。元锴、元镇两孙在,询知珏人已得大便小便,午间啜鸡绒汤及面包,稍为一慰。午后清儿、建昌来,汉儿、芷芬、元鉴来,至四时俱去。二时后湜儿归校,谓星六归省。夜饭后昌、预来省,九时半去。昨日假来圣陶诗词稿,今日即交芷芬代为缴还。余十时就寝,珏人夜起溲七次,大愈,余起视两次。

四月分工作汇报表填就,交湜儿带与王积贤。致觉书问珏病,至为关切,余极感动,即书复之,当夜寄出。

5 月 3 日 (又三月十二日　甲子)星期二

初阴旋晴,微有风。

晨六时起。八时续作校释,至下午四时得三十六则。珏人午前得大便,溲亦尚好,但常感吃力,情绪终大坏耳。下午三时雪英来访珏人,谈至六时先吃夜饭,即去,盖伊须赶到前外小剧场听评弹《罗汉钱》也。滋儿今晚值班未归饭,九时三刻返,余已就寝。珏夜起溲七次,余起授药两次。

5 月 4 日 (又三月十三日　乙丑)星期三

晴暖。晨六时起。八时半续作《滑稽列传》校释,至下午四时三刻止,得卅二则,东方生事毕矣。午后风渐大,夜月晕。珏人情形依然,饮食尚能辨味,惟又感舌苦耳。今日下午本当赴北大大礼堂参加科学讨论会第一次全会,以所中无车来接,只得作罢。漱儿书来,告近状并转幽若语,一若伊前日直接来书所云。大约须三星期后始能行,且夜晚不能工作云云,告之珏人,只得任其自然也。夜饭后与润儿同出过东安市场田济川修牙,以渠出开会,由其伙友代看,大氐义齿作用不过尔耳,亦只有将就而已。八时遄返。看《梅兰芳舞台生活四十年》二集,九时半就寝。是夕珏人起溲七次,余起视两次,已感甚倦,难怪伊惫累不堪言说矣。束手无援,心如刀割,尚何言哉!

5 月 5 日 (又三月十四日　丙寅)星期四

晴暖,夜月如烂银灼地。

　　晨六时起。八时续作校释,至下午四时得四十二则。午后澄儿挈垲、增两孙来省,五时去。六时余先以面代餐,即出,径乘三轮赴前外小剧场听书,盖午间潗、汉两儿俱来省,汉儿以所购书票奉余及权、潗,因依时前往耳。至则尚早,晤勖成。七时一刻开幕,先为蒋月泉开篇《杜十娘怒沉百宝箱》,开篇唱毕,潗、权始来。继为杨振雄之《长生殿》"絮阁争宠"、吴子安之《隋唐》"九战宇文成都"。休息后为薛小卿、陈希安开篇《宝玉夜探》,继为蒋月泉、朱慧珍之《白蛇传》"许宣投书王荣昌",张鉴庭、陈红霞之《秦香莲》"相府告状"。十一时一刻散,仍乘三轮径归。到家正十一时三刻,即授药珏人,知伊已自起小溲三次矣。后又起三次,俱未畅,至二时半不得不唤醒阿凤为导放一次,天明后又导一次。余虽迟睡,亦不得不起矣。

5月6日(又三月十五日　丁卯　立夏)星期五

　　晴暖。晨五时即起。八时半续作校释。午后三时所中葛涛来,将其芳、毛星命征询需否往北戴河休养(为期一月,在五月至十月中任择之,得卫生部准行)。余深感关切,但事实所限,无由远离,只得谢之,属转达此忱焉。有顷辞去,仍续作校释,至五时罢,仅得十九则。滋儿早归,六时与伊同进晚饭,饭后偕出城关,赴小剧场听书。芷芬、文权、潗儿、汉儿、佩华俱到,同坐第二排。七时一刻开,先为周云瑞、薛小卿之《刀会》开篇,继为吴子安之《隋唐》"登州府秦琼会见杨林",周云瑞、朱慧珍之《梁祝·十八相送》。休息后刘天韵唱山歌,苏南情歌《看灯虎丘山景》,周云瑞、杨德麟伴奏之。继为徐雪月、陈红霞、薛小卿之《小二黑结婚》,末由张鉴庭、蒋月泉、杨德麟合唱《不能走那条路》、《送客》。十时一刻散,仍独乘三轮归。有顷,滋、佩亦各御骑车联翩而至,乃各归寝。珏人是日较昨略好,但夜二时又导尿一次,馀仍自溲五次,均未畅也,余起视一次。

5 月 7 日(又三月十六日　戊辰)星期六

晴,有轻风,较昨更暖。

晨六时起。八时写信寄漱儿,说明幽若所提问题都可解决,并告前日交邮局寄去对虾十五对属为分给。看《梅兰芳舞台生活四十年》二集,以晚上睡眠欠佳,竟致渴睡片晌,想见近来精力之衰退也。午饭后正待发信,接漱儿五日来复我三十日去信,知四十元已收到,并知程韵启廿二日又能北来,已托带笋豆与其母云。二时半浴,虽颇费力,而刮垢磨光亦霍然一苏矣。夜饭后独往吉祥,看中国京剧院一团演出,坐楼上特座十三号。七时半开幕,先为徐志良、高盛虹、董鹤春等之《四杰村》,次为李慧芳、徐和才、王玉敏、萧盛萱之《春秋配》。休息后为王玉让(项羽)、苏淮明(项伯)、李盛藻(张良)、李洪春(范增)、高盛虹(樊哙)等之《鸿门宴》。十一时一刻散,即乘三轮归,十一时三刻就寝。是夕珏人起溲七次,甚疲。

5 月 8 日(又三月十七日　己巳)星期

晴,颇暖,下午有风,夜月晕,宵深转朗。

晨六时起。七时半出,乘十路到朝内大街转乘二路赴西郊动物园。车厢挤甚,始终立在人丛中,汗喘而已。八时三刻到园,略行东偏诸栏,迤逦过磊桥而北,到服务社啜茗,心如、文叔、芷芬已先去,知晓先、圣陶、彬然俱不来矣。有顷,雪村、雪山至,又有顷,乔峰一家至,谈至十一时半即行。余等一行六人皆乘七路到芷芬家,适澄儿及增孙亦在,乃共午饮。饭后晓先来,谈至三时三刻,村、山、心三人先行,余亦与澄、汉、增乘十路东行,四时半到家。达先、清儿、业熊、埚、基、塀、埙、垲、培及建、新都在,热闹甚,并知小文、家梅伉俪亦曾来过,方行也。潜儿、文权五时来省,六时亦去。五时三刻,达、清、新去。六时与业熊等同进晚餐。餐毕,余偕滋儿步往吉祥看京市京剧二团演出,坐上特一排十五、十七两号。七时半开,先为谭元寿、瞿韵奎之《三岔口》。次为李多奎、高宝贤之《望儿楼》,次为陈永玲、李盛芳、祁荣雯之《贵妃醉酒》。休息后为裘盛戎、谭富英等之《除三害》。久不听谭、裘,颇得慰念,较昨日《鸿门宴》似更餍望耳。十一时二十分散,乘三轮亟归。就寝已十二时。珏人今日有大便,精神似稍朗,但夜起自溲六次,而三时一刻仍导尿一次也。余起视一次。

5月9日（又三月十八日　庚午）星期一

昙,闷热。夜深雨。

晨六时起。八时续作校释,至午后四时半得三十一则,适雪村见过,遂罢。雪村来言中国青年出版社派人与洽,谓今年发派股息须半数认公债云,故来征询余意若何。余告以悉听安排,别无它见,亦不必开会。少坐片刻,伊即去访彬然矣。珏人仍多溲,屡起,不得畅,深夜三时五十分又导尿一次。余十时就寝,夜起两次。

5月10日（又三月十九日　辛未）星期二

阴雨,陡凉。

六时起。八时续作校释,至十一时半得二十则,《滑稽列传》

已毕,凡三百三十七则,于是《史记》选本校释全部粗毕,只待撰序言及重加修正矣。心头略见松舒,六月底交卷当不致误期耳。午后滋儿归家添衣,余亦加御驼绒袍。气温骤降十度,诚剧变已哉。下午看《梅兰芳舞台生活四十年》二集。夜饭后义牙作祟(连日不舒,今加甚),只索除下。有顷,潚儿来省,八时余去。九时许余亦就寝。珏人情况依然,夜又导尿两度,余起视亦两次云。

5 月 11 日 (又三月二十日　壬申) 星期三

晴爽,午后微暖,风中仍须御棉也。

晨六时起。午前看毕《梅兰芳舞台生活四十年》二集,菊部掌故颇富,局外人观此亦可饫闻珍异不赀耳。珏人上午得大便,惟浮肿不消,且加胀痛,药物有时失灵,眼见下沉,无法挽救,中心惨痛,如何可言。义牙早起戴上,较昨益感轧痛,脱去始得进饭,只能用清水养之而已,老去况味,固当尔。矫揉造作,强求啖嚼,止堪自嗤已耳。下午无聊,写信复潄儿,颇吐胸中闷气,继又看《飞鸿堂印谱》为遣,总之心神不安,只能闲寻支岔也。润儿夜饭后出,参民进开会,滋儿则以值班未归饭,清儿、达先、建昌来省,未与润、滋晤,九时去,滋乃归,润则十时始返,余已就寝矣。珏人夜溲四次,三次自起,一次导放,总算平安达明也。余起视一次而已。

5 月 12 日 (又三月廿一日　癸酉) 星期四

晴朗转暖,中昼御单衫始适矣。

晨六时起。珏人似较昨前为好,午间清儿家送面来,亦欣然起坐镜台啖之,甚赞鲜美。乃午后就卧,竟以脚肿欲裂而醒,数起小溲,俱未畅。三时后姑令阿凤导放,亦无多,忽起忽落,病情难摸,余心为绞碎矣。四时后始稍入睡，余只得闲翻架书，藉遣愁绪，如何安坐工作耶。六时一刻，潏儿来省。余亦应雪村之招过饮其家，晤雪山、达先，义齿无用，转为嚼累，苦甚。九时返，遇汉儿、芷芬与潏儿俱出，盖来省已久，此刻赋归矣。九时半脱牙就寝。是夕珏人尚好，起溲五次。余起授药一次。

5 月 13 日（又三月廿二日　甲戌）星期五

晴热，类深夏，北地气候之忽变，诚有早晚冬夏之异也。

晨六时起。义齿轧痛，不能上，午后因须出外强御之。二时过雪山，谈至二时半行，同乘三轮往北皇城根十七号京市工商联合会东四区分会出席座谈会，盖昨日接该分会通知邀去研究中国青年出版社私股方面认购五五年经济建设公债问题也。至则立准已先在，其它为该区工商界公债推销办公室主任及区人民委员会代表等四人（不及记其姓名）。谈次无非念经而已，其实已内定要认四万元，雪山允之，余亦无异辞，盖照例应尔耳。四时半即散，乘立准汽车送至小雅宝西口，余乃与雪山过雪村详语经过，五时许别归。珏人午前尚可，讵知余出后又导溺一次，并形寒发热，夜饭亦未进，颇有沉睡之象，余难过极矣。匆匆夜饭，只索脱去痛牙，上颚益及下牙床竟有紫泡，拟搁数日后看是否稍痊再往修整。夜九时半就寝。是夕珏人起溲三次，导放两次。余起视授药一次。

5 月 14 日（又三月廿三日　乙亥）星期六

晴暖。晨五时半起。八时后修正《项纪》校释，（默存、妙中俱有指正，即据以修改。）至午后六时完五百三十八则。尚有五之一不及再写矣。午后澄儿挈增孙来省，夜饭后去。清儿挈建昌、建新两孙来省,夜饭后与澄等偕去。夜饭后达先来省,九时后乃去。九时半余就寝。珏人肿势益甚,情况益劣,夜数起溲,不畅而有血。余起视两次授药,心慌手振,莫能自已。湜儿傍晚自校归,携到介泉夫人托带之酱肉及偏方用菜,寒灰中得此温暖,感激欲涕矣。

5 月 15 日(又三月廿四日　丙子)星期

日不烈而风和,气虽微热尚爽,晚有电闪,疑将雨,竟未果。

晨五时半起,以润儿、达先、汉儿、芷芬等有民进集体游览之票,可由家属参加,余与潇儿、文权、琴珠及元鉴、大璐俱与。七时在出版管理局广场集合,七时三刻开车,径出德胜门,循京张公路,历元土城、清河、沙河、昌平而达南口,停车居庸故关。登关城四眺并饱览城洞古石刻,徘徊久之复行前进,万山叠翠,身在画中矣。公路即傍山凿道,架梁度洞纡回蛇行登降蟠屈,绝险而奇,怵目怡心,平生真赏,期亦足慰之一事也。十一时到达八达岭长城,圮败处大致修茸一新。余等下车登城,就堞楼野餐,餐已,复登直造岭巅之一堡,临风远瞩,心境洞豁,塞上风光,固与旷野平林异趣耳。在城上摄影数帧,即循山沟小路而下,亦极屈曲陟降之劳,且断涧陡道时或遇之,然余与大璐、元鉴率先至关城之下,诚能一雪老弱落后之耻矣,一笑。二时许,馀人始陆续来集,二时半开车,循原道回。至昌平,折入昌陵路,直赴长陵一游,以正在修理,多处不能入览,仅登宝城、明楼一观,亦瓦石纵横,难于驻足,匆匆即退出,馀陵遥望而已,时已四时,亟驰入城,分别送各人归。到出版局已七时矣。余遂偕润、琴步归。知湜儿饭后即返校,滋、佩亦出前门往视澄儿家矣。珏人肿势加剧,影响小溲,下午亦导放一次,神情衰退,匪言可喻。余也何人,乃能久任此痛苦耶!九时半就寝。滋、佩亦归。夜起授药两次。接钱伯衡慰问信。

5月16日（又三月廿五日　丁丑）星期一

晴暖。晨五时半起。八时续将《项纪》校释逐则修改，午前毕之。午后修改《陈涉世家》、《留侯世家》、《陈丞相世家》校释，至六时矣完毕。凡阅点写定七百八十六则。珏人情况益劣，日间亦导溲两次，俱未得畅，入夜又作剧痛，投药亦鲜效。夜饭后濬、汉两儿先后来省，愁烦之气弥满一室，融泄旧态竟无以敌之也。九时半濬、汉去，润等亦归。始各就寝。珏人十时后稍平，仍起五次，小溲都未畅，三时五十分导放一次。余起视授药两次。

5月17日（又三月廿六日　戊寅）星期二

晴暖，傍晚起云。

晨五时半起。写复钱伯衡，谢其关切。九时续修《史记》校释，完《孙吴列传》一百六十八则、《商君列传》二百三十六则、《平原君列传》一百三十四则（尚馀四之一），至下午六时乃歇，凡修改阅定五百三十八则。珏人今日较好，饮食亦稍感有味。清晨，清儿来省，上班时去，晚八时又偕建昌来省，携到王恩普所说金匮肾气丸一两奉其母，谓可消肿者，谈至九时半去，余等亦各就寝。是夕珏起溲四次，皆不畅，至十二时半导放一次，亦无多。余起视授药一次。

5月18日（又三月廿七日　己卯）星期三

晴暖。晨五时半起。看何其芳、胡念贻、曹道衡三人批判胡适文学思想文字，该件昨始送到，今日下午即须在所中讨论，亦惟有匆匆翻阅而已。十时戴上义齿,午饭勉强能用。午后二时一刻所中车来,即乘以行,先过平伯,援同出城,到所开会,三时一刻始到齐,乃参加之(古典文学组例会)。会上晤其芳、冠英、力扬、毛星、默存、佩璋、道衡、念贻、范宁,讨论胡、曹文占时至两时半,馀谈他事,亦占一时馀,正讨论中,风起,扬尘日暗,雷鸣未毕即见雨矣。六时四十分散,雨中乘原车送归。到家已七时一刻,匆匆进餐,询悉珏人尚好,午前有大便,午后曾入睡二时云。九时三刻就寝。是夕珏起小溲四次,导放一次,余起授药一次。午前修改《史记》校释二百三十则,计《平原传》尾四十四则,《魏公子传》全篇一百八十六则。

5 月 19 日(又三月廿八日 庚辰)星期四

风雨凄其,陡如初冬,午后放晴,略转温暖。

晨五时一刻起。八时修改《范蔡列传》校释,至下午二时半得四百九十五则。适农祥见过,因偕之同出,乘十路到中山公园,牡丹已无花,芍药亦漫烂过半矣。坐误花时,徒自嗟伤而已。觅坐于园西辛夷架下,农祥出新自杭州携来之新茶,瀹以共赏。坐至五时乃行,循水榭南长廊,迤逦出园,农祥送我上十路车而别,归家已近六时,少坐便进晚膳。文权来省,谈至九时乃去。珏人今日尚好,惟中午曾导尿一次,肿势仍未衰耳。接漱儿十七日来信,复余前信,知幽若来京尚有曲折,须再过数天始能定云,亦只得听之已。十时就寝。是夕珏人导溲两次,馀三次未自泌,未得畅,终感危机日迫耳。

5 月 20 日(又三月廿九日 辛巳)星期五

晴冷,有风。晨五时半起。八时续行修正《史记选》校释,至下午四时三刻止,凡阅定点正一千三百六十五则,内《范蔡列传》之尾三十则,《田单列传》一百九则,《廉蔺列传》三百三则,《刺客列传》四百一十二则,《淮阴侯列传》三百八十四则,《季布栾布列传》一百二十七则。午后澄儿偕垲、增两孙来省,雪英亦来访,俱夜饭后去。珏人今日小便大不畅,屡泌,仅些许,下午一时与九时均导溲,四时竟又剧痛,亟投重剂,五时乃稍止。夜饭后与润儿同往东安市场看田大夫,将义齿修理一番,下颚轧痛少痊,上颚右端又感顶痛,大约仍须多走几回耳。八时半乃返于家,十时就寝。十二时一刻,珏人溲不出,又导放一次,三时一刻余为起视授药一次。

5 月 21 日（又三月三十　壬午）**星期六**

晴,刮风,仍冷。

晨五时半起。八时修正校释,至下午三时半,凡阅点改定九百二十二则,内《张冯列传》一百六十四则,《魏其武安列传》三百一十七则,《李将军列传》二百三十一则,《汲郑列传》二百一十则,感头晕而止,尚有"游侠"、"滑稽"两传只得须后矣。珏人似较昨平,晨午两餐俱适意,晨六时半导溲一次,馀虽不甚畅,均自起为之也。义齿经昨晚修理后今日晨午两餐亦尚可嚼,或逐渐习惯可以略佐进食乎?夜饭后洗刷一通,仍戴上,竟过夜。湜儿晚七时许自校归,与谈至九时半就寝。珏人夜起仍数,且导溲两次,平明又导一次,肿势不消,便秘多艰,真一大黑影也,谓之何哉!余起视二次,心乱神昏,不知所措。

5 月 22 日（四月　小建辛巳　癸未　朔　小满）**星期**

晴,还暖,午后竟不须棉服矣。

晨五时即起。八时润、湜及元孙往过清儿,同游中山公园,余
闷损欲绝,只索埋头工作,续将《游侠列传》校释一百八十七则,及
《滑稽列传》校释三百三十七则一气修改完毕,比午饭,共点定五
百二十四则,全部《史记选》乃完,只待写序例矣。汉儿十一时来
省,润等游园归,与建昌俱来,遂共饭。饭后,汉儿有事先去,余偕
滋、湜往北海公园略舒积闷。湜御骑车径往,余与滋则走至朝阳门
乘二路车行,期于园门口会。车中甚挤,及到园门,湜已久待矣。
因相将入园,游人拥塞,茶座俱满,蹀躞琼岛之上,摄数影,旋在琳
光殿嚼冰,复渡至五龙亭小坐,继往万佛楼闲眺,乃得占坐瀹茗,坐
至四时行。循海子之北,折东过濠濮间,沿海子东岸出大门,湜骑
车返校,余与滋乃乘三轮径归。知北大为建议处分胡风事派人来
征询同意,佩华为余代签姓名附去,并知清儿亦来过,业熊来后往
看潘家矣。傍晚,业熊来,共饭而后去。珏人导溲时多,自泌竟极
难,余早料到及此,坐视莫能一援之,痛苦不堪言,如坐针毡而已。
十时就寝。是夕珏人又导溲两次,天明后又导放一次。余起授药
两次。

5 月 23 日（四月初二日　甲申）星期一

晴暖,气不甚朗。

晨五时半起。午前整治堆书,分别上架入套。午后三时出,乘
十路车到王府井南口下,步过新华书店期刊部购得五月分《人民画
报》,遂至稻香春为珏人购得糖核桃半斤,乘三轮以归。夜饭后九
时半即寝。珏人情况如故,一昼夜中导溲五次,泌便事日益严重
矣,奈何？余仍起视一次。

5 月 24 日（四月初三日　乙酉）星期二

晴暖如昨。晨五时半起。珏人一如前昨，转侧需人，余闷坐守候竟日，类木偶，盼幽若至或可稍稍分劳，而漱儿转述一再愆期，不知究竟如何耳。潘儿午后来省，二时上班去。夜九时半寝，为珏人授药起一次。

5 月 25 日（四月初四日　丙戌）星期三

晴暖。晨五时半起。珏人郎当殊甚，令人不能稍纾，十一时澄儿挈埙、垲、培、增四孙来省，顿添烦扰，庭院俱震。十二时草草午饭已，即独出散步，乘十路车到东单转电车，到珠市口下，走至西柳井华北戏院看金声京剧团演出。是日为前后本《杨家将》，到院时已早开幕，仍能买到楼下第一排五号票，足见走红与否全系于卖座耳，人选固非上乘，行头尤为逊色，余同情终场而已，确难言欣赏也，无已，其中俞少荃之审潘洪一出勉可应景，饰潘洪之章少奎扮相颇合耳。五时散，仍走至珠市口乘电车再转十路车以归。澄等尚未去，锴孙御骑车来，适与余同到家门口，有顷，清儿亦来省。同时接漱儿信，知幽若定于廿四夜自苏州登程，预计明晨便可抵京云。傍晚清儿归去，夜饭后澄等先去，芷芬来。九时芷芬乃偕锴孙亦去，余等各就寝。是夕珏人导溲两次，余起视授药一次。

5 月 26 日（四月初五日　丁亥）星期四

微阴，时雨，幸无风。

晨五时起，闷头大雨，农祥之约（约今日同游西山）恐不能践矣，至八时天忽开朗，仍出偕滋儿，同往西长安街官马司访农祥。

有顷偕出,余与农祥乘电车往西直门,滋则往车站接幽若。到西直
门,又值雨,幸即上京颐车径驶颐和园,十时抵宫门,直入上佛香
阁,在西南转廊啜茗久之,下,步往石丈亭午饭,饭后度长廊东行,
复茶于对鸥舫。二时许过谐趣园,又值雨,乃坐岚沼前槛上听雨,
暂憩三时而止,即出园,仍附京政车返西直门,转电车到西单,复过
农祥家。时为四时半,农祥坚留夜饭,至七时,亦秀始归,因共小
饮,饮后谈至九时辞归,农祥、亦秀送至府右街,俟余上十路车始别
去,甚感殷勤矣。十路车卖票人与乘客闹纠纷,在新开路耽误近二
十分,比到家,已将十时。知珏人经过尚无大差,而幽若已接到,就
卧南屋湜儿室中,未之晤,少坐亦寝。是夕珏人导溺两次,余仍起
视一次。下午接北大文研所电话,谓明天下午三时开会,二时派车
来接云。接乃乾廿四日信,知近状尚好,宿疾亦愈云。

5 月 27 日 (四月初六日　戊子)星期五

大雨如注,屋多渗漏,延绵竟日,气乃大凉。

晨五时起。七时晤幽若,八时为伊写信至沪苏,报道安抵北
京。午后二时所中车来,即冒雨以登,平伯未去,径接健吾及逸群
同行,二时五十分到哲学楼,各组分开讨论关于胡风反党、反人民
的处理问题,余与冠英、默存、范宁、友琴、毛星、佩璋、妙中一组(其
芳有事入城,即由冠英主持)。席上一致主张清除败类云。六时
散,仍与健吾同车入城,六时四十五分即归抵家门。在所接工会通
知,明日下午临湖轩召开同样座谈会,余与罗大纲说知,只得请假
不参加。珏人仍须导溺,但情况似较昨平。夜十时就寝,起视授药
一次。晚饭后佩华、阿凤往人民剧场看越剧。汉儿来省,九时
后去。

5 月 28 日（四月初七日　己丑）星期六

晴温。晨五时半起。珏人晨有大便，反牵动腿股作痛，终日不舒，远不逮昨，夜八时半竟剧痛大作，骨盘有似生裂，哀号宛转，令人肠断，幸幽若相陪，扰攘至三时许始渐平，而药物乱投，亦既用尽心意矣。四时许始得合眼，不觉东方已白，纵欲酣眠，亦不可得也。竟日为珏病纠缠，迷惘不自知所为，为惨苦极矣。

5 月 29 日（四月初八日　庚寅）星期

晴暖。晨六时起。九时后雪村夫人及妹与清儿、达先、建昌、建新、小逸俱来看珏人，十时半去，余亦出，乘三轮过八条访晤圣陶、墨林、至善、满子，兼晤其戚张贡三，因午饮其家。谈至四时，与圣陶、至善、凤祥同往隆福寺街蟾宫看电影，系日本片名《混血儿》，暴露美军在日蹂躏妇女、遗弃小儿诸状，令人愤怒万端。六时罢，即辞别圣等，乘三轮径归。业熊、澄儿、汉儿及升垲、升增俱在，并知潜儿、文权、昌预俱来过矣。夜饭后澄等去，芷芬来，又谈至九时乃去。余积疲难任，未几亦就卧，幸是夕珏人尚平，仅导溲一次，但精神太劣，竟有沉坠之象耳。痛哉！

5 月 30 日（四月初九日　辛卯）星期一

晴暖，微有风，下午曾有雨。

晨五时起。八时许予同来访，盖日前来京出席高教部会议，今夜即须登程返沪云。久不晤聚，意外握谈，快慰之至，与谈之十时半偕出，先过访雪山，复过约雪村，同至东单三条鑫记南饭馆小酌，一时许毕，联步王府井，予同先登车别去，余三人徜徉于东安市场，走到北门口各乘三轮归家。下午闲翻架书,但终静不下心思,作有系统之整理。珏人情况如昨,胸膈抑闷,饮食难下,夜间仍起溲两次,导放一次。余九时半就寝,起视授药一次。

5 月 31 日 (四月初十日　壬辰) 星期二

晴暖。晨五时起。上午写信复乃乾,详告近状,畅谈一切。下午修改纪念史迁诞生二千一百年文字未就,正缘珏人病势未减,心境难安耳。夜饭后文权、溍儿来省,九时去。十时馀就寝,是夕珏人仍导放一次,自溲两次。余仍起视授药一次。

6 月 1 日 (四月十一日　癸巳) 星期三

晴暖。晨五时起。八时挈元孙乘三轮往中山公园度儿童节,盘桓至十时半仍乘三轮归。午饭后清儿来省,二时上班去,余亦续改前文,终以珏人病痛牵缠,未得意绪也。傍晚阵雨,顷刻檐瀑四注,雨过骤凉,顿易一季,北地寒温,真难伺候耳。夜饭后润儿出参会,滋儿则陪幽若逛东安市场,俱于九时左右归来。余积倦难任,即睡。是夕珏仍导溲一次,自溲两次,余起视一次。

6 月 2 日 (四月十二日　甲午) 星期四

晴温,午后阵雨,间以大雹如豆,挟风势甚狂,须臾止,既又再作,如是数四,晚乃霁,夜有月,气亦凉。

晨五时起。珏人四日未大便,今日上午欲便不出,经灌肠钤动,分四五次始得解,惫甚,幸投药尚适,时能安睡,未作剧痛耳。一昼夜间导溲三次。下午坐雨修改纪念文字,大体已就,只待写定矣。夜饭后濮小文来访,九时后乃去。十时就寝,夜起授药一次。

6月3日（四月十三日 乙未）星期五

晴暖。晨六时方起。八时后修改纪念史公文字至下午六时始全部写定，凡七千五百字。傍晚又见阵雨闪雷，未久即止，月色深黄有似日，亦奇观也。元锴、元镇两孙来省，夜饭后去。夜八时达先来省，谈至九时三刻去。珏人情况仍未轻减，大便仍未得畅，一昼夜间仍导溲三次，气呃难进饮食，恐终趋危境耳。伤哉！余十时就寝，夜起视一次。

6月4日（四月十四日 丙申）星期六

晴，闷热，黄昏闪电，起阵，未果雨。

晨五时起。珏人情景依然，愁眉相对，痛苦难言，仍有硬便，且气呃不平，一昼夜间仍导溺三次，两回均未畅，形势下趋，可危之至。是日为佩华生日，夜间清、澄、汉三儿及元鉴、建昌、升增俱来吃面，潜儿与文权后至，亦面焉，以天象骤变，值雨，八时三刻俱去，建昌、元孙皆随汉儿归去，即住伊家。十时就寝，起视一次。

6月5日（四月十五日 丁酉）星期

晴暖，傍晚起阵，未果雨。

晨五时半起。珏人情况尚平。七时滋儿往颐和园，为同社外调诸人送行。八时润儿出访友，九时余与琴珠亦出，同乘十路车到西单，走至石驸马桥汉儿家，即偕芷芬过访晓先，兼晤春台，午饭于晓所。饭已，得元镇送来一条，谓得佩华电话，珏人正发冷出汗，属见字即归云。因即辞出，亟唤三轮遄返，士方并御骑车护余归。旋晓先、雪英踵至访问，近暮乃去。到家，清、澄、汉诸儿及达先、业熊俱在,正麻乱中。珏人神志已糊,不能辨人,且连呃出气,面色苍白,真危在呼吸矣。垂晚,润、滋先后归,因亟致电话北大招湜儿(先已发函),居然接通,晚七时馀亦赶归。时芷芬、文权、瀞儿亦来,夜饭后先遣澄儿、业熊、芷芬、达先归去,瀞、清、汉三儿则留陪其母,守至下半夜,珏人入睡眠状态,余等分班陪守,天明后乃稍清醒,惟喉间有痰声咚咚作鸣,恐终是回光返照耳,惨极。

6 月 6 日(四月十六日 戊戌 芒种)星期一

晴热。晨五时,珏人稍平,能告余昨日出门后如何发冷状,惟晚间诸人陪夜及为易衣拭秽等事则概已惘然不知矣。午后雪村夫人偕仲盐夫人来视,珏人居然能与攀话,夜饭后更见清爽,坚遣瀞儿、澄儿归去,一因伊血压高,一因伊孩多,俱说出理由,伊等遂从之,惟留清、汉及润、滋、湜、琴、佩等在家,余等讶其突清而欣其渐平,亦遂分班陪守,各就寝。清、湜值上半夜。余睡中间听信。十二时前平静甚,十二时后珏起小溲,清与阿凤扶之,不自觉大便亦已出,污衾被矣。再扶上床,身不能动,而目直视,甫贴枕而冷势又袭来,加被温按,仍不能止颤抖也。亟唤起汉、润等共来护视,势颇可怕。即由清儿为注射路密那及吗啡各一针。历一时后始渐定,于是又入昏眠状态矣。扰攘中,佩华骑车召瀞儿,亦旋止,未及大定,而东方白矣。

6 月 7 日(四月十七日 己亥)星期二

晴暖。傍晚雷阵。平明润往邮局发电与漱儿,谓母危,盼归。十时后得复电,因工作暂不能归。滋儿则往天桥召澄儿,并为安排诸儿分别寄顿,九时许即归来。十时半雪村、雪山见过访候,谈至十一时许去。假《通鉴纪事本末》及《宋辽金纪事本末》去。午后墨林、满子来探珏人。四时颉刚见访，俱坐移时乃去。昨日润、滋为料理珏人善后事宜，经诸儿会商，参照余所指示，上午往朝阳门外火葬场踏查了解，下午往八宝山西郊人民公墓查看情形，费竟日之力，归报结果。对东郊葬场设备表示满意，对西郊人民公墓则荒秽凌乱，不复考虑进行矣。因于今日下午复由汉、润、滋三儿往西郊黄村以北福田公墓进行了解。一时出门，七时半始返，中间值雷电阵雨，幸未遭沾裳之祸，归述情形甚佳，当已择定鳞字区第三四两号二穴，挈回择穴单二百十五号，备届时往市人民委员会民政局缴费办手续，其中一穴即作余寿穴，将来埋骨有所，且得与珏人合葬，亦了却伊等一桩大事也。悲欣交集，怅然而已。珏人奄奄一息，延至深晚，无甚变化，余等仍分班守陪，除日间奔跑不任熬夜者外，琴珠、佩华值第一班（九时至十二时），潏、澄两儿值第二班（十二时至三时），清、湜两儿值第三班（翌晨三时至六时），余仍卧中间旅行床，时时起视。

6月8日（四月十八日　庚子）星期三

晴热。平明珏人又突发抖，力已竭而痉挛仍烈，足见痛苦之甚。举家哀惨，莫可言宣，强由清儿仍照昨法注射，亦越一时始渐平，转入昏迷噫气之境矣。自八时起，知觉全失，呼吸渐急，但脉搏尚好。傍晚，徐荫祥来视，谓已中尿毒，惟愿安详过去，不再痉挛则大幸云。是夜仍由潏、清、澄、汉、润、琴、滋、佩、湜分班陪护，终夜昏睡，无甚大变。余虽受诸儿之劝，仍卧旅行床待讯，终不能入睡也。

6 月 9 日（四月十九日　辛丑）星期四

晴热。四时都起，珏人仍昏睡，六时半有痰声，延至七时九分竟气绝长逝。当时在侧者除汉儿因事离房外，潴等诸儿及幽若、阿凤均送终，达先适来，亦送及。余以遵致觉之属八小时内不动尸体，不在身旁号哭，当即电告漱儿，直至下午三时半乃由诸儿为之拭遗体、易衰衣，五时始由诸儿及女婿等恭送遗体至贤良寺殡仪馆礼堂。当晚润、滋、湜三儿及文权、达先、业熊、芷芬四婿在彼陪夜，最后决定仍放弃火葬，看定黄松棺材一具，计价二百另五元，明日下午三时在贤良寺大殓，暂在寺中停灵，俟公墓地穴工程赶毕，即行安葬。是日雪村朝晚俱来慰问，雪村夫人、仲盐夫人、雪村五妹均来帮做丧用衣物，入晚始去。颉刚夫妇及藏云夫人均来唁，晓先夫妇亦来慰，均感。墓工由芷芬、达先、滋儿于夜八时往宣外专治此业之宋姓洽妥地下砌砖，穴上盖水泥板封固地面，平治筑墓顶，计约四百八九十元，墓碑等在外连棺木衣衾杂费等统计须一千馀元，重违诸儿及亲戚之意，只能勉力竭蹶应付之，痛困交织，此殆所谓尘网欤？

6 月 10 日（四月二十日　壬寅）星期五

晴热。傍晚微雨即止。

平明即起。诸女及幽若等陆续赴贤良寺，余因撰一联云："疾疴交缠廿一月百药竟无灵，此日此时何能忘剧痛；形影相随卅五年一朝成永诀，而今而后谁与共凄凉。"十时，晓先来，因与偕往贤良寺。芝九、剑华、雪村俱已先在，感极。雪村为伯衡、叔道两亲家撰挽一联云："弱息托朱门同欣萱草春荣长侍慈姑承淑训，噩音传绛阙遽恸娈星晓陨难回王母驾瑶池。"又为文权、士敫、业熊、芷芬、德镛五婿撰挽一联云:"联袂跻龙门才乏东床久沐恩依泰水沉疴损鹤寿职亏半子莫随寸草报春晖。"又自撰一联挽珏人兼慰余悼亡云:"谊托葭莩,居瞻衡宇,久钦钟郝,型仪作传应须补子政,寿逾六秩,身兼三多,争羡鸿光,福泽赋诗讵用媿安仁。"余因拉芝九为书三亲家挽联,晓先为书余二联。时已将午,乃偕村、芷、剑、晓诸位过森隆午饭,其余家属亲戚亦先后分批就食。午后吊客大来,亲友云集,余迷惘中但知圣陶、觉明、叔湘、均正、必陶、祖璋、绍华、雪山、墨林、至善、雪英、小文、家梅、泉源、国华、锡光、振甫、莹环、心如、文叔诸位都曾晤及,馀人具详签名簿中,不悉记矣。三时半由晓先司仪,开始告别式,奏乐瞻灵然后入殓,殓后停寄寺中天王殿西侧,待坟工完毕后移灵安葬。四时后亲友各散,余与晓先及四婿、三子过森隆夜饭,一以表示酬答司丧,一以求疏散闷怀,自期排遣而已。七时半毕,乘三轮各归。是夜清、汉、湜三儿及元锴陪余睡北屋,强以慰我,其心固可嘉,而孰知吾心之创痛一时无可疗治耶。惨矣!

6 月 11 日(四月廿一日　癸卯)星期六

晴热。晨五时起。润儿、阿凤俱以劳倦感冒发热卧床,余亦昏然莫觉。夜文权、达先来省,谈至九时半文权偕潜儿归去,业熊、澄儿昨日归后未来。是夕清儿、湜儿、元锴、建昌陪余睡北屋,汉儿亦未归,与幽若睡南屋。是日除佩华上班外,馀仍请假在家。潜、清、汉、琴为余整理箱笼。接漱儿航信致哀。

6 月 12 日(四月廿二日　甲辰)星期

晴热。晨四时半起。七时雪村、小逸见过,与同访雪山,偕往

中山公园。先在柏林中啜茗,九时半到来今雨轩,晤文叔、心如及
芷芬、元鉴,坐至十一时同往西四同和居午饭。饭后,雪村、雪山、
小逸及心如、文叔皆辞归。余与晓先、芷芬、元鉴则南出宣武门,在
虎坊桥乘三轮往陶然亭。亭上已售茶水,沼中已可荡舟,景象又一
新矣。坐至四时,离亭走至北纬路,乘五路车入城,晓先与元鉴转
七路车归去,余与芷芬则在天安门转十路回小雅宝。上午龙文、联
棠、世泽来唁,寿白来唁,并致赙,余均未接晤,歉甚。接漱儿来信,
致哀并慰安。润儿仍未起,阿凤已痊。清儿、滋儿、湜儿早七时往
福田公墓查看坟工。滋、湜御骑车,清儿乘吴海三轮,至下午二时
始返,知大致已就,明日准可完成地穴工程云。湜儿径返北大矣。
潗、汉、琴、佩为余续理衣箱,开单呈余备查。夜饭后与潗、清、汉、
滋、权、达、熊、芷商定借车运柩,备后日安葬诸事。是夜潗、清、汉
等俱归去。滋儿陪余同睡大床上。前日写信告介泉,并告积贤属
代向其芳、冠英请假两星期。

6 月 13 日 (四月廿三日　乙巳) 星期一

晴热,有风。晨五时起。九时介泉伉俪特自北大来访慰,谈至
十一时乃去,殷勤恳挚,至为感激。接笙伯信,汇沪上诸戚赙金六
十九元,并致哀慰。午刻潗、滋俱归告已借到中国青年出版社敞车
一辆,准于明晨七时奉移珏人灵柩出城安葬。饭后达先亦来,当即
告知此事。澄儿挈埙、垲、培、增四孙来省,即住南屋。湜儿下午五
时半归。润儿下午起,已告痊。汉儿夜仍来家陪余,余与湜儿睡房
中大床,伊在中间支床安歇。睡至深夜一时后雷电大作,惊起觇
天,幸未致雨,二时后渐绝雷声,余亦展转不能成寐矣。

6月14日（四月廿四日　丙午）星期二

阴霾，时见雨，近午微显阳光即敛，下午大雨如注，移时乃止，气大凉于前昨矣。

晨四时三刻即起，七时前俱出，除许妈守家外咸往贤良寺齐集，雪村、雪山、晓先、雪英俱到寺送灵。七时半起灵奉柩登预假中国青年出版社之车，随车同发者，余及潚、清、澄、汉、润、滋、湜四女三男，文权、达先、业熊、芷芬四婿，孙女绪芳，外孙男元锴、升垲、升增。（馀亲属中孙辈之正在校受课或应考试，均令于寺中辞灵后照常上学）。晓先、雪英同往送葬。（坚辞不获，只得领受。）幽若、阿凤俱去，车出阜成门，过八里庄田村，径赴西山之麓福田公墓，余等先展视砖穴已完成，众皆满意。九时三刻奉柩入穴，余等临穴祭别后在圹上施加水泥板五块，（长方形，适盖满圹口。）再用水泥灰浆封嵌坚实，然后由余撮土加其上。诸子女及送葬者各以次为之，乃由土工培成长方形隆起之坟。（此事由承修墓工宋姓指点，其殆负土成坟之意，礼失求野，不可不重，因亟从之。）最后由四女三子四婿及绪芳、元锴、阿凤各就坟周植鲜花，从容礼毕，在墓道休息室中少坐，至十二时许乃乘原车入城还家。到门已一时许，草草就餐。午后文权、元锴即分别上班、上学，馀俱在家休息。三时前后大雨倾注，幸已安葬，心乃稍安。设再延半日，必遭雨狼狈矣。四时颉刚见过，承邀于明后日过其家，为之佐编书目，藉遣悲怀，至感已。谈移时去。傍晚达先、清儿、芷芬、汉儿俱去。昌硕来。夜饭后业熊、潚儿、昌硕亦去，惟澄儿等留。夜间达先来省，谈修墓事（地面工程），九时半乃去。十时就寝，湜儿与同榻。

6 月 15 日 （四月廿五日　丁未）星期三

晴暖。晨五时半起。上午写信四通，分寄伯衡、叔道两亲家及致觉、笙伯，告珏人丧葬情形，已觉神疲力倦，眼花缭乱。午后正拟小睡而梓生、积贤先后见访，比送出，已四时半矣，只索空坐而已。是日为珏人逝世头七之期，濬儿具鲜花两束、果品二色、饼饵四色设供，雪村、达先、小逸俱来行礼。清儿午后来省，文权、濬儿、昌硕先后来省，清儿以上班去，澄儿率壩等以下午四时去，权等以晚九时去。十时就寝，仍与湜儿同榻。

6 月 16 日 （四月廿六日　戊申）星期四

晴暖，午后雷阵未果雨，转闷，夜有雨。

晨五时起。上午无人来。下午本拟走访颉刚，以雷声隆隆而止。二时三刻农祥见访，本邀余出游散虑，因恐雨未出，即就斋头小坐啜茗，长谈至四时乃辞去，厚意可感也。农祥去不久，颉刚、静秋伉俪挈其幼子德堪来，因余未赴约而特来相视，谊益笃矣，遂畅谈达暮而去。积愫得一倾吐，彼此皆快。濬儿午饭后来省，清儿下班后来省，八时后俱去。十时就寝，仍与湜儿同榻，以东厢耳房泥幔脱坏，时有土屑脱落，洒淅作声，不能成寐，起视二次，至十二时后乃合眼。

6 月 17 日 （四月廿七日　己酉）星期五

时阴时晴，时见雨，并闻雷，真如南方黄梅天气。

晨五时起。九时幽若与阿凤往应澄儿之约，饭于其家，并游天坛、陶然亭。午间汉儿来省，因与共饭，饭后达先来省，告宋姓已续洽好今晚将与说定做地上工程云。一时半，润儿始归，与洽碑事已不及办,二时后汉等俱上班去。余与湜儿、元孙在家午睡,雷声大作,元孙呼父已去,余乃抱来床上与同寝且手抚之,不禁万感交集,凄然欲泪,心酸良久乃已。四时与元孙同起。接漱儿十五日与诸姊弟书,极表丧母之痛,益感凄楚,竟不忍卒读也。上午接西谛慰唁信,盖十二日匆匆出国时所发,乃文化部传达室迟至十六始投邮,又蹈前辙,衙门积习泆如此。(前已为耽误信件事来信作过检讨。)诚有愧新民矣,颇觉不舒。下班后润儿与湜儿往朝内大街石作中择定墓前用拜台石一方。(白石机面大工料十二元,刻字另计。)当于夜饭后与汉儿电话联系,定日由宋姓取携到坟场安置之。傍晚,幽若、阿凤归,知上午游天坛,下午游陶然亭,惟幽若下午未去,即在澄家午睡云。夜十时就寝,仍湜儿与同榻。

6 月 18 日 (四月廿八日　庚戌) 星期六

晴暖,时见阴翳。

晨五时起。写珏人墓上石阶台题字交润儿付石匠刻之。十时,颉刚使其姨甥姜又安来邀,坚约过饭其家。十一时三刻因走访之,兼往藏云家谢唁。饭后与颉刚乘二路车往西郊动物园闲逛,藉遣闷怀,茶于牡丹亭前荷沼棚下,五时出园,遇友琴,立谈有顷,仍乘二路入城,到颉刚门首而别。夜饭前濬、清、建新来省,澄儿则下午挈增孙来,夜饭后藏云、伯恳来访,亦承慰藉。达先、建昌来省,九时,藏云、伯恳、达、清、濬等先后去,澄留。十时半濯足就寝,滋儿与我同榻。以湜儿赶考,今晨已出城到校也。

6 月 19 日 (四月廿九日　辛亥) 星期

晴暖,下午四时大风骤雨,顷刻即过,仍出日,夜有星。

晨五时起，滋儿与阿凤往游颐和园。七时，余过访雪村，与达先、清儿、建昌同乘十路到西单转京石车出阜成门，盘月坛至复兴大道西去，在农业大学站下，汉儿、元锴已在彼等候多时矣，循翠微路而北，迤逦东北穿土路入松林即钓鱼台西界，浓荫交翠，别有天地，出林豁然平坦，堤树界之，清流萦带。余等度埂越田，憩于北堤树荫下久之，南望草坪如绣，羊群四五放牧其上，南东西诸堤白杨如屏，不见其外高大诸建筑，几忘傍近城市矣。既而沿堤东行，复折而南，登小土山，度松柏榆柳之林十数，高下曲折，有陡阪，有平谷，极尽自然之趣。游人益甚众，男女学生之分队露营于此等林樾中者即遇三四起。再东南即钓鱼台，台在三里河上石闸之东南，砖城巍峨，惜今日为水利部托儿所，未由入观。时已近午，即在台后计划委员会前乘三轮入复兴门，径赴石驸马桥汉儿家。晓先已先在，有顷，芷芬亦归。（芷芬晨去双桥农场参观。）因共饭，饭后晓先去，余等谈至四时，清、汉等出购物，余因偕达先、芷芬乘电车往东西八条访圣陶、墨林。在车上遇风雨，比过王府井已止雨。下车时，又天朗日晶矣。步至叶家，彬然正与圣、墨晤谈，余等晤及之，兼晤至善、满子。六时彬然先行，余与芷、达即留饮其家，谈至八时三刻乃辞归，乘十路南行，由达先送余到家。少坐，至十时就寝，润儿坚请陪余同榻，余以伊等俱须夙兴上班，却之。

6 月 20 日（五月　小建壬午　壬子　朔　日蚀）星期一

晴热。晨四时半起。十时颉刚见过，与偕出，乘十路车到中山公园，饭于来今雨轩。饭后啜茗至一时半起行，循园一周而出，乘五路车往先农坛西北纬路，步至陶然亭，茶于西廊下，畅谈至五时

始行,仍乘五路到天安门换乘环行电车归,余则乘十路归。疏散竟
日,精神稍舒。夜饭后浴身易衣,十时就寝。是日下午湜儿归,仍
与余同榻。

6月21日（五月初二日　癸丑）星期二

　　晴热。晨五时起。看刘厚生《张謇传记》下卷,于辛亥革命及
洪宪干乱之史迹颇有秘闻。（假自颉刚。）十时其芳、冠英、毛星见
访,承致慰唁,顺谈工作进展状,十一时半乃去。午后小睡一小时。
看顾铁卿禄《桐桥倚棹录》。此书实为《虎丘小志》道光刻本,印传
无多,板毁于太平天国之役,故极稀见,甚至有人仅知顾氏有《清嘉
录》而不知有此者。（亦假自颉刚。）近百年来苏州社会之变革于
此殆可觇朔一二也。晚饭后潜儿、清儿、建昌俱来省,在院中纳凉
长谈至九时半乃去。十时就寝,仍与湜儿同榻。

6月22日（五月初三日　甲寅　夏至）星期三

　　晴热。晨五时起。九时半颉刚来,约游天坛,即偕出,乘十路
至东单转二路电车到坛西门下。入门,循祈年殿长廊七星石,迤
逦至皇穹宇西侧茶棚下小憩啜茗,坐至十二时出园,仍乘电车至大蒋
家胡同,径赴大栅栏厚德福门口,人言厚德福已撤去经年矣,乃转
至前门大街都益处登楼小饮,以烧麦、果脯。一时半离楼,同乘二
路电车北行,颉刚往东四转科学院开会,余则在东单转十路径归,
到家正十二时半,因小睡焉。四时起,接坚吾唁信,盖其母令琰函
告之耳。夜饭后汉儿来,因陪余,未归去,即在中间支床,余仍与湜
儿同榻。是日为珏人二七之期,晨间达先、清儿、建昌及潜儿俱来
行礼。

6 月 23 日 (五月初四日　乙卯) 星期四

晴热。晨五时起。上午看人民出版社出版的《关于胡风反革命集团的材料》。写信两封,分寄唐坚吾、濮文彬。下午小睡,接文彬唁信,刚发之信,不及提到矣。夜饭时昌预来言,其母患呕吐,属代请张静容大夫。匆匆饭毕,即令润、滋两儿前往照料。九时后润等归告已为延到张大夫诊治,谓系胃肠炎,经注射服药后已大定云。振甫夜八时来访,谈至十时后乃去,余亦就卧,仍与湜儿同榻。

6 月 24 日 (五月初五日　丙辰　端阳) 星期五

晴热时阴,且偶洒雨点。

晨五时起。处理杂务,不觉半日。饭后与湜儿步至东安市场吉祥剧院,看北京市京剧第一团演出。一时开,先为毛世来之《擂鼓战金山》,继为曹艺斌、杨鸣庆之《打严嵩》。休息后为李砚秀、刘鸣才、魏德春之《贵妃醉酒》,最后为李庆春、李万春之《三岔口》。庆春艺益进,活脱松灵,令人愉快也。四时半散,即在王府井买得纱帽两顶,余与湜各戴其一,走至长安街乘十路车以归。夜聚家人小饮,清、滋、湜三儿,琴珠、元孙及文权、幽若、小同俱集,润儿及佩华俱以有事未归饭,极意装点,不使凄清,而独缺珏人,不免念兹在兹,终席不欢耳。夜饭后达先来省,谈至十时润儿、佩华后先归,达、清、权、同等皆去。接致觉慰唁信,为诵《地藏本愿经》以资冥福,感极。又接六姨葆珍唁信。章密先属雪村转二十元来致赙。余亦濯身就寝,仍与湜儿同榻。

6 月 25 日（五月初六日　丁巳）星期六

晴热。晨五时起。七时饬湜儿往视潏儿,归报已就痊(昨虽好未能出),稍慰,九时潏即来。十时许雪村、雪山偕耕莘来访,盖莘得青年出版社电招,谓今日开董会,故于晨间赶到耳。讵料社中事忙,又须延期举行(余等亦迄未得讯),因来访余一谈,十一时许同出饭于八面槽萃华楼,一时半散,乘三轮各归。下午小睡,三时半起,与潏谈家常。小同来,遂共夜饭,饭后文权来,汉儿挈鉴孙来。澄儿多日未来,傍晚饬阿凤往探视,九时半归来,偕基孙同至,据云澄曾感冒,刻已就痊。十时权、潏等去,汉、鉴、基留住。是夕十二时始睡,余仍与湜同榻。

6 月 26 日（五月初七日　戊午）星期

晴热。晨五时起。八时半出,乘三轮至老君堂访平伯,送所索偏方药物去,讵其伉俪俱已赴天津,拜其太夫人,献纳之。即再乘三轮往八条访晤圣陶、墨林、至善、满子,谈至十一时,电话招颉刚来同饭,畅谈一切,饭后为我三人纳交五十年留念,招摄影师来合摄一影于垂花门竹林之间,然后再纵谈至五时后乃告辞各归。到家,知清儿挈建昌、小逸晨来,余归时刚去。澄儿、业熊挈坝、垲、培、增四孙十时许来,余到家正全体往视潏儿去,汉则陪幽若、阿凤及升基、元鉴同游故宫,午饭其家,余返时幽、凤亦到家未久也。傍晚,业熊、澄儿一行六人自潏所来,因共夜饭,饭后谈至八时,朱继文见过,有顷,业熊等去,九时半继文乃行。十时就寝。是日湜儿返校候考,须三日后始归云。

6 月 27 日（五月初八日　己未）星期一

晴热。晨五时起。九时文权来请释草书唐张朝《采莲词》一首,为逐字注释还之。属思《史记选》序文,心绪劣乱,无法集中而罢。下午体倦益甚,小睡两小时。傍晚潚儿、清儿俱来省,九时半乃去。润儿夜出参局中晚会,十二时半始返,余十时就卧,直待伊归后方合眼,展转难寐,殊苦也。阿凤定七月二日离此返甬。挈来六年,伴过珏人,一旦飘然引去,尤不能无感耳。

6 月 28 日（五月初九日　庚申）星期二

晴,时阴,午后有雷阵,未果,大雨洒点即止,夜有星月,气闷热。

晨五时起。八时后心稍静,因而开作《史记选》序,逮午仅得数百言,开端而已。午后小睡二小时。午间潚儿来省,午后四时芷芬来省,五时澄儿挈埙、垲、培、增来省,潚上班时即去,芷晚九时去,澄等则留宿于此南屋。十时就寝,睡尚好,二时后醒一次。傍晚接青年出版社董会明日开会信。

6 月 29 日（五月初十日　辛酉）星期三

晴热,日中如炙,早晚尚凉。

晨五时起。今日为珏人三七之期,澄儿承值花供,潚儿早午晚三度来,清儿早晚来,汉儿午来。夜饭后潚、澄等俱去,清谈至九时乃去。雪村晨来,午后三时三刻余过访之,知已与雪山、耕莘赴中国青年出版社董事会,因亟乘三轮赶往,乃先到会。在会晤觉农、彬然、导生、李庚、语今、均正、立准、业康及其他董事三人,导生主席。先通过修改章程,次业康作财务报告,次讨论一九五四年度盈馀分配,决发八厘股红利,次追认购买一九五五年公债,决总购四万元,分级认购。(五百股以下免认,二万股以上认百分之七十,其他分比率认。)次讨论投资少年儿童出版社,决投资十万元。六时三刻散,即地聚餐,八时始出,乘社中车送归。在小雅宝西口遇濬、澄等归去。归后清来,清去后乃就寝。是日湜儿上午归,夜即与余同榻。

6月30日（五月十一日　壬戌）星期四

晴热,黄昏鸣雷闪电,深夜三时后大风雨,移时小止,后即间作达旦。

晨五时半起。看报外无心写作,自己亦莫名其妙也。午饭后睡一时许。四时耕莘见过,谈至五时三刻与偕访雪村、雪山,同赴圣陶之约,夜饮其家。畅谈至近十时乃散,与彬然、雪村、雪山同行至北小街南口始各乘三轮归,耕莘则西去乘电车矣。到家,濯身易衣,坐院中纳凉至十一时半乃就寝,仍与湜儿同榻。睡至三时雷电交作,风雨敲窗,惊起,抢收院中椅杌。家人俱静睡,寂然一人在闪电下奔走两回,又拭去室内沾湿之迹,万感坌集,凄凉特甚,只少珏人一人,影响如此之巨,真惘然莫解也。接予同昨发航空信,知曾再度来京开会,未及走访,特致慰唁,故人谊厚可感,令人低回难忘。是日上午,偕湜儿步往东安门大街大明眼镜店配眼镜,约十日后取。

7月1日[①]（乙未岁　五月小建壬午　壬子　朔　十二日　癸亥）星期五

晴,热。夜月初皎后晕,星亦甚稀。

---

①底本为:"念逝日记第一卷"。原注:"自先室珏人之亡,悼念不置,所谓一日思君十二时非过论也。伊郁寡欢,饮泪强笑而已。人皆言余精神如昔,讵知我内心之痛乎?呜呼! 酷矣! 乙未中冬容翁志。"

　　晨五时起。检点上月工作,填注汇报表一分,交湜儿备带与王积贤。阿凤今晨赴崇文门买得回南硬席票,明晨六时四十分可以成行矣。午后二时,湜儿陪伊再赴车站结行李。五时,余偕幽若、湜儿、元孙,复陪伊游北海,乘环行电车往,即仿膳厅晚餐。餐后,步至五龙亭赏月,继又渡至漪澜堂,循看画廊,登白塔,略坐后沿庆霄楼西侧下,度堆云积翠桥出园,乘三轮以归。到家已九时半,濯身纳凉,坐至十一时许,始偕湜儿就寝。

　　午间,士方来,知士秋挈其子小明已于昨夜到京,明日将来访候云。留饭而去。

7 月 2 日 (五月十三日　甲子) 星期六

　　昙,热。

　　晨四时半起。阿凤五时三刻辞去,滋、湜两儿送之上车,伊来我家已六年,又服事珏人送终,此次归去,不无依依,因厚遣之。七时半,滋归告,已安送阿凤上车,目睹其开行。湜则径返校温课矣。有顷,晓先来告,午间雪英将偕士秋、小明来饭云。八时与滋儿俱去。

　　十一时五十分,雪英偕士秋及小明来,在珏人像前携供果饵、鲜花。其诚与诸女比甚铭周挚也。有顷,晓先亦至,因共午饭。饭后,谈至二时,晓等俱去。余亦小睡,挈元孙同榻,五时许乃起。

　　晚饭后,与幽若同往长安戏院看沪来芳声越剧团演出《红楼梦》。至则已将开幕,潜、汉已先在(票即汉儿所奉),同坐楼下第九排十二至十五号。主角尹桂芳饰贾宝玉,自共读《西厢》起,至哭灵出走止,凡八场,十一时半乃散。较前在小经厂所看津来筱少卿等所演高出一筹矣。

乘三轮亟归，已逾十二时，小坐便寝。以路中受凉，颇感不舒，静对珏人遗像，不觉凄然。一时半后，始入睡。

7月3日（五月十四日　乙丑）星期

晴，热，夜月皎然。

晨五时起。八时挈元孙出，乘三轮到中山公园，至来今雨轩，遇雪村、晓先、清儿、达先、建昌、小逸、芷芬，即坐下待茗。有顷，汉儿、大璐、元鉴至。农祥、亦秀及其同宅居停沈君一家至。雪英、士秋、士方、小明亦至。分占四桌，剧谈至十时，余偕农祥、沈君父子循池赏荷，徜徉于唐花坞，又绕廊回来今雨轩，分头各散。晓先一家赴宴八条叶宅，余则过饭于汉儿家。润、滋、清晨御骑车，往视福田公墓，墓工亦会汉家，谈至午后四时半乃行。余挈建昌、元孙乘十路车，润、滋骑车先后之。比到禄米仓口下，元孙已瞌睡数四，赖润抱护以归。

夜饭后，文权、潴儿、业熊来省，谈至十时乃去。

余濯身就卧，已十一时许矣。

7月4日（五月十五日　丙寅）星期一

晴，热，夜初月朗，旋阴翳，中宵雷电大作，雨不大而势壮，未几亦止。

晨五时起。写信两封，分寄致觉、予同，谢慰唁，并告近况。

午后小睡片晌，为元孙搅醒。三时半，颉刚见过，谈至近六时乃去。携来王佩净《宋平江城坊考》四册（民十四仿宋排印本）。余初未之见，亦疏于眉睫矣。

六时半，润归，即与同出，并偕幽若，挈元孙行，径赴东安市场北门森隆酒楼。芷芬已先在。其后,雪村、达先、滋儿、琴珠、清儿、佩华、汉儿、潘儿、文权陆续至。有顷,晓先、雪英、士秋、士方、小明亦到。待至七时半开饮,业熊终未至。分坐两席,余与雪村、文权、晓先、士方、芷芬、达先、润儿、滋儿、元孙同座。潘儿、清儿、汉儿则与雪英、士秋、小明、幽若、琴珠、佩华同座。盖公宴士秋、士方,为之接风饯行也。九时乃散,分头各归。余挈元孙乘三轮先之。到家坐庭中纳凉,十一时始就寝。

7 月 5 日 (五月十六日　丁卯) 星期二

晴,热,午后雷阵大雨如注,先之以风沙,移时雨过放晴。入夜月色姣好,气亦转凉。

晨五时起。上月廿六日在圣陶家与颉刚等三人合摄照片已印好,今日上午,圣陶饬人送来,并附一柬,属查告历来治河之绩云。

午后小睡,以风雨倏至,起为各屋抢护,卷帘闭窗,历乱一时始定。

夜饭后,芷芬来省,汉亦偕建新来省,润儿则往视澄家,滋儿以参会迟归,近九时滋归饭。润亦回报澄烫伤足部,尚未愈,业熊亦以开会忙,故昨夕未能同赴森隆之约云。有顷,芷芬、清儿、建新去。汉儿来,即留住于南屋。盖明日为珏人四七之期,伊来设供也。十时三刻就寝。凛月窥窗,倍感凄清,不寐久之。

7 月 6 日 (五月十七日　戊辰) 星期三

晴,热。

晨五时起。为圣陶写告历来治河大略。午间滋儿归视,即封交带去,属至善转达之。七时前潘儿、达先、清儿来行礼。九时,澄儿挈增孙来省,足部烫泡已稍好矣。汉儿与达先偕去上班。建新下午五时由志华抱来行礼。

午饭后,余小睡一时许,以忘盖毛巾醒来,颇感软疲,既而披衣坐北屋,又以日光照灼,闷损出汗如沈,总之,精神不快,百无聊赖而已。

六时,建昌来,即偕建新归去。傍晚,潏儿、芷芬先后来,因共饮鲜啤。夜饭后,八时许与澄等同去。

余与润、滋等纳凉院中,十时后乃就卧,较昨顿感炎热也。

7月7日(五月十八日　己巳)星期四

晴,热。

晨五时起。七时半出,乘三轮赴西长安街官马司十五号访农祥。少坐偕出,乘电车到西直门,转京颐汽车,往西郊公园,茶于牡丹亭。坐至十时半,沿荷塘而西,至畅观楼,未得入,乃折而东,饭于豳风堂。饭后,访熊猫(以新展出之故),匆匆,惮于曝日,遂赋归。同乘二路汽车入城,农祥在西四下,余则至东安市场下,转三轮以返。时正二时,拭身易衣,就床小睡,近四时起。

接所中学委会通知,精研关于胡风反革命集团的材料,于十五日以前提出问题,将开始深入讨论此事云。夜饭后,濯身,纳凉,十一时始就卧,但终宵浴汗,难受不减南中也。

琴珠、佩华今晚在长安戏院看越剧,十二时始归。

7月8日(五月十九日　庚午　小暑)星期五

晴,热,时昙,傍晚起阵未果雨,夜深乃雨,未久即止。

晨五时起。看李富春在人代会二次会上说明五年计画草案的报告,凡四版,前后历四小时,始毕之。

所中送通知来,十二日下午三时中国古代文学组开例会,又附来季镇淮关于司马迁文字一篇,其芳属为一看,亦须于十二日带还之。

午后小睡片晌。达先来省。夜饭后,独往吉祥剧院看北京市京剧四团演出,坐楼下一排九号。七时三刻开,先为姜铁麟、张龙华之《十字坡》,继为吴素秋、李德彬、张曼君、杨元才、汪鸣辰、阎韵喜等之《女学士》。十一时四十分始散。好戏而卖座甚惨,想为越剧所夺,气运当衰,抑人心好奇乎?归途车上为默叹久之。到家,幽若候门,知颉刚曾偕谷城过访,未晤为歉。又知瓦匠徐姓亦来,仍须过三四天再来修理云。

濯身易衣,扇凉,至十二时后乃寝。

湜儿昨日考毕,今日当归,不知何故,竟未来家,甚念之。

7 月 9 日（五月二十日　辛未）星期六

阴雨连绵,至午后二时半始止,且显日光。气虽少凉,而森森作闷,屋内亦感湿润,不减南中黄梅也。

晨五时半起。看季镇淮文。八时半,湜儿返。雨中偕友同至。午饭后,二时即同去,匆匆竟未作何语,但知即日起,学习一星期,须再下一星期乃得归省耳。

午后小睡,起写季文意见,备复其芳。

夜饭后,文权、潘儿、达先、清儿、建昌来省,与润、滋等看信(午后接漱信),谈话至近十时乃去,建昌则留宿焉。十时半就寝。以尘土振落,窸窣有声,竟不寐,至深夜一时许始入睡。

7 月 10 日（五月廿一日　壬申）星期

昙，热，时阴，夜深雨，绵延达旦未休。

晨五时起。六时半，润、滋联袂出，御骑车过汉家，邀锴孙同往福田公墓验收坟茔工程。七时半，余独乘三轮往中山公园会诸友。先到来今雨轩，尚无熟识一人在，因循坛出西门，绕筒子河边柏林而东，再到来今雨轩，已八时廿分，仍无识者，即占坐呼茗以待之。有顷，芷芬来，又有顷，文叔、心如、云彬来，力子来，彬然来，雪村来，梓生来，圣陶来，最后晓先偕君立来。谈至十一时，力子去，至十一时四十分，余等同出园，同赴煤市街南首丰泽园午饮（君立未去）。盖文叔作东，为云彬洗尘也。酒醇而肴腆，欢甚，饮啖至午后二时始散。余附云彬车行至王府井南口下，步至东安门大街大明眼镜公司，取十日前所配之眼镜。湜儿之镜亦携返，如不合适，将由伊自往修整也。

到家热甚，拭身易衣，小睡片晌。看李先念一九五四年决算和一九五五年预算的报告，抵晚仅完三分之二。

润、滋五时三刻始归，知墓工已满意告成，并知顺由八大处、演武厅、实胜寺、碧云寺等诸胜游览。送锴孙返家后乃归来耳。

晚饭后坐院中纳凉，至九时即入卧。夜半枕上听雨，不寐久之。

7 月 11 日（五月廿二日　癸酉）星期一

阴雨连绵，时有檐瀑，下午三时后乃霁。气凉如水矣。

晨五时起。续看李先念报告，毕之。

滋儿本有积食，昨日冒热远行，劳顿过甚，今晨乃发寒热，未上班,卧床休息。午后热益高,虽大便而仍感腹痛,润儿下班后特往张静容大夫处延伊来诊。九时许来,谓系感冒,仍注射配尼西林油剂而去。

余下午小睡两小时,以头晕,不能久坐,故三时半起,看毛星《胡适文学思想批判》(载本所文学研究集刊第一期中)。六时乃毕,鞭辟入里,使被判者无可狡辩。近日有力文字也。

夜十时就寝。

7 月 12 日（五月廿三日　甲戌）星期二

晴昙间作,不甚热。

晨五时半起。连日头晕体倦,精神因而大衰,或血压又高所致乎? 午饭后,本想小睡,以所中开会,有车来接(佩璋附乘以来),遂于二时半乘车出城,平伯以出席人代未去。健吾亦以先已迁往中关园宿舍未接。约三时到所,出席中国古代文学组例会。晤其芳、冠英、默存、力扬、范宁、念贻、道衡、妙中、友琴。六时半始散。季稿意见当已交其芳。休息时曾晤积贤,即以讨论胡风反革命问题五则及《文学研究集刊》内容装帧等,意见交托分别转与学委会及高逸群。

七时十分,乘所中车送到家门。澄儿及坝、塏、增三孙已在,乃共进夜饭。滋儿已退凉起坐,甚慰。

《史记选》稿七篇已由冠英、友琴、念贻看过,签注意见交还,即携归,备修改。其馀各篇分在默存、范宁等处,将陆续签还云。

潏、清、汉三儿夜饭后来,俱留宿家中。盖明日为珏人五七之头,黎明须行返虞之礼也。谈至十一时乃各就寝。

7 月 13 日(五月廿四日　乙亥)星期三

晴,爽如昨。

三时半起,唤诸儿,一时俱起,黎明开辟窗牖,陈设供品,由润炷香,在院中呼母号,哭众和之,惨戚不忍睹闻。余独徘徊庭院暗自饮泪而已。比日出乃各就餐。至七时后,诸儿仍各就工作单位上班去。惟澄及诸外孙暂留耳。达先、建昌、建新来行礼。升堉、升基、升埁、升培上午来。

下午小睡片晌。文权三时许来,雪英四时许来,晓先六时许来,昌预、昌硕、潜儿亦六时后来。七时共坐晚餐。九时许,晓先、雪英、文权、潜儿、澄儿及诸外孙俱去。惟升基留宿于南屋。

十时半就寝。

7 月 14 日(五月廿五日　丙子)星期四

晴,热。

晨六时起。七时后,瓦工徐姓带一小工来,先令修门楼下吊棚及东侧小间吊棚,竟一日之力,仅卸去破旧之材而已。

午后小睡片晌。

五时,雪村挈其孙阿利、建昌来,邀同出晚饭于东单三条鑫记南饭馆,乘十路车以往。座中遇仲持,遂邀同饮。有顷,达先亦至。七时毕。又步至东安市场稻香春饮冰,然后徐步东归。行至遂安伯雪村家门而别。达先送余到家,少坐而去。余遂濯身,纳凉于庭中,十时始入寝。

7 月 15 日(五月廿六日　丁丑)星期五

晴昙时作,午前闻雷,午后雷雨时行,偶亦有檐瀑,气不甚热而闷。

晨五时半起。瓦工徐姓仍带一小工来调灰扎棚而已(以时受雨阻之故)。破屋时须整修,而本身又窳劣不中程,经常婴心烦虑,真成大累矣。

午前修改纪念史公文字一过,大氐视为定稿矣。下午小睡片晌,看吴辰伯近作《明初社会生产力的发展》(载《历史研究》一九五五年第三期)毕之。仍感头晕,奈何!

夜饭后,潘儿来,八时三刻去。

十时就寝。寝前看完范仲沄文《看看胡适的历史的态度和科学的方法》。

7 月 16 日 (五月廿七日　戊寅) 星期六

晴昙兼施,闷热。傍晚阵雨即止,夜见星。

晨五时半起。瓦工来三人(两大工一小工)。门楼顶棚及东边小间顶棚墙壁涂抹大致完成。(小间沿西南柱已朽,举起寸许,施砖为垫。)其它葺漏及北屋拆修分间墙等,则尚待大大进行耳。

作《史记选》序文,二千字,以督工故,暂辍。

夜饭后,与滋儿同往吉祥,看东北誉吉发杂技巨型魔术团演出。八时开,十时半散,来往均乘三轮,到家后濯身易衣,就寝已十一时半。是夕佩华在长安复看越剧,十二时后乃归。

7 月 17 日 (五月廿八日　己卯) 星期

初昙,后晴,闷热殊甚,夜仍有星。

晨五时起。今日拆修北屋分间墙,须撤除床位等等。润、滋在家照料,请余出游散心。余即于八时前挈元孙同乘三轮,往游景山

公园(昨甫开放)。陟山历五亭,复在寿皇殿前松柏林中啜茗。至
十时半,复挈元孙出山门,乘三轮往石驸马桥汉儿家,讵知汉、芷、
镇、鉴俱已出游,仅锴孙及大璐在家。询知其父母弟妹已偕晓先、
雪英去中山公园,或且在外午饭云。坐至十一时半,余偕锴、璐及
元孙走至报子街正兴南饭馆吃饭。元孙道中血鼻血,勉至正兴,人
挤不得即食,候久乃能果腹。十二时三刻,折回汉家,令元孙小睡。
二时,挈元孙乘十路车东归,车中元又熟睡,到禄米仓口,摇醒下
车,只得抱持以返。到家,晓先、雪英、汉、芷、镇、鉴俱在南屋,以北
屋尘迷土扬,不克坐也。有顷,亦秀至,邀同往赴老君堂俞宅应平
伯及伊之招,听曲晚饮。少坐后,即与晓等同出,余与亦秀坐三轮,
往平伯家,晤其伉俪。其后,笛师徐惠如、沈盘生至,而圣陶、墨林、
铨厂、敏宣、云彬、农祥陆续来,先后度曲三次。七时,始就院中马
樱花下仿鸡尾酒会式分取冷食,各占坐谈话饮啖。余与圣陶、云
彬、农祥共坐,八时始毕。再度曲至十时乃散。余附云彬车行,至
小雅宝西口下,步行归家。见北屋墙柱已初步葺理就绪,但凌乱无
法坐卧。是晚,即宿于南屋湜儿房中。

　　是日匠工来三大二小,东西屋面又大翻修,添灰料八百斤。

7 月 18 日(五月廿九日　庚辰　初伏)星期一

　　闷热,时晴时昙,夜仍有星。

　　晨五时半起。接湜儿十七日禀,知校中延长学习,未定何日始
可归省,顺询家中近况,并问漱儿有信寄家否。因即复告之,并附
漱信与看,属速带回。

　　午后小睡片晌。睡起续草《史记选》序,至六时,得一千五百
字耳。夜饭后,坐院中纳凉,令润儿出购西瓜一枚,剖而分食之。

因念珏人极喜啖瓜,今竟无分,黯然不能下咽矣。十时半,始入卧,仍睡南屋湜儿房。闷热浴汗,久不入寐,苦甚。

是日匠人仍来五人,西屋屋面发见檩朽,又须添木料云。

7 月 19 日(六月大建癸未　辛巳朔)星期二

时昙乍晴,蒸热难任。

晨六时半起。八时,觉明见过,长谈至十时乃去。故人拳拳,甚感之。

下午接致觉十七日信,知长住建国中路一五五弄一七号其女倩家,今后寄书可不由法藏寺转云。

匠工仍来五人,大致可毕,惟北屋东间正栋下沉,疑有折裂,谓须换过始克放心。余惮周折,久待身心更扰,决得过且过,听其变化矣。

午后炎热,小睡既不安贴,而危坐又疲倦难支,甚以为苦。

五时,颉刚见过,约与季龙公请谷城。顺谈至近七时乃行。

夜饭后,濯身纳凉于庭,以滋儿开会未归,久待之,近十一时乃就南屋卧。热不可耐,良久始入睡。

7 月 20 日(六月初二日　壬午)星期三

昙,热如昨。

六时起。今日为珏人六七之期,余为淑儿设供,交滋儿承办之。潘、清、达、建昌晨来行礼。十时许,澄儿挈垲、增两孙来行礼。

匠工仍五人到工,屋面修葺初步毕工矣。

午后小睡,以太热,未得宁枕也。起后,续草序文,抵暮成千馀言。志华抱建新来行礼。

夜饭后，澄挈垲、增归去。汉儿、芷芬来省。有顷，振甫亦至，谈至十时乃去。

余濯身纳凉，无裨收汗，入卧南屋，至翌晨三时，始能覆毛巾被焉。

7月21日（六月初三日　癸未）星期四

炎热。

晨六时起。匠人仍来五工，屋面室内均已就绪，只得修补砑压而已。

接积贤信，送来陈友琴看过《史记选》稿四篇，及陈作《白居易后期诗歌对政治情况的反映》一文，卅一页，属于两日内看完，提意见云。因于下午展读一过，抵暮乃已。

四时，接颉刚信，谓今晚七时半，季龙已定敦厚里广东菜馆同宴舒（新城）、周（谷城），属届时前往。乃于七时一刻出门，乘三轮径赴之。途遇颉刚，入门，季龙已在。有顷，绍华、新城、谷城俱至。小酌闲谈，至九时始散。余仍乘三轮遄返。

热甚。再浴，然后入卧。终宵汗沈未收也。今年北地奇热如此。

7月22日（六月初四日　甲申）星期五

晴朗，炎热无风。

晨五时起。汗喘不能久坐，时起徘徊。而匠工未毕，凌乱难堪，至晚，徐匠算账，算去工资七十九元二角，连陆续购料诸费，此次修理又将耗去二百元。动以巨数委实不了，所谓包袱，此其征矣。

傍晚,匠人去,粗治洒扫,庭院乃可坐,即移案院中,共进晚饭。坐至深夜,犹不能入卧,浴已复坐,十一时后始归寝。(是夕支床己室,始获稍安矣。)但浴汗至三时后乃稍稍收涩,朦胧睡去云。

7 月 23 日（六月初五日　乙酉　大暑）星期六

晴,热犹昨。

晨五时起,整治卧室及书斋,挥汗为之,尚未称心也。

七时,调孚见过,谈返沪访书诸事甚悉,八时半乃去。

润儿上班后,发痧,呕吐,九时归来,幽若为刮痧,满背头项又提痧三道,似稍好。继又腹泻,幸静睡至午后,即转好。入夜已能起坐啜粥。心为稍慰。

炎热蒸人,汗沈无干时,微论属思看书,无由得入,即兀坐静守,亦不能久耐。入京五六年来,第一度遭酷热如此也。

七时夜饭。饭后独往吉祥看福建省闽南戏实验剧团公演(文化部艺术管理局主办者),票系调孚所赠。到场不久,调孚、卧云伉俪亦至,共坐楼下六排十七、十九、廿一号座。七时三刻开幕,剧目为《陈三五娘》,共九场。服装布景俱过得去,表演极真切,唱词说白皆有字幕映出,雅驯达意,甚能了解剧情。其饰陈三者曰蔡自强,饰五娘者曰苏乌水,饰益春者曰苏鸥,俱名角。获观摩演出(华东区)第一等奖。舞姿、表情均臻妙境。演至第七场时,苏鸥因中暑晕倒,台上戏为中辍二十分,卒易角演出,终场时已十一时半矣。亟乘三轮别调、云归。到家已将十二时,以突然遭热,家人俱未睡也。

余就浴易衣,坐庭中至一时半始入卧。浴汗竟不能寐。

7 月 24 日（六月初六日　丙戌）星期

炎热如焚。

四时初明,余从梦中闻屋脊作坼裂声,惊起出房,坐庭中。未几,家人都起视,并无变异,但此声时作时止,其殆天燥木爆乎?天明后复入卧,近七时乃醒,即起拭身,汗终不已,可谓奇热矣。

滋儿有绘图工作须于今日完成,余亦以陈友琴信须即日复出,父子遂同坐斋中,冒暑伏案,汗沾淋漓不顾也。盛暑又值星期,反加紧工作,正不知何以致此耳。午后未能就枕(以热汗横流故),只索赶写完毕,即致书积贤,饬人来取。(本约由湜儿归省后携去,但湜为学习故,竟未归,乃如此作。)四时后,乘流汗难收,与润、滋两儿腾设室内器具,布置变更,面目一新,亦聊以自慰之一端乎!

夜饭后,滋儿出席团会,清儿、达先、建昌、建新、业熊俱来省,十时始去。滋则近十一时乃归。

余与润、琴、佩、幽、基、元等坐庭中纳凉,兼与熊、达等周旋。热仍未解,幸后略有风,至十二时后才得入卧。

7 月 25 日（六月初七日　丁亥）星期一

炎热,入晚幸有风。然室内犹终宵浴汗也。

晨六时起。汗喘难属思,写信与湜儿,询何以周来无只字归报,并催将漱信寄回。

接君宙催询股利信,此君每逢此事,必喜绕弯转托,其实径洽甚便,余又早不在青年出版社问事也。

午后小睡片晌。傍晚,思饮,属升基持瓶出沽鲜啤,竟以售空徒返,颇懊恼。供应脱销,主其事者何可无责乎?

夜饭后,清儿来省,十时后去。

余等在院中纳凉,至十一时半始入卧。蒸热汗渗,余至三时许方入睡。

7 月 26 日(六月初八日 戊子)星期二

炎热。

晨六时半方起,欠睡而且受热,真是神思懒倦,百无聊赖。

十时许,湜儿自校归,谓学习已告结束,可在家休居若干日云。昨寄之信尚未收得耳。

接阿凤廿一日信,知已安抵家乡,曾在漱儿处待船期,住一星期云。相随六年,安然归去,当为大慰也。

午后,湜儿同学管生来,即将陈稿等件托伊携回北大,妥交积贤,亦减却心头一重负担矣。

三时后上云,且隐隐作雷,略有风,私幸可以雨至回凉矣。讵意空阵未雨,愿不果偿,惟晚来暑气稍淡耳。

锗孙下午五时来省,即留宿焉。昨夕润、滋为购茉莉两盆,清香盈室,午睡初起,对此怅触万端,因赋一绝云:"移来茉莉两盆栽,经宿清芬绕镜台。无奈惜花人已逝,才闻香气意先灰。"儿辈欲以娱余,孰知伤心人无适而可乎?

夜饭后,少坐即就卧,竟莫能久支矣。

7 月 27 日(六月初九日 己丑)星期三

晴,热,偶昙,深夜大雨。

晨五时半起。今日珏人终七,润、滋两儿为设供,余感逝心痛,无可为怀,徒见憧憧历落,扰扰难安耳。

晨,濬、清、昌、新来行礼。十时许,澄挈堉、埙、垲、培、增来行礼。午后,镇、预、硕来行礼。抵暮,润、滋、琴、佩皆下班归饭,而濬、清、汉、达、芷、熊亦先后至。盖今为滋儿生日,故齐来吃面也。群孙先坐一席,毕后,余始与诸子、诸媳、诸女、诸婿坐饮鲜啤,并啖面焉。文权以其服务处所正展开思想改造,不免闹情绪,未来面。面后饬人邀来,由诸子女帮助认清问题,劝其热烈响应,直至十二时乃各散归。时已阵雨作矣。

余扰累竟日,心神惶惶,深夜始卧,更不能寐,而天气又闷热,大苦!

是夕升堉留宿,以日将送往汉儿所。

7月28日(六月初十　庚寅　中伏)星期四

上午阴晴间作,下午晴,夜深又雨,气闷损,但较昨为凉。

晨六时半起。写信复阿凤,勉其好好生活,并寄滋为伊所摄照片与之。

午后小睡。农祥见过,因与同出,茶于中山公园。电话约亦秀于下班时来会。七时晤之,共饭于来今雨轩。八时半,乘三轮归。得平伯通知,明晨所中将派车来接往听报告,故小坐即睡。

7月29日(六月十一日　辛卯)星期五

晴,热。

晨五时起。写信与谭季龙,告今晚会平伯家之约不能实行,以曲会暂停故。即令湜儿持函送往,并将前请周谷城、舒新城公份四元附还之。

七时,所中车来,即乘以出城,径赴北大,湜儿从行。四十分即到。因先往湜儿所住斋舍一看。五十分入大饭厅，全体教职员俱集，人极挤，仅遇力扬、范宁、默存、季康及组湘等熟人。八时开始，先由校长马寅初致词，继由副校长江隆基作彻底肃清反革命分子动员报告，至十一时半乃毕。以后将分组学习，展开斗争达半月之久云。

散会时，纷乱难觅主者，只得乘原车入城。湜儿及一同学（中文系学生沈泽宣）附行。

到家已将一时，此同学即饭于我家。饭后，余小睡，湜则与同学出游。四时许，余起，写信与毛星，言每天到校势不可能，请指示方略。（以大会指定毛为本所组长。）仍托积贤转去。

夜饭后，与湜儿往吉祥剧院看常香玉豫剧。七时三刻开。（余等坐楼上第一排十号、十二号。）先为赵喜铭、郭兰生等之《反五关》，继为师惠君、马兰香、韩玉生之《断桥》。师饰白蛇，马饰青蛇，韩饰许仙，俱佳。而青儿尤杰出。休息后，为主剧《拷红》，常香玉饰红娘，李兰菊饰莺莺，阎玉蓓饰崔夫人，赵义庭饰张生。常唱做俱佳，口白尤清晰。宜其享盛名也。赵演唱尚可，而扮相太瘦削不称耳。十时半即散。乘三轮遄返。

濯身纳凉，至十二时乃就寝。

接廿七漱儿来信。

7 月 30 日（六月十二日　壬辰）星期六

晴，热。

晨六时起。已汗沈淋漓，只索拂拭案几，整治堆书，粥后易衣而坐，乃稍宁。看报而外，殆无事可为。

润、滋、湜今日皆有信寄漱，并寄回馀款及笙伯股息。

午后小睡片晌起，续草序文，至五时半，得六百字耳，枯窘可想矣。傍晚，与润、滋、湜诸儿饮鲜啤，共进晚餐，于院中纳凉。饭后，达先见过，谈至十时后乃辞去。

拭身就卧，已十一时。润儿夜出参观歌舞晚会，比归已十二时许。余于其返后始入睡。然，犹时时热汗骤醒也。今岁北地奇热如此，可畏也已。

7 月 31 日(六月十三日　癸巳)星期

上午阴雨，近午放晴，气稍凉于昨。夜大雷雨。

晨六时起。九时许，汉儿、芷芬、元镇来省，升埥带来。十一时后，携同元锴赴振甫家午饭。余则受滋儿之请，同往森隆午饭。饭后，拟游故宫，中途以骤热折回，乘三轮径归。拭身小睡，四时始起。

澄儿挈增孙来，埥孙骑车从。傍晚，与润、滋、湜等谈。夜饭时，汉儿、锴孙复来。夜，潩儿至，因知文权仍在被讯中。

九时雷雨大作，雨止，潩、汉、埥去。澄、埥、增留，连同锴、基在内，留宿五人，湜儿遂偕余睡北屋中。虽稍凉，仍感闷热不舒也。

8 月 1 日(六月十四日　甲午)星期一

晴，热。

晨五时半起。六时三刻，与锴孙同出，乘环行电车往北海公园，入后门。先在濠濮间稍憩，然后经陟山桥登白塔琼岛，在白塔西侧茶棚外梣柏下坐待至九时，始得瀹茗就饮。十时半，太阳已渐逼，乃行。循庆霄楼西墙下，出堆云坊，度桥而南，出前门，乘二路车回灯市东口，偕步由史家胡同而归。

得所中秘书组复书，谓领导同志同意我在家阅读文件，附到讨论题目三则,准备定期参加讨论。

午后小睡片晌,三时起。续草序文数百言,五时半嘎然而止矣。傍晚,在庭中进餐,杂花盛开,五色相宣,绚烂夺目,因念珏人若在,正不知如何高兴也。口占一绝云:"繁花向晚吐芳艳,五色斓斑分外妍。顾影花间成独立,赏花人逝意惘然。"正不省如何措身耳。

颉刚夜饭后见过,托代取股息,长谈至八时三刻去。

润儿为肃反运动征材料,湜儿出访友,滋儿在社开会,佩华及元锴在劳动剧场参加晚会,俱至十一时后乃归。

余十二时入睡,梦魇大叫阿同,历时甚久,滋、湜、锴始来视,馀人竟未之知也。颠倒幻梦至于如此,可慨! 可慨!

8 月 2 日（六月十五日　乙未）星期二

晴,热。

晨五时半起,精神阑珊,宁坐若干时,乃填报七月分研究工作汇报表,说明不能及时完成《史记选》全部工作之原因,作书寄与积贤。

下午小睡,三时三刻乃起。是日湜儿竟日未出,余督伊整治南屋卧室,并收拾书物。滋儿夜参会,九时半乃归饭。

十一时就寝,以积倦又兼稍凉,竟得好睡。

8 月 3 日（六月十六日　丙申）星期三

昙晴兼作,偶阴,亦见大雨滴,即止。殊类黄梅,气较凉于前昨。

晨六时起。七时,湜儿即出,约友于陶然亭。

写信寄漱儿,详言家下近况,并嘱关心湜儿,时常给信提示之。午后小睡,三时起。续草序文七百言,全篇初稿完毕。

傍晚,濬儿来省,知文权尚在被斗中,夜饭后去。

十时入卧就睡,是夕尚得好眠。黎明前斜月透窗照眼始醒。

8月4日(六月十七日　丁酉)星期四

晴,热,入夜有月而晕,颇感闷,深宵二时许大雨,三时许又雨,先一场更大,檐注竟如奔瀑也。

晨五时半起。湜儿为要参加潭柘寺露营,今晨七时即赴校,恐须十一二乃归云。

饭后小睡片晌,起写《史记选》序例,将昨完之稿修改续缮,至五时半始完。心上一轻松矣。

农祥来访,留渠晚饮,夜饭后,谈至八时半乃去。

清儿挈昌、新两孙来省,九时后去。滋儿朝夕参加开会,夜深十一时始返。

昨日锴孙为余购得吉祥戏票三张,今日晚饭后命润儿携同锴、基两孙往看之。十二时乃归,余已就卧矣。连日气候失常,感冒颇烈,痰喘增剧,至不适,夜睡因以不宁。

8月5日(六月十八日　戊戌)星期五

朝曦初见,忽又阴翳,雷电豪雨继作,延绵至午方停。中宵月明,气闷湿难忍。

晨六时起。升基今日归去,七时遣走,不识途中值雨否? 幽若因上街买菜,竟轮雨,归来衣裳沾湿矣。润、滋、琴、佩上班受阻,大概虽在雨中急行,恐皆迟到也。

《史记选》序目已写完,雨窗得此,亦破苦闷不少耳。

午后小睡甚久,四时半乃起。神思恍惚,不自知其何因?夜饭后,润、滋坚请出游,乃挈锴孙、元孙,并偕琴珠同往北海,余与元孙乘三轮,馀俱御骑车行。入园后,在船坞附近赁得配有四桨大艇一艘,共登荡于海子中,惜黑云遮月,湖暗不甚明惬耳。阅一小时,绕琼岛一周,还艇上岸,已九时一刻,而月光微露矣,因恐时晏,即觅车遄返。到家佩华尚未归也。

十时半就寝。

8 月 6 日 (六月十九日　己亥) 星期六

阴,旋昙,向午晴,闷热不爽,殊难受(终夜因而热不退)。

晨五时半起。九时许,平伯见过,知人代会已闭幕,近得少休矣。与谈至十一时乃行。

午后小睡起,课锴孙为余钞《史记选》序例复稿。五时,调孚见过,商榷古籍出版选题计画,至六时后乃去。

余本受汉儿约,过饭其家,即晚往司法部街法院大礼堂看新华书店晚会,京剧演出,以时晏,即匆匆偕锴孙乘十路以赴之。在车上晤芷芬,遂与同归。时已七时,不及看戏,即以戏票与大璐、元鉴,而余等乃小饮焉。甫坐定,晓先至。有顷,雪英亦至,剧谈至九时一刻,仍与锴孙乘十路车东归。到家,文权、潜儿俱在,又坐至近十一时始去。余亦濯身就卧矣。

8 月 7 日 (六月二十日　庚子) 星期

炎热如蒸,夜起阵未果。

晨六时起。八时出,乘三轮赴八条访圣陶。已出浴,晤墨林,知昨晚接沪电，丐尊夫人已于昨日下午四时逝世，龙文今晨赶回上海奔丧矣。谈次，晓先、芷芬继至，圣陶亦归，遂纵谈达午，因留饭其家。适至美归省父母，为余等摄景数帧，至二时，余三人辞出，步至北小街九条东口，乘十路南行。余于禄米仓口下，伊等则径行归去矣。

到家元镇在，余以怕热，濯身就睡，四时许乃起。

晚饭后，滋、佩往劳动剧场看越剧，镇孙与偕行，径归其家。余则乘三轮赴天桥剧场，看马连良、谭富英、裘盛戎联合演出，坐楼下第十排第十二座。（票价二元，佩华购奉。）七时三刻开，先为陈永玲、张世年之《小放牛》。休息后，为《群英会》、《借东风》。（中间亦有一度休息。）马饰孔明、谭饰子敬、裘饰公覆。其它茹富华饰周瑜、马富禄饰蒋干、周和桐饰曹操、杨盛春饰赵云，确异寻常。余待孔明下七星坛后，即起行，已十一时三刻矣。呼唤三轮遄返，到家十二时半。湜儿是夕由校归，尚未就寝也。

濯身，饮茶，少苏即睡。二时后，始得合眼，奇热，真可厌也。

8月8日（六月廿一日　辛丑　立秋）星期一

晴，闷热，下午四时许起阵，有顷，大雨至，自此，断续起伏，雷电风雨，终宵未已。亦奇事也。

晨六时起。感热难忍，赤膊挥扇，犹竟日浴汗，除进食外，偃卧为多。

湜、锴为余分钞史序稿，亦以天热作辍靡恒。

下午接漱儿六日复信，知程韵启今晨动身来京，明晚可到，托带食物，属湜届时往接取云。润、滋、琴、佩俱以恒雨故，下班归来都已沾湿，而滋尤晚归，十时始到家，而雨犹狂作也。滋归后，余始就寝。

8 月 9 日 (六月廿二日　壬寅) 星期二

昙晴间作,闷热如昨,午后四时起阵,雨过即晚矣,入夜乃渐凉。

晨六时起。竟日惮暑作喘,真类吴牛。初不意今年北地奇热至于如此也,恚甚。

湜、锴钞件俱毕,各给钞费以奖之。一示自力所得之愉快,一示钱来有限,不劳竟不能得耳。

滋儿参会,十时半乃归。

湜儿、锴孙十时同出,赴车站接候韵启,十一时半归,居然晤及,且将所带台席(汉儿托修者)及生火腿一方(奉余者)都取来。

余十时就寝,但俟家人毕归始入睡,已十二时矣。

8 月 10 日 (六月廿三日　癸卯) 星期三

初昙后晴,闷热未减,扇不停挥,汗犹不止。

晨五时半起。七时,与湜儿、锴孙同出,乘十路到南樱桃园,转五路到陶然亭。(五路新自北纬路延长至右安门,在南樱桃园与十路接。)赁艇荡桨,九时离彼北行,乘五路直达北海,啜茗于揽翠轩。至十一时出园,乘二路到东安市场,午饭于森隆。一时后步归家中,濯身小睡,疲极矣。

夜饭后,瀋儿来省,谈至九时半去。十时就寝。

午后接君宙信,慰我丧偶并致赙六元。

8 月 11 日 (六月廿四日　甲辰) 星期四

晴,热,但有风便较昨前为爽。

　　晨六时起。写信与默存,托看《史记选》序例,即令湜儿携稿往中关园访谒之。湜须宿校数日,或俟稿返再送归。锴孙坚欲与同去,顺至颐和园游泳,言下午径归其家云。

　　清儿晨来省余,上班时去。

　　余于清、湜等行后,写信三封,分寄君宙(谢赙)、漱儿(寄其母五七陈供照及坟照,并复告家下近况)、阿凤(寄坟照与之)。

　　午饭后小睡,三时起。四时,农祥见过,约出茶于中山公园,以惮热,未果。谈至六时辞去。

　　夜饭后,达先、清儿、建新来省,有顷,志华先接建新去,清等则谈至十时,始归去。已与雪村约定各赙丏尊夫人十元,明日由余写信交达先为寄出云。

　　十时半就寝。佩华归,知元锴已安抵其家。

8 月 12 日 (六月廿五日　乙巳) 星期五

　　晴,热。

　　晨六时起。写信唁龙文丧母。九时,携元孙过访雪村,以信及赙仪交之,托并寄。谈移时仍携元孙归。

　　十一时,堉孙来省,即留饭。饭后小睡,堉孙归去。睡起,接锴孙信,告昨日出游及安返状。知余垂念能作书相慰大可称奖之。

　　接默存挂号信寄还稿件,提供意见数处,至可佩也。夜饭后,雪村见过,谈至九时去。滋儿参会未归饭,回家已近十时矣。佩华亦以参会后滋归,出其父复余书呈余,并购有鲜赤枣一盘,供珏人像前,亦时享荐新之遗意乎? 可嘉也。十一时始入卧,犹感闷热,难贴枕。睡至二时,大雨骤至,遂淅沥达旦。

8 月 13 日（六月廿六日　丙午）星期六

　　黎明大雨如注，檐瀑奔流，后虽渐止，而时作乍停，竟成愁霖，气仍森郁。

　　晨六时起。写信两通，一寄宁波戴叔道，谢慰唁，一寄中关园钱默存，谢正稿，俱午前发出。

　　午后小睡片晌，起改序稿，抵晚完之，俟重缮即可送交所中矣。

　　夜饭后，达先、清儿、建新来省，十时许乃去。来去俱乘雨隙也。

　　十时半就寝。深宵二时又大雨喧枕，绵延达旦。

8 月 14 日（六月廿七日　丁未）星期

　　阴昙间作，午后晴，黄昏雨，闷郁依然，遂致淫雨终宵。

　　晨六时起。八时半偕润儿挈元孙出，乘十路到中山公园，先在花坞及儿童运动场等处看元孙游戏，至九时半乃东行。至来今雨轩，则雪村、彬然、芷芬及村三孙、一外孙俱在。元孙遂偕小友同玩。余等乃啜茗闲谈。十时半圣陶至。至十一时半，恐雨至，即起行。芷、润、元、逸乘公共汽车返，余与村、彬附圣车先行，在遂安伯东口下，别村步归。良久，芷等始到。

　　午间，清、汉、镇偕来，遂同饭。

　　饭后小睡。二时半，韵启来访，遂亟起与谈。为珏人病中药饵事，清往静容大夫处送夏布致谢。汉、琴往荫祥大夫处送火腿致谢，了却一重心头事，亦一快也。六时，达先来邀饭，余以韵启故，谢之，由幽若挈元孙往。余则与润、滋、琴、佩在家陪韵启夜饭。饭后，八时韵启去。九时后，幽若、元孙亦归。

　　十时后就寝。雨已大集矣。

接湜儿片,今日不能归,须两三天后乃克返省云。

8月15日(六月廿八日　戊申)星期一

拦朝大雨,霖霖竟日,气闷不舒,屋漏时作,比南中梅天有过无不及矣。

晨六时起。八时开始将《史记选》校释稿通看修改,参酌诸人所提意见,分别从违,逐篇写定,至午仅及三篇。

午后小睡,雨喧未得宁。三时起,续改校释,头眩心跳,即辍笔。复睡至五时起,再进行修改,抵暮竟得十篇。

夜饭后,少坐,仍未得凉,而庭中湿淋难处,只索就卧。十时后入睡。

8月16日(六月廿九日　己酉)星期二

暴雨肆虐,一昼夜间几无住点,每越一小时(仍雨)必狂雨一小时半,甚至三小时倾盆覆缸,无以喻其急,飞流奔泉无以喻其狂,以是屋漏四起,积潦盈庭,竟不啻一幅水灾图矣。

晨五时半起。继续修正《史记选》校释稿,至午了之,仅馀序文缮正工作未完耳。

午后,滋儿雨隙归,竟以阻雨未克出,即令为钞序文。余往来接漏肆应,甚至夜起数四,他则无事可记矣。患甚。不图今年奇热,淫雨交纠不解,至于如此也。今日送报未来,北大送薪亦未到,都为暴雨之故耶。

8月17日(六月三十日　庚戌　末伏)星期三

闷郁阴森,午后复雨,移时即止,势较杀矣。向晚见日,夜见稀星。

　　晨六时起。十时,北大薪来,报亦补到。馀漏未尽,时须拭抹,影响情绪,依然不澹,尝忆圣陶有句云:心有阴晴万象殊。诚有味乎其言之也。

　　午后小睡。起看刘申叔外集《司马迁左传义序例》,藉遣闷怀。抵暮始毕,识超而见卓,可佩也!

　　夜饭后,潽儿、预孙来省,闲谈至九时半乃去。十时就寝。

8 月 18 日 (七月　小建甲申　辛亥朔) 星期四

　　黎明雨作,从梦中惊醒,即未睡,六时起,雨仍时作时辍,闷损欲绝。午后曾出日,勉维抵晚未雨,但中夜后又断续零雨淅沥,逮于翌晨也。

　　晨六时起。坐对愁霖,无法障漏,心境恶劣,殆难形容。午后小睡未宁,而雪英至,与幽若大谈至四时许去,访卧云,约傍晚来饭。届时果来,遂与共饭。九时去。

　　滋儿以开会未归饭,润儿饭后出看电影,十时前后归。余十时就寝。

8 月 19 日 (七月初二日　壬子) 星期五

　　日出竟日,夜有星,但仍未收燥,湿蒸之气感人,恐不能久晴也。

　　晨六时起。试拟李白研究计画纲要草案,初想并不繁难,及入手写出,颇不惬意,屡书未定,至感棘手。

　　午后小睡,三时起,仍草纲要未就。

　　夜饭后,独往吉祥看香玉剧社演出《游龟山》。占楼下第四排十七座。（票为琴珠购奉。）适遇诗圣、士勉伉俪，即坐十九、廿一两号。联座有侣，颇不落寞矣。七时三刻开，十时五十分终，此剧场面紧凑，情节细腻。香玉演后胡凤莲机智勇敢，表见极好。《五堂会审》一场尤为精彩，名下无虚，洵是可儿。散出乘三轮亟归，到家濯身，小坐延凉。十一时三刻始入卧。

8 月 20 日（七月初三日　癸丑）星期六

昙晴间作，时有雨意，但气已渐爽，夜亦有星。

晨六时起，连日积雨成痱，影响精神至巨，总觉阑珊无聊，坐卧皆非也。腹疾曾作，今幸略痊耳。

午后小睡未宁，起后勉思续草研究计画，迄无所得。濬儿来省，九时去。

夜饭后，彬然、调孚见过，纵谈古籍出版事，移时乃去。当以王船山俟解、噩梦、黄书、搔首问、思问录五种标点之役相委，却之未能，又增一事。心头顿重矣。十时就寝。

润、滋、佩俱在外看电影，归时余已睡矣。

8 月 21 日（七月初四日　甲寅）星期

晴，爽，午间仍热。

晨六时起。八时湜儿自校归，九时即与偕出，乘十路到天安门，入中山公园游憩。一巡西廊，茶于柏林下筒子河边，十时半出园东门，由阙右门、端门、天安门出，乘电车到王府井南口下，在新华书店购得八月分《人民画报》，即三条鑫记南饭馆午饭。饭后，复逛东安市场，购物，从甘雨胡同步归于家。时澄儿正携增孙在午饭。余濯身后，即小睡。三时，埧、基、埗、埙、垲、培诸均来，昌预、昌硕亦至。有顷,业熊至,达先、清儿、汉儿、元鉴、建昌、建新俱至。一时热闹甚,比暮,达及昌、新去。馀俱在家晚饭。饭后,湜儿先辞家返校,滋、佩开留声机娱众,发条竟为昌硕摇断,扫兴而罢。至近九时,熊、澄、汉、鉴、堉、基、垿、垲、培、增及预、硕俱去,独堉留住焉。

临行,余以十元与澄,聊为诸孩开学时补助之需。润、琴以看电影未饭即出,众去始归。

十时,余拭身就寝。一日历乱,喧扰之景犹久久萦脑弗衰也。

8 月 22 日(七月初五日　乙卯)星期一

晴,爽。

晨六时起。为《中学生》社看稿一篇,徇滋儿之请。滋儿近已调到该社工作。写信寄漱儿,附湜信与之。仍属时时去信督教云。

午后小睡,四时方起。将李白研究计画概要草完,薄暮方了。夜饭后,润儿到局值班,滋儿以社中开会,未归饭。十时左右始返。十时就寝。

夜有土鳖(状类蟑螂之甲虫)扒墙,缘梁窸窣作声,余疑墙裂,屡起照视,至近三时始觉察此虫作祟,可气可笑,竟失寐云。

8 月 23 日(七月初六日　丙辰)星期二

晴,爽,傍晚略有云翳,入夜又繁星缀空矣。雨季殆已过去乎?

晨六时起。接阿凤来信,知所寄照片都已收到,尤致意元孙,颇见拳拳,足征伊尚未凿真耳。午后小睡,起后将研究概要修改一过,并加缮正,待持与平伯一商之。

夜饭后,纳凉庭中,久坐便有僛然之感,有秋意矣。十时入寝。

《史记选》序例滋儿为余缮写一过，今晚毕工，至此，所中第一段落可交卷矣。

8月24日（七月初七日　丁巳　处暑）星期三

晴，爽，夜有云翳，转热。

晨六时起。九时，湜儿自校归，与谈移时，取其母细绒线衫谓属其同学改制背心云。午后小睡，三时起。与湜同出，伊径回校，即属将《史记选》全稿带去交积贤转其芳、冠英。于是，此一工作获一结束，但不识交卷后尚有馀文否耳？

余则往访平伯，出李白研究计画概要与商，完全赞同，当署名其上，属寄与力扬，征同意，然后向所中提出云。茗谈许久，并观其所题嘉兴沈藻卿双钩花卉册及沈氏藏曲园老人手札册。五时始别。行至演乐胡同东口，适十路车到，夷然登之，在王府井南口下，遂徜徉市街，一登美术服务社之楼，无所得，折至三条鑫记南饭馆，独酌兼晚餐。餐后，步至米市大街，乘三轮归，已七时，家人方聚面，盖今日为汉儿生日，循例吃面也。

夜坐庭中延凉，较昨日为闷，恐又须回热乎？

十时就寝。

8月25日（七月初八日　戊午）星期四

晴，热，入夜风绝尤感闷，须臾雷电交作，似挟雨俱来者，乃竟未雨，诚怪事矣。

晨六时起。写信与力扬，寄李白研究计画概要，征询意见。

午后小睡，看明王琼《双溪杂记》及董谷《碧里杂存》。起后又看王船山《思问录》数则。本属滋儿下班后与同出晚饭，上景山赏月,乃以社中开会,竟未见归饭。只索于饭后披襟坐庭中以待之。十时后,雷声大作,电光四射,恐雨至,即关窗承漏,大见历乱,又遍体浴汗矣。十一时半,滋始归,星又满天。余乃就卧而不能入寐。展侧至于一时,方朦胧睡去。四时半又醒矣。枕上得一联云:

> 吾心已碎纵饶盈庭儿孙满帘图籍难得破颜作强笑

> 君迹既杳只剩两行酸泪一声愁叹无复好梦续清欢

取以挽珏人,亦足征近日心情之痛苦耳。

8 月 26 日 (七月初九日　己未) 星期五

晴,热,微有风。

晨五时半起。接浞儿昨日所发片,知余稿已送出,明日当可回家,俾后日同往公墓一展母茔也。埙孙不惯居此,午饭后遣之归。

小睡片晌,看明人杂著五种。夜饭后,清、汉两儿及锴孙来省,约定后日无雨,同往福田展墓云。谈至十时辞去。

滋儿仍以开会未归饭,十时三刻乃返。余俟其归后乃入卧。星稀云重,恐又将及雨矣。

8 月 27 日 (七月初十日　庚申) 星期六

阴雨竟日,又成愁霖,气复萧森,欲唤奈何矣!

晨六时起。十一时许,浞儿雨中归。先是埙孙来告埙孙昨已安返其家,心始放下。有顷,鉴孙来,遂共饭。饭后,埙孙去(仍住汉儿所)。余则小睡,看《石林燕语》自遣。幽若携鉴孙出购布,四时三刻乃归,幸未遇大雨耳。

夜饭后,潘儿、达先先后来省,九时去。浞儿随达往访清。滋儿仍以开会未即归,九时半乃返。夜饭时,雨止,有晴意,因约明晨果晴,则决定同去上坟。未几,湜儿亦归。十时后各就寝。

8 月 28 日（七月十一日　辛酉）星期

快晴延爽。

晨五时起。六时半,达先来,即偕润、滋、湜三儿同出,伊等御骑车,余则乘吴海之三轮,先在东单花店购得时花六本,挟载以过汉儿家。至则汉儿新华加班,未能同行,而芷芬、元锴、元镇、升埁俱欲同往展墓。七时半乃自其家九车连发,齐出复兴,循京石大道而西,由八宝山转而北穿阜黄路,越京门铁道,曲折以达福田公墓。沿途车道以积水故,颇有沦成小河者,骑车尚可挟以盘行而过,三轮则不得不涉水扶擎以渡矣。（余下车数四,由诸儿协助吴海扛车。）近十时始抵墓所,见新茔完好,而馀地亦未被水刷坍,心略慰,而哀然一冢,竟掩吾珏人于此,不能无痛。以次展拜讫,即由润、滋、湜、锴、镇、埁莳花于墓左穴地上,摄影两帧为念。遂辞墓至礼堂休憩啜茗,出所携饼饵果肴共餐之。十一时三刻行,众皆以顺游八大处为请,盖距此不远便入山矣。车行而西,复折而北,亦颇颠顿,乃过亚洲学生疗养院,东行转北,迤逦入山,到翠微山椒,即在彼处停车,须步行登山矣。时例须先向公安派出所登记,并将照相机、望远镜等交存之,始许登八大处。只有第五、六、七三处可任入览,馀处则谢绝参观也。十二时一刻始登山。涧瀑琤琮,渐入渐佳,循山胁行久,乃到第五处,即龙泉庵。东向方塘澄碧,溢流润地,塘之左右有高坛,上建听泉小榭,南向,颇幽胜,惜局锁未得入。少驻足,即穿侧门而出,盘登第六处,即香界寺,南向,殿陛崇宏,规制为诸刹冠,天王堂前一松,虬枝盘屈,荫盖一庭,余等憩息久之。升正殿两重,至最后藏经阁,始遇守者,询以第七处,则云由东侧门出,即可及。出门,盘登遥望,林樾间隐隐有屋宇,路颇陡,然绝胜,屡息始得上。先有坊东向,题欢喜地,西向题坚固林,迎面大石镌诗,俱乾隆手笔,后西数十步,始度飞桥入正殿。殿闭而前庭轩榭高临悬崖上,即向所略睹之屋宇也。入憩其中,夷旷遐畅,京西平畴一望无际,永定河蜿蜒于西南林薄间,玉泉、昆明湖全呈于东北群山中,坐赏久之。复入殿后宝珠洞,观明僧遗蜕,兴大佳,竟与滋、湜两儿攀登洞后绝顶,西北望则永定河上丰沙铁道之长桥历历在目,始悟禁携望远镜之故。有顷,仍攀援而下,到轩榭会诸人,一同下山。过六处后,度桥分道循山之左胁下,适隔涧与原上之路遥对,路虽略行远,而较夷坦,四时半乃降至平地,在派出所取回存件,相将御车东归。仍五洲疗养院复西,绕八角村之东,久乃转入京石道。平坦快驶,半时即抵永定路,以打发吴海就餐,立待三刻馀,然后入城,径赴汉儿家。已六时半矣,即令吴海先回。(给力酬六元,贴修车费二元。)余等遂留汉家吃面。盖补七夕生日也。时则晓先、雪英、潽儿、小同、澄儿、增孙均在,又热闹一时。竟日乘车在车上得一诗,虽无深意,乃写实事,因当筵写示诸儿孙云:

我携三子二婿并挈三外孙,九车连镳齐出城,雨后不复扬轻尘。颢气澄鲜秋色新,西山横黛欲招人。山沟积水波涟沦,屈曲迂回降复登。行行始达福田村,接目美景赏无心,心沉气肃转凄清。问君欣戚向背何乃殊阴晴?为看母妻外姑姥姥之新坟。

九时,余偕润、滋先归,湜儿则汉、达与之谈,十时前乃与达同乘十路末班车归。众皆感乏,即就卧。

8 月 29 日(七月十二日　壬戌)星期一

晴爽如昨。

晨五时半起。十时偕湜儿步至东安市场，为之购单衣一领，并在稻香春购得熏干烧肉。后走王府井南口乘十路以归。

午后小睡，看昨日商务寄到之《古本戏曲丛刊》二集第三期书，抽读其中《鸳鸯冢》、《娇红记》传奇，陈章侯评本，哀感顽艳，胜作也。

起后补记昨日日记。湜儿午后二时返校，恐又须多日始能归省耳。

下班后润、琴、滋、俱归饭。夜月甚姣，以积倦故，九时半即入寝。

8月30日（七月十三日　癸亥）星期二

晴，较热，傍晚有云，初月为遮，中宵始朗。

晨五时半起。为古籍出版社标点王船山《思问录》。十时半，平伯至，为谈李白研究事，假李集去，并出近作《星期杂诗三首》示余，盖近逢星期，伊同曲社中人在青年会为《长生殿》唱词录音也。近午别归。

午后，续点《思问录》，小睡片晌，至五时，仅完十页。而农祥见访，约后日同游香山，六时半去。

夜饭后，本拟与润、滋往景山看月，以起云而止。坐庭中俟之，至九时乃见朗月，十时入寝矣。

8月31日（七月十四日　甲子）星期三

晴朗，夜月好，气仍热。

晨五时半起。上午点《思问录》十页。下午小睡片晌，起看《永怀堂燕子笺》，竟不忍释手，一气看完。此人才调之高，当时罕

匹,乃竟以比匪终,则所谓君子者为丛驱雀不能容物,实亦难辞其
咎耳。

　　夜饭后,潩、清偕归省余,谈至近十时去。余亦就寝。

9 月 1 日（七月十五日　乙丑）星期四

　　昙而未雨,热而不闷。夜月微晕,旋亦清莹。

　　晨五时半起。八时,乘十路到六部口,步至官马司访农祥,同
出作郊游。先乘电车赴西直门,转乘小包车（核准私营之小型汽
车）径往香山。绕颐和园、玉泉而西,四十馀分即达碧云寺山麓,循
新修石板路而入,平坦整洁,半小时即达山门。穿殿后参罗汉堂及
五石塔,在塔坛远眺久之,乃在龙王堂址茶点部小憩啜茗听泉尘虑
都蠲。十二时后乃出寺下山。在停车场候车,有担售豆腐脑者,夷
然就啜两碗,鲜美胜琼浆矣。有顷,登公共汽车,下午二时乃抵颐
和园,径奔石丈亭饭。饭已,一登清晏舫,即在鱼藻轩啜茗,坐至四
时出园,乘公共汽车返西直门,已五时矣。因与农祥别,乘三轮径
归于家。

　　元孙今日开学,因未正式开课,九时半即归。询悉须五日始再
入学云。

　　夜坐庭中延月,九时半即入寝。

9 月 2 日（七月十六日　丙寅）星期五

　　阴昙间作,黄昏雨作,洒淅终宵。迷闷竟日,殆作冷矣。

　　晨五时半起。写信与积贤,询前送件及另致力扬函下落,顺填
八月分工作汇报表寄之。将前为避漏移庋之书分别理楚归原,并
将古本戏曲丛刊二集（先后三期送到次序乱列）顺次理好归架。

日午唤饭矣。

饭后小睡片晌,未入寐。起看《斯大林全集》第十一卷,亦前日所中代订送到者。

夜饭后,少坐便就卧,看郎廷槐《师友诗传录》及《集唐要法》,十时后始入睡。因雨声屡作,恐致漏,不免担心起视,幸无发见,而难于安眠矣。

9月3日(七月十七日　丁卯)星期六

阴雨。

晨六时一刻乃起。盖昨夜又不能好睡也。

近午雾,午后晴,入夜又渐阴,但云不掩月。

湜儿午后一时归,四时又回校矣。来去匆匆,一若忙碌异常者,然,岂学校生活皆若是耶?

上午点王船山《思问录》十页,于是内篇毕矣。

清儿来省。下午小睡片晌,看王东溆(应奎)《柳南随笔》,尽四卷。

夜饭后,待月至十时后始就寝。颉刚来访,谈移时乃去。

9月4日(七月十八日　戊辰)星期

初阴,旋晴,午后烈日悬空矣。又转热,傍晚雷电大作,未致雨,有风,中夜月明如昼,而气仍未见大凉也。

晨五时三刻起。八时,晓先见过,约同出茶来今雨轩,至则芷芬、鉴孙先在,十时后汉儿至,十一时滋儿亦至,十二时乃共饭于西单同春园,雪英亦来会。饭后,滋儿先归,余过憩汉儿所,至二时三刻,复偕晓先、芷芬同游陶然亭,茶于西廊。五时乃起行,仍乘五路到南樱桃园,转十路北行,晓、芷俱在石驸马桥下,余则径行东归矣。

到家,润、琴俱出看电影,滋则以韵启来访,偕之出游矣。汉儿及澄、培、垲、培、增却在与幽若、佩华长谈,并知清儿亦尝来此云。

夜饭时,润归,因共餐。八时,澄、汉等去,琴亦归。九时后,滋始归,知伴同韵启在北海划船晚饭也。

十时濯身就卧,续看王东序《柳南随笔》,毕之。十一时后始入睡。

9 月 5 日(七月十九日　己巳)星期一

晴,热,有风。

晨六时起。八时,元孙上学,盖今日在博氏幼儿园正式开课(实即有规律之嬉戏),久恋家庭,登车不无悒悒也。

余上午看王《柳南续笔》四卷。下午小睡,看董潮《东皋杂抄》三卷,董淹雅不逮王,而末卷多袭王语,尤难联观矣。

午后五时,元孙始归,询之尚高兴,余心头为掇去一石。

润、滋俱归夜饭,因打啤酒一升共饮焉。夜饭后,瀋儿来省,九时半去。

十时就寝,闷热不易入睡,一时后乃得朦胧云。

9 月 6 日(七月二十日　庚午)星期二

阴多昙少,闷热异常。

晨六时起。点王船山《思问录》外篇十页。午后小睡,看王贻上《居易录谈》上中下卷,及《续谈》一卷。起后,复续点《思问录》外篇九页,五时乃罢。

夜饭后,看阮吾山(葵生)《茶馀客话》,尽五卷。十时乃寝。睡至一时许,雨作,惟少选即无声,殆未壮大耳。

9月7日(七月廿一日　辛未)星期三

拦朝雨作,不大即止。八时又作,有檐注矣。从此竟日淅沥,可厌之至,气乃转凉。

晨六时起。作书复陈贯吾,盖昨日青年出版社转到来信,犹以为余在开明也,特告之。(伊为译件属商,余辞以力未逮。)接唐鸣时片,知来京已四月,约示期一见,余即复书,订十一日上午在来今雨轩晤之。

看阮吾山《茶馀客话》六至十二卷,毕之。时已午后四时,听雨无聊,乃续点《思问录》外篇六页,抵暮始罢。

夜饭后,清儿、达先来省,谈至十时乃去。滋儿以工作紧张,晚间赶理未归饭,亦十时始返。余于清去滋归之后乃就寝。

力扬复到,谓所送计画将提会云。

9月8日(七月廿二日　壬申　白露)星期四

晴,和。

晨六时起。上午点《思问录》外篇八页。下午小睡片晌。二时半,农祥来访,同往天坛游览,在皇穹宇西侧茶棚啜茗,坐柏荫下历一时许,风劲肌凉,始起行。登圜丘,历甬道,入祈年门,未升阶即由西门出,已五时四十分矣。乘电车至六部口下,过同宝泰酒店一问,知亦能堂饮热酒,乃先过农祥家小憩,携食榼复往焉。情调不减永兴昌。五六年来未有此境矣,快甚!七时,亦秀亦下班过此。八时后,再过饭其家。又纵谈至九时半始辞归。乘三轮径返,略坐即寝。

睡至十一时半,门铃大震,亟起唤润儿,询之知为湜儿也。湜为送其同学赴南宁就教员事,至车站,甫自站上归来。匆匆数语,即令就卧。余始宁枕。

9 月 9 日(七月廿三日　癸酉)星期五

晴,不甚朗。又转烦热。

晨六时起。八时,点《思问录》,至午得七页。中间曾写信复漱儿。

午后小睡,起续点之,至五时,得五页。于是,《思问录》内外篇俱毕矣。

湜儿晨出,午后归。夜与润、滋、湜及元孙、幽若共饭。饭后,润入局值班,余仍坐院中纳凉,至九时半乃入寝。

看《格古要论》,十时三刻始入睡。

9 月 10 日(七月廿四日　甲戌)星期六

黎明润退值归卧,余起开门纳之。时阴霾云厚,气不爽。八时半,天稍开,有露日意。乃偕湜儿出,漫游信步,出大雅宝东口之城缺口,沿新筑马路东抵日坛,沿坛西新路直南至建国门外头道街之庞家楼,有十一路公共汽车焉,即登之,拟作二闸之游。乃上车后雨即至,抵二闸雨甚,不得下,听其补票直抵广渠门,与八路公共汽车接,始下,而雨亦止矣。上八路车后,入崇文门,在苏州胡同西口下,过祥泰义购糕饵而出,复过本市特种工艺品批发所,略望,未有所欲者,即在新开路西口登十路车到南小街方巾巷口下,向人民银行付水电费,以排队过久,雨又大,只索稍停。至十时半仍冒小雨步归于家。适邮局送包裹凭单来,知《古本戏曲丛刊》二集书套十二枚已寄到,乃命湜儿乘雨隙往总局领取之。十二时归,雨又盛矣。

午饭后,小睡未熟。二时许,湜儿辞入校,雨中往,因属购伞以行。雨较上午为急,而且持久,向晚犹未有倦歇之象也,可恼可厌。屋殆又将致漏乎? 自此以后,淅沥竟通夕未止,时且闻檐瀑,仅免于大漏已自幸矣。

夜饭后,滋儿冒雨出购物,盖明晨将偕佩华往北大会其姨表妹也(新自南方考取报到)。九时半乃返。余亦就寝。

9月11日 (七月廿五日　乙亥) 星期

阴雨延绵,竟日夕,气为大凉,然不爽快,真愁霖也。

晨五时三刻起。鸣时之约竟以坐雨不果践,殊为歉然。

滋、佩仍冒雨赴北大,午后三时归。谓晤及其戚郑素娟及湜儿,盘桓至午,在校旁饭馆共进餐。湜又送伊等上车而后返云。

午后达先、建昌见过,谓清儿在发热。有顷,汉儿、元鉴来,遂偕滋、琴、佩、鉴及元孙往省之。比暮,芷芬来,滋等亦归,乃共饭。元孙则留在清家饭,饭后始由白大娘送来。九时许,芷、汉、鉴去。

濬儿午前来省,饭后去。未及与汉等晤。

十时就寝。

9月12日 (七月廿六日　丙子) 星期一

晴,爽。

晨五时半起。上午点王船山《俟解》题词及本文,凡十一页。

午后小睡,基孙来省,未之见即去。起后续点《俟解》十二页,于是全部已毕。时已五时,乃辍工。

元孙自幼儿园返,亦五时一刻矣。今日始改迟半小时,不识以后上学亦递迟否?

夜饭后,偕润、滋挈元孙出散步,徜徉于南小街北段,在零售公司购得苹果四枚归。分给家人,元孙独择其大者红者各一云。九时半就寝。

有片去鸣时道歉。

9 月 13 日 (七月廿七日　丁丑) 星期二

晴,又躁热,入夜有闪电,微雨 。

晨五时即起。七时,佩璋来,有顷,所中车至,即同乘过平伯家接以出城,八时正到北大文研所参加会议。先讨论平伯《红楼梦》序提纲,亭午犹未决,众意延至下午续开,平伯饭其芳家,余饭冠英家。午后二时,再赴所开会,至三时半,红序问题始决。续议余《史记选》序例,并李白研究计画概要。意见亦不少,序例当补充修改,计画则由力扬改写后,征余意见后再商。六时散,仍乘原车送归。

七时饭,饭前小饮,以资苏息。九时半即寝。

9 月 14 日 (七月廿八日　戊寅) 星期三

晴,和,午后时有雨意,但未果。

晨六时起。接鸣时信,知前日星期仍到公园,未晤,余信亦已接得,约再订期会晤,余因于下午四时三刻前往访之。初乘十路,继转四路到西安门下,沿黄城根北寻至将尽头处,始见十二号,通过门岗进入传达处,填条已毕,守阍人谓已下班,无从找寻,属余自行且态度甚慢,较往昔衙门尤恶。余既无法自寻,且亦甚不愉快,即拂然返,交条门岗而出,行至西安门乘三轮径归。

夜饭后,清儿、达先来省,谈至近十时乃去。

接平伯片,属检王利器关于曹雪芹材料之新作。十时就寝。

9 月 15 日(七月廿九日　己卯)星期四

晴,和,夜深三时半,闻雨,迨明未歇。

晨六时起,看冠英《诗经选》序,近午方毕。十一时,农祥来访,盖昨日下午曾来,送戏票(今晚长安北京市京剧第二团演出)未遇,故复来耳。乃与共饭,并小饮焉。饭后,润儿归,禀出购花,以明日为其母逝世百日纪念也。甫离家未久,其友丁瑜来访,因代接谈。一时许,润始返,余亦暂就卧小睡(农祥亦留在湜儿室卧榻小睡)。二时三刻,同农祥出,乘十路转五路车,到陶然亭,在西廊茶憩,坐至近五时始起行,徜徉于新建之云绘楼下久之,仍循湖出园,乘三轮径至农祥家。时已六时半,在彼共饭。饭已,偕往长安,则已八时,杨盛春之《艳阳楼》将成尾声矣。(坐楼下第七排廿七、廿八两号。)继为谭元寿、赵韵秋之《打鱼杀家》,最后为裴盛戎、李多奎、马长礼、陈永玲之《铡美案》。十一时一刻犹未完,余与农祥乃起行,伊径归,余乘三轮行,到家已十一时四十分矣。幽若犹候门未寝,颇为歉然。属伊归寝后,余从容洗脸刷牙,饮茶,吸烟,良久乃睡。三时半,又为雨喧促醒,深感不适。

9 月 16 日(八月大建乙酉　庚辰朔)星期五

积雨破晓,禺中转甚,檐注又如悬瀑矣,自此时大时小,迄于晡时乃住点。向晚显日光,气凉。

晨七时起,精神阑珊。今日珏人逝世已百日矣,诸儿仍以果饵设供,余却莫名惆怅,不知何所措身也。上班前,潄儿来,午刻,博氏饬车人送元孙归,谓发热喉痛,属静息多饮开水云。

午后三时半,澄儿挈增孙来。有顷,雪英来,又有顷,建昌来,昌硕来。下班后潄、清、汉、润、滋、琴、佩及达先、芷芬两婿俱至,文权亦到,乃共夜餐。元孙亦退热许多,大致无碍矣。饭后,聚谈至九时,芷、汉、雪英、汉、增及昌硕、建昌俱归去。文权、潄儿、达先、清儿则十时后始去。时已星光灿然矣,余小坐,看元杜本所辑《谷音》,俱宋遗民诗,读之令人起敬。近十一时乃睡。

9 月 17 日 (八月初二日　辛巳) 星期六

重雾欲雨,旋霁,禺中日出杲杲,天宇澄澈矣。凉气袭人,单衣不胜,始御袷。

晨六时起。看《云麓漫钞》。午后小睡,三时起。湜儿自校归,与谈久之。五时半出,乘三轮往访圣陶、墨林,即饮其家。谈至八时四十分辞归,仍乘三轮行。

湜儿夜饭后往北京饭店参加晚会,十一时半乃返。余已就卧,听其归,始入睡。

午前曾写信二封,一与鸣时,告日前过访不值状。一与积贤,托由所证明粮食定量廿三斤。

9 月 18 日 (八月初三日　壬午) 星期

晴,暖。

晨四时即起,五时许,偕润、滋、琴、佩同出,甫辨色,路灯犹未灭也。至禄米仓西口,始见十路车自北来,即攀登之,盖头班车尚未出厂,今日星期加班,得幸遇之耳。车至西单下,天乃大明,复转电车径往西直门,出城走车站,途遇潏儿、硕孙,乃由润儿先入站购票。有顷,清儿、达先、建昌亦至,补购三票,同登大台线客车。六时半西开,澄、汉两儿竟未至,甚以为望。七时另一分到西黄村,相将下车,北出站觅路东北行,历二十分,始到福田公墓。展视无恙,憩于礼堂,正拟走返西黄村乘九时卅六分东行车回西直门,而汉儿挈大璐、元鉴至,盖迟到十分,幸昨日丰沙线售票添开七时半一班,因得乘以赶到也。遂再坐候伊等展墓,润、琴则先行,仍附火车回。余等十一人憩至九时半,步往京石线八角站,附石景山汽车返京。路既遥远,又不熟悉,兼之日中仆仆汗透重衣矣。凡行两小时,十时五十分乃到公路线,见石景山来车正至,众皆跑步以趋之,勉挤上,不得坐,良久始挨得一位,余皆扶立车箱中,狼狈之至。十二时半,方达城内西单站。下车后即登同春园饭庄之楼,且息且饭焉。

下午二时饭毕离楼,分路各行,余乃与滋、佩附十路车径归。到家热甚,沐浴更衣而睡。至四时许,雪村见过,披衣起谈,薄暮始去。

汉儿之迟误到站,初皆以为澄儿住其家所致,(原约昨夜澄住汉家,今一早同行。)及晤汉而未见澄,始知埙孙戏车跌折脚骨(昨日上午事,已上石膏裹之。)不能行,命埙孙告汉,恐余担心,故不使余知耳。今日傍晚,埙孙来取床,用虎子询知经过,并知清、汉俱去伊家访问矣。润、滋、皆倦,不任行,未能往视。湜又先于午后返校,未及知,只得作罢,候明日再说。

夜饭后九时即睡。

9 月 19 日 (八月初四日　癸未) 星期一

晴暖如昨。

晨六时起。尚不觉疲,遍询诸儿,亦尚好,依旧上班。元孙热已退,今日仍令休息,明日当遣令就学矣。

十时许,清儿来告,方自青年报社来,该社以响应青年代表大会,暂改三日刊为日报,向青年出版社借人应急,社中派清儿往,今去接洽,知须作夜班,每晚七时上,翌晨三时下,虽短期突击,实苦差也。余虑其身体应付得了否耳?因在家午饭,饭后归寝,当夜即须赶彼工作也。余无心改文,只得续看《云麓漫钞》。午后略睡片晌,起后看之,抵夕前后共尽七卷矣。

夜饭后,遣润儿往视埙孙,并以十元交澄,资医药之助。十时归,述经过情况,尚无大苦,但求无大变化,当能脱险也。润归,余亦就寝。

9 月 20 日 (八月初五日　甲申) 星期二

晴,暖。

晨五时半起。觉精神不爽。八时前,元孙上学,馀人早上班矣。余看完《云麓漫钞》,即着手修改《史记选》序文,动笔一小时许,便感头晕,勉至亭午,竟伏案不能兴。饭后偃卧久之,稍平,仍觉胀然。呜呼!余竟从此废耶?何不任思索如是也!

夜饭时,颉刚挈其三女(潮、洪、湲)一子(德堪)来,盘桓移时,八时半乃去。据告蔡师云笙困老故乡,年已八十一,仅一孙奉养,近又丧偶,境窘极。余托以十元附寄之,聊表涓助耳。

九时三刻就寝。

9 月 21 日 (八月初六日　乙酉) 星期三

昙阴兼施,偶露日光,颇不爽,午后遂雨,虽或停片晌,而延绵迄暮,檐注如绳矣。竟夕绵雨断续,厌甚。

晨六时起。神思仍不属，头晕略平，胀感未除，只堪翻纸送日，竟不能有裨修改工作也。为之奈何？粮食定量分配今日始由本坊小组评定，今后上馆吃饭，或购取糕饵，都需凭粮票始得行，戚串往来，亦需自携此票乃合适矣。

夜与润、滋、幽擘蟹下饭，元孙与焉。饭后，雨稍戢，润挈元出看电影。未几，琴、佩亦归。各留一蟹与之。九时许，润、元归，余亦就寝。

总觉孤寂，飘忽虚渺无那耳。

9 月 22 日（八月初七日　丙戌）星期四

晴，暖。

晨六时起。勉坐修改序文，至午后四时粗毕。须誊正时再修订矣。清儿自到青年报后，天天作夜工，今日下午志华偕建新来省，知伊白日睡觉，不曾习惯，昨日尝感头痛云。余深以为虑。

夜潾儿来，与润、滋、佩等食蟹。饭后，芷芬来省，有顷，汉儿亦至，约廿五日乘丰沙铁路往游官厅水库。谈至近十时，潾、汉、芷同去。余亦就寝。乃以国庆伊迩，天安门前预演施放花爆及坦克游行，且广播游行进行曲等，声震四隅，喧枕难睡，直至一时后声始寂，得朦胧入睡至天明。

9 月 23 日（八月初八日　丁亥）星期五

晴，较爽。

晨六时起。九时，誊改序文，边写边订，至下午五时，尽廿一纸，未过半也。当于明日续完之。清儿午前自青年报馆下班来，即留午饭。饭后，属就湜儿床休息，睡至三时半起，归去料理一切，准备七时又须上班矣。因令每日来此休憩,如今例。俾静摄云。

傍晚鸣时来片,约廿五日来访,余因有官库水厅①之行,即复约同往一游,不识能如愿否耳?(复信当夜即发。)

夜看《旅行家》圣陶所作《黄山三天》。十时就寝。

9 月 24 日(八月初九日　戊子　秋分)星期六

晴,暖。

晨六时起。七时续誉序文,顺加修改,直至下午五时乃毕。视前稿约增五之一,近万言矣。积闷为之一松,但未审作数不耳?

清儿近午来午饭,后仍令卧休,至三时许起,煮蟹享之,盖是日购得大蟹十斤馀,当晚遍享儿辈也。

余饮酒薄醉,十时后就寝。

傍晚接圣陶书,转西谛约明日正午过饭其家,藉谈一切,本有芷芬官厅之约,及鸣时同行之信,不得不作罢,乃令润、滋分别电话通知芷芬,并托晓先(亦与此行者)如晤鸣时,即以此中委曲告之云。

雪村垂暮见过,托将稚甫所藏古帖转致西谛。

接漱儿廿一来信,知明日赫思诚将回抵北京,托带月饼及毛豆干,属往接取。

9 月 25 日(八月初十日　己丑)星期

竟日阴霾,气却不凉。

晨五时即起,以滋儿往西直门车站退票故,八时始归云,晤及

---

① "官厅水库"之误。

濬儿,未见芷芬、晓先等,初在窗口交涉,颇费唇舌,后见站长,始得脱售云云。

九时四十分,余赴圣陶之约,乘三轮以往。至则仅遇墨林,谓圣陶临时得袁师俶畲来京讯,往西河沿永安饭店访候矣。十时后,圣陶归来,因悉袁师近状,并承旧同学蒋益生(栋)托带去年初秋草桥同学为颉刚饯行及庆袁八十寿而合摄照片见赠,至以为快。坐谈至十二时,同载以过西谛,晤其伉俪,因共饭。座有随谛往印尼表演之舞蹈演员男女四人,话倾瓶水,笑言盈盈。余等竟未及多谈,而三时,谛又须出席开会,因于二时半,即偕圣陶行,仍过其家,取照片,然后乘三轮径归。

西谛赠余海外携归之孔雀翎一束,因思得一高颈瓶以插之,乃偕润儿复出,乘公共汽车赴隆福寺市场访旧瓶,在摊上得一高约二尺之霁红瓶一事,釉匀而泽,旧物也。以颈口有漏,锯去一二寸,尚无陋相,遂以五元易归。润儿抱以随行,竟缓步走返于家。中途尚往中国书店一转也。今日清儿照常上班,仍来家午饭、小睡。余归时,尝晤及之,未几,即上班去矣。

夜饭后,听广播,京剧录音,为叶盛兰之《罗成叫关》,十时半始关息音机,就枕入睡。

9月26日(八月十一日　庚寅)星期一

初阴,旋开,近午放晴,气仍不凉。

晨六时起。八时点王船山《噩梦》十二页,至午后二时毕,尚馀甚多,无意续下而罢。且俟兴作时再点之。

下午三时写信复漱儿,告物已取到,并顺告余近况及最近又曾往省其母新坟云。夜饭后,偕滋儿出散步,乘十路到王府井南口下,在新华书店购到九月分《人民画报》,润儿及元孙追踪至,因同往新建之百货大楼一看。以时间已届不能入,仅在外面望望而已。旋往东安市场,在稻香春购饵而归。徐步东行,并在无量大人胡同西口一摊上吃馄饨,风味别致,及走抵家门,已九时半。知达先来省,未晤。清儿则午间仍来饭也。

十时濯身,易衣而寝。

9 月 27 日(八月十二日　辛卯)**星期二**

初阴后晴,而不凉,一如昨日。

晨六时起。八时续点《噩梦》,至午后四时半,尽十八页,仅及全书五之三耳。

近午,清儿来饭。饭后,濬儿来省,二时,濬以上班去,清则小睡至三时半乃行。

润儿以应人夜宴,未归饭。十时始返。余俟其归乃就寝。知在乔峰家,座有思诚及总署旧雨多人云。

达先午后曾来省,知密先今由哈尔滨到京,小住十日,清儿即行为此故也。

9 月 28 日(八月十三日　壬辰)**星期三**

雾,禺中开雾,近午又畅晴矣。仍暖。

晨五时三刻起,天初明耳。八时续点《噩梦》,至午后三时,看十八页。全篇完了。

晨接鸣时信,知星六所寄书星期早八时始递到,未及赴西直门车站。心为一安。渠约十月九日到来今雨轩图晤,或不致再悭一面乎?

清儿仍来饭,午后小睡,三时半去。

夜饭后,芷芬、达先先后来省,本约乘国庆假日同游大同,一览云冈石窟之胜,乃以游行值班等等,恐不能刻期往还,大抵作罢矣。九时,芷芬去,十时,达先去。润儿、琴珠夜往劳动剧场看波兰歌舞团表现,十时三刻返。余候伊等归后乃就寝。

9 月 29 日（八月十四日　癸巳）星期四

晴,暖。

晨五时半即起。天尚未明也。八时写信两通,一与冠英,对《诗经选》前言贡所见;一与其芳、冠英,送改定《史记选》序例,请再核,并言自序与所选诸篇体例不侔,不拟增入。以前此开会有人提出增选,而实难从,故却之也。又一与秘书组送九月分工作汇报表及填还作家出版社约稿单,俾统一转寄。此三信俟湜儿国庆入城还校时带去,今先办妥耳。

午后,潜儿来省,知文权事又有发展,颇棘手。因而伊意绪甚劣也,亦勉慰之而已。清儿以密先在家未来饭。

下午三时,独出散步,乘十路车到王府井下,步往新建百货公司一为观光。游人甚挤,真顾客未必多。匆匆一巡而出,再过美术服务社,入览亦感无甚新鲜之品,驻足未久即出,而脚力倦矣。因乘三轮而归,甫过四时也。

夜饭后,佩华归,以今晚九时大华开映小白玉霜《秦香莲》戏片之票奉余,即由滋儿陪同前往。自寻夫拒认、做寿、杀庙、告状而至铡美止。十一时乃竟,遂与滋缓步由西总布胡同、南小街而归。热甚,拭身,坐凉至近十二时,始就寝。

9 月 30 日 (八月十五日　甲午　中秋节) 星期五

晴,暖,御单衣尚不感凉也。

晨六时起。九时许,清儿挈建新来省,十一时去。

饭后小睡正浓,而倪农祥至,因起与共出游。三时乘三轮往北海公园,在揽翠轩啜茗,坐一小时,至五时起行,度陟山桥而北,出公园后门,与农祥别,仍乘三轮径归于家。已六时一刻矣。

是夕,以中秋夜宴,润、滋、湜俱早归,琴、佩亦未暮即返。元孙尤喜跃。饮啖至八时罢,移席中庭,对月随食饼果及糖芋艿。独恨珏人长逝不能令人无念耳。

九时,湜同学沈君来,十时,于君来,俱住我家,备明晨同往沙滩集合参加游行。

十时半,余乃就寝,与湜儿同榻。

10 月 1 日 (八月十六日　乙未　国庆) 星期六

阴,午前后晴,气较凉。

晨五时即起,润、滋、湜、佩及沈、于二生陆续出门,各赴本单位集合处,参加游行,天甫辨色也。七时许,挈元孙在南小街看二中学生排队行进,亦已餍伊之望,乃挈归。十时,就收音机听天安门广播国庆典礼阅兵,及游行实况,至下午二时许始毕。想见盛典壮丽可忻可庆。

下午二时,滋先归,润、佩次之,沈、于二生又次之,独湜儿垂晚始返。(沈、于二生仍宿焉。)

清儿、达先来省,乃共饮焉。文权薄暮赶至,谓潘患急性肠胃炎,爰由滋儿代电招张静容大夫往诊之。夜饭后,润、滋、湜往省潘儿。清、达偕幽若、琴珠、元孙出片焰火，十时后归，知润、滋、琴、佩、幽、元及素娟俱在三条清儿旧居停家晒台上看较为清切云。（素娟系佩华姨表妹，今年秋考入北大，亦以参加游行后来访，因与佩偕出，且留宿焉。）

十一时就寝，余与滋儿同榻，湜则支床于堂中睡焉。盖卧床俱让宾客矣。一番历乱，亦庆贺声中应有之义耳。

10月2日（八月十七日　丙申）星期

终日阴霾，时有濛雨，夜半雨作有声，檐滴到明，气乃大凉。

晨五时半即起。八时许，湜偕沈、于二生出。九时，余与润儿挈元孙亦出，同乘十路车到南樱桃园，转右安门北来之五路车，东达陶然亭，濛淞润衣，即拾级登窑台旧址，啜茗其地，新修场面敷砖，屋宇彩髹，焕然易貌，非复当年所能想象矣。坐甫定，润挈元孙赴儿童运动场畅游，直待至十一时许，始返窑台。即偕同出园，循原路归。到家已十二时十分，知业熊、芷芬、汉儿等俱来，往视濬儿云。湜儿已归，与其女友胡粹青偕。有顷，汉儿、元鉴、大璐来，因共午饭。佩华之表妹及来访之友季、陆二女士则别开一席就其卧室享之。饭后，业熊、芷芬、自清儿家饭已来省，三时，分道各出。余与芷芬往八条访圣陶、墨林。晤及蝶生、至善、至美、满子等。长谈及暮，即留饭其家。擘蟹小饮，近九时，始与芷芬辞归。

墨林精神远不逮前，情绪亦欠佳，知其中病深矣。心悲其遇，只得勉为壮辞，力慰之。回忆珏人情况，真如刀割。

诸戚友俱去，湜儿仍归夜饭。余到家，伊已睡，竟未晤谈也。十时就寝。

10 月 3 日 (八月十八日　丁酉) 星期一

阴雨竟日,入晚止,夜深风作,月上矣。较昨益凉,初御薄绵。

晨六时起。坐雨不能出游,至为不怿,与润、滋、湜闲谈而已。饭后,湜儿雨中归校,余小睡片晌。

薄暮,清儿来省,未久即上班去。

夜饭后,余与滋儿同出,乘十路转电车到蒋家胡同下,滋往省澄家,余则赴肉市广和剧场看马连良剧团演出,坐楼下八排十二号。右首十一号、十号为赫思诚及其母,左首十三号为朱树春①,俱湑、润同事,票即托赫代购者。七时半开,先为垫戏,二本《虹霓关》,由罗蕙兰饰丫环,赵丽秋饰东方氏,闵兆华饰王伯党。继为全部《群英会》、《借东风》。马连良前饰鲁肃,后饰孔明,馀角配置尚当,惟由马崇仁反串黄盖颇觉不伦,而马富禄之蒋干,茹富华之周瑜却好。十一时半始散,亟乘三轮归,以肉市太窄,绕由鲜鱼口等街东入崇文门,沿路凉风袭人,大有初冬景象。北地节候突变,非南人所能了解也。到家已十二时,幽若尚未睡,独候至感之。即属归其寝。余独坐饮茶久之,乃就卧。

广和剧场本为广和楼戏园,亦即查楼旧址,在梨园掌故中极享盛名。坍坏已久,近始修复,已全改原貌,但朴素大方,具有独特之风格耳。昨日始上演,今尚为第二场云。

10 月 4 日 (八月十九日　戊戌) 星期二

晴,冷,薄暮起翳障。

---

①朱树春,为朱士春之误。下同。

　　晨六时半起。装牙上颚之橡制吸盘已坏，不但饮食有妨，即说话、咳嗽亦时虞脱落，两日受累，竟不可耐。今日午饭后，润归视，即偕往东安市场原装之田大夫处修治。据云，此项橡皮系英国制，今已缺货，勉寻一小者配之，尚可将就，则亦戴之而出，顺过美术服务社购得青花茶瓯一事，计一元八角。又过百货大楼一登临之，近二时，润赴局上班，余乃往帅府园美术展览馆，参观荣宝斋木版水印画展览会。陈列凡二百二十二件，遍看一周，历时一小时。即出，走至东长安街乘十路车以归。

　　点王船山《黄书》十四页，抵暮乃辍三篇，犹未完也。

　　清儿午前来省，未饭即去。饭后又来，谓已看过潗儿，已上班矣。就湜儿房小睡，至三时半起去。

　　许妈下午归视其家，未归宿，想须明晨乃来矣。

　　十时就寝。

10 月 5 日（八月二十日　己亥）星期三

　　阴霾，薄寒，仅午前后一现日光耳。

　　晨六时起。八时续点《黄书》，下午四时半停，尽十九页，仅剩第七篇"离合"未点矣。

　　潗儿午后来，知已照常上班，肠胃炎痊矣。二时去。

　　许妈饭后三时乃来。

　　薄暮，润归，谓气象报告今明当有霜冻，因亟将庭花之不受冻者移入室内，腾挪揖让，亦煞费苦心也。

　　夜饭时，农祥见过，盖明日本有明陵访古之约，以临时有事，不克行，特来告知也。其人笃实，宜有此耳。未及坐，即引去。亦秀在家候伊同饭故。

七时,润儿挈元孙往百货大楼选购一小棉风衣,备冬天上学之用,余所属买者也。计价十元有零,而需布票十三尺云。

十时就寝。中夜雨作,淅洒到明未止也。

10 月 6 日（八月廿一日　庚子）星期四

朝雨延绵,近午始停,而乍明乍晦,阴阳怪气依然。向晚而夕阳朗照,天宇亦澄净矣。气凉于昨,御棉难释,大有冬象,非复秋景。北地天气固如是也。

晨六时半起。九时续点船山《遗书》,至下午五时始辍,凡得二十五页,《黄书》末篇及《识小录》全部完毕。

瀋儿午前以就医见过,少坐即上班去。

接湜儿片,知所交带去之稿件等,俱已分别妥送矣。且静待所中发付也。

夜九时半,濯足就寝。

10 月 7 日（八月廿二日　辛丑）星期五

晴朗,薄寒,殆已降霜矣。

晨六时起。九时点船山《搔首问》,至午后三时毕之,得当刻本廿六页。彬然、调孚之所托可以交卷也

四时,清儿挈建新来省,五时许,元孙归,略与新玩,不久即去。

六时十分,滋归,因与同出,乘三轮到东安市场,诣东来顺,拟啖涮羊肉,乃食客围坐已满,即南走三条鑫记南饭馆,亦以售完,享以闭门羹,只得仍北返市场,登森隆就食焉。时尚未及七时半也。人多食少,如此亦稀有之景象矣。八时,食毕,父子相将走归。过红星排队买得明晚八时四十分电影票四张,即由无量大人胡同、什

方院步归于家。

润儿开会、琴珠往天桥看苏联歌舞表演，仅佩华归来耳。

余坐至十时，俟润归后就寝。琴珠归来，竟未闻知。

10 月 8 日（八月廿三日　壬寅）星期六

晴，薄寒如昨。

晨六时半起。清儿来饭，知青年报借材已满，今日已辍工，后日正式回出版社矣。饭后偕幽若去百货大楼闲逛。余则在家翻纸而已。漱儿四日书，托其友蒋女士带到咸月饼十八只。

夜清、汉俱来食蟹，湜儿亦自校归。夜饭后，润往天桥看印尼回国歌舞表演，滋、湜及幽若、许妈俱往红星看电影。清儿亦不久即归去。惟汉儿俟滋等归后乃去。

十一时就寝。润犹未归，比其归，余已入睡矣。

10 月 9 日（八月廿四日　癸卯　寒露）星期

晴，较温。

晨六时起。八时半，与湜儿同出，乘十路车往中山公园，径奔来今雨轩。雪村、晓先、芷芬已在。有顷，力子至，调孚至，均正至，梓生至，而鸣时迄未见到，本可久待以俟之，以袁师傲畲今午在圣陶所饭，特邀颉刚与余往陪，且将摄影留念，不得〈不〉早走，乃托雪村等致意。十时半，即先离园。湜径归家，余则乘三轮径赴圣陶所。鸣时究来否竟未之知。缘悭一面乃至此乎？

十一时半，颉刚到。又有顷，袁师及师母同至。于是，墨林、绍铭及龙文皆集，共坐小饮。袁师年已八十，精神矍铄，谈锋甚健，近方谒见毛主席，尤感道主席爱护老人之周挚。一时半，方撤席。复在庭中摄影。又谈至二时四十分,始送之登车返寓。余与颉刚再谈至三时三刻,乃辞出,同乘十路至禄米仓西口下,分道各归。约十三日下午三时,同往西河沿访谒衰师而别。

小文垂晚来送还前取去之手表税款,谓关上决定应由卖者负担,故退回云。少坐即去。

到家知润出访友,滋与湜出游,汉、澄俱来饭。幽若则偕瀋、权、澄、硕往游景山矣。家下只留琴珠、佩华及元孙耳。

薄暮,滋儿返,知湜已归校去。有顷,幽等亦返。润则未归饭。

夜饭后,八时半,瀋、权、澄、硕等归去。九时,润亦归,但十时又出门赴局中值班矣。余俟润出后始就寝。

10 月 10 日 (八月廿五日　甲辰　辛亥革命纪念) 星期一

晴,较和。

晨六时起。上午写信寄漱儿,告月饼早到,且已尝过。下午写信与调孚,送还点过船山遗著六种,即交润儿带去。前此,彬然所托藉以交卷矣。夜饭后,滋儿出购物,九时乃归。润儿为缴水电费等亦出,先滋归。

十时就寝。

夜接鸣时片,昨日往游八大处,未践约云。

10 月 11 日 (八月廿六日　乙巳) 星期二

晴,和。

晨五时半起,天未大明也。八时三刻出,乘三轮到午门,入览故宫,在保和殿参观全国陶瓷展览,见太和殿前铜制品级山又陈列陛下矣。展出瓷陶以实用及美术制品为主,征集之件遍及京市、河北、河南、山东、山西、湖北、湖南、四川、贵州、陕西、甘肃、新疆、辽宁、江苏、安徽、江西、浙江、福建、广东诸省。以余所品瓷器，以江西景德镇第一，广东石湾枫溪次之。陶器以江苏宜兴为第一，山西雁北次之。馀相伯仲，难次高下也。继至奉先殿，参观敦煌艺术展览，多照片及摹本壁画藻井边饰及仿塑等，陆续散见已多，无甚惊动处。惟利用门楼布置一完整之北魏石窟残塑剥画色彩一仿其真，并香蜡沾污之迹亦惟妙惟肖，显示之一若身历其境然，则大可餍望门之嚼耳。继又从内东路斋宫以北诸宫行，观原设之历代综合艺术第一至第五馆，即商周至明代遗物。虽陈列无多，足窥一斑矣。又顺观达赖、班禅所赠礼品展览。时已十一时半，即步出神武门，乘二路车到东安市场，过三条鑫记南饭馆，唉鳝糊面，然后乘三轮归家。

知平伯曾来访，未值。有顷，文权来省，润、滋两儿亦归视，二时前，俱各上班去。滋儿今日至医院复查肺部，据云前结痂处有融解象，属全日休养三个月后再查。今日到社交代后，明日起，即在家休息矣。此虽无足深虑，而余又大为不怡，默祷休养中日起有功，则大幸也。

下午四时半，季龙见过，谈移时去。润儿、琴珠夜饭后，往文化宫看军会文工团演出，十一时始返。余初与滋儿谈，继乃听电台转播今晚长安奚啸伯演唱《杨家将》，自金沙滩李陵碑以至审潘洪为止，亦为十一时，恰俟润、琴归来乃寝。

10 月 12 日（八月廿七日　丙午）星期三

阴霾竟日，午后微雨。入夜且有檐注矣，气却温。

晨五时即起，开灯着衣，梳洗讫，天始明，闷坐不得出，摊新旧《唐书》纵览之，一以为李白研究作准备，一以遣当前愁烦耳。

珏人之逝已四越月，思念之忱无时或释，排遣不去时，每以打五关为遁逃所,然亦有时而穷,奈之何哉!

傍晚,偕滋儿闲步东郊,从大雅宝东城豁口出,度桥循新修大道直抵日坛之西墙根。两旁正建筑大楼,气象迥然昔比矣。微觉倦,即折回。盖滋在休养,不宜过于费力也。

夜饭前,农祥来,谓明日天气未必晴,长陵之游须后另约云。少坐便去。悥哉!斯人乎?

夜饭后,达先、清儿来省,谈至近十时乃去。伊等行后,余亦就寝矣。

元孙以腹泻,今日未上学,在家盘桓,幸未有发展,明日当照常入学也。

10 月 13 日（八月廿八日　丁未）星期四

晴,有风,骤转冷。

晨六时起。九时往访平伯,晤之,与谈商李白研究整理计划草案(前日由所中寄到征意见)施行具体办法。盖原订之案已稍更动,不能不取得一致意见也。十一时归。

饭后,濬儿来省,二时上班去。余亦走访颉刚,同乘电车出前门,往西河沿永安旅社访袁师,以适出门,未晤。即走往琉璃厂荣宝斋及通学斋等书店一转,旋乘三轮到陶然亭公园,茶于窑台。五时乃起行,绕西湖一周而出。乘五路车到前门,已垂黑矣。即都一处楼头唉饺小饮当晚餐焉。餐毕,同乘电车,颉往米市大街径归。余则于东单下,改乘三轮返家。

知雪英曾来访云。夜九时半就寝。

10 月 14 日（八月廿九日　戊申）星期五

风急,晴,冷。

晨六时起。元孙七时半上学，知博氏幼儿园将全体旅行西郊，参观动物园也，余初约滋儿同往，以佩华约伊午饭友人家而止。九时后，别议往左安门一觇龙潭之胜，乃与滋共乘十路至东单，转十二路径达左安门下车，徘徊关厢，正见拆除城闉，剥砖铲土，大氐外城当在撤去之列矣。回北徐步至龙潭，东西两湖澄波涟漪，将来整治殊不亚陶然亭也。惜迎面风急，不任久立，即援登十二路车，仍归东单，时正十时半。滋转十路往佟麟阁路访其友，余则徐步循米市大街、无量大人胡同、什方院以归。

午饭后，文权见过，取物。滋亦归，谓佩华未赴约，伊仅偕友就外食而已，故即返云。

下午摊看《故宫周刊》，足赏者众，至暮仅尽百期耳。（余合装为第三册中有南薰殿图像、郎世宁《百骏图》、《雍正耕织图》及宋人《西园雅集》卷。）真遣时良策也。

夜饭后，芷芬、汉儿来省，告已搬入人教社新配宿舍矣，以初迁限于门禁，九时即辞归。

十时拭身濯足，易衷衣就寝。

10 月 15 日（八月三十　乙酉）星期六

晴稳，无风，薄寒，不感冷。近日好天气也。

晨六时起。十时，与滋儿挈元孙出散步。（元孙以昨日旅行，今日园中放假休息。）乘十路到东单，徜徉于新辟之东单公园，小治圃场，楚楚有致，且正营构山亭也。坐憩久之，并为摄景二帧。十一时半，过崇文门零售商店，购得果饵等物，仍走至东单，乘十路归饭。饭后，元孙就睡，余乃复偕滋儿出，乘十路北行，径抵东直门，转四十三路出城东北去，历北后街、小关、牛王庙、东坝河、六公主坟等站,到王爷坟,转向南行,经第四工校,直达酒仙桥。此路公共汽车系新行者,沿途郊野无可观。惟王爷坟至酒仙桥间南北纵道,高建筑四耸,惟多未竣工,既无市集,又无堪以息足处。(工地纵横,料石四陈。)因暂徘徊,俟下班回头车于第四工校前登之返城(往回乘客却甚挤),时正四时半。因乘十路径往王府井南口下,走三条鑫记南饭馆,各唉鳝糊面一碗。扬长至东安市场,物色盛鱼长盆,竟不可得,遂缓步以归。

到家已曛黑,而湜儿却在,谓后余等之出不十分钟,因追踪至中山公园,及陶然亭,俱未得,故亦甫归未久耳。相与怃然。

夜饭后,与诸儿谈,十时就寝。

10 月 16 日[①](乙未岁九月　小建丙戌　庚戌朔)星期

晴,暖。

晨六时起。七时,振甫来借书,少坐便去。九时,润、滋、湜等俱出,润偕琴挈元孙,往游文化宫。滋、佩径往省汉儿家。湜则往听报告也。十时许,鸣时至,久违不晤,谈甚浓。十一时,芷芬、汉儿来邀饭,余以有客未能往。少顷,润等归,属即赴之。亭午,湜儿归,谓已在清儿所饭毕矣。余因与鸣时小酌便饭。饭后,湜儿辞入校。余与鸣时往访调孚,已出看戏,未之晤。乃走访雪村,晤之,长谈至四时半始别。鸣时去宿舍,余亦归矣。

润、滋告余,濬、权一家都在汉所午饭,湜儿亦于去校之便,顺道一过汉家云。

夜饭后,闲翻架书,九时半就寝。润儿夜看印度电影周预映,

---

①底本为:"念逝日记第二卷"。原注:"乙未十一月十九晨自署。"

十二时始归。

10 月 17 日（九月初二日　辛亥）星期一

晴，风急，寒意袭人矣。入夜风止，星光灿然。

晨六时起。看书读报，阅毕毛主席关于农业合作化问题一文。（本年七月卅一日，在省委市委和区党委书记会议上的报告，今始见报。）

午后，澄儿、垲孙来省，谓日内即将迁出复兴门，住入新宿舍，五时去。傍晚，升塝又来，为余送米，并告明日即迁矣。佩华在人民剧场看越剧，深夜十二时后乃归。

10 月 18 日（九月初三日　壬子）星期二

晴，暖。晨有雾，风已戢。

晨五时即起，挑灯穿衣。七时，所中车已来，即乘以过接平伯，同驰出城，到北大文学研究所正八时。冠英已在，馀人陆续至。本组全体出席，又新添实习研究员二人（一刘世德，一邓绍基）。其芳主席，讨论《红楼梦》善后事。仍占时两小时。李白研究草案已修改通过，暂定新谱新传，延长至一九五六年底交卷。其它各事由力扬、平伯及余三人再商之。十二时半散，仍乘原车送归。

《史记选》序例文字二，尚须修改，携归后拟于三日内改好，仍送冠英转送出版社云。

午后，滋儿小睡，余亦假寐片晌。夜饭后，写片约平伯于后日清晨会前门，俾同载以游明陵也。盖日前平伯欲同游，而今日傍晚农祥又来约定，故驰片告之耳。因与滋儿出散步，躬将此片投邮筒而归。

十时就寝。二时醒,屋隅及顶又作声,为之不寐,及五时转朦胧。

10 月 19 日（九月初四日　癸丑）星期三

晴,有风,薄寒。

晨七时许始起。改好《史记选》序例,写信寄与冠英。九时半,偕滋儿同出,走煤渣胡同邮局挂号寄出之。顺道至东华门,拟参观治理黄河展览,乃十时方过,门票早经售罄(只限二百五十张)。只索废然而去。乘二路车往景山公园,绕西路至后山寿皇殿前啜茗。风寒气肃,游客寥寥,勉坐至十二时,出东门过景山东街菜根香食堂会芷芬,盖昨日预约往饭也。所治鸡品甚清鲜,主人一老妪,衣服修洁,亲手操作,虽佣保杂作,亦受其感化,颇岸然不任催索。邻座晤刘心如及史晓峰,皆人教社同人也。饭已,同入人教社,一访汉、芷新配之宿舍。尚高敞,盖故清四公主府主屋也。(公主府后为马神庙,清末京师大学即设于此。)坐至二时,芷芬等须出城听报告登车。余与滋儿乃乘五路车往游陶然亭公园。沿西湖一周,登窑台上茶焉。五时乃出,乘五路转十路以归。

夜饭后,达先、清儿、建昌来省,近十时去。余以明晨须赴农祥之约,亦就寝。

10 月 20 日（九月初五日　甲寅）星期四

晴,和。

晨四时醒,五时起。唤滋儿共进早餐,越半时,即偕出,时明星繁照,行至米市大街,始辨色。头班电车至,即援登到前门。天初明,径赴五牌楼(今已拆去)东交通运输汽车公司,旅客甚挤,先由滋排队购得长陵来回票两张,立门口待农祥、平伯,六时廿分,平伯至,再为购票两份(兼为农祥措办)。又待至六时廿五分,乃见农祥来,幸余为先排队,车至始得上,居然分占四座,后之来者挤极,竟无插足地。盖沿途德胜门、清河、沙河、昌平等站俱得上下,故旅客特多耳。六时四十分开行,八时四十分到长陵下。长陵新修,气象焕然,惟祾恩门匾及说明牌上均仍误书作"稜",而门匾尤可笑,硬将"示"旁髹穿作"禾",真非驴非马矣。穿祾恩殿登明楼,陟宝顶,又绕行宝城一周而下,摄景多帧,时已十一时三刻,乃就长陵前茶水部饮茶小憩。并出所携果肴瓶酒,从容消受。一时许,东北访景陵,亦绕登宝城而出,复南访永陵,登明楼而已,未及绕行宝城也。二时半,循径返长陵,往返俱山路,登降频数,又砾确不平,颇费脚力,在长陵复茶,以须放车之。至正四时,车到,而立以待者近六十人,挤甚,幸持有来回票者得先上,始勉得坐,然挤势较去时尤甚,脚几不得伸,遑论肱肘。车抵前门正六时,已垂黑矣。即与农祥别(平伯先在德胜门下),偕滋儿各乘三轮遄归。

到家,湜儿在,已先饭。盖今晚须往南河沿听音乐也。余等亦次坐进夜饭。回忆秋林红叶,复与滋等纵谈明陵掌故,咸乐听。

九时洗足,有顷,湜儿归,略谈即各就卧。

余披星而出,戴月方归,不无劳倦,睡尚好,二时方醒,旋亦入睡,虽无所苦,而珏人若在,必且谏阻勿频,爱惜体力矣。而今何如? 诚不能无痛也。

10 月 21 日(九月初六日　乙卯)星期五

晴,和。

晨六时起。上午与滋、湜两儿谈家常,湜以下午有课,十一时即饭,饭已,便赴校矣。滋儿下午小睡,余翻架书而已。

傍晚,升堉来,将其母命来请余等星期日往饭其家。余以升堉未愈,家又新迁,忙迫殊甚,令从缓约,遂留堉夜饭,而遣之归。

夜九时半就寝。

10 月 22 日（九月初七日　丙辰）星期六

晴,和。

晨五时半起。着衣盥漱讫,天始明。八时半,偕滋儿出,乘十路转三路,到东华门下,购票入传心殿,参观治理黄河展览。凡地质、水文、堤坝、水土保持、根治计画等等,胥以图表显示。河道变迁,以至今后远景,又皆有电动模型,逐讲表见。讲解员复多口齿清晰者,而讲保持水土模型之女讲员,尤杰出,吐语清妙,竟如朗诵之长诗。历一时半,离展览室(凡二室,十大组),看初步治理黄河电影,凡一刻钟。十一时许出东华门,乘二路到灯市东口下,步行而归。

元孙昨夕咳嗽,今日休息在家,下午三时廿分,携之往红星看印度电影《印度的艺术与建设》,凡七幕。五时乘三轮到家。

夜饭后,看《萤窗异草》,九时半即寝。

10 月 23 日（九月初八日　丁巳）星期

晴,暖,夜深雨。

晨六时起。九时半,偕润儿挈元孙出,乘十路向北转二路,往团城参观全国工艺品展览会。品物甚众,且多精美者,惟值星期游客拥挤,亦只得草草一望而已。玉佛及玉瓮则指示元孙饱看也。十时三刻即下城,乘三轮径赴王府井东单三条,就鑫记南饭馆午餐,时尚十一时,已挤满,勉占一角得坐而已。吃四喜肉、鳝糊面、砂锅鱼丸,甚鲜美。十二时毕。同到百货大楼闲逛至近一时,属润儿挈元孙先归,余则过吉祥剧院看中国京剧院一团演出,坐楼上第一排第一号。(票为昨午滋儿所购。)一时开演,先为陈鹤林(饰鲍自安)、严慧春(饰鲍金花)、李元瑞(饰余千)、徐志良(饰骆宏勋)、袁金绵(饰陈殿勇)等之《嘉兴府》。继为苏维明(饰李都头)、冯玉增(饰王书吏)、萧盛萱(饰张知县)、杨学珍(饰周腊梅)、曹韵清(饰张才)之《打面缸》。最后为王玉让(饰曹操)、李盛藻(饰刘备)、李世章(饰董承)、吴富友(饰汉献帝)等之《青梅煮酒论英雄》(自许田射鹿至斩车胄止)。五时散,乘三轮遄返。适清儿、达先来省,以天桥剧场戏票为献。余以不任连夜场却之。留清儿晚饭而后去。佩华则与焉。盖票为新华书店集体所买故得多配若干耳。

夜饭后,潜儿、文权来省,谈至九时去。余亦就寝。睡甚酣,醒来已翌晨四时。夜雨竟未之闻也。

10月24日(九月初九日　戊午　重阳节　霜降)星期一

破晓有旭彩,旋乃致雨,禺中止,又露日矣,午后竟放晴。夜月甚姣,气仍暖。

晨五时起,灯下穿衣,盖约幽若、滋儿同游颐和园也。乃整装欲发,天雨忽至,只得废然而止。

元孙以嗽未止,仍休学在家。

午前,潜儿就医见过,少顷便到班去。午饭后偕滋儿出,乘十路至西单下,欲转卅八路出复兴门,以车箱人挤,不得上,只索步行出城。寻往有色冶金设计院家属宿舍访澄儿家。摸索许久,乃得之,入坐至四时乃行。见埂孙踝伤已向愈,为留五元命治食将补之。基孙送余等出真武庙合作社,即去西便门大路矣。遂命基还,余等扬长南入西便门,历南大街、北线阁而达广安门大街,转而东行,至牛街北口,乘十路车,迤逦东北归,已五时矣。

傍晚,清儿来省,即行。

夜饭后,听广播梅兰芳、马连良《打鱼杀家》,裘盛戎、李和曾之《铡美案》,周信芳、李玉茹之《描容扫松》。十时就寝。

10 月 25 日 (九月初十日　己未) 星期二

重雾,旋开,颇暖,午后放晴,时昙,傍晚月明,入夜起翳,黄昏后隐隐闻雷,十时,迅电疾雷,大雨继之,夜半后,月又出矣。北地此时而有此气候,亦可称异也已。

晨六时起。开写李白研究补充书目,午后三时,始写定。

傍晚与滋儿出散步,越半时即返。

夜饭后,汉儿、芷芬来省,九时半乃去。时已闻雷,不识途中值雨否? 殊念之。

昨接廉逊之子谭竞书,托询开明旧股事,今复之,顺询其家庭近况。

余以麋糟难任,十时前濯身洗足,易衷衣而后寝。甫就枕,而雷雨作,感应亦捷矣哉!

10 月 26 日 (九月十一日　庚申) 星期三

晴,暖,不收燥。

晨六时起。九时,走访平伯,谈所开书目事,渠同意,即归。写信寄力扬。午饭后,复开单向所中借参考书,遂致书积贤,并以力扬函托转焉。

午后，滋儿小睡，余看《萤窗异草》，虽谈狐说鬼，不脱寻常窠臼，而情致宛然，亦足以破睡魔而遣闲愁也。

傍晚，农祥见过，约明日游官厅水库，以太跋涉，议缓行，改游城南陶然亭。天雨则罢云。少坐便去。

夜饭后，与滋出散步，顺过雪村，谈少选即归。

九时三刻就寝。

10 月 27 日（九月十二日　辛酉）**星期四**

雾霾已，初竟雨，遂尔延绵。其秋霖之尾声乎？气不寒，而地润，吾知其然矣。

晨六时，本有农祥之约，而滋儿七时即偕佩华出，谓游中山公园，余遂少坐，竟以雨至而罢。不识农祥亦尝去陶然亭否？心滋歉然。

午饭迟，滋儿不归，延后半小时始进餐，竟不至。令人萦念不置，究未审何故也。二时后乃归，谓在园遇雨，瀹茗以俟晴，讫不止。又惜其车，未忍淋雨，竟蹉跎过午，别顿其车于存车处，约明日去领。而雨中过森隆饭以归。累余久待，亦甚矣。今日以前用之笔已钝秃，乃易苏州陆益元堂之特选鸡狼毫（即汉儿今春返苏购献者），岂知料薄不经用，初写已如败絮矣。可见近年手工日窳耳。深为慨叹。

雨窗无聊，看朱梅叔《埋忧集》。夜饭后，月出，属滋儿取车归。比抵家，云又遮上矣。

润、滋两儿夜饭后，俱往看清儿，近十时乃返，余亦就寝。

10 月 28 日（九月十三日　壬戌）星期五

大雾沾湿拟于雨，禺中始开，闷热殊甚，迄晚背阴处犹殷润也。

晨六时起，九时与滋儿偕出，乘十路到天安门，步入端门、午门游故宫。西路看清代综合艺术品参览，凡历七室，犹漏其一焉。十一时即出，仍由午门前乘三轮归饭。饭后二时半，又与滋出，乘十路到宣外下斜街下，步往厂甸。以路不熟，由校场口前孙公园而行，竟未得厂西门，仍自虎坊桥北行，乃得荣宝斋，购得信笺四匣。乘四路到西长安街，转十路到王府井南口下，步往新华书店、百货大楼等处，购需用物品数事。折入东安市场，谋进点心，无合适者，即出，拟往崇文门零售商店（原法国面包房）购香肠，以三路车至，略趋数武，竟为道砖所绊，跌于地，右腕、左膝俱酸楚，幸尚能强起勉行，仍追上三路。到崇文门购物后，乃乘三轮以归。甫入小雅宝西口，滋儿所乘者车胎爆裂，汽大泄，乃下车步归。余却勉挽至家门口始下。遇亦奇矣。

夜饭后，润儿出看中印排球友谊比赛于左安门内龙潭旁之新建体育馆比赛厅。十时后乃返。余已入睡矣。

10 月 29 日（九月十四日　癸亥）星期六

晴，有风，渐收燥，或将寒作老晴乎？午后起云，旋开，夜月甚姣。

晨六时起。竟日未出，看《西堂杂俎》。

傍晚，清儿来省，因共饭。饭后，余独往吉祥看河北京剧团演出《猎虎记》，坐楼上南首特座第六三号。七时半开幕，郭景春饰解珍，邹鸣述饰解宝，贯盛习饰孙立，李砚秋饰顾大嫂，李斌华饰乐和,陈茂春饰毛善。均尚称职。十时三刻,未及完,即赋归,乘三轮趁皓月,亦泠然有飘飘之感矣。

到家甫十一时,汉、润、滋、琴、佩、幽若、元鉴俱在,正谈话啖果。知芷芬、达先亦尝来,已偕清各归矣。是夕,汉、鉴留宿焉。

十一时半,余始就寝,睡尚好。

10 月 30 日(九月十五日　甲子)星期

晴,略寒于昨,夜月好甚。

晨六时起。九时后,家中人陆续出,潜、权、硕亦来,俱相约往饭于澄儿所。十时一刻,余出访圣陶、墨林,仅润儿与。许妈留家耳。

在圣陶所午饭,得尝好陈酒(彭真市长赠与圣陶者),兼晤墨林、至善、至美、蟆生、满子。饭后,啖蟆生所购哈密瓜、莱阳梨、定州梨各一二片,谈至三时始兴辞归。

到家,韵锵、士铮在,盖来候滋儿者。余与长谈,移时乃去。

四时三刻,琴珠挈元孙归,知幽若、滋儿与清等往汉儿家晚饭矣。佩华则午后往新华书店加班,夜则去人民剧场看越剧《西厢记》也。

夜九时,滋、幽归。湜儿午归,饭后即出,近晚归,同饭,明晨起早返学云。

十时就寝,佩华何时归,竟未之知。

10 月 31 日(九月十六日　乙丑)星期一

晴。

四时即醒,挑灯看《西堂杂俎》。五时起,着衣。湜儿亦起。

匆匆早餐已,六时挟饭资辞入学。(十一月起,大学生伙食均须自理。)出门天甫辨色,残星犹莹莹照林际也。余目送其去,凄然入坐,不自知怆从何来耳。珏人有知其亦同此耶? 十时,与滋儿偕出,徐步至王府井,无所得,在稻香春购果二品,仍携以南行,在东长安街乘十路车归。

到家正十一时半,少坐即饭。饭后,滋儿小睡,余看王瑶撰《诗人李白》。四时,滋起出,往人民银行取储款,以休息在家,费用不赀,而所入又将减折,遂感不支也。病其可以耽耶? 噫!

夜饭后,与元孙嬉戏,九时半即寝。

琴珠、佩华俱晚归,伊等何时返家,余竟未之闻也。

11 月 1 日(九月十七日　丙寅)星期二

晴,向晚上云,夜深月色又皎然莹澈矣。气温与昨同。

晨六时起。九时半,与滋儿出散步,行至东单,乘三路到百货大楼购物。近午,由金鱼胡同、无量大人胡同、官房大院穿遂安伯胡同,经东石槽而归。匆匆午饭。饭已,即再出,乘十路到大华,拟看印度电影《流浪者》,乃票已售了,未果入,即乘环行电车至北海后门入园,游五龙亭等处,附舫南渡至漪澜堂,循径登白塔之椒,茶于揽翠轩。移时下,由山前转至漪澜堂,进春卷代点。四时许出前门,复登团城,参观工艺品展览会,五时后出,乘二路到朝内大街,转十路以归。到家未及六时也。

夜小饮,十时后就寝。

11 月 2 日(九月十八日　丁卯)星期三

晴,薄寒。

未明四时即醒,起溲便,以其太早复拥衾卧,展转断续,颇不适,反延至近七时始得起,深悔四时不即披衣起坐也。七时,余方盥漱,颉刚叩门见访,承约共游官厅水库,盖偕其夫人,附妇联团体同去也。至感关切,允之。顺挟《吴瞿安日记》十四册假以示余,谓其友近自滇中购得者。瞿安风流倜傥,为吾乡名宿(实为一代才子),以避倭入滇,客死大理,今获睹手笔,其可宝爱何如耶!当乘时披览,什袭而归之。

夜饭后,潛儿、文权来谈,九时后去。

余竟日看顷间顾送《瞿安日记》,始自日寇初犯淞沪之前,写避难情况,颇与余有同感,因难释手,直至十时,濯足就寝始罢,为尽一册有半矣。

睡尚好,翌旦黎明始寤。是晨写信与积贤,寄十月份工作汇报表,顺订前发来通告中工作预计时间之误,并一催借书下落。

11 月 3 日(九月十九日　戊辰)星期四

晴,暖。

晨六时半起。竟日未出,看《瞿安日记》,尽第二册之下半及第三册全册,以其亲切有味,不觉手之难释矣。

潛儿上午就医过此,稍憩即入社上班去。

农祥今日未来,其为上周陶然亭爽约耶?

夜饭后,写《事物异名录》中缝标目,用朱书便检阅也,尽两册。已将十时,即寝。

11 月 4 日(九月二十日　己巳)星期五

晴,有风,较冷。

辨色即起,残月犹明照一庭也。时正六时,北地昼短可见一斑,入冬将更著耳。

九时,与滋儿出,乘十路到东单,换三路径到西郊动物园。风急尘起,竟不暇多看,只在槛外看熊猫及美洲豹与哈巴狗同樊耳。即冒风至豳风堂茶,各进馄饨一碗,略暖。十一时行,又绕北塘至畅观楼外一望,楼为故清孝钦后起居所,本可入览,今划入非游览区,门停汽车三辆,余等则不得入登一眺也。十二时步至东侧苏联展览馆之莫斯科餐厅午餐。啖名菜黄油鸡卷,价昂而并不高明(价一元二),亦只能领略异味而已。一笑。一时许罢,饮红茶一杯而出,仍乘三路、十路回家。抵门正二时。幽若已在门口等候矣。盖约二时前返,好让伊与许妈同往百货大楼购物也。幽若三时半即还,许则至晚九时后乃来。

夜饭后,清儿挈建昌来省,谈至近十时去。余下午看《瞿安日记》第四册,迨晚十时就寝前尽之。

11 月 5 日(九月廿一日　庚午)星期六

晴,风已大杀,气却转寒矣。

晨六时半起。昨接文研所通知,今日下午二时半,北大举办关于第一个五年计划问题的报告会,并附入场券,在大膳厅举行,且云派车来接也。

上午阅《瞿安日记》第五册,毕之。饭后一时,所中车来,即乘以行。车中贾芝、平伯已先在矣。途过北大医院,顺接女同事张生产出院,乃夫亦共载。以是,颇挤。二时许即到北大大膳厅下。凭券入场,坐第二排北首,座已挤满,并知哲学楼教室楼上俱分坐听广播也。越半时,马寅初校长致词,旋即由李富春副总理报告。至五时半始毕,中间仅休息十分钟而已。激切生动,令人神王,虽直坐硬板凳三小时,竟未觉倦也。末由马校长致词一刻钟散。已六时,湜儿亦参加此会,知余往,散时在车侧相候,同乘以归。

是日,因不能转动,在座只遇陈友琴,点头而已,余仅遥见杨晦、冯至,亦未克交语也。其它所中人竟未及一见,不无怅然。

到家,清儿在,即共食面,缘昨日为湜儿生日,今晚补面也。食后,芷芬、汉儿、元鉴至,又煮面享之。谈至九时许,清、汉等俱归去。闻明晨将由清、达、润、湜陪幽若往游颐和园云。此事至可哂,重九本与幽、滋同往游,临行以雨止。其后连日有事,未克践幽,竟以此多心,颇饶唇舌,明日儿辈为此,盖不得已耳。

夜又阅《瞿安日记》,毕第六册之半。十时就寝。

11 月 6 日(九月廿二日　辛未)星期

晴,和,野外略有微风耳。但背阴处却冷也。

晨六时半起。八时许,润、湜偕幽若过清家,同往西郊游颐和园矣。余看《瞿安日记》第六册。阿林送年糕十斤来,当午即用青菜煮以代饭。适十时后,埙孙来省,乃留之共餐。饭后,先遣埙孙归去,余与滋儿出散步。(佩华早出,到新华加班,琴珠则挈元孙出浴,午饭乃归。)信步出大雅宝城阙口,迤逦南去,到头道街(庞家楼南)乘十一路东去。一逛二闸,在闸口展视良久,复由北首小道出郎家园南,得公路西,走至北大窑,仍乘十一路西行,入建国门,径止于东单,遂向祥泰义购得蛋糕及粽子糖、椒盐胡桃等物,徐步从东堂子胡同而归。抵家甫过四时也。

《中学生》团小组同人公函滋儿慰问,备见恳挚之忱,可为深感。明日当由滋儿亲函答谢之。

傍晚,润儿归,述今日之游甚畅,雪村、达先、建昌、小逸亦去,刻方同返。章家留幽若吃面,盖今日密先三十初度也。润亦归挈元孙同赴此邀。夜饭时,仅余与滋儿、琴珠及许妈耳。

八时后,佩华归,复具食。九时许,润、元、幽亦归矣。

余续阅《瞿安日记》,毕第六册,又及第七册之半。十时后乃寝。

11 月 7 日(九月廿三日　壬申)星期一

晴,冷,无风。

昨夕睡不好,时时醒,四时已醒透,五时起溲解,即挑灯拥衾坐,续阅《瞿安日〈记〉》第七册,至六时半乃息灯着衣起。拂理斋头毕,又阅《瞿记》,至十时,遂尽第七册。

滋儿答书亦写好,午前投邮。饭时,潜儿来省,一时半上班去。润儿却未归,滋儿午后小睡。余阅《瞿安日记》,尽第八册。

漱儿一月无信,甚念之。即挥毫一询之,并告此间近状,及附滋为韵启所摄照片去(底片亦附),不识即有复书否耳?

平伯三时许见过,谈移时去。四时三刻,滋儿起,因同出散步,顺将漱函付邮。信步由芳嘉园出大方家胡同,循小牌坊东龙凤口走归。在南小街遇元孙车归,因急返与之嬉。

夜饭后,清儿来省,顺携今日所发滋儿薪水至(以病休九折支),谈湜儿用度,九时去。十时就寝。寝前曾听广播《拦马过关》一出。

11 月 8 日(九月廿四日　癸酉　立冬)星期二

晴,薄寒。

晨五时起便，因挑灯阅《瞿安日记》，六时半始息灯，着衣出房，循例拂拭斋头。九时，又续阅《瞿安日记》。十一时滋唤胡同口义和魁铁铺来装火炉，计东西南北四座，修补添配，至下午四时方竣事，费固不赀，而移腾布置，一年一度，亦大感周章也。幸滋儿休养在家，得照料一切，否则又堆在老人头上耳。

滋儿用药已两度，服讫，今又往医院续配第三次（每两周一次），归途顺唤炉匠云。

下午仍阅《吴记》，尽第九、十两册。

夜饭后，刷牙回北屋，偶一不慎，将下颏义齿跌地，一折两段，当令润儿飞驰田医处，询可否修治。余抹牌打五关以待之，逾时归，谓可融接，须两元代价，后日午可取云。只得等待矣。授元孙粽子糖一枚，余亦顺拾一枚自享，竟亦跌地粉碎，连连肇祸，岂真耄及之征乎？一叹！十时就寝。

11 月 9 日（九月廿五日　甲戌）星期三

晴，寒侵矣。户外已见鸡脚冰，是日初御羊裘。

晨六时醒，但连宵多乱梦，睡不甚适，醒半时后，披衣起，天犹未大明也。上午，阅《瞿安日记》第十一册，毕之。

十时，滋儿为余往天桥剧场，拟购本晚苏联莫斯科小白桦树舞蹈团公演票，以今晨见报故。近十二时，废然归，谓至彼时排队已甚，长候至十一时许，院中人出，就列队人书写号次，已出二百，报载另售客票止三百张（每人限两张），则二百号外决无望矣。遂行。近日逐队嬉游亦且艰难如此，只有叹惋而已。

今日不能御义齿，进饭时，又只得啜炖蛋矣。老去光景，百无一是，致足自哂也。

午后,续阅《瞿安日记》第十二册,竟疲茶瞌睡,猛然自惊,已三时,仍振神续看之,并及第十三册亦尽焉。

夜饭后,与润儿、琴媳同往大华看苏联影片(已翻成华语)《忠实的朋友》,六时三刻开,八时四十分毕,所演为喜剧,意在批判官僚主义,殊感松快。往返皆乘三轮,润、琴则御骑车夹护也。到家接文学古籍刊行社通知,征订《古本戏曲丛刊》三集,并附来目录一百种,皆明清之际传奇名作也,为此颇感踌躇,不买则机会蹉失,将置一二两集于无终之域,买则复虑款项无措耳。

少坐至十时就寝。竟感衾寒枕冷矣。

11 月 10 日(九月廿六日　乙亥)星期四

晴,薄寒。

晨六时起,穿衣讫,天始大明。看《瞿安日记》第十四册。十一时四十分,润儿归,请余偕往田医处取焊修之义齿,须当场试配合适否也。因与滋儿同出,父子三人齐往东安市场。(余与滋乘三轮,润则御骑车。)随手取得付两元,配上亦尚可,因即同登森隆二楼午餐,时正十二时十分。客虽不挤,而占座将满矣。余等择八十一号座,食炒面、镇江包子及一汤,三人果腹,费仅一元六角,可谓廉俭也。食毕出,复在王府井等处一游。润去上班,余与滋儿乃走东长安街,乘电车到中山公园,一览菊展,自唐花坞、来今雨轩中餐部、上林春、社稷坛、投壶亭、来今雨轩前大棚及健行会等处,分陈七室,计万馀盆,七百馀种。新品种中有柳线、帅旗、十丈、珠帘、鼠须、麒麟角、菊王、二乔、猩猩冠等。匆匆循视,列队挨背行且亦未许久驻足,真走马看花而已。三时许,在来今雨轩后面遇农祥,盖承其过访,知在此看花,特追踪而来也。至感厚情,遂相将茶憩于省牲亭(今为新华书店书亭)侧之紫藤棚下。斜日透疏林,而风又不作,久坐亦未觉冷侵耳。四时三刻行,与农祥握别,伊邀过饮同宝泰,以未关照家下,辞之。即偕滋乘十路车东归,时尚未届下班,而车中特挤,足见迩来都下庶熙之盛矣。到家见颉刚送条,至言伊患痢未出门,后日一早官厅之行已定,属于六时到伊家,与静秋夫人同行云。明日当一往存问之,兼谢美意。

五时三刻,润儿归,居然局中工会派人隔夜排队购得小白桦树舞蹈团券十张,情商分得其一来献于余。余为欣然,即饭。饭已,驱车往天桥剧场,坐楼下廿一排十号,在末后倒数第三排矣。幸携远镜,尚得饱看耳。七时半开幕,十时半毕,中间休息十五分,而紧凑热烈,殊惬素怀。节目八九场,都为少女集体舞,有长裙、有高靴、有丫髻、有辫发,五光十色,玲珑活泼,饶青春炽盛之乐,无妖冶可憎之态,《洛神赋》云"翩若惊鸿,婉若游龙",殆可移赠而无所愧,宜享盛名,不虚也。散出亟乘三轮返,抵家正十一时,滋儿房中灯犹未息焉。略与酬答一二语,即归斋小坐,啜茗,洗脸而后寝,已十二时许矣。至一时后始入睡,其兴奋过甚乎?

11 月 11 日(九月廿七日　丙子)星期五

晴,较昨略暖,而微有风。

晨六时起。看毕《瞿安日记》第十四册。此十四册起辛未九月初一日(民国廿年十月廿三),讫丁丑五月廿九日(民国廿六年七月七日)。每册书目俱题《瞿安日记》,而封面各不同。(第一至第七题《瞿安随笔》,第八第九题《瞿安笔记》,第十起始题《瞿安日记》,第五册首忽题卷六,而实未断缺,第八册之末又题卷十,以顺延至十四册,竟误题卷十六也。其人耽饮,常至大醉,或酒后致误耳。)中记友朋往还,多唱曲、题词、诗钟等,对儿辈从业颇关心计较得失,对自己馆地亦多有患得患失处,实士大夫之饶有才气而不肯下人者之典型也。(于谩骂异己及与黄季刚交恶见之。)如能付其子姓保藏,亦不失为一段史料,若印行问世,则非所宜,容与颉刚一谈之。又十四册后未见,或即转入流离时间,不及从容载笔,或竟遗落滇中乎?(但此十四册既自滇中购得,则以下诸册未必独遗,只得阙疑矣。)

午后二时,偕滋儿过访颉刚,候其小病,见尚起坐无大害,因与纵谈,并还其《瞿安日记》及前假《桐桥倚棹录》、《宋平江坊巷考》。兼晤静秋夫人,还明日车票钱,并告以不能偕去之故。坐至三时行。出遇藏云,立谈片刻,送至门口而别。余即与滋缓步归家。颉刚为学甚力,又将有《竹书纪年汇考》之作,老而弥笃,余诚愧对之矣。

五时一刻出,应芷芬同宝泰之约(昨日琴媳归述),乘十路往西单下,步返同宝泰正六时。先坐下唤酒。有顷,汉儿至,又有顷,芷芬至。盖下班虽同时,而来路有远近也。饮斤半即走,至西单报子街口,双十食堂吃炒面,啜肝粥,(本想啜鱼生粥,以无鲜鱼而罢。)未及八时,即散。余即乘三轮东归。

义齿修改走样,左下牙床感轧痛,迄食下咽都失便,明日或再访医一修之。

夜阅《新唐书》,十时就寝。

11 月 12 日(九月廿八日　丁丑)星期六

晴,不甚朗,寒较昨加严,室内亦只四十八度矣。

晨六时半起。拂拭斋室,渐感温,近午日射下乃转暖,虽濛气笼罩,而羊裘难御矣。午饭后,换驼绒袍,偕滋儿出,一以牙床肿痛,难坐定,一以胸闷须出舒散也。乘十路径到南樱桃园,转五路东往陶然亭,登窑台露坐啜茗,大见清旷。移时,天亦渐朗,乃陟土山履土坳小平地(或将规为建筑地),顺道出园。乘五路北返大栅栏,在祥义购得绒布小衫料两件,徐步由廊房头条走北站,乘电车到金鱼胡同下,复往校尉营北口和记,叫新绍两斤,彼肯送,居然甚便矣。余父子缓步东归,到家正六时。未几,酒亦送来矣。余迩来每晚小饮半斤,尚感适,似复饮以调吾意耳。

午接所中学委会函,附入场券,属往青年宫听胡乔木演讲。余以直坐数小时,竟不能任,且时已促,往必后时,遂未赴。

夜饭后,点阅《新唐书》列传文艺上十之七。九时听转播杨宝森唱《庐中人》、《鱼肠剑》。十时就寝。十二时醒,即展转不能寐,直至三时后,始朦胧入梦云。

11 月 13 日(九月廿九日　戊寅)星期

晴,较昨冷,以有风故,午后又还暖,殆酿雪耳。

晨六时三刻始起,神欠佳。

九时,润儿挈元孙游景山,迄午未归。余闷坐无俚,点阅《新唐书》文艺传上之馀,及文艺传中毕之。乃午饭,牙床轧痛难当,勉咽而已。午后二时与滋儿、佩媳偕出,乘十路到王府井南口下,挤甚,几无容足地,可见休假日游人之多矣。下车后走至东安市场寻田医治牙,锉去左端分许,始稍贴,然疼未止,盖轧伤须待平复,或将有好多天不舒也。自田医处出,购物数事,佩先乘三轮归。余与滋北走王府大街,闲步在广播电台服务部,选得朱慧珍《宫怨》开篇一、叶盛兰《辕门射戟》二,共三片,遂挟以东归。由多福巷、报子胡同、同福夹道、灯市口、史家胡同等处扬长而行,抵家已将五时。

知清、澄两儿午后俱来省,未值。傍晚,潗儿、文权来省,潗往清家晚饭。余则留权小饮。饮后,小同至,谓其家有客过访,速其父母归去。权因即行,并过接潗儿同返矣。

夜听唱片至九时,又小坐至十时就寝。

11 月 14 日 (十月大建丁亥　己卯朔) 星期一

阴雨幽湿,气郁甚,不类初冬。

晨六时起,灯光下着衣逮毕,而天未大明也。

点阅刘昫《唐书》文苑传上,《新书》文艺传下,则午前点完也。

牙床受轧处起白腐,且有紫血痕,长延分许,匪但不能戴齿,坐定,亦觉隐隐作痛焉,进食乃囫囵吞之,真无妄之灾矣。

下午,滋儿就卧小睡,余独坐北屋点书,室内阒静,室外阴森,而屋老又偶或作响,令人动定皆非,追念逝者,自顾凄独,不复自禁,悲从中来耳。

又点阅《唐书》文苑传上,毕之,并及中卷三之一。夜小饮,十时寝。

牙床牵动神经痛,左侧头岑岑欲裂,左耳竟痛不可触也。就枕后,人静,益觉加剧,夜半又风作,空中簰簰远度,窗牖震震作响,杞忧屋坏,尤难入睡,细数时钟,至三时后乃渐模糊云。

昨日接漱儿复书,备言遣返幽若之必要,盖潗儿已将伊取闹可哂之状写告之,因有此属耳。诚然一俟伊口言旋,便当营车票妥送归苏,了却一重纠缠焉。(珏人初意本亦暂应阿凤之缺,讵知彼昏妄有希冀,为一切无聊之言,洵所谓近之则不逊,远之则怨,又安可久处耶?)

今日又写信与积贤,催询配借用书事,以雨未出寄,翌晨属佩媳携出投邮云。

11 月 15 日（十月初二日　庚辰）星期二

晴,寒,风吼似虎,向晚渐戢,薄冰四见矣。

晨六时半起。神经痛依然,强坐点阅《唐书》文苑传中卷,并及下卷李华等五传。午后三时,与滋儿偕出散步,西风甚紧,沿背风处行,自南小街、朝内大街、东四南大街、灯市口、八面槽而至王府井。过五金商场,一览在大明及百货大楼购得相角和镜子等物,复走至东长安街,乘十路车以归。到家未及五时,元孙则已自校返,因与嬉。

夜小饮。是夕初发炉火,顿觉一室生春,忘窗外风声凄紧矣。昨夜临睡前,研有剩朱,因援笔题朱研之盖云:矢以赤心葆此贞,珉譬彼泉清皭然。不浑滔滔者其能乱真。居然一铭辞矣。今晨视之,似有微托,不知者以为有牢骚俱乎哉?

上午接湜儿片,告已谒过潘先生（介泉）,明日或将见访云,且告星期日或不能归。即书复一切,并属星期争取归家参加润儿卅寿宴。（此信即于散步时投入邮筒。）

夜十时就寝。神经痛仍未已,加以炉上水壶时沸,因于十二时一刻起加煤一次,至翌晨四时、七时,各加一次。睡眠当然减少也。

是日,北大送到本月薪及煤贴。（薪一百七十三元八角三分,煤贴三十五元。）

11 月 16 日（十月初三日　辛巳）星期三

晴,寒,玻窗满布水汽,日高始化去,但尚未至结成冰花耳。

晨七时起,神经痛仍作,惟间隔少远,喉咽亦偶隐痛,服索密痛、青微素片,并啖香蕉。下午稍好,为作照相集题记,颇可当珏人小传看,因录于下:

先室秦氏名珏字双玉,小字莹宝,十九来归余,又字之曰珏人,静淑柔嘉,大得先母暨先庶母欢。四十五年以还,与余相守,除余远教闽、燕,须寒暑假乃得归叙外,无论居乡旅沪,鲜旬日暌离也。其间遭亲丧,避兵寇,变故迭乘,患难备尝。余馆修所入,仅供饘粥,而仰事俯畜,丧葬祭扫,岁时馈问,朋从饮宴,胥取给焉。余性疏庸又躁急,不耐问琐事。于是内外支撑,悉倚以办。儿女既庶,先后项背相望,乳抱鞠育,一以自任,惟湜儿之举,已将更年,乳不足哺,聊资佣保,十月而已。辛苦拮据,数十年如一日,而措置井井若久亨,未尝一露窘态求贷于人,以是戚党翕然,交口以为贤。近十年来,儿女次第成立,婚嫁粗毕,孙辈亦且成行,又值社会鼎新,国运休明,因得移家京师,涵濡景化,方期白首皓眉,共享蔗境。乃风起天末,遘疾奇酷,京沪投医,始知癌附骨盘,中西兼疗,竟乏回生之望,淹缠两载,卒以一九五五年六月九日(乙未四月十九日辛丑)赍痛长逝。距生于一八九三年十一月十八日(光绪癸未十月十一日己未),享年六十有三。越五日,窆灵于京西翠微山东南麓之福田公墓(占穴鳞字四号)。从此,儿辈长为无母之人,余亦垂老折翼,痛逾奉倩之伤神挽词有。而今而后谁与共凄凉之语,实亦情见乎辞矣。追维往迹,殆同一梦。爰命滋儿搜采遗影,都成一集,用备省览,藉慰长思,兼以示儿孙,俾乃母乃祖母之懿行不遽泯焉云尔。

标签书“追维录”三字,下署乙未孟冬景倩。

展阅增叹,盖转惆怅。

夜饭后,汉儿、芷芬来省,谈至近十时乃去。余亦就寝。

是夕润儿在局值班。

11 月 17 日 (十月初四日　壬午) 星期四

晓来浓霜,日出增雾,日中开晴,无风,不冷。

晨六时半起。牙床牵绊仍不免,神经痛略痊矣。八时半,农祥见过。九时,因与滋儿偕之同出,乘十路往南樱桃园,转五路到陶然亭,茶于窑台正屋之高廊上(本火德星君殿址),俯瞰东西湖,遥带城闉,慈悲院旧台及新移建之云绘楼点缀其间,日见修饬。坐谈曝阳,又渐感雾散日朗,真有心旷神怡之观矣。十一时半起行,绕山环湖,仍出北门。乘五路到珠市口下,相将步至煤市街南首丰泽园午饭。食溜黄菜、糟溜鱼片等,以蒸饺、银丝卷代餐,费廉而甚适。食已,北行,信步达天安门,遂入中山公园,茶憩于坛西门外紫藤架下,三时许乃行。仍循览坛上菊展之品种廊一周而出,与农祥握别,即偕滋儿乘十路车东归。

夜小饮,潏、汉两儿俱来吃面,盖今日为润儿三十初度也。饭后,清儿、达先亦来省,剧谈至十时馀,始各归去。余亦就寝。睡至一时半醒,听炉上壶水沸腾,乃起添煤换水,迁延移时,复睡竟酣然入寐也。

11 月 18 日 (十月初五日　癸未) 星期五

晴和如昨。

晨七时乃起。上午点阅《唐书》文苑下元德秀、王维、李白、杜甫、吴通玄、王仲舒、崔咸、唐次、刘賁、李商隐、温庭筠、薛逢、李拯、李臣川、司空图诸传。下午滋儿小睡,余乃续题《追维集》,近五时乃罢,追记霞飞坊时生活片段,颇有足以深思者,甘苦之际,亦自有醺醺之乐,忘其伤逝之戚矣。

夜阅俞曲园所集《荟蕞编》,多清初人集中语,今不但不经见,抑且有举目而不知谁某者,遗闻轶事,赖此而传,不可谓非有心存录之作也。老辈风流沾溉后人如是,究不落恒蹊耳。

幽若于夜饭忽属滋儿二十后购票旋,与许妈门口横肆无赖,殆疯废耶? 不然,竟无法理解之。余家一切含容,届时妥送返南,免再伤珏人地下之心。

十时就寝,二时半起添煤换水。

11 月 19 日(十月初六日　甲申)星期六

晴,和。

晨六时半起。翻阅黄摩西《中国文学史》六朝唐文学,并续题《追维录》。

下午二时许,湜儿自校归。时滋儿正小睡,俟至四时,滋起,因三人同出,徐步至八面槽及王府井购物,并到鑫记吃虾仁面,以鳝鱼售缺,迁就点用,味不逮鳝糊远甚。食已,再到百货大楼闲逛,至六时一刻乃偕滋、湜东行,到米市大街,送余入大华看苏联电影《玛利娜的命运》。伊兄弟则返家晚饭矣。余入场坐第九排三号。有顷,达先、清儿至,即坐一、二两号,与余并。盖票即中国青年出版社集体所购,清儿今午送来者。以是座中多开明旧同人,曾晤锡光、承荫及小川三人。惟点头,未及交语耳。剧情为妇女自奋,卒成集体农庄之骨干分子,乃夫自傲不进,卒见弃于众云。摄景艺术甚佳妙也。八时五十分,与清、达步归,达又送余到家,少坐始行。

是夕,湜儿伤风,令服神曲,与余同榻。

11 月 20 日（十月初七日　乙酉）星期

阴,无风,偶露阳光,顷刻便过,气亦不寒。

晨六时半起。八时后即陆续有人至,盖今日为润儿三十初度,补请诸亲戚也。

十一时到齐,唤照像师为合摄一景,以资留念。余中坐,润儿、琴媳左右坐,馀分排立边后,诸小孩则踞坐膝前也。都计三男(润华、滋华、湜华),四女(潆华、清华、澄华、汉华),两媳(钱琴珠、戴佩华),四婿(聂文权、章达先、黄业熊、卢芷芬),一孙女(绪芳)十一外孙男(聂昌硕,章心农,黄升堉、升基、升埁、升埙、升垲、升培、升增,卢元锴、元镇),三外孙女(聂昌预、章建新、卢元鉴),凡二十九人。临摄影时,昌硕以参加体育积极分子会,未及赶到,适雪村伉俪偕外孙女宋小逸来,因拉小逸参加焉。午刻,宴饮,具三席,余与雪村、文权、达先、业熊、芷芬及润、滋、湜三儿、锴、镇两孙坐北屋,潆、清、澄、汉四儿、琴、佩两媳及雪村夫人、幽若、大璐、鉴、新、增坐南屋,心农、堉、基、埁、埙、垲、逸等坐东屋,颇热闹。饭后略谈,雪村夫妇、璐、锴、镇、预俱归去。清、汉、润、达、芷俱以民进开会去。湜儿三时后亦返校。馀俱留夜饭后,始各归。

余劳扰竟日,颇倦,洗足,易衷衣就寝,至五时始起视炉火,略通后仍就睡。

11 月 21 日（十月初八日　丙戌）星期一

晴,尚和。

晨七时起。八时半,滋儿出,往医院取药,十一时归。为忘带医疗证,竟碰钉而还。(迭次都不须此,今忽认真,亦可笑也。)午后再往,四时始返,取得后在家小睡片晌也。

点读李白《古风》一卷(《全唐诗》本)。

午饭时,幽若又与许妈寻问油盐,许妈辞职,不肯再待,纠纷沓出,胥由伊口碎多事,此人不早离此,吾家将无宁。但愿买票顺利,送归苏州则大幸矣。

滋儿有微热,夜饭后即寝。

润儿为余购得陈寅恪《元白诗笺证稿》,披读一二页,未及细读也。近来翻印古籍较夥,余昨日交款廿五元与达先,托照单开诸籍酌买之。大概数日以内,当得报命耳。

前日接所中通知,明日上午八时开本组例会,因于九时半即寝。

11 月 22 日（十月初九日　丁亥）星期二

晴,和。

晨五时起,燃灯穿衣,盥漱,早餐,已方七时。所中车已来,佩璋在焉。盖伊昨日入城归省,故先乘车来接云。即偕登,过接平伯同驱出城,疾驰赴校。八时前,居然赶到哲学楼也。

八时开会,其芳主席,中国古代文学一、二两分组全体出席,大氐为不能依时完成计划者作检讨,被提名之人不免忸怩耳。余平昔尝讶所中同组之人会时发言甚漂亮,而依时交卷者仅余之《史记选》与冠英之《诗经选》,何哓哓者反迟迟若此耶? 今日方知,所谓领导者必待时而动,掌握枢机,始毅发赴的也。十二时散,余假得王注《李集》两函(声明可以批点或剪贴)、《全汉三国晋南北朝诗》两函随车以归。余开各书蔚林云正力求中,一俟收到,随即送来也。

到家正一时。午饭讫,颉刚见过,商人教社托渠审图事,少坐即去,约傍晚再来。

滋儿归室小睡(寒热已退),余则点读《李白集》,先为发端而已。薄暮,颉刚至,余为提供意见数则,伊欣然持去。

夜饭后,闲翻架书,近十时乃寝。

元孙感冒,今日休息在家,且微有寒热,但尚高兴,饮食亦尚可。

11 月 23 日(十月初十　戊子　小雪)星期三

晴,和如昨。

晨六时起,天尚未明,元孙昨夜寒热加高,今日仍令留家休息。咳嗽气逆,至为不适也。上午,为友琴点定《樊南白公碑铭》句读,即作书寄还之,盖昨日所托者。午饭已,介泉见过,长谈至三时,乃辞去。余未能陪同出行,良歉。

明日为珏人生辰,儿辈照从前七中例,将以花果陈供,滋儿上午下午俱出办理此事。余嘉其诚,而伤逝益切,满腔欲言将谁诉乎?

介泉行后,点阅《李青莲集·大鹏赋》,并卷首三序(所中本无杭世骏序)。又阅陈寅恪《元白诗笺证稿》第一章《长恨歌》,毕之。

清儿、达先午后来省,以介泉在,未多谈,即去。夜饭后,达先复来,为余购致新印出版之绍兴本《史记集解》三巨册,《永乐大典》本《水经注》一巨册,《史记会注考证》十巨册,阿英编集《红楼梦版画》一册,黄裳校录《明远山堂明曲品剧品》一册,罗根泽《中国古典文学论集》一册,计人民币四十五元九角二分。新华同人自购得享八折,实付三十六元七角四分。又洋洋盈架矣,颇以为快。

痴根未绝,于此可征。

九时许,达先去。余摩挲至十时后,始就寝。

11 月 24 日 (十月十一日　己丑) 星期四

晴,和。

晨六时半起。阅《大典》本《江水篇·三峡》一段,句读有讹,文字亦有脱误,可见官书多在交卷程期所限,仅在赶任务,非真能矢诚于所业也。俗儒侫古侫势,盲目崇拜,思之可笑。

十一时,农祥见过,约下午会西郊公园而别。

饭后,与滋儿出,先过田医修牙,当场尚觉可以,将就矣,未审得不返工否耳。二时三刻在东安市场乘三路车,径赴动物园,(滋在西直门下,打听小汽车路径福田公墓诸情形。)直趋豳风堂。农祥已先在,有顷,滋儿亦踵至,茗憩移时,乃起行,一览新建兽室及猛禽、狮虎、熊猫诸栏。一巡而出,已四时半,即乘三路回东单,(农祥在西直门下转电车归去。)值下班,十路拥挤不得上,乃乘三轮归家,正五时半。

是日为珏人生忌,潚、清、汉及建昌、建新俱来行礼,汉儿、建昌留夜饭,潚、清夜饭后复来,文权亦偕至,共商廿七日(星期)如何往谒珏墓云。九时四十分皆去。余亦就寝。

睡至三时,壶水沸起,开火门以节之,至四时后起添煤,遂致不寐,五时后始朦胧入睡云。

元孙已痊,仍在家休息。

11 月 25 日 (十月十二日　庚寅) 星期五

阴,微润,殆酿雪乎? 向晚雨。

晨七时始起,转觉不舒,以左睡不顺故。元孙仍未入学,午前被伊娆嬉,未克看书。午饭后,本欲与滋儿出散步,乃天忽雨(微细如毛),彤云四合,恐致雪,未出。滋与元孙皆小睡,余乃点阅李太白《拟恨赋》、《惜馀春赋》、《愁阳春赋》、《悲清秋赋》四篇,兼及王琢崖辑注。

接友琴谢信,及湜儿片,告练歌甚忙,明日不能归云。

三时半,雪村见过,长谈,雨作不能行,因留与共饮。夜饭后,雨犹未止。其家侢人送雨具至,乃辞归,已九时半矣。

十时就寝。一时半起视炉火,三时后始复睡。

11 月 26 日(十月十三日　辛卯)星期六

晴,暖。

晨六时半起。元孙仍未入学,以昨夜又咳嗽故。十一时,幽若在途中唤一木匠来修门窗,先修西屋,由滋儿出购料,直至夜六时半,始将两窗修好,且重按玻璃云,计工料八元馀,约后日再来续修其他各处。

点阅李太白《剑阁赋》、《明堂赋》。《剑阁赋》以前俱短赋,《明堂》、《大猎》两赋俱长篇,余尽竟日之力仅完《明堂》耳。

润儿以业务冗忙,昨今两夜俱加班作义务劳动也,比其归,余竟未之知,足征其久且迟矣。近十时就寝。是夕竟未起视炉上壶水也。

11 月 27 日(十月十四日　壬辰)星期

晴,黎明起风较冷,日中无风,且暖也。

六时半起,开灯着衣,七时始亮足。八时半,偕润儿、琴媳、滋儿、佩媳出，乘十路车，拟往西直门，在无量大人胡同站遇清儿、达婿，因同载以至东单。润、达购物，余与清、琴、佩先登三路行，属滋候润等。比余等到西直门，汉儿及澄儿、熊婿、埒孙已先在。适去八大处之小汽车已坐满，将开，余等立俟下一班行。有顷，润、滋、达踵至，而下班来车亦到，余与清、澄、汉、润、滋五儿、琴、佩两媳、达、熊两婿及埒孙共十一人，将相登，又别载三客（例坐十四人云）即时西开。正九时，越四十分，到阜黄路福田公墓分道处下，步行二十分，始抵墓门，正十时。先入憩于礼堂，旋往珏人墓次展拜，摄数影后仍返礼堂，已将十二时，乃团坐，各出所携食物共啖之。余义齿仍感轧疼，胡乱抓食而已。一时半起行，再诣墓次，一巡而出。循道往西黄村车站候西来火车，购票后，十分钟，车即至，时正一时五十分，登后即开。三时二十分到西直门站，又南行出站，澄儿先唤三轮归去，余等皆走至三路汽车站，居然不挤，乃毕登驶至景山东街，余与熊婿、埒孙偕汉儿过其家，芷芬之大姊挈孙住伊处。有顷，晓先夫妇、振甫夫妇及其女咸至，因共小饮（锴孙明日生辰）剧谈近九时乃行。锴孙送至沙滩，看余登三轮后始别。到家已将九时半，达婿在，谓前日与雪村谈及《古本戏曲丛刊》出让事，出版管理局需要此书，已与彬然洽妥，可属润儿再一面洽即得云。余为此得一解决。盖此书太专门，于余用处不多，而第三集缴款期又迫，如缩手则前书不完，等于截足，如勉为续缴，则将来四、五、六等集或将源源续出，余力实有未胜。今得让与公家，书运得亨，余力亦纡，真两利之道矣。

谈至十时，达辞去，余亦就寝。至一时半，起视炉火一次。

泉源见过，未晤。接致觉见念信，感之。

11 月 28 日（十月十五日　癸巳）星期一

晴，寒。

晨六时半起。写信三通，一复致觉，两复漱、湜儿。俱于午后发出。

饭后续题《追维录》，不觉悲从中来，因而辍笔。木工翟姓，今日来续作，将浴室窗框修正，窗亦刨小，将就而已，实不能经用也。滋儿午后出购料，顺将所摄胶卷属店家冲洗，居然无坏，都可印出。三日后将能取到云。

三时后，阅陈氏《元白诗笺证稿》第二、第三章（《琵琶行》、《连昌宫词》）。抵晚毕之。

夜小饮。饭后与润、滋闲谈，九时三刻就寝。

十二时一刻起视炉火一次。

11 月 29 日（十月十六日　甲午）星期二

晴昙间作，气仍寒，夜月皎。

晨六时三刻起。木工翟姓仍来修缮南屋壁橱、东屋、北屋门窗及破椅等。俱修好，入暮去。眼前一见好耳。

《古本戏剧丛刊》两集，今日午后交润儿车送出版管理局，腾出书架略为重整也。虽此事尚未办了，而心头却如释一副重担矣。吾不自知何以近来心理如是之不可解耳。

点阅李白《大猎赋》并王氏辑注，毕之。于是，李赋一卷八篇俱终。明日将接读其诗矣。前点《全唐诗》本便将取与一校之。

傍晚，叫和记送酒，迟到，已进饭，遂罢饮。夜九时半即寝。

三时起视炉火一次，时月食已过，未之见。

11 月 30 日（十月十七日 乙未）星期三

晴，较前昨为暖。

晨七时起。牙床左下侧仍未复（轧伤已多日），不免痛苦，欲待往修，非俟创合始行也，只得忍之。

九时点阅李白诗第二卷，《古风》五十九首，用《全唐诗》本与王辑注本对校，至午尽十七首。三小时未停，所得仅此，足征程功不易耳。

下午又续点李《古风》，自第十八首至第卅五首止，凡十八首，四时四十分停。头晕眼花矣。适滋儿小睡起，乃与偕出散步，自大雅宝缺口出城，东行至日坛根，折而北行，亦有新辟大道，竟抵朝外市场，穿出朝外大街，于是，群众、新声两剧院皆见之，俱离朝阳门不远也。顺道西转，入朝阳门，沿大新街至南小街北口，折而南，徐步过零售商店，购饵以归。天已曛黑。有顷，小饮，饮后坐至十一时许，洗脚，易衣而寝。洗脚之前，清儿来省，即以谭竞为股事信件（下午方收到）交伊托向履善一办之。睡至十二时，炉上水沸，起视一次，调节火门焉。

12 月 1 日（十月十八日 丙申）星期四

晴和如昨。

晨七时起。九时，续治李诗，点校《古风》第卅六首起，至五十九首，毕之已十二时矣。滋儿午前出购物，并添印照片及剃发，一时始返。余等俟其归，乃共饭。饭后小憩，三时与滋儿同出，步至东安市场，诣家庭牙科修义齿，此番化时较久，剌治得法，居然戴上不感轧痛矣。自田医处出，正三时三刻，即至东安门大街，乘一路车到前门外大栅栏,适五路车至,转乘以达陶然亭公园,入登窑台,茶于高廊上。新建牌坊已完工,气象又复一新,用远镜遥瞩之,金碧掩映于林杪,缥缈幽穆,令人意远,惜冬晷苦短,少选已暮色苍然矣。五时即出园,徐步往天桥,家家掌灯,殊难行走,就道旁福顺居饭馆夜饭。饭已,将七时,乃入天桥剧场看夜戏。盖马连良剧团与北京市京剧二团合组为北京京剧团,今日为建团演出第一日,昨午,滋儿排队在吉祥购得两票,故今晚往看之也。到场时尚未开演,而戏单已抢取一空,向管理人询问,亦无如之何。(及散戏后地上乱扔者颇有,乃捡取一枚归。)观众一般水准殊可批评,岂尚须若干年之教诲,始克渐上轨道耶。(演至半场中,竟有男女打架者,真足腾笑友邦,可恨!可恨!)余等登二楼,占座于第七排第十四、十五两号。七时开幕,先为黄元庆(饰高宠)、周和桐(饰牛皋)之《挑滑车》。次为慈少泉、罗蕙兰之《苏三起解》(罗饰玉堂春,慈饰崇公道)。休息后,先为裴盛戎(饰单雄信)、马盛龙(饰秦叔宝)、马长礼(饰黄其元)之《枣阳山》,最后为马连良(饰褚遂良)、谭富英(饰李渊)、闵兆华(饰李世民)等之《十道本》。十一时半始散。是夕,谭大卖力,叫座竟盖马而上之,馀皆平实而已。雇三轮遄返,已十二时,略坐饮茶,就寝已一时许,二时后,乃入睡。

12 月 2 日（十月十九日　丁酉）星期五

晴,和。

晨六时醒,七时起。

填十一月分工作汇报表,及答复本所学委会征询意见信,备明日出席开会时带去(开会通知前日收到)。午饭后,润儿归,代余买得今晚北京京剧团楼上第一排三、四、五号票三张,因属带一张与潧儿,留一张与琴珠,届时余将往会之。

下午,看《文学遗产》关于李后主词诸文件。五时半夜饭。六时一刻出,独乘三轮往天桥剧场,五十分即达。先登楼入坐。有顷,潧儿、琴珠偕至。七时开演,是夕剧目为《杨家将》。自金沙滩八虎闯幽州起,至夜审潘洪止。马连良饰寇准,谭富英饰后杨业,马长礼饰前杨业,裘盛戎饰潘洪,马盛龙饰赵德芳,马富禄饰马牌子。馀角亦配备整齐,无懈可击。唱做兼至,信近日难得见到之好戏也。无怪场场客满耳。十一时散,潧乘电车归去,余仍乘三轮,琴珠则御骑车从。到家为十一时四十分,余又洗脸,饮茶,坐至十二时就寝。

12 月 3 日(十月二十日　戊戌)星期六

晴,和,晨有浓雾。

五时即起,灯下盥洗,六时早餐,天犹未明。七时,所中车至,即乘以行,平伯未去,余独乘耳。驱车赶到北大哲学楼,适七时五十分。八时开会,到冠英、默存、毛星、力扬、友琴、范宁、道衡、念贻及余九人。冠英主席,谈李后主词所涉各方面,十二时散,仍由原车送归。满拟遇见湜儿同乘进城,竟未之见也。到家刚十二时四十分。即午饭。

饭后,埁孙来接幽若去小住,明日又将陪伊作园游也(余先教令使然)。

元孙因闻此讯(幽若告诱之),遂坚不肯入学,午后哄令小睡,始让幽、埁去。无端又多一事,真不愉快,好在不久即送走矣。

下午阅陈氏《元白诗笺证稿》第四章,艳诗及悼亡诗,其附录《读莺莺传》则未之及也。

入晚，清儿来省，因与共饮。夜饭后，潽儿、权婿、汉儿先后至，琴媳、佩媳亦归，遂命润、滋两儿会同诸姊，开箱检取珏人遗衣十五件，分赠雪英、幽若、芷华等。潽取蓝布短衫一领，并为澄取蓝布长衫一领，作纪念云。

分配讫，闲谈至十时，乃各归去。十一时，余亦就寝。

12 月 4 日（十月廿一日　己亥）星期

晴，和。

六时起，盥洗已，天始明。读《元白诗笺证稿》附录《读莺莺传》，一气毕之。篇中述及元白当时在文坛上所起之影响及考证，从人之方法颇详，不可以其为短文而忽之也。

九时，湜儿自校归，与谈校中近事，知昨夜正为纪念一二·三演出歌咏，遂未及赶返耳。

润、琴、佩俱到本单位值班。

午后，余偕滋、湜同出散步，往东安市场悦来轩吃豆腐脑，又至五兴添印照相。时已四时，即令湜乘车返校，余与滋儿则走至东长安街候十路车，附乘以归。到家已五时矣。雪英在，与谈知晓先在雪村家，伊亦将夜饭其家云。有顷，幽若归，知已饱游颐和园，升埁、升基陪往，以升培出水痘，澄儿未能陪往故耳。回西直门后乘电车行，埁、基在西单下，径归其家，伊遂至东单，再转十路返来云。

傍晚，颉刚见过，谈片晌，假《扁鹊仓公列传注》去。雪英亦辞往雪村家就饭矣。

琴、佩俱归夜饭，润则以加班故，未归饭。余九时半就寝，竟未知于何时返家耳。

12 月 5 日 (十月廿二日　庚子) 星期一

晴,有风,较寒。

晨七时起。九时,续治李诗第二卷(《全集》第三卷)乐府三十首。十时,平伯见过,谈至十一时去。又续治李诗,迄午毕《远别离》、《公无渡河》、《蜀道难》三首耳。

饭后少休,一时半,又续治之,至四时半,毕《梁甫吟》、《乌夜啼》、《乌栖曲》、《战城南》、《将进酒》、《行行游且猎篇》、《飞龙引》二首、《天马歌》九首。肩重臆迫,目精昏矣,遂止。

夜小饮。饭后听滋儿开唱片,继又听电台转裘盛戎、李多奎《打龙袍》,李和曾、王玉让、王玉敏《辕门斩子》录音。十时半乃就寝。十二时半起视炉火一次,复入睡,尚适。

12 月 6 日 (十月廿三日　辛丑) 星期二

晴,寒,午后昙,无风而晕,或将致雪乎?

晨七时起。九时治李诗第二卷《行路难》至《侠客行》,毕之,凡十八首。饭后,又续治第三卷,自《关山月》至《荆州歌》,凡十四首。四时半,乃歇,头岑岑矣。下午,滋儿陪幽若往游西郊动物园,入晚始归。

六时半夜饭,小饮些许。饭后,阅侯仁之《北京都市发展过程中的水源问题》,言之有物,剖析如画,文虽长(载《北京大学学报》[人文科学]今年第一期,占廿七面),一气读之,未倦也。八时半毕之矣。

平伯书来,寄近作两绝(许季珣妹移居东城赠之以诗),盖昨日走贺其戚移居所作,亦云兴高才敏矣。可佩! 可佩!

十时就寝。一时半起视炉火一次，遂致失寐，展转至四时后乃入睡，已在翌晨矣。

12 月 7 日（十月廿四日　壬寅）星期三

晴，寒。

晨七时起，尚可支持。交钱与润儿，属为购车票，备遣送幽若南归。九时，续治李诗，至午后四时停，自《雉子斑》至《幽州胡马客歌》，凡毕二十二首。于是，李诗第三卷乐府三十七首完（《全集》为第四卷）。

五时半即小饮。未几，润、琴俱归。夜饭后，偕出往大华看电影（余票为潾所奉）。在场遇赫思诚、朱树春及潾儿、权婿，俱在楼上第三排。戏目为《脖子上的安娜》，契诃夫小说本事也。彩色片，写堕落生活耳。设非出名人手，亦无异美国片子也。八时许即完，雇三轮返。芷芬在，与谈至近十时乃去。

十时，易衷衣就寝。是夕，未起视炉火，壶水亦未作声也。

12 月 8 日（十月廿五日　癸卯　大雪）星期四

晴，无风，尚不寒凛。

晨七时起。九时，续治李诗第四卷（《全集》第五卷）乐府，《门有车马客行》至《塞下曲》六首，抵午毕，凡十三首。

饭后少憩，与滋儿同出，乘十路车至六部口下，往官马司访农祥。至则方出行未值。遂偕滋步出复兴门，径往设计公司宿舍看澄儿家，晤澄及基、垲、培、增四孙，坐至四时许，基孙送余等至西便门角楼下，乃步入便门，循铁道之南，径到三厂前豁口入内城，即在象来街候十路车。有顷便上，径返南小街禄米仓，步归于家。时五时甫过。又有顷,元孙始自幼儿园归也。

入暮,小饮,饭后,意清、汉或至,乃竟未来,未识何故？潜儿午饭后来省,带来古籍出版社新出第一批样书三种四册,都属音韵书,一为宋无名氏《韵镜》(《古逸丛书》本),一为清梁僧宝《切韵求蒙》,一为梁氏《四声韵谱》(俱光绪十六年梁氏家塾刊本),影印尚精。余因暂假留览焉。

幽若成行已无问题,车票今晨送来(计连卧铺费共三十九元二角六分),户口及粮食移转亦已于昨日午后向此间派出所办理清楚(车票由润儿办,报出户口由滋儿办),后日晚八时可送之上车南行矣。

余等访农祥,而农祥恰来访,道左未值,承送到长陵所摄小影及亦秀新译之《十万个为什么》见赠,不克把晤,深用歉然。

晚将九时,清、汉叩门至,余等将就卧矣。约接待幽若,为送行,谈至十时半,汉、润送清儿归,然后返。汉儿即留宿家中。是夕未起视炉火。

12 月 9 日 (十月廿六日　甲辰) 星期五

晴,略有风,时起薄翳,不甚寒。

晨六时半起。七时,汉儿即上班去。九时,续治李诗《月来日大难》至《空城雀》,凡二十九首。又卷末附《菩萨蛮》、《忆秦娥》二词。午后三时毕之。于是,五卷完(《全集》六卷完)。

滋儿上午为幽若往车站为结行李费二元四角七分,诸事具办,只待明晚送之上车矣。三时半,偕滋儿出散步,在无量大人胡同东口乘十路车到王府井南口下,在五兴取得星期日与滋儿诣彼所添印及放大之照片,共数十帧,费十六元馀,亦豪举矣。顺至百货大楼购得锁钥等物,即过东安市场悦来轩啜豆腐脑。旋离市场北行,由椿树胡同穿出灯市口,循内务部街、南小街、禄米仓而归。抵家已五时十分,幽若已往章家,应清、汉之招,将去市场国强吃夜饭。元孙却未返也。有顷,元孙归,润、琴亦先后归,乃共夜饭。余则小饮焉。八时后,幽若返,又有顷,佩华返。十时就寝。三时起视炉火一次。

12 月 10 日（十月廿七日　乙巳）星期六

浓雾,旋开,颇暖。

晨六时三刻起。为滋儿所摄柳岸陶然图分题八首,分给潜、清、澄、汉、漱、润、滋、湜,各异其辞,近午方毕。

饭后,续治李诗第五卷,校阅乐府《发白马陌上桑》、《枯鱼》、《过河泣》及《丁督护歌》四首。二时许出,乘十路车往八条谒候叶老伯母。盖闻近患对口痈症,势甚凶险也。至则圣陶在,谓昨夜方自宁接电赶归,已延北京医院范大夫来诊云。有顷,大夫至,余随之入视,症甚剧,余颇为此虑。而医云,已较前大好矣(不发烧),主药用金微素,可隔日换药云云。医去。晤墨林及国华,又晤史晓峰,谈至四时半辞归。仍乘十路行,到家未及五时也。少坐即夜饭。

汉儿、建昌、升埨、升基、潜儿、权婿俱先后来饭。饭后,清儿、达婿亦至,湜儿亦于夜饭时赶到。七时,幽若行,潜、汉、润、滋、湜、达、埨伴送至站,佩媳亦自新华径往会之。清儿、建昌即归去。权、基、琴媳、元孙俱在家待至九时半,潜等始同返。告知车已开行,一切安妥云。十时后,潜、权、汉归去。埨、基俱留宿焉。湜儿则与余同榻。睡至四时半起视炉火,并开时钟,竟再入睡。

12 月 11 日（十月廿八日　丙午）星期

晴,和,日中无风,尤见温暖。

晨八时始起,罕有之象也。九时后,遣培、基两孙归。近十时,偕润、滋、湜三儿挈元孙出,乘十路转五路往陶然亭公园,茶于窑台高廊上。十一时,农祥、亦秀及其友孙君至,不期而遇,甚快。谈至十二时别。余等巡园一周出,乘五路东行,到珠市口下,步至煤市街南首丰泽园午饭,已将二时。进肴五品,及米饭、银丝卷等,费五元余。二时四十分,离饭馆,又步至前门车站,已三时馀。余挈元孙乘三轮先归。润等三儿则乘电车转十路行。余车至御河桥,元孙在膝上入睡,幸三儿先到,正在家门相候,乃抱以入,安置小床,俾酣眠。

芷芬来省,谈至五时乃去。

润等三儿复出,至王府井取照购物,五时半始返。谓湜儿已于五时前赶出城返校矣。

夜饭后,余与润儿又出,往北京剧场看苏联电影《短剑》。七时开,八时半即完,虽儿童剧,实胜《脖子上的安娜》多矣。出场驱车遄归,犹未及九时也。坐至十时就寝。

12 月 12 日（十月廿九日　丁未）星期一

晴,和。

晨七时起。九时续治李诗,至下午四时半止,凡完三十四首（自《相逢行》至《去妇词》）。第五卷乐府三十八首于是校读毕矣。

午后,潇儿以就诊过家存问,少坐即去上班。午前,曾作书与积贤,寄著作翻译调查表去。

傍晚，元孙归，与嬉片晌。入夜即小饮，润、琴皆归，乃共饭。今日起，买菜亦由许妈作，每昼惟余与滋儿及许妈饭，夜乃润、琴、元与焉，惟每晨齐在家早餐耳。拟今后饭菜规定几品，毋溢毋缺，以渐纳入常轨，以矫往失。盖珏人病时，一切由阿凤主持，嗣后又由幽若续持，轻重失当处甚多，不能不及时纠正之也。

夜饭后不久，佩华即归。

十时就寝，四时起视炉火，天将明转又入睡。睡前写明片一，备翌晨寄漱儿，告已送幽返苏。

12 月 13 日（十月三十日　戊申）星期二

晴，略寒于昨前。

七时半起。九时续治李诗第六卷（《全集》第七卷）古近体诗，至十二时毕《襄阳歌》、《南都行》、《江上吟》、《侍从宜春苑奉诏赋》、《龙池柳色初青听新莺百啭歌》、《玉壶吟》、《幽歌行》、《上新平长史兄粲》、《西岳云台歌》、《送丹丘子元丹丘歌》、《扶风豪士歌》十首。

午饭后少息，二时偕滋儿出，步至金鱼胡同口，乘电车出城，往游天坛。登圜丘四眺久之，乃逶迤东北，诣长廊之北茶憩焉。坐至三时三刻起行，仍乘电车北返。先在大栅栏下，在中和购得明晚北京市京剧第四团戏票。信步入城，走至天安门西首，乘十路车归。顺叫和记酒。抵家未及五时也。有顷，酒至，元孙亦归。

入夜小饮三杯，润、滋、元三人侍食，八时佩归，又有顷，琴归。佩素在新华食，琴则学习迟返，仍具餐焉。

十时就寝。十一时、一时起视炉火两次，因失寐，但二时后入睡，翌晨六时始醒也。

12 月 14 日（十一月大建　戊子　己酉朔）星期三

大雾浓霜，近午虽霁，而终晕。是日下午日环蚀（海南岛能见之），此间偏蚀，因蔽不见，气却仍暖，似在酿雪。

接北大文研所学委会通知，询是否参加完全自学，因复书是之。

九时续治李诗，自《同族弟金城尉叔卿烛照山水壁画歌》至《悲歌行》，凡十九首，至午毕之。于第六卷古近体诗二十八首全毕。

午后，滋儿小睡，余乃续校李诗第七卷，近五时乃罢，毕《秋浦歌》十七首，《当涂赵炎少府粉图山水歌》及《永王东巡歌》十一首。

少选，夜饭。饭后，滋儿送我至金鱼胡同口上电车，车中遇继文，让坐，伊于王府井下，余径至大栅栏下，步入中和正七时。坐定即开演矣。先为姜铁麟主演之《花蝴蝶》。继为吴素秋、张曼君等之《梅玉配》。此戏二女主角服旗装，不明其为明为清，殊不称，但重在做工。于是，吴素秋之韩翠珠、张曼君之苏玉莲、杨元才之医生、李德彬之徐廷梅、汪鸣辰之婆子乃得各显身手，始终紧凑而兼松快，实一喜剧也。十一时散，仍雇三轮归，时适起风，颇感冷。到家则炉火正熊熊生焰，乃洗脸、饮茶，少坐片晌，始就寝。

12 月 15 日（十一月初二日　庚戌）星期四

晴，有风，较寒，午后风略止。

晨七时半起。九时出，乘十路车往访农祥，晤之。以风大，留其家作剧谈，至十一时同出，徜徉于西单商场。诸摊冷落无足观，即返，饭于其家，小饮玫瑰酒两杯。饭后，风稍戢，因共出，步往北海,茶于桥北之双虹榭。遇何松云,与之略谈,三时四十分起行,绕漪澜堂长廊一周,度陟山桥北行,出北海后门,共乘环行电车,到灯市口下,余再雇三轮归家。

抵家适雪村见访,约夜饭其家。盖今日购得大青鱼,煮卷菜下酒也。入暮,余偕滋儿赴之,迨饭毕,清儿、达婿始先后归。又与谈久之,步归已九时三刻矣。

是日元孙以咳嗽未入学,琴媳携往社中就医,即饭于汉儿家,入夜乃归。

余在章家饮酒,不觉已多,返后兴奋甚,与润儿长谈,至十一时始寝。

深夜一时、四时两次起视炉火,但前后俱得安睡也。

12 月 16 日(十一月初三日　辛亥)星期五

晴,冷。风不大,仍感燥烈。

晨七时起。九时续治李诗,至午后四时止,自《上皇西巡南京歌》十首,至《和卢侍御通塘曲》,凡二十四首。于是,李诗第七卷古近体诗五十三首全毕矣。

平伯于午前来访,谈移时去。

所中送薪至,知从工资分改货币制,调整工资为一百五十六元二角,加地区津贴二十四元九角九分,合为一百八十一元一角九分。并自七月起,照此准补发廿八元另五分。盖经此调整,每月多得五元六角一分云。

接幽若十四日来信,知已安抵苏州,虽曾在车呕吐,但到家休息一日即复云。于是,一块大石从心上掇去矣。相烦半年,几致不欢,安然送去,诚大幸哉。

夜小饮,饭后命滋儿以明片复幽若,告慰。适芷婿、汉儿来省,谈至九时半去。即以此片属为投邮。

十时就寝。一时半起视炉火一次,仍入睡。

12 月 17 日(十一月初四日　壬子)星期六

晴,和。

晨七时起。九时续治李白诗第八卷(《全集》第九卷),至午停,凡二十一首(自《赠孟浩然》至《读诸葛武侯传书怀赠长安崔少府叔封昆季》)。饭后,偕滋儿出散步,乘十路至王府井南口下,在五兴取照候半小时。后至百货大楼购物,再过市场悦来轩啜豆腐脑。复至稻香春购物,顺过吉祥一望,无意中有人将今晚中国京剧院三团戏票退出,余遂收得之,本拟购明日日戏(民主剧场吴素秋《红楼二尤》)者,因作罢,欣然而返。仍乘十路车到家,未及五时也。

六时夜饭。饭后独乘三轮赴吉祥,坐楼上特座二排六号,占中间,颇适。七时开,十时一刻即散。剧为李少春、袁世海主演之《将相和》,中间节去酒馆打扎等浮文,益见紧凑,时间亦因而节省不少,诚所谓有改进者矣。其中《完璧归赵》、《渑池会》、《负荆交欢》各场尤见精采,盛名不虚耳。戏毕,仍乘三轮归。到家诸儿甫就卧也。知清儿曾来省,亦长谈多时,方归去云。

十一时许即寝。一时半及四时曾两次起视炉火,竟重又入睡。

12 月 18 日(十一月初五日　癸丑)星期

阴霾,拂晓时曾飘雪花。

起身已将八时,希有晏起矣。上午整理书物,望湜儿不归。饭后,润儿出访友,滋、琴、佩挈元孙往访晓先家,以其女士秋自宁复员返京,故过存之也。余独居无聊,只索续治李诗,至五时止,毕《赠郭将军》至《赠嵩山焦炼师》十九首。薄暮,润、滋等先后归。知潆儿、权婿亦在丁家也。

入夜余小饮,佩媳先饭,饭已将往天桥看歌舞也。

潆、权于夜饭后来省,谈至九时辞去。送出时已见微雨,且夹飘雪花矣。当晚或将有积雪乎?潆等去后,灯下写信与漱儿,告近况,并以余在陶然亭柳岸所摄之景及十一月廿七日在福田公墓所摄回景附寄焉。俾了然于公墓之修洁,或少抑哀思乎?

十时半就寝。二时起视炉火一次,四时又起视,大概硬煤加多,于曩时竟未升火也。

佩华何时归,竟未知。

12 月 19 日(十一月初六日　甲寅)星期一

七时半起,微有积雪,而阴云四合,不甚寒,其将续降大雪乎?近午,西北风渐作,天乃渐晴,寒威亦陡增。夜见月。

九时续治李诗,先毕八卷《口号赠征君鸿》、《上李邕》、《赠张公洲革处士》三首。接治第九卷,至下午四时半,亦毕之,凡自《秋日炼药院镊白发赠元六兄林宗》至《望九华赠青阳韦仲堪》,共古近体诗二十四首。

滋儿凌晨冒雪赴医院取药,此为三月休养中末一次。十一时始归,余甚念之。归云,大夫迟到及路过市场购物、取照,不无耽搁也。

傍晚,文权来假石臼去。入夜小饮。夜饭后打五关为遣。写信寄湜儿,命争取时间,于后日归来共吃冬至夜饭。听滋儿开唱片。十时就寝。

三时半起视炉火一次。

12 月 20 日（十一月初七日　乙卯）**星期二**

晴，寒，无风，夜深风吼作声，想严冬将至矣。

晨七时半起。九时校点李诗第十卷，自《赠王判官时余归隐居庐山屏风叠》至《赠汉阳辅录事》二首，凡十七首，抵午乃毕。

午饭后少休。二时偕滋儿出，乘十路车至天安门，转电车到大栅栏，步至观音寺街信托公司寄售门市部参观。盖报载今日开幕，因往一看之也。人挤物乱，无从细观，匆匆一巡而出，由煤市街而南，出珠市口乘电车北返，在王府井下，走至百货大楼购物，又过市场悦来轩啜豆腐脑，然后循八面槽、灯市口、史家胡同以归。

夜小饮，夜饭后，清儿来省，谈至九时许去。

十时就寝。翌晨五时起视炉火，复睡。

12 月 21 日（十一月初八日　丙辰）**星期三**

晴，寒，风稍戢。

晨七时半起。九时，续校李诗，自《江夏赠韦南陵冰》至《巴陵赠贾舍人》，凡十五首，抵午方毕。于是，《全集》第十一卷（诗第十卷）古近体诗三十二首点校完。厨下呼饭矣。

接湜儿昨日信，寄回滋摄照片，并告事冗不得归，谓当过元旦始能返云。盖余昨去之信相左，未提也。且看晚来如何耳。

午后滋儿出购物，余复续校李诗第十一卷（《全集》第十二卷），自《赠别舍人弟台卿之江南》至《赠友人》三首，三时半罢，凡毕十二首。

　　傍晚,颉刚见过,以所编《古籍考辨丛刊》第一集为赠,此集即前刊《辨伪丛刊》,今加整理重出,前有新序,后有后记,俱近撰,且将陆续有所刊出云。谈至掌灯去。

　　今夕为冬至夜,诸儿极意承欢,滋特忙治备涮羊,凡锅汤配料等俱手为调制。入夜小饮,潏、汉两儿都来参加,琴、佩两媳亦早归,文权亦至。饭后,清儿来,共谈至十时,即将珏人生前饰物取出,由诸儿协定分取,牵大搭小,人各有分,诸外孙亦各得银圆一枚云。湜儿竟未归,应得之分,余为代管也。潏、清、汉、权于十时半去。余亦濯身洗足,易衷衣就寝。乃触景不寐,苦忆珏人,枕上口占一诗云:

> 　　自君之逝矣,五内如崩摧。遗笥物故在,历历重吾哀。思君无已时,时为发长叹。儿曹善解意,晨昏趋庭陪。承欢亲色笑,心颜为暂开。醉乡勉自遁,时复衔一杯。奈此愁未遣,悲已袭人来。纵有摊书趣,直视等浮埃。心萦翠微麓,白石伴青苔。长噙酸辛泪,何以报泉台?

辗转反侧,一时始入睡。五时起视炉火,即待明。

12 月 22 日(十一月初九日　丁巳　冬至)星期四

　　晴,寒,幸无风但干冷,脚趾作痛也。

　　晨七时起。大家进汤圆,并在珏人照前作供,供后余乃食之。本欲与滋儿往西山一展珏墓,恐郊外忽风,而滋孱弱,不忍任之而罢。午饭毕,滋儿坚请出游,以散积闷,遂同出,步至金鱼胡同东口,乘电车达珠市口,信足至柳树井华北戏院,正做日戏,购票入览,坐第二排十五、十六号。(卖座甚惨,数十人耳。)前两剧(《三岔口》、《赎余洪》)已过,正《探寒窑》上演。包中慧饰王宝钏,殷行云饰王母。唱尚过得去,其饰侍婢之金艳秋却是一粲者,殊楚楚动

1955 年 12 月

人怜也。休息后，为《长坂坡》、《汉津口》，除双翼翔之赵云、李金声之关羽尚有功架外，馀不过备员，凑数而已。金艳秋乃饰甘夫人，兵荒马乱之中不能掩其艳色也。视饰糜夫人之阎小鸾，实远胜多之。四时一刻即散。仍与滋儿走至珠市口乘电车北行，在新开路下，转乘十路车归。到家正五时。有顷，元孙亦归，与略嬉即小饮夜饭。饭后，题《追维录》数帧，即以昨夕口占十韵书于身后，垂念一辑之首页焉。十时就寝。一时半起视炉火一次。

12 月 23 日（十一月初十日　戊午）星期五

晴，寒，风甚微。

晨七时起。九时伏案工作，除午间进饭歇一小时外，直至五时乃罢，凡点校李诗十一卷，馀诗十三首及十二卷诗十八首。目无旁瞬，颇累矣。

滋儿午后往看澄儿家，送日前所分之分及余粮粮票与之，垂黑始归。知其家尚好，惟增孙又有水痘，恐传染，最近不能来省云。

夜小饮，饭后琴媳出，看中罗排球赛，十时半始返。

余与润、滋闲谈，并与元孙嬉。八时后，元孙就睡，余翻阅《曾慥类说》。此书与《群书治要》及《意林》齐名，为类辑古书之表表者。近日文学古籍刊行社据明天启刊本影印出版，字大颇适于老人，而明人刻书之风未渝，讹字叠出，目录往往与内容不符，亦时为之，无可奈何之事也。

九时三刻即寝。三时起视炉火，遂不寐，至五时后复入睡。

12 月 24 日（十一月十一日　己未）星期六

晴，寒。

晨八时起。九时半,校点李诗,先尽十二卷馀诗七首。继尽十三卷,古近体诗二十六首。又续点十四卷古近体诗十四首,下午四时半乃止,凡毕四十七首。

下午滋儿小睡,建昌外孙来省。入夜,诸儿毕集,围炉共吃涮羊片。到潘、清、汉三女,权、达、芷三婿,建昌一外孙,并润、滋、琴及元孙,凡十二人。惟湜儿迄未归,而佩媳有事在外,夜饭后乃归耳。剧谈至十时,始先后归去。余亦就寝。一时一刻起视炉火一次。

12 月 25 日(十一月十二日　庚申)星期

晴,无风,较和。

晨七时起。拂拭整理,九时方毕。十时三刻,与滋儿出,乘十路车到东单,挤甚,几不能容足,及转电车,反稍舒,到前门站下。走至肉市广和剧场,购得日戏票楼下二排一、二两号座各一纸,即南行,由布巷子出大蒋家胡同,信步西入掌扇胡同,出粮食店,循大栅栏、门框胡同出廊房头条,穿劝业场到西河沿,在华北食堂午饭。饭后,再到广和,正十二时五十分。入座未久,即开演。先为姜铁麟、张龙华之《三岔口》,干净利落。龙华胜过铁麟也。二时许休息。休息后,为吴素秋(红娘)、李德彬(张生)、张曼君(莺莺)、杨元才(琴童)、孙振群(崔夫人)等之《红娘》。素秋演此,余已看过多次,每次微有不同,而处处动人,真能戏矣。四时二十分即散,余父子走至北站乘电车,到无量大人胡同西口下,步行返家,到门尚未及五时也。

入夜小饮,饮后打五关数局。十时就寝。二时起视炉火,复入睡。

12 月 26 日（十一月十三日　辛酉）星期一

晨七时半起。阴霾。

九时半续校点李诗，至午止，凡毕十二首（《感时留别从兄徐王延年从弟延陵》至《游衡岳过汉阳双松亭留别族弟谈皓》）。饭后气闷甚，因与滋儿出散步，徐行到东安市场，拟至美术服务社购笔，而适逢年终盘点停止营业，遂过而南，一入百货大楼，再过新华书店，俱无所得，乃走五兴取照，步至东长安街候十路车乘以归禄米仓，比到家，正三时半。天已微飘雪花，阴暗更见沉闷，然亦无如之何耳。

薄暮雪花加大，天益冷，为添衣始御丝棉袄。余不欲穿此，盖今夏珏人特命工赶制者，似预知不起，故为余料量及此者。实不忍见此也。今日突寒，取出加于衫外，睹物伤情，如何可免，亦只能含泪自道珍重而已。

夜小饮。饮后无聊，写信寄漱儿，顺告近状，并钞示日前所作诗，催询何以久无信来？盖四十日无信矣。十时前，听转播梅兰芳、姜妙香《奇双会》，十一时许乃寝。时有雪，旋云开月朗，星斗满天矣。

四时起视炉火，以水沸醒人故，后即不寐，六时复睡。

12 月 27 日（十一月十四日　壬戌）星期二

晴，寒。

晨八时起。十时始续校点李诗，自《留别贾舍人至二首》起，至《江夏别宋之悌》凡九首。十四卷古近体诗卅五首完。正十二时。午后二时，续校十五卷（《全集》第十六卷），至四时半全卷古近体诗二十一首亦全毕矣。惟用心稍过,竟致头晕目眩,偃息久之方舒也。

夜小饮。饭后润、琴出看电影,余偕滋儿与元孙嬉。九时,润、琴归,佩亦归。少谈,各返寝。

余就灯阅陈寅恪《元白诗笺证稿》,至十时半乃睡。以炉火已融,入睡甚酣云。

12 月 28 日（十一月十五日　癸亥）星期三

晴,寒。

晨七时起。元孙又以连日冒风,微有寒热,因令休息在家。

九时点校李诗第十六卷,从《送鲁郡刘长史迁弘农长史》至《送杨燕之东鲁》,凡三十六首,抵午毕之(全卷未完,馀八首)。午后,滋儿出看电影返时,为余购得明晚民主夜戏票一纸。余续校点李诗十七卷(《全集》第十八卷),从《送韩侍御之广德》至《宣城谢朓楼饯别校书叔云》,凡廿七首,至五时乃罢。并先将前卷馀诗八首点完。

午饭后,润归,携呈调孚书,询《廿五史参考书目》中若干问题,将别作札答之。

夜小饮。饭后阅《元白诗笺证稿》,十时就寝。十二时起视炉火一次。

12 月 29 日（十一月十六日　甲子）星期四

晴,寒,微有风。

晨七时起。九时续校李白诗十七卷馀诗六首,并接校十八卷十二首,已亭午矣。饭后又续校二十一首,五时乃毕。于是,十七、十八两卷全完。正欲起立,而颉刚至,出近撰《周官辨非序》初稿示我,须我提供意见,允于下周内细读后奉告之。谈至六时许,辞去。余匆匆夜饭,饭毕即出,独乘三轮,径赴珠市口民主剧场,看北京市京剧四团演出,时已七时二十分,第一出张龙华之《盗仙草》将完矣。余坐楼下第一排廿一号。第二出为吴素秋、李德彬、杨元才、汪鸣辰之《铁弓缘》。继为萧英翔之《坐寨盗马》。休息后,为吴素秋、李德彬、张荣善、张龙华、杨元才之《奇双会》。十一时一刻散,即乘三轮遄返,到家已将十二时。洗脸、饮茶,少坐乃寝。月色甚姣也。

12 月 30 日(十一月十七日　乙丑)星期五

晴,寒。

晨七时半起。九时半续点校李诗,中间进饭停歇一小时外,直至下午四时半乃止,第十九卷(《全集》二十卷)古近体诗六十首皆毕。然亦累矣。

午后滋儿出就浴于宝泉堂,阅两时始归。元孙仍休息在家,热已退净矣。下午督令就睡。余歇手后起,遂与之嬉,冀令忘忧也。入晚就南屋小饮,以许妈事忙,未及生炉,陡觉寒冷砭肌,酸涕直流,因与滋儿移盘碗归北屋,然后就食。于是,去冬珏人病中景象立即涌现脑际,�洄若川,终饭为之不怡。

润儿以参加民进晚会,未归饭。

九时三刻就寝。润归竟未之知也。

12 月 31 日(十一月十八日　丙寅)星期六

晴,和。

晨七时半起。九时点校《李诗》第二十卷(《全集》为廿一卷),至午饭停,自《登锦城散花楼》,迄《登金陵凤凰台》凡十七首。

饭后晓先见过,谈至二时半,因与之偕出,滋儿从,乘十路转五路车,径达陶然亭公园,茶憩于窑台殿廊上。四时半行,乘五路北归。晓先在珠市口下,余父子在鲜鱼口下,顺过广和一望,明日日场票楼上头排尚有,遂购两纸。仍走至北站乘电车,到金鱼胡同下,徐步由无量大人胡同以归。抵家已五时半,润儿、元孙俱归矣。有顷,潗儿、硕孙至,乃与潗、润、滋、硕、元共吃年夜饭。惟湜儿留校未归。琴、佩两媳俱以服务处所有晚会,未及归耳。

夜饭后,权婿、达婿先后来省,琴媳亦归,因共叙谈。九时半,潗等皆去。余遂开收音机听梅兰芳、马连良、裴盛戎、姜妙香、孙毓堃、袁世海、李世霖、马富禄等演唱全部《龙凤呈祥》之录音。十一时洗足,易衣,仍拥衾续听,至十一时半关机息灯而寝。尚有李盛藻之《鲁肃》未及收听也。

就枕后又转侧难寐,十二时后,始听佩媳归来掩门声,又至一时后乃入睡。

1956 年

1 月 1 日①（乙未岁十一月　大建戊子　己酉朔十九日丁卯）**星期**

晴，和。

晨七时半起。拂拭整理，在珏人遗像前呆立久之。滋儿、佩媳晨九时即出，往北大看其戚郑素娟，同游颐和园云。

近午，清儿、达婿、澄儿、熊婿、汉儿、鉴孙、垲孙、增孙俱来省，遂留共饭。

饭后，余独出，乘三轮径到前外肉市广和剧场，入坐楼上第一排第十号。须臾，潇儿亦来会，即坐余右第九号。一时开演，为吴素秋、张曼君、李德彬、汪鸣辰、杨元才等之《梅玉配》。四时一刻竟场，松快，真喜剧也。素秋的是可儿。潇初见亦为之颠倒矣。足征技入神品，誉望不虚耳。

散戏后，偕潇儿乘三轮径归小雅宝。清等俱在，而芷婿、镇孙、昌孙亦在，正一堂热闹，喧笑逾恒也。知以中、绥员伉俪偕过，未及晤，殊歉然。

入晚，团坐夜饭，以人多有立食者。饭后，滋、佩归，告见到浞儿，以感冒发热住校中医院内，虽再三说明，仅系感冒，而余心顿为不安，不自知何以难于排遣如此也。九时后，清等皆去，惟汉留谈

---

①底本为："念逝日记第三卷"。原注："丙申二月廿九日补署。逝者日远，思念无极，强自抑想，想顾蜂起，憧憧在目，如何可已，欲易署斯称，竟不能得也。悲夫！"

于家中。经济支配颇有商及，十时半，乃归去。余亦就寝。十二时起视炉火。

1月2日（十一月二十日　戊辰）星期一

晴，和。

晨六时三刻起。拂拭整理至九时方罢。盖昨日人多凌乱，不得不收拾也。

十时出，乘三轮往访圣陶、墨林，在其家晤藏云伉俪，十一时藏云等先行。近午圣陶、墨林出赴宴会，余留与至善午饭，且小酌焉。饭后，又与至善及其子女往交道口电影院看《平原游击队》，甚紧张，于抗敌爱国教育至有裨益，宜其载誉矣。三时一刻散，余辞至善，乘三轮径归。

到家，清儿及士秋在，谈有顷，偕润、滋同过潘家吃饺子去。至五时，元孙午睡醒，琴媳亦挈之追踪往，而滋适归，余乃与滋共饭。饭已，即独乘三轮往广和看尚小云演《梁红玉》，票为文叔所赠（昨命镇孙送来）。到场已七时二十分，文叔、汉儿、芷婿已先在。汉坐廿八号，余廿九号，文三十号，芷卅一号，俱楼下第十二排矣。入坐正填戏《开山府》将毕。《梁红玉》剧不久即上演，小云自始至终不懈，《金山擂鼓》一出尤擅胜场，抑扬低昂不绝如丝，真渊渊之音也，深为叹赏。十时二十分散，同走至五牌楼故址（已拆去多时）而别。仍独乘三轮东行，到家未及十一时，月正升过屋檐也。少坐，饮茶，然后就卧。

1月3日（十一月廿一日　己巳）星期二

初昙，旋晴，气仍和暖。

晨七时起。九时,阅所中送来平伯《红楼梦序》稿。十时半接
湜儿上月卅一日信,知因病入住院医室。(此信早托同学寄出,滋
儿前日已为余言之,今始送到,谛视邮戳乃一月二日,此被托者几
成洪乔矣。)虽事已前闻,而中心悬悬益难自安。爰属滋儿于十一
时即去北大探望,顺携本月饭费及零用去。未审返报云何也。

午饭已一时,独据一案,真食不下咽耳。凄景如此,其何以
堪耶!

润儿饭毕归视,少停便去。余乃校点李白诗,至四时半,滋儿
归,适完十九首,自《望庐山瀑布水》至《登广武古战场怀古》。于
是,李诗二十卷(《全集》廿一卷)古近体诗三十六首全毕矣。

滋儿言已会见湜,适今午饭后出院,病已霍然,在宿舍中谈至
二时乃行。在西郊人民食堂饭而后归。抵家时饭未久也。既知确
音,心为一舒。

平伯《红楼梦》序稿亦阅毕,别无意见可提,惟校出错字及不
妥字面若干而已。

夜小饮,十时就寝。

1 月 4 日(十一月廿二日　庚午)星期三

初晴,旋昙,近午起风,入夜更大,吼空撼户,气乃加寒,而雪竟
不至。

晨六时即起,灯下拂理讫始天明。八时点校李诗第廿一卷
(《全集》第廿二卷)。十时许,平伯见过,谈至近午乃去,仅得十四
首(自《安州应城玉女汤作》至《荆门浮舟望蜀江》)。平伯行后,余
即偕滋儿过访雪村,同出至森隆午饮。清儿、润儿、达婿、昌孙皆来
会。盖雪村明日奉差赴沪督校,须四月乃还。因久别,遂有此饯

耳。午后一时三刻罢,走至东长安街乘十路车归。

三时许,绍华见过,长谈至五时始去。接漱儿元旦来信,知工作甚忙,并告韵启将来京,托带食物与我云。

夜小饮,饮后听广播京剧录音,自八时至十时半,为《群英会》至《借东风》全出。马连良之诸葛亮,谭富英之鲁肃,茹富华之周瑜,马富禄之蒋干,裘盛戎之黄盖,周和桐之曹操,洵可称珠联璧合矣。盖即两团初并时在天桥剧场演出之录音也。

十一时就枕,以窗外风声击撞,触物皆鸣,颇难入睡。四时许起视炉火一次。

1月5日(十一月廿三日　辛未)星期四

阴霾,肃冷。

晨七时起。九时写信两通,一与王积贤,寄十二月分工作汇报表去,并询前借参考书籍有否物色到。一与漱儿,复告家下近状。

续点校李诗,至午饭时,完二十首(自《上三峡》至《经下邳圯桥怀张子房》共廿首)。午饭后,濬儿来省,一时半,与润儿一同上班去。

下午续点李诗,自《金陵》三首起,正在动笔,而农祥至。三星期未见,遂同出一游,滋儿与偕,走至朝阳门乘二路车往故宫后门,入览乾清宫之亚非会议纪念品及宫前两庑所陈列之国际友好展览馆。琳琅满目,惜时促而奇冷,涉历一周已四时二十分矣。亟出乾清门,度三大殿而南,出太和门、午门、端门、天安门,径抵左长安门故址,农祥乘电车归去。余父子亦乘十路车东返。到家将五时,知晓先曾见访,未之晤,留语谓明晨再来云。

夜小饮,九时半就寝。屋外风吼似虎,心绪潮涌,颇难贴枕,十一时后始入睡。四时起视炉火,再入睡。

1 月 6 日 (十一月廿四日　壬申　小寒) 星期五

风急日晕,寒威陡严。玻窗满布冰花,户外坚冻。

晨七时起。元孙咳嗽未全愈,冒风殊非所宜,因命在家休息。晓先七时一刻来访,谈古籍拟目事,移时乃去。十时,点校李诗,至午饭讫,自《金陵》三首至《姑孰十咏》,凡廿四首。于是,《全集》二十二卷古近体诗五十八首毕矣。

午后一时,续点校廿三卷,至四时,全卷古近体诗四十七首亦毕之。

夜小饮。九时半就寝。一时起视炉火,觉大冷于前昨。今岁初遇之严寒也。

1 月 7 日 (十一月廿五日　癸酉) 星期六

风略平,寒加烈,日虽出而无济,向晚寒飙又扇矣,终夜有声。

晨七时起。读颉刚《周官辨非序》初稿,文长四万字,下午五时始读毕。略谓周礼是法家言,与管子相表里,证据多且确。真读书有得之言也。傍晚,湜儿自校归,遂共夜饭。饭后,清儿、昌孙来省,告韵启已到京,有电话约去取物云。谈至近十时始去。

十一时就寝。与湜儿同榻。三时起视炉火。

1 月 8 日 (十一月廿六日　甲戌) 星期

晴,风寒。

晨七时起。竟日未出。十时属滋儿往访韵启。十一时许,韵启至,偕其友胡姓同来,盖道路相左,未晤滋儿也。十二时许,滋亦归,遂留韵启及胡君共饭。余与润、滋、湜三儿及琴、佩两媳、元孙围坐一席,颇不落寞。谈悉漱儿家近况尚好,惟弥同身体孱弱,仍时有病痛耳。带到熟火腿一盒。饭后,清儿、达婿、昌孙来,复与韵启长谈,二时乃去。盖三时即须出席会议也。

近四时,清儿偕湜儿及昌孙往王府井。余仍与达婿长谈。佩媳有新华同人三人来,别具餐于其西屋享之,未出周旋也。傍晚,濬儿来省。有顷,清、昌归云,湜儿已径出城返校矣。

夜与达婿小饮,与濬、清、润、滋、琴、昌、元共饭。饭后,谈至九时许,佩之友先去。濬等亦旋行。

十时就寝。三时半起视炉火一次。

是夕初御丝棉厚被。脚冷即回暖。

接北大文研所信,十日、十二日上下午开会,检查五五年度工作云。又接李映娄信,并另寄颉刚属钞之件。

1月9日（十一月廿七日　乙亥）星期一

晴,寒。

晨七时起。处理积件,九时始已。滋儿往医院复查,十一时归,须七八日后始知下文也。

十时点检《李集》第廿四卷,校古近体诗至下午五时始罢,凡得四十九首。薄暮矣。

夜小饮。饭后听广播,京剧裘盛戎之《铫期》及谭富英之《断臂说书》,至十时就寝。

近日有若干行业实施公私合营,故爆竹之声时闻,今日尤甚,自傍晚起,直至天明,喧遍九城,较旧历过年更为热闹也。

十二时起视炉火,复睡,五时即醒矣。

1 月 10 日 (十一月廿八日　丙子) 星期二

晴,寒。

晨六时即起,灯下穿衣、料理。七时许进餐。未几,所中车即来接,因乘以北行,过接平伯同驱出城,八时一刻赶到北大文研所。晤其芳、冠英、默存、毛星、力扬、范宁、友琴、念贻、道衡、佩璋、妙中、世德、绍基。八时半开会,检查年度工作,十二时止。遇积贤,即以湜儿所借圆明园图托之俾便交湜。仍饭于冠英家。憩至二时许,步返所中。二时半续开,会上批评缺点甚尖锐,延不完成任务者,宜有此报耳。六时十分散。湜儿来见,适在图书室借到参考书七八种,因令搬运上车,遂与平伯同乘入城。到家未及七时也。润、滋、琴、元已久候,乃小饮同饭。饭后,翻看所携归诸籍,至九时三刻就寝。一时起视炉火。户外爆竹声仍未绝,盖各公私合营工商户之职工互相报喜也。继农业合作化之后,对私营工商业之改造自应掀此热潮耳。

1 月 11 日 (十一月廿九日　丁丑) 星期三

晴,还暖,盼雪不至,而转燥,天时甚不正也。

晨七时起。精神不爽,诸事不豫。十时写信寄潄儿,告近状。午饭后,颇欲出外疏松,顺道过访文权、昌硕父子,盖知伊等近又感冒在家也。二时,遂与滋儿同往,徐步到彼,只硕卧床静养,文权星一即上班,潄亦于今午后上班矣。驻足未久,即出,由西观音寺至东单公园一眺,无可观,即走王府井及东安市场闲逛,而神疲体乏,倍觉吃力,乃由甘雨胡同、干面胡同步归。本拟往看澄儿,以无法振作而返。到家已四时半。

入夜小饮。夜饭后，清儿、达婿来省，谈至九时半去。余亦洗足濯身，易衣而寝。

今日报载：北京全市资本主义工商业全部公私合营，昨日市人民委员会召开合营大会，宣布本市三十五个工业行业，三千九百九十家工厂（包括四人至九人之小工厂），及四十二个商业行业（包括饮食及服务性行业）一万三千九百七十三户座商，共一万七千九百六十三户，全部被批准实行公私合营。此则深为感动欣慰者耳。社会主义实现不远，只赖各人各本职责努力前进矣。

1 月 12 日（十一月三十日　戊寅）星期四

晴，燥而暖。

晨六时一刻起。匆匆拂拭。七时半所中车即来接，乘以过老君堂接平伯，同驰出城。八时一刻赶到北大哲学楼，八时半开会，毛星、力扬未到，午仍饭冠英家。下午二时半续开，力扬亦来。六时散，驱车返城，蔡仪附乘焉。综两日会议结果：本组工作检查已毕，平伯《红楼梦》序稿亦讨论一过，大致只待全所性会议矣。竟日危坐，肩山石压，殊非衰躯所堪，则深引为苦耳。

到家已七时，家人久待夜饭矣。少顷，便进饭。饭后稍憩，九时半即寝。十二时起视炉火，复入睡。

1 月 13 日（十二月大建己丑　己卯朔）星期五

晴，暖。

晨七时一刻起。九时，为泾渭清浊异说纷纭事作书答圣陶，盖有人致函询及，故转以相问也。迄午始毕，泾渭之说，始误于晋潘岳，唐陆德明《释文》主之，宋朱熹承以立说，采入《诗集传》。后儒佞先辈,遂沿不敢改。其实经文甚明白,所谓"泾以渭浊,湜湜其沚",非云泾水本清,因与渭合而浊,其中小洲犹水清见底耶。余即直主此意立说,博征诸说,以证承讹之由,遂不免费时耳。

午饭后,与滋儿出散步,乘十路车到中山公园,茶憩于来今雨轩西部室内。四时许行,信步出城,在中和剧院购得当晚戏票一纸,楼上一排三号。乃复乘电车北归。

夜饭后,余独乘三轮往中和观中国京剧院一团演出,至时已开幕。周瑛鹏、茹元俊、李元瑞、徐志良等之《嘉兴府》已过半,及见劫法场后之开打而已。以人才众多,各显身手,殊耐观也。继为黄玉华、徐和才、冯玉增之《拾玉镯》。玉华扮相妩媚,表演细腻,玉增亦曲肖媒婆,惟和才扮相略见不称,终非完璧耳。休息后,为叶盛兰、王玉让、李金鸿、高盛虹等之《罗成》。叶于《叫关》一场唢呐高唱,苍凉哀转,真能使人声泪俱下也。名下士究不虚致乎?赞叹久之。十时十分散,即乘三轮归。到家小坐,就寝未及十一时也。三时起视炉火。

午间颉刚见过,谈移时去。即将映娄寄件交与之,闻钞费已汇去矣。

濬儿、权婿夜饭后来省,余未之晤,八时半即去云。

1 月 14 日(十二月初二日　庚辰)星期六

晴,略寒于昨。

晨七时起。九时点校李白诗,《见野草中有曰白头翁者》至《南奔书怀》九首。于是,《全集》第二十四卷古近体诗六十五首毕矣。十一时续点校第二十五卷诗。饭时稍停,一时后复作,至四时止,自《题随州紫阳先生壁》至《怨情》,凡得五十一首,目眩腕酸,不得不罢矣。

夜小饮。夜饭后,汉儿、芷婿、达婿、错孙、镇孙、昌孙来省,(润、滋俱出看电影,八时后乃返家夜饭。)遂围炉共谈,近十一时始各归去。余亦倦极思眠矣。是夕未起视炉火。

1月15日（十二月初三日　辛巳）星期

阴,寒。

晨七时起。拂拭料理,移时乃定。以昨夜人多,饮具纵横,不加收拾竟不能安坐也。

九时许,湜儿自校归,时日出而飞雪,有西南风。余遂偕润、湜两儿出门散步,自大雅宝东豁口出城,东至日坛根,折北去,徜徉及于朝外大街,西转入朝阳门,由南小街走返。时已十二时,即午饭。饭后,又偕润、滋、湜三儿出,信步东去,又达朝阳门,登二路车,欲往游北海,乃车至八面槽,正值庆祝全市工商业公私合营列队大游行。人山人海,车在人丛中蠕蠕而行,较步行犹落后也,难得遇此,在车厢中向外历观,竟如躬自参加焉。比挨过东安门大街转入北池子始稍速,抵北海前门,已三时矣。相将入园,在积翠坊下、悦心殿前、白塔下等处摄影数事,即茶于揽翠轩北台上。俯瞰滑冰,遇祖璋携妇子来,即共坐谈心,四时半别祖璋行。下山在琼岛春阴碑前又摄一景。度陟山桥出后门,乘电车到灯市口下,由史家胡同步以归,已五时一刻。竟晴不能雪也。

有顷,濬儿、权婿、澄儿、埙孙、垲孙来省,即共夜饭。饭后,长谈至八时,澄等三人先行。九时后,濬、权亦去。

十时,余就寝。湜儿灯下工作至十一时亦睡。仍与余同榻。

1 月 16 日（十二月初四日　壬午）星期一

晴，不甚寒。

晨七时起。八时，湜儿出城入学。九时续校点李诗，自《采莲妇》至《宣城哭蒋征君华》，凡卅六首（廿五卷古近体诗九十首全毕）。又点阅《全唐诗李白诗补遗》一卷，凡廿六首。又断句三则，抵午始已。午后一时，点阅《李集》第廿六卷表书，五时止，又得《为吴王谢责赴行在迟滞表》至《与贾少公书》，凡六首。

夜小饮，饭后打五关数盘，九时三刻就寝。终夕未起视炉火。

1 月 17 日（十二月初五日　癸未）星期二

阴霾，霏雪纤弱如沙，气仍不甚寒。

晨六时即起。八时许，滋儿诣医院探检查结果，十时半归。据云，已有好转，而体重增加一公斤，但仍须继续休养三月，赓服前药云。吾意若得趁此时彻底养好，纵废工作，亦值得也。慰喻之再三。

续点李白文书三首（廿六卷完毕）。又接点廿七卷序八首，乃午饭。饭后少休，又续点序十二首，于是，廿七卷序二十首亦完。时三时半，即罢。

接纯葆信，询近状。

夜小饮，饭后打五关数局。九时半就寝。三时半炉水沸，起揭炉盖以抑之，仍还睡。

1 月 18 日（十二月初六日　甲申）星期三

晴，寒，浓霜晶莹，竟日欲雪之难如是乎？

晨七时起。九时点阅《青莲集》第廿八卷、廿九卷,至下午四时半止,廿八卷之记颂赞二十首。全完廿九卷,尽铭文三首耳。

上午命滋儿作书与六姨葆珍,并复表姨纯葆。

研所本月分工资迄今日犹未送来,不知何故,岂改隶科学院后行政手续又得更张耶? 居处遥远,不能一为走问之耳。

夜小饮。八时听广播,叶盛兰、杜近芳、王玉让之《吕布与貂蝉》。十时就寝。二时三刻起视炉火,遂不寐,真数漏待明矣。

1 月 19 日（十一月初七日　乙酉）星期四

晴,不甚朗,气亦不寒。

晨七时起。九时点阅李文,抵午完四篇。

十一时,文研所送本月薪至,询之知已直接领发,不关北大,仍十五日支放,因事忙力薄,遂迟至今日耳。

饭后,晓先来访,二时去。三时,与滋儿偕出,以连日闷坐,胸次梗然,须散步以资疏松也。乘十路至天安门,徜徉于广场,迤逦由西皮市出正阳门,在鲜鱼口大众剧场购得明晚京剧票两纸。返至前门大街,乘一路车到东安市场,在稻香春买得饼饵数事,又在一摊上吃馄饨各一碗,然后循八面槽、灯市口、史家胡同、南小街、禄米仓缓步以归。抵家已五时馀,元孙亦已放学归矣。

傍晚,潽儿来,遂与润、滋、琴、元共饭,伴余小饮。

夜饭后,文权踵至,潽则为润、滋两房煎阿胶。九时半,权、潽偕去。十时,余亦就寝。五时起视炉火。

1 月 20 日（十一月初八日　丙戌）星期五

晴,寒。日中飞雪,时作时停,阴处却有积者,然行人举不之觉,亦奇象也。

晨七时起。九时至下午五时,点阅《李集》廿九卷碑文三首,三十卷诗文拾遗五十七首,仍用《全唐诗》李诗补遗及卷后词类所收李词校,尽日之力,毕一卷半,已颇感疲乏矣。

滋儿十一时出购年货,顺至大众,为余购明晚戏票。一时四十分始归。余坐待其归,乃共饭。

五时,堉孙来省,今晚吾家煮腊八粥,因留之同啜。六时半,余与滋、堉同出,堉上汽车径归其家,滋则与余各乘三轮往鲜鱼口大众剧场看中国京剧院一团演出。至则茹元俊之《挑滑车》已上场,九时乃毕。休息后,《吕布与貂蝉》上演,十时二十分散。自人头会、连环计、凤仪亭、梳妆、掷戟、郿坞匿姣、矫诏诛卓止。叶盛兰饰吕布,李慧芳饰貂蝉,王玉让饰董卓,李洪春饰王允,各擅胜场,真有观听不厌之乐。散戏后仍乘三轮返,乃汽车拥塞,竟致与滋车相失,余车疾驱追之,终乃先到,滋反在后。立门口候之,始同入。润儿是夕作夜工,亦甫归未久也。十一时就寝。

1 月 21 日 (十二月初九日　丁亥　大寒) 星期六

晴,寒如昨,日中亦偶飘雪花。

晨七时起。九时续点《青莲文》,中间午饭略休外,至下午四时半止。完三十一卷序志碑传十二首(皆后人关于李集之著述也),及三十二卷杜子美诗十一首(赠忆李白者,尚未完四首)。倦矣。

五时一刻即小饮兼晚饭。六时二十分出,独乘三轮往大众剧场观中国京剧院三团演出。(票为昨午滋儿所购,坐楼上一排四八号。)七时开,先为任玉砚、侯玉兰之《樊江关》,任饰樊梨花,侯饰薛金莲。门口对打俱趣。八时毕。休息后为《赠绨袍》,盖新近整理之历史剧。袁世海饰须贾,李和曾饰范雎,凡八场。十时半乃散。袁、李二人唱做俱佳,不愧其望。馀人亦多称职也。

出院后仍雇三轮遄归,到家正十一时,佩媳在长安看越剧,犹未归。有顷始返。十一时半就寝。

1 月 22 日(十二月初十 戊子)星期

晴,寒。

晨七时起。八时,琴媳告我昨晚芷婿曾来省,谓叶先生患肝炎,入北京医院云。心甚念之,而格于成例,无机关介绍信,不能往视也。殊感怅怅。

九时半,湜儿自校归,十一时,偕琴媳同往大华看电影。午前,汉儿来省,遂共午饭。饭后,晓先、祖文来访,长谈至暮始去。

琴、湜三时得归,复具饭。佩媳午后即出看电影。

傍晚,清儿、达婿来,有顷,潘儿、权婿来,因共小饮。夜饭后,盘桓移时,潘、清、汉、权、达皆去。

滋儿在北屋修骑车,润儿助之,十时后始了。余俟润、滋各归房后,洗足、易衷衣就卧,仍与湜儿同榻。十一时后乃入睡。

1 月 23 日(十二月十一日 己丑)星期一

晴,寒,午后风作。

晨七时半起。九时,与滋、湜两儿出,本拟游故宫,以十路车甚挤,不得上,乃走东单,变计乘三路车径往西郊动物园。时尚无风,虽干冷,得从容遍览熊山、狮虎房、象房等处。十二时饭于豳风堂(园内公共食堂)。饭后西行,又览禽鸟室及兽室。近二时风起,遂相将出园。湜儿登卅二路车返校。余与滋乃乘二路车返朝内南小街,徐步以归。到家正三时也。

续点《李集》卅二卷,毕之。又接点卅三卷及半,已暮乃止。入晚小饮。夜饭后,复续点《李集》卅三卷,十时毕之。余亦就寝。

1 月 24 日 (十二月十二日　庚寅) 星期二

晴,寒。

晨七时起。九时点校《李集》第卅四卷,关于评诗之丛说也,至午后四时,仅及四分之三,以中间写信两封(一复李映娄,一致王积贤,填认公债数额,并索取工作月报表格纸),又会晤金子敦(午后二时半来,三时三刻去)也。子敦以列席全国政协扩大会议,于前日抵此,将有二十天之句留云。与谈甚畅。

夜小饮。晚饭后,阅《清史列传·文苑传》,十时就寝。

1 月 25 日 (十二月十三日　辛卯) 星期三

晴,寒。

晨七时起。八时半,人民文学出版社王利器来访,商改《史记选》注文数十处。因与对坐,逐条修改,抵午方毕。遂留与共饭。饭后纵谈至二时,乃辞去。平伯饬人送信至,并附其近作《临漪馆诗词稿》序,盖述其女兄归郭氏者之遗著也。

三时续点《李集》丛说,至五时毕之。

琴媳归告,叶先生住院发炎已好,医嘱悉心修治,须拔牙及割去背瘤,留院四星期,出院后亦须休息四星期云。拟约芷芬同往一看之。

接纯宝复函,为珏人病逝倍致伤悼云。葆珍尚无复至耳。

夜小饮。灯下作书寄伯衡亲家，贺公私合营，从此脱去包袱，同跻康庄矣。

十时就寝。起视炉火两次，遂致失寐。

1月26日（十二月十四日　壬辰）星期四

大雾，近午始开，无风而暖，晚霞绚斓，竟如夏秋。

晨七时起。九时往八条访墨林，问圣陶疾，约明日下午诣院看之。谈至十一时返。

点阅《李集》所附年谱。午饭后，农祥见过。二时，与滋三人偕出，乘十路至天安门，挤甚，步往棋盘街，乘三十九路往卢沟桥，司机以节油故，半开半淌，单程行五十分钟，亦相当偏差矣。至桥下车，附近并无茶馆可以歇脚，只得在桥南张各庄上车，折回前门（仍乘原车，巧极），已五时矣。顺道往肉市广和剧场购得明晚戏票两张，即以其一赠农祥，仍偕行至天安门而别。

余乘三轮先归，滋儿则挤上十路继返。到家，潗儿在，因共夜饭。饭后权婿来，谈至近九时，与潗归去。

十时就寝，起视炉火一次。

1月27日（十二月十五日　癸巳）星期五

晴，寒，风起扬尘，大类春天。

晨七时起。八时续点《李白年谱》，抵午毕之。

午后二时，芷芬来，因与偕往东单北京医院，探视圣陶，在客室坐待一小时，以前有人在内接谈也。及候其出则叔湘、满子、姚澄耳。余二人入视，知病势已去，惟须静摄矣。谈半小时出，已四时半。史晓峰已在外候久，让其入，匆匆立谈，即别。离院后，芷芬径返,余仍乘十路归。

五时半小饮。夜饭讫,独乘三轮往广和剧场,坐甫定,即开演,农祥亦至,并坐楼下第一排廿号、廿一号。先为姜铁麟等之《状元印》,继为吴素秋、李德彬、杨元才之《拾玉镯》。休息后为吴素秋、钮淮华、姜铁麟、萧英翔等之《酸枣岭》、《巴骆和》。十一时始散。素秋前饰玉姣,极尽闺女腼腆之态,后饰马金定,又曲达悍泼狡狠之致。顷刻之间,判若两人,而各有其妩媚独到之处,洵能手矣。为叹赏不已,回味久之。归后,洗脸,饮茶小坐,回暖(往返冒风,颇寒冷),十二时始就寝。

1 月 28 日(十二月十六日　甲午)星期六

晴,寒,风已戢。

晨七时起。八时半点阅《李集》第三十六《外记》,抵午尽二十五页。

午饭后,与滋儿挈元孙同出,乘十路到西单,转雇三轮往复兴门外设计院宿舍澄儿家。盖元孙今起放寒假,因携以出游,并酬资澄儿度岁也。在澄家坐移时,吃煎饼,四时廿分乃行,仍循原路东归。到家已五时半矣。

入晚小饮。夜饭后,打五关数盘。清儿、建昌来省,谈至九时半去。十时就寝。

1 月 29 日(十二月十七日　乙未)星期

晴,寒,无风。

晨七时起。八时半,携元孙出,乘三轮往景山东街汉儿家,以润、滋、琴、佩在家协同大扫除也。到汉儿家少憩,即过访文叔,长谈。近午清儿、达婿、建昌亦来汉所，少顷，即去，约饭于士秋家。
文叔邀过汉所同饮。饭后二时，文叔归去。余与芷婿、汉儿、大璐、
元孙同游景山，周历五亭，四时乃出，别芷等，即乘三轮遄返。到家
两媳正料理拂拭中。润、滋两儿因韵启来访，饭后同游陶然亭矣。

　　入暮，室内整理粗毕，近七时，滋偕韵启归来，润亦旋止〔至〕，
遂共小饮。夜饭后，又纵谈至九时半，韵启始辞去。伊明晚即附车
南归矣，遂将漱、淑及诸外孙应得珏遗纪念品托带转交云。十时
就寝。

1 月 30 日（十二月十八日　丙申）星期一

　　晴明，较昨和暖。

　　晨七时起。写信寄漱儿，告今晚韵启将返沪，托带纪念品及花
生、腊肠等物。

　　续点《李集·外记》。下午接点，至四时乃罢，此卷甚长，犹未
过半耳。加以今日精神欠振，竟不能更进一步矣。

　　夜小饮。九时半就寝。

1 月 31 日（十二月十九日　丁酉）星期二

　　晴，暖如昨。

　　晨七时起。九时续点《李集·外记》，抵午毕之。于是，王琢
崖本与《全唐诗》本对勘一遍矣。少停，当取萧本、缪本校之。

　　午后，平伯见过，谈移时，即以前示诗文还之。并持《历代诗
话》去。

　　四时，偕滋儿携元孙出散步，乘十路到王府井南口下，过新华、
百货大楼及稻香春购饼饵及年货，垂黑始雇三轮遄返。

夜小饮。夜饭后,潜儿、权婿、硕孙来省,谈至九时半乃去。十时就寝。

2 月 1 日(十二月二十日　戊戌)星期三

晴,寒不甚烈。

晨七时起。九时点阅严衍《通鉴补正·隋纪八》,至午后未终一卷也。

饭后,润儿归言,得汉儿电话,谓今晚有中和尚小云戏票,如欲往观,可于七时前往,芷芬将在门首等候云。请进止。因许之即令电复照办。下午,看《渔洋诗话》若干则。

五时半小饮,晚饭后乘三轮赴粮食店中和剧院。七时到,芷芬已在门首相候,即偕入,坐楼下八排十四、十五两号。在场晤剑华、育楠,点首略谈而已。剧为全部《汉明妃》。剧前填戏为田荣芬、李喜鸿之《樊江关》,敷衍三刻钟耳。正剧中只尚小云之昭君及华世丽之王龙可看,馀都平平。十时廿分散,仍乘三轮遄返。到家正十一时。小坐、饮茶而后就寝。

2 月 2 日(十二月廿一日　己亥)星期四

晴,较昨为暖。

晨七时起。阅政协第二届全国委员会第二次全体会议上周恩来政治报告,郭沫若关于知识分子使命的报告,历四小时。又续点《通鉴补正·隋纪》,毕之,已跨入《唐纪》矣。

硕孙晨来,午饭后,滋儿挈往西郊游动物园。元孙午后参加幼儿园集体观剧,往王府大街首都剧场看童话剧《马兰花》。佩媳以感冒未上班。下午出摄影,盖新华撤去佩带徽章之制,改用照相出人证也。四时后，佩媳、元孙先后归。五时后滋儿、硕孙亦返。

入夜小饮。夜饭后权婿来，硕孙去。八时权亦去。

余就灯将缪本《李集》诸序与王本对勘一过。

权去后，濯身洗足，易衷衣就寝。并听转播李和曾、袁世海之《空城计》，贴枕已十一时许矣。

2月3日（十二月廿二日 庚子）星期五

晴，仍暖。

晨六时起。半规残月犹透窗照人也。拂拭、盥漱讫，天始大明。八时，校李诗缪本，除午饭外，至下午四时乃止，凡毕三卷。

薄暮小饮。夜饭后，偕润、滋两儿携元孙出，乘十路到天安门转一路到前门五牌坊故址下，走西河沿水产另售商店（故鱼市场）一询青鱼有无。（以即将过春节，连日在东单等处都买不到青鱼故。）据云，每日上午六时至下午六时营业时间，俱有出售，则明后日可径来购取矣。离场由劝业场穿至廊房头条，再穿门框胡同至大栅栏，徜徉闹市，然后折回前门车站，雇乘出租汽车以归。（此项汽车近日始推行，为地方国营，每辆可坐四人，计程以地段每段二角五分，四段起算，作基价，余等试乘之。自车站抵小雅宝须算六段，故出价一元五角云。）知汉儿曾来省，刻已过访清儿，少停再来云。余等坐甫定，汉儿、湜儿、镇孙皆至。盖湜自校归，在门口遇汉等，因同过清家，至是俱归也。九时三刻，汉儿、镇孙皆归去。十时就寝。湜儿十一时寝，仍与余同榻。

三时半起视炉火，竟熄，拨救无术，只得待明晨重生之。

午后，颉刚匆匆见过，约后日（星期）中午在新侨饭店同晤调甫诸老友云。

接君宙信,告子女次第成立,负担一松,是可喜也。

填报一月工作,即寄王积贤转达。

2 月 4 日(十二月廿三日　辛丑)星期六

晴,暖如昨,不类严冬。

晨七时起。八时,湜儿辞返校,谓明日或可争取归家(以早寒假故)云。余亦姑听之。滋儿昨夜发热,今晨量有七分浮热,殆感冒时气乎? 近午热退,仍强起共饭。午后大便,但未畅耳,想当有积垢也。

八时,点校李诗,至午后四时止,尽四卷半。缪本与王本大有异同,钩稽亦颇需时。

午前接漱儿二日书,知韵启已安归,托带之物俱收到矣。

饭后,潸儿来省,一时半前上班去。今日下午许妈归视其家,属顺道买青鱼,仍空手还,报竟未得有无确讯也。过年,固不定需此物,然年例生破,多少不痛快耳。

夜小饮。晚饭后点校《李集》,续完日中残卷。十时半就寝。

2 月 5 日(十二月廿四日　壬寅　立春)星期

阴,寒,飘雪,禺中即止,旋转晴。午后日高晶晶矣。

晨七时起。八时校缪本《李白集》。十时半出,过访颉刚,谈至十一时半,偕往崇文门内新侨饭店,赴陈调甫之约。在东部咖啡厅坐候至十二时廿分,调甫始来。有顷,元善至,又有顷,潘慎敏至,又有顷,徐荫祥至。乡人叙谈,倍见亲切,共餐至二时许,乃散。调甫、元善、颉刚及余四人复至王府井一家照相馆,欲摄景以留念,乃人挤须排队,必两小时后始得照,遂北走至金鱼胡同西首森隆对门一家摄成之。出门各别,余乃与颉刚走至马市大街,乘三轮以归。

抵家,晓先、芷芬及晓外孙谢小明在(在余家午饭),谈久。抵暮,澄、汉、达、镇、硕、昌俱至,有顷,清、权亦来,颇热闹。七时夜饭,晓、明、权、达、芷、硕、镇、昌俱留我家,且小饮焉。澄、汉、琴、元则随清饭其家。扰攘至九时半,权等始去,琴等亦返。十时半,余始就寝。腹胀不适,起便二次,睡为大减耳。

2月6日(十二月廿五日　癸卯)星期一

晴,不寒,但屋角背阴处仍有鸡脚冰耳。

晨七时起。九时,写信与漱儿,复前日来信。十时,续校缪本《李集》,至下午五时半,毕五卷(止于卷十二终)。除午饭外,竟未起立,亦大费劲矣。

潜儿午后来省,谓明日来为余制八宝饭过年。

滋儿出买物,二时去,五时后乃还。湜儿五时自校归。

夜小饮。夜饭后,滋、湜同出购物,九时乃返。

昨接研所通知,明日竟日开会,作总结报告,并展开讨论,今日傍晚,又来电话知照,将展至后日举行云。

十时就寝。湜儿睡南屋己室中。十二时起视炉火一次。

2月7日(十二月廿六日　甲辰)星期二

阴,不甚寒,午开晴。

晨七时起。九时,湜儿返校,约明日傍晚候余偕归云。湜行后,余续校缪本《李太白集》,至午后五时,尽四卷(已止于十六卷)。

午后,锴孙来告,其父已为约定金、宋诸先生明午在西单恩成居聚餐,余以明日适须出城开会,属延后一日举行。越时复来,谓金先生明夜八时即附车南归,不及矣。因属转告其父,据实电知各位,只得另择期再行也。六时半,夜饭毕,乘三轮赶赴中和看北京市京剧四团演出(昨滋儿为购票)。讵知铁门拉上,司事者云今晚另有任务,不能演出,求谅退票云云。无意中,碰此钉子,遂原车遄返。到家,芷芬在,因将宴客不果事当面一说(此事余托伊承办),谈至八时十分去。事有不巧,至于如此,真前定使然耶!一笑。

潘儿午来,为制八宝饭,因留饭。小同下午与滋儿出购物,夜饭后去。

午前,开明同人无锡许彦生来访,盖来京出席九三学社大会者。谈移时去(住西苑宾馆)。夜九时三刻就卧,十二时起视炉火一次。幸即入睡,五时醒矣。

2 月 8 日(十二月廿七日 乙巳)星期三

大雪,近午始止,午后晴,气不甚寒。薄暮始见凛然之感。

晨六时起。七时半,所中车来,即乘以过平伯,同驰出城,八时半,恰与哲学楼参加全所会议。西谛主席(午去),其芳报告一九五五年度研究工作总结。毛星报告行政工作总结,至午未毕,即休会。余与平伯过冠英家饭。下午二时续开,毛星续作报告后,讨论通过本所在三个五年计划时期内机构人员扩充计划表、机构发展顺序表、培养研究实习员暂行办法及关于保证研究工作时间的通知等四案。五时半散。力扬介绍乔象钟(蔡仪之爱人,新调来我组工作)晤面。

夜六时在介泉家饭,湜儿亦来会,因共饭。今晚国务院机关事务管理局邀请参加怀仁堂京剧晚会,即属湜儿电话通知家中。六时四十分,偕平伯、子书、(新从大连疗养返京,今亦被邀参加晚会,乃以时间过久,恐支持不了,临时下车未行。)力扬同车入城,径赴怀仁堂,坐二十排,与力扬、介泉并列(以到稍晚,遂致落后)。平伯未参加先返。

　　七时四十分开幕前,毛主席莅场同观。于是,掌声雷动,全体起立。(休息时,主席离场。续演前复至,直至终场乃行,如是者四。)先为河北省保定专区京剧团之《水帘洞》。董文华饰猴王,董文敏饰王八,冯友年饰虾米。次为《贩马记》、《写状》、《三拉》、《团圆》(上海京剧院主演),俞振飞饰赵廉,李玉茹饰桂枝,齐英才饰保童。休息十五分钟后,加演一出《拦马过关》。张美娟饰杨八姐(其饰焦光祖之丑角,艺亦精,惜未知其名)。继以周信芳之《追韩信》。十二时始散戏。都精彩而加戏尤秀出,竟忘倦矣。出怀仁堂,仍乘所中车送归。(介泉乘别车先回燕东园,力扬则送余到家后乃归去。)已十二时半矣。少坐,饮茶,然后就卧。二时后乃入睡。

2月9日 (十二月廿八日　丙午) 星期四

　　晴,寒。

　　晨七时起。今日始,所中指定放寒假十天。九时始,仍校点缪本《李集》,至下午四时,得二卷,因午后晓先见过,谈移时故也。

　　表姨甥蔡仁林经年未见,今午来访,甫自苏州省亲去沪,昨始来京云(伊仍在京津段服务,据云去年余家寄丰台之报丧信,适去山海关接车,未及知。现住西河沿招待所),带到漱儿所托送咸肉、年糕等物。伊亦送余苏州酥糖及轻糖松仁等物。谈未多时即去。

盖今晚即须上班也。

夜小饮。夜饭后,润儿往首都剧场赴文化部京剧晚会,十一时归。余十时即睡,伊归竟未知也。湜儿上午归,将在家度岁矣。鉴孙来饭,午后去。

2 月 10 日（十二月二十九日　丁未）星期五

晴,寒,有风。

晨六时半起,已大明,近日日长多矣。上午与滋、湜两儿谈校课及家事。

午后,滋、湜出外,将往一探澄家也。余独坐无聊,写信两通,一复君宙,贺其子女成立,一寄漱儿,告仁林带物俱收到。

入晚小饮。夜饭后,清儿、达婿来省,有顷,滋、湜亦归,汉儿亦来,叙谈至九时半,清、汉、达俱去。

十时半,余亦就寝。

年事由诸儿安排,甚见妥贴。较往年并无逊色,而减余操心不少。是可喜也。顾胸中矛盾殊不能解决,如一切损减自见凄凉,但无异往常,又不免只少一人之感。珏人若在,不且共享此境乎！此则终生无可磨灭耳。

2 月 11 日（十二月三十日　戊申　除夕）星期六

晴,寒。

晨六时半起。点阅《通鉴补正》两卷。接漱儿九日书,复余六日去信。以润、滋努力为家庭服务事,力慰余,请勿多想,或过悲云。盖余前此去信,陈两儿办年事状,而余之矛盾却无可释,故来是慰也。

上午，滋、湜出理发，青年出版社人事课王、宁、刘、褚四同志来慰问滋疾，余接待之，谈半时去。比滋归，伊等已去矣。下午，滋在家处理盘餐，备今晚吃年夜饭及明正宴宾之用，抵暮方了，亦亏伊有此能耐也。

入夜，润、琴、佩俱归，乃团坐吃年夜饭。饭后，清儿送鲜花两盆来，属供于其母遗像之前，未久坐，即归去。湜儿感冒殊甚，咳嗽至烈，以南屋炉火较弱，仍令与余同榻，竟有寒热。余就寝已十一时，以时闻湜转侧呻吟，遂不能寐。时钟敲十二记、一记、二记、三记、四记、六记，皆听得，惟五记未之闻，其况味殆同细数更筹乎？如此守岁，亦奇特矣。

2月12日（丙申岁正月　小建庚寅　己酉朔　春节）星期

晴，寒。

晨七时起。湜儿热微退，仍强起，咳嗽稍好矣（大氐追药及时之故）。八时后，振甫夫妇及其女儿来，坐谈有顷去。其后雪村夫人、清、澄、汉三家全体陆续来。潘家更先至。伯恳来，雪村夫人及伯恳少坐即去。十一时，毛燮荣，盖调京干矿厂设计，自豫来京不多日也，因留共饭。余与燮荣、权、潘、达、清、澄、熊、汉、芷及佩媳、素娟（佩之表妹）坐一席，在北屋。润、滋、湜三儿，琴媳、元孙及诸外孙，俱在南屋。以人多，并三方桌为一长案，围立取啖之，亦奇观矣。午后，谢刚主、张梓生、顾均正夫妇、沈云瑞及其妹先后来。刚主三时半去。梓生以次俱留点款之，薄暮俱去。诸婿、女、外孙午后亦各散去。当晚聚饭清家云。

五时三刻夜饭。饭后，余偕滋儿往西单长安戏院看京市京剧四团演出，以三轮迟缓，到已开演。剧为《花木兰代父从军》。素秋饰木兰,荣善饰花弧,铁麟饰贺廷玉,均卖力,馀人亦都称职。十时半散。素秋能做戏,此剧又显武功,真可以多才多艺谥之耳。滋儿亦大为满意,竟场不倦也。

出戏院后乘电车到东单,再转三轮返家。抵家已将十一时,湜儿已睡,滋儿少坐,即宿于南屋湜床(佩留素娟故)。余饮茶、洗脸。十一时半始就寝。

云彬夜八时来看余,留条案上,约明晚共过叶家饮,现住和平宾馆六二二号云。明旦当走访之。

2 月 13 日(正月初二日　庚戌)星期一

晴,寒。

晨七时起。八时半,偕湜儿出,走金鱼胡同和平宾馆访云彬,晤之。就其卧室长谈,知今日下午有他约,叶家饮酒询余可否提改中午,余无所谓,十一时许,即与偕出馆。湜儿先归,今午将赴天津同学之约也。余与云彬乘电车至魏家胡同,走赴圣陶家,晤其家人,并候老伯母起居,兼叩喜禧。潍、清、澄、汉诸儿亦去。又晤调孚、王思原、董纯才、金韵镯诸人。午间,余留饮其家,与云彬、思原、调孚、纯才、达婿、清儿、芷婿、士秋、至善同席。潍等则俱赴汉家饭矣。饭后,又谈,纯才、士秋、芷芬、调孚、达先、清儿先后行。余又留谈至三时许,乃乘三轮归。

到家知张静庐、徐调孚、金韵镯、刘诗圣、贾祖璋、倪农祥、戴亦秀、朱继文、张沛霖、胡嘉俱来过,而濮小文、秦家梅、金泉源及佩戚三人则留饭云。今日日场中和票,余未及往,滋儿独往观之。薄暮归,谓一纸已退去。徐东来尚好,徐东明不过尔尔云。入晚,达婿来邀余,因偕琴媳、滋儿、元孙同诣章家晚饮。润儿以看电影后至,佩媳则偕其表妹等出游未及至,闻其夕在吉祥观越剧也。

九时半,偕润、琴、滋、元步归。即濯身、洗足,易衷衣,比就寝已十时半矣。佩媳归来,竟未之闻。

2月14日(正月初三日　辛亥)星期二

晴,寒。夜有风。

晨六时起,曙色中穿衣,半出摸索耳。今日润儿、佩媳俱有同事来饭,而许妈偏晏起(八时始起),故作刁难。琴媳于是发怒斥之。此妪狡躲之甚,亦不得不一为正风矣。九时半出,先过章家,以北京剧场木偶戏票二纸付建昌(以元孙昨夜又发热故),即乘三轮赴大华。有顷,滋儿、琴媳皆至,在场又遇濬儿、权婿、硕孙。以新年赶场故,先后间歇甚促,前场未散尽,后场即拥入。新闻片删去不演,场内空气恶浊,殊有问题。此纯为赶任务之故耶。电影为苏联五彩片,即柯漆托夫所著《茹尔宾一家》小说改编之。大家庭角色齐全,表演真切,洵好片也。

十一时散出,琴媳归。余则与滋儿附电车到珠市口,走至煤市街丰泽园午饭。饭后,适为一时,从容联步至虎坊桥新建之北京市工人俱乐部,看中国京剧院三团演出。一时半开,先为马鸿麟、赵鸣复之《葭萌关》,继为全部《秦香莲》。江新蓉饰香莲,李世霖饰陈世美,张盛利饰王延龄,张元智饰韩琪,娄振奎饰包拯,张雯英饰皇姑,李金泉饰国太。自投店起,历闯宫、寿堂唱词、杀庙告刀至铡美止。五时毕,与滋儿仍乘三轮径归。

知顺林、芝九俱来过,佩媳偕其友别过胡之刚家夜饭矣。润儿亦偕友过访建人家,但赶回夜饭。六时三刻,小饮,与润、滋、琴共饭。元孙热已退,但未起床,送粥就床饲之。明当霍然耳。

夜九时三刻就寝。

2 月 15 日（正月初四日　壬子）星期三

晴，寒，有大风，夜更甚。

晨七时起。独坐点缪本李诗。晓先至，约同往芷芬所。因与同出，乘十路北行，转二路到北池子北口下，步往马神庙，迎风噤战矣。抵汉家方九时三刻也。少坐便过文叔、心如谈，十二时半乃还汉所午饭。雪村夫人、清儿、达婿、潏儿、权婿、滋儿、佩媳、晓先夫妇俱集，颇热闹。惟润儿、琴媳以元孙不可冒风，未与焉。饭后，诸客及潏、清、汉、滋等俱往城外澄儿家。余则留与文叔谈。有顷，振甫亦至，谈至五时半，余与锴孙先夜饭，饭后即与同离汉家，走景山前街，乘五路车到大栅栏，时为六时四十分，乃徜徉于门框胡同、廊房二条，然后过街赴广和剧场。坐楼上二排廿四、廿五号。七时开，系北京市戏曲学校学生演出（音乐学生参加伴奏）。首出李翔（饰妙常）、冯万奎（饰艄翁）之《秋江》。继为张振芳（饰三娘）等之《扈家庄》。继为蒋弘翔（饰杨延昭）、孙毓敏（饰穆桂英）、施漳（饰佘太君）等之《辕门斩子》。休息后为李玉芙之《宇宙锋》。十时三刻散，演员多为青少年，唱工、武艺俱有可观。京剧继起之任，若辈有责矣。出场后，车辆甚稀，又值大风，蹬三轮者颇狡狯，非漫口讨价即干脆回绝不去。余与锴孙风中走至南池子南口，始得二车，乘以返家。车资竟费一元云。到家，知湜儿偕同学管生亦甫自津归，合睡南屋。余乃命锴孙先睡（与余同榻），余则磨延至十二时半始就寝。

2 月 16 日（正月初五日　癸丑）星期四

晴，寒，风稍戢。

晨七时起。八时三刻，管生去。九时一刻，锴孙去。滋儿就院取药，九时半归。十一时三刻午饭。饭后，偕滋、湜两儿出，乘十路到天安门转一路，到大栅栏下，径赴中和看北京市京剧四团演出。坐楼下第一排八、九、十三号。一时开，四时一刻散。剧目为一至八本《梅玉配》。脚色仍旧，表现更精。哄堂者数四，真所谓好戏，不厌百回看耳。

出场后，仍乘一路车到东安市场，在稻香春买糕饵，然后缓步以归。时寒风又作，竟有凛栗之感也。

入夜小饮，今日为元孙生日，合家吃面。九时半就卧。湜儿十时半睡，与余同榻。十二时与二时各起视炉火一次。

2 月 17 日（正月初六日　甲寅）星期五

晴，寒。

晨七时起。上午督滋、湜两儿为余理架，将假自所中之《史记》诸籍捆扎另置，候开会时带去交还之。杂庋南北屋之书，亦乘此分别整治上架，抵午方大致就绪。午饭讫，继续整理，至二时半方粗毕。

三时，偕滋、湜出散步，乘十路到王府井南口下，徜徉至百货大楼。四时许，湜儿赶乘三路回校。余乃与滋儿折入东安市场，在爆肚王啜豆腐脑。盖联营以后，各家统坐矣。离市场后，循八面槽北行，由灯市口、内务部街、南小街、禄米仓而归。到家，元孙午睡方起，因逗之玩。

入夜小饮。夜饭后，坐至十时许就寝。四时起视炉火一次。

接笙伯十五日来信，知余去信已收悉，顺告近况。

2 月 18 日(正月初七日　乙卯)星期六

晴,寒。午前后气不甚朗。

晨七时起。上午点校缪本李诗一卷。下午看平伯《红楼梦》序改定本一遍,以右眼胀痛而止。今日精神特差,喉痒时须作咳,而眼又如被击之痛,不识何故,真闷损人也。

四时许,刚主见过,谈移时去。

夜小饮。九时三刻就寝。一时起视炉火,仍入睡。

2 月 19 日(正月初八日　丙辰)星期

晴,寒。

晨七时起。今日约晓先夫妇及其女士秋、雪村夫人、调孚夫妇来饭。润、滋两儿又忙碌竟日。调孚夫妇辞谢未至,雪村夫人、晓先夫妇、士秋及小逸、小明、小白(小明、小白乃士秋之子)俱来饭。濬、清、汉、芷亦与焉。饭后,惟晓先夫妇、士秋等留谈,馀俱去。

抵晚,与晓先等过饮雪村家。汉儿亦在,文权亦到。八时半,晓等归去,余亦返。汉、权送至家,又谈至九时许,始各去。十时就寝。

二时起视炉火,复睡,三时后乃入梦。近日时有梦,殆神衰故耶?

2 月 20 日(正月初九日　丁巳　雨水)星期一

晴,寒。

晨七时起。元孙今日入学,仍由王明接送,傍晚归来据告,明日起,组织方面已重行调配,将易人接送,另洽云。

晓先午间来访，谈至一时半去。

上午点校缪本《李白诗》两卷半。于是，二十四卷诗歌全部完毕。下午点校缪本《李集》第廿五卷，古赋八篇（王本列卷首）。又点阅《通鉴补正》一卷（《唐记三》）。

颉刚傍晚见过，送到五日所摄小影一帧，未坐即行。

夜小饮，九时半就寝。

一时起视炉火。是日下午许妈归去，未来所有夜饭炊事俱滋儿料理。洗涤诸事润归协作之，亦恢恢乎？过去未为刁难所牵抑也。

2月21日（正月初十日　戊午）星期二

晴，寒，日中无风，颇益然有春意矣。

晨七时起。八时十分，博氏幼儿园组织之车来，询悉接王明班者名春钟山（按月六元），当送元孙上车，并付讫车资。九时起，点校缪本《李集》，至午毕廿六、廿七两卷。下午点阅《通鉴补正·唐纪四》（全书中之第一百八十卷）。许妈上午十时来我家，早事已收拾完成矣。三时四十分，偕滋儿出，徐步往大鹁鸽市博氏幼儿园接元孙。时正进晚点，立待有顷，乃携之出，往游隆福寺，至五时半复步回八面槽，径赴萃华楼。盖今晚余宴云彬、颉刚、文叔、晓先也。本约圣陶夫妇、彬然、心如同宴，四人各以事未来，因唤汉、滋、琴、达、芷及元孙同饭耳。

余至萃华楼，颉刚已在，有顷，文叔、晓先、芷芬、云彬、汉儿、达先先后至。琴媳则先在门口相值，乃同入坐也。八时散，云彬以有会，少坐便行。余等又谈至九时始各散。余与滋、元乘三轮归。润儿以学习故，未与此会。比余等到家，伊亦踵至矣。

十时许就寝。是夕颇好睡,醒来已翌晨六时矣。

2 月 22 日（正月十一日　己未）星期三

晴朗,寒较减。

晨七时起。八时半后写信复笙伯。并校点缪本《李集》第廿八、廿九两卷。

午饭后,与滋儿出,乘十路到天安门,转电车到前门,步往大栅栏庆乐戏园,看北京市英杰杂技团演出。坐楼上第一排,六六及六七两号。园为半新式,故犹存包厢之制。余等适占正中之厢,观杂技不嫌略远,真妥帖也(此园余尚第一次到)。一时半开,先后凡十八节(十二节后休息十分钟),甚为精采,四时即散。因在园东祥义号参观前门区特产商品展览室(新近设立为期不能过久)。陈列品除荣宝斋木印出品及几家药铺特产品外,大多为饶有盛名之特殊风味之食品。如月盛斋之酱羊肉等,盖配合公私合营以后,政府大力保持或恢复物品之优良质量者也。楼上楼下一巡而出,在意见薄上提议印发物品目录,俾资观众参考兼为优品宣传云。离场后,过广和一看,座位已无佳者,即行入城,先过月盛斋购羊肉半斤。(价一元。余住京六年,此尚为第一回。)徜徉至天安门西,附十路车归。十路车始终拥挤,到禄米仓口堵塞几不得下。此亦急切期待者耳。

五时许到家。少选,元孙归。六时后,润、琴亦归,乃共夜饭。出月盛斋酱羊肉佐酒,风味殊佳,不愧其名也。

夜九时就寝。十一时起视炉火。

2 月 23 日（正月十二日　庚申）星期四

初阴,继昙。近午晴,较暖于昨。

晨六时半起。看米高扬在苏共二十次代表大会上的发言,至十一时乃毕。(赫鲁晓夫报告前已看及半未终。)甚佩批判之精当,苏联集体领导之益于此更显。

午后点校缪本《李集》卷三十及后序三篇,毕之。于是,缪本全部校毕矣。继点阅《通鉴补正·唐纪五》,至四时,仅及半卷。头晕倏作,因辍笔,闭目久之,仍觉恍惚也。

薄暮小饮。夜饭后,偕润、滋出散步,迤逦达东安市场,穿至百货大楼,意欲为元孙购灯,乃灯市寥落,竟无当意者。别置磁制母鸡拥雏型一具,走东长安街乘十路车归。虽在夜间犹推背挨肩、挤塞满厢也。比到家,元孙已睡,将于明晨给之。十时就寝。

2月24日(正月十三日　辛酉)星期五

大雪,冱寒。

晨六时半起,揭帘一望,雪厚寸许,及梳洗毕,正搓絮飞团,纷纶不止也。看昨日《人民日报》所载本所秘书长毛星《评关于李煜的词的讨论》,极中肯綮,对过捧或过贬之词平情批判,是诚能掌握马列主义者矣。至佩!

向午雪止显晴,午后渐见飘雪,既而又见日光,垂暮复阴合。

续点阅《通鉴补正·唐纪五》,毕之。

接漱儿廿二日来信,复余去信,谓笙伯已先有书,故迟迟耳。

夜饭后,清儿来省,谈至九时去。宵深雪又大作。十时就寝。十二时起视炉火。

2月25日(正月十四日　壬戌)星期六

大雪半日,向午始霁,地湿冰滑,寒亦加甚。

晨六时半起。郁闷不舒,雪窗看报而已。午后无聊甚,与滋儿踏雪出行,乘十路至西单,拟往探澄儿,以路滑而止。在长安购得明日日戏票两纸,即转乘电车回王府井,徜徉百货大楼及东安市场,无所可买者,复乘三轮归。有顷,澄儿继至,谈至傍晚。琴媳、元孙俱归,乃偕澄、琴、滋、元步往潛儿家夜饭,盖先期约定者。到雪村夫人、清儿、达婿、澄儿、熊婿、汉儿、芷婿等。九时半乃散归。

润儿挟元孙御车先归。余与滋、琴仍徐步而返。佩华不赴潛约,而先已在家,盖与滋赌气耳。

十时半就寝。

2 月 26 日 (正月十五日 癸亥 元宵)星期

晴,寒。下午大雪,入夜尤甚,较前积厚。

晨七时起。九时出,乘十路到九条东口,步往八条访圣陶,兼慰墨林入院疗治。在座遇韵漪。近午,蟫生、至美来,遂偕同午饮。饭后辞圣陶出,三午送余至魏家胡同东口上电车,径往西单长安戏院看中国京剧院一团演出。至则已一时半,滋儿已先在,坐楼下第一排第十九号,余到坐十八号。首出《三击掌》(李甫春饰王允,马永蔺饰王宝钏)已将毕矣。继为《水淹七军》(李洪春饰关羽,冯玉亭饰周仓,袁金绵饰庞德,沈占奎饰于禁,何金海饰关平)。休息后,为黄玉华(饰马金定,即巴九奶奶)、李元瑞(饰骆宏勋)、殷金振(饰胡理)、苏维明(饰鲍自安)、徐志良(饰巴信)、高盛虹(饰余千)、刘鸣发(饰巴杰)等之《酸枣林》。巴、骆和玉华极为出色,声容双绝,真可儿也。四时半散出,值大雪,强挤上十路车遄返。

到家,潛儿、权婿、硕孙在,因共夜饭。饭后,谈至八时半,雪中去。佩华赌气依然,归后仍宿南屋(已三日)。滋儿情绪为之大受影响。余家其从此多故乎？堪为一叹。

十时洗足、濯身、易小衣就寝。四时半曾起视炉火一次，雪虽止，而风又作矣。

2 月 27 日（正月十六日　甲子）星期一

晴，寒，积雪渐融，有风仍劲。

晨七时起。上午点阅《通鉴补正·唐纪》六、七两卷，毕之。下午点校萧本《李太白集》一、二两卷。四时半歇，已头眩作痛矣。奈何！滋儿饭后独出，往丁家取春饼，近五时乃返。盖在西单理发耳。

入夜，潘儿、权婿、汉儿来省，因与润、滋、琴、元共饭，且小饮焉。八时，佩归，仍住南屋，亦不过堂来会潘、汉等，诚可诧怪也。九时半，潘等去。十时就寝。

睡至四时许，院中盆盎作声（邻家黑猫来窃鲞），余与润儿皆惊起逐之。时月高风紧，凄清万状，复入寝竟不能寐。凌晨六时乃朦胧入梦。

2 月 28 日（正月十七日　乙丑）星期二

晴朗，风寒。

晨七时半起。颇感不适，盖睡眠颠倒所致耳。元孙昨夜咳吐，今日因属在家休息。接湜儿片，告上星六未能归省之故，且索寄饭费。余心境方劣，答书呵之，属返家面领，不予邮寄也。

续点校萧本《李集》，至下午四时，毕三、四、五等三卷。

滋儿饭后往新华书店团组织了解情况，四时后返。余因与偕出散步，至红星，拟看电影《新年大联欢》，今日场场客满，而排队竞购明日票者复大集,遂废然去之,过东安市场吃馄饨,徜徉至王府井南口,乘十路车以归。抵家已将六时矣。琴媳、润儿陆续归,遂共夜饭。余仍小饮,以遣闷。灯下看《北京史话》,虽观点不尽合,而材料却可珍也。九时半就寝。

佩华晚归,仍宿南屋,余竟未及闻。夜风急。

2 月 29 日（正月十八日　丙寅）星期三

晴,寒。

晨四时起视炉火,竟熄矣,负寒至六时起。拂拭整治,勉抵冷袭,及八时,始由许妈来生火。九时后,始回暖。

滋儿所服配药已罄,今日八时往院续取,十时许即回。并知今后保健课可为代取云。点校萧本《李集》六、七两卷及八卷之半,乃午饭。连日以来,闷损之至,饭后与滋儿出,信步达朝阳门外大街,欲向新声剧院购取中国艺术团访问西欧归国汇报演出入场券(报载新声有代售),乃早售一空,而该院日戏正开演,遂买票而入,坐第一排中央(票价四角)。先为《白良关》,继为《水帘洞》、《桑园会》。休息后为《艳阳楼》。《桑园会》唱工尚可听,《水帘洞》、《艳阳楼》武工亦干净,惟《白良关》凑数而已。演员多青少年,虽未知名,工底尚厚,他日宜有脱颖而出者,可为叹赏也。四时五十分散出,即循路南行,由日坛西侧折入大雅宝城豁口而归。

傍晚,濬、汉两儿来省,因共饭。饭后权婿亦至,谈至九时许去。佩华八时归,与滋谈后,仍宿南屋。余十时就寝。三时许,起视炉火,加煤两块。

3 月 1 日（正月十九日　丁卯）星期四

晴朗,无风,较和前昨。

晨六时半起。八时始续校萧本《李集》第八卷下半及九、十两卷，十二时半乃毕。

午饭后，农祥见过，已经月失晤矣。爰与滋儿偕之出游，乘十路转三路，到西郊动物园，参观新落成之猛兽山。内包大厅，两侧罗列狮虎豹室二十所，厅饰宏丽，中央有喷泉池，外设休憩室，陈设花卉庋放书报，楚楚有致。外观则峭壁峻岭，环以溪涧，涧外高堤绕以铁栏，狮虎等自室后门出，即由山洞达滩头，游人凭栏望之，生动当大可观。所惜天寒溪冰，兽不出柙，未得饱看耳。茶于豳风堂，四时行。复绕行各处，然后出，乘二路车东返，农祥于西四下，余等于南小街北口下，徐步以归。行至禄米仓口，遇清儿，因偕返。至则琴媳及其五妹已在。盖今午方自天津转车来京也。元孙亦归，遂共夜饭。饭后，清儿谈至八时半去。

十时就寝。润儿与余同榻。三时许起视炉火一次。佩华八时归，仍宿南屋。

3月2日（正月二十日　戊辰）星期五

大雪竟日，下午略停，阴云仍四罩也。傍晚，雪加甚，中宵始止，月出矣。

晨七时起。八时续校萧本《李集》第十一至十六卷，下午四时乃毕。腰背酸痛，不可俄延矣。

夜小饮。晚饭后电灯下点阅《通鉴补正·唐纪八》，毕之。十时就寝。三时起视炉火。润儿仍与余同榻。

3月3日（正月廿一日　己巳）星期六

雪霁开晴，地泞道滑。

晨七时起。八时续校萧本《李集》,至午毕。饭后,与滋儿出,步往红星看电影《春节大联欢》,游艺、杂技都有,颇值得看,故人挤如此(票昨日雪中滋预买)也。三时二十分散。本拟往访圣陶,以道泞难行而止,仍循原路彳亍归。

傍晚,湜儿归。夜饭后,润、琴出看电影(润未归夜饭),滋、湜出购物,仅余与元孙在家讲故事相娱耳。有顷,潘儿、权婿来省,佩华亦归。九时,潘等去,润等归。

十时就寝。三时起视炉火。

颉刚四时见过,谈至五时三刻乃去。

3 月 4 日(正月廿二日 庚午)星期

阴霾,早晚微雪,午后大雪,即止。风中甚寒。

晨七时起。九时,与湜儿乘十路往九条,步访圣陶,以应召赴医院未晤,晤至诚、满子、至美、螶生等。知墨林明日又须重施手术,势实匪轻云。深为系念。行伤珏人也(盖同病)。十一时辞出,复与湜乘电车到大栅栏下,同饭于都益处,啖烧卖二十五枚而已。

十二时四十分离饭所,余径赴广德剧场,湜则径归北大矣。一时开,为北京市京剧四团演出。余坐第一排第二十号(楼下左起第三座)。盖昨日滋、湜为余所购者。先为吴素秋、李德彬、杨元才、阎韵喜之《铁弓缘》,继为姜铁麟、张龙华之《三岔口》。休息后为《人面桃花》,吴素秋饰杜宜春,李德彬饰崔护,张荣善饰杜知微,张曼君饰桃花仙子,杨元才饰李春芳。四时四十分散,乘三轮径归。时正雪后,路滑殊甚,车行亦缓,到家已将六时。少坐即小饮,夜饭。饭后,滋儿独出观电影,九时后返。佩华先已归矣。

九时五分听转播谭、裘《失空斩》。十时半就寝。仍与润同榻。

3月5日 (正月廿三日　辛未　惊蛰) 星期一

飞雪竟日,午前后日照微弱,雪花尤耀,抵暮始停。

晨六时半起。八时,为所中看话本选稿(前日湜儿带归),至下午四时尽四篇。颇有是订,别纸录出之,俾原注者改正焉。尚有多篇须明后日续看矣。

夜小饮,滕明道(琴媳五妹之未婚夫)来看琴等,因共饭。饭后,余偕滋儿出散步,由南小街、东总布胡同走归。甫抵门首,振甫适见访,遂延入。有顷,清儿、达婿、建昌孙来省,谈至九时,振甫假《历代名人生卒年表》去。又有顷,清等亦去。十时后就寝,仍与润儿同榻。平明月色甚佳。

3月6日 (正月廿四日　壬申) 星期二

晴,寒。

晨六时半起。看《话本选》稿一篇。九时,与滋儿偕琴妹蕙英出游(伊两日阻雪闷卧)。初拟往天坛,乘十路到东单后,临时改乘三路转卅二路,直赴颐和园。十一时抵园,历玉澜堂、知春亭、乐寿堂、长廊,达清晏舫,旋饭于石丈亭。游客虽不甚多,而食堂却挤满,须挨次乃得坐。食后,登山,历画中游、湖山真意,达佛香阁,茶于西南廊。二时半,乃行。复历撷秀亭、宝云阁、转轮藏下山,憩长廊。再登山过意迟云在荟亭,达景福阁小憩。旋过谐趣园,入览涵远堂。出过赤城霞起、德和园、仁寿殿。已四时半,遂出东宫门,仍乘卅三路返西郊动物园,转二路车入阜成门,径达朝阳门南小街北口而下,缓步以归。未及六时也。

琴媳、元孙、润儿皆已归。小坐即夜饭。饭后复看《话本选》,十时就寝。仍与润儿同榻。

3 月 7 日 (正月廿五日　癸酉) 星期三

晴,寒。

晨七时起。八时半出,乘十路到九条下,走访圣陶,询悉墨林已重施手术,但症状已见蔓延,只得重行缝好云云。是恶化之兆,深为耽忧。余遭先室之变,同病相怜,尤感惨切,但亦只能强为之辞,婉慰而已。谈至十一时,辞返。乘三轮以归。

午饭前,看《话本选》一篇。午饭后至晚六时,又看四篇。

夜饭后,疲乏之至,九时半即就寝。

芷芬来省,夜饭后去。

3 月 8 日 (正月廿六日　甲戌) 星期四

晴,较暖,积雪在地者日中皆融,路泞矣。

晨六时起。七时半,所中车来,乃以前借《史记》诸籍携还所中,顺道接平伯同行。八时半到所,即开会,本为古代文学第一小组例会,顺为毛星关于李后主词一文讨论,乃临他组及北大中文系诸人之关心此事者纷来列席,扩大至三十许人,颇热烈。至十二时暂止,定下星四续开之。散会后仍与平伯乘原车送归。一时乃得与家人共饭。

午后,续看《话本选》,至晚毕四篇。

夜小饮。饭后与润、滋出散步,乘十路到王府井南口下,经新华书店,买得二月《人民画报》,又至百货大楼闲看,后由东安市场、金鱼胡同、无量大人胡同缓步而归。并在弄口摊上吃馄饨。

抵家看书报，十一时始就寝。

3月9日（正月廿七日　乙亥）星期五

晴，日中甚暖，背阴仍寒。

晨七时起。八时看话本选，至午又完两篇。于是，所中交来者全部终了，计写意见三长幅，觅便可以交卷矣。

午饭后，与滋儿偕蕙英出，乘十路到东单，转电车到天桥，再转东六路（新辟之路，自天桥东行，折北达崇文门）电车到天坛北门下，购票径入，由皇乾殿后抄出祈年殿之西，上坡直登祈年殿。旋入皇乾殿参观工业技术展览会，然后由七十二廊、七星石转南至皇穹宇，茶于茶棚。坐至四时，仍出北天门，复乘电车东行，折北达崇文门下车步入城。在同仁医院门首，雇得三轮三辆，分乘以归。

到家正五时半。须臾，元孙归。有顷，琴媳、润儿亦归，乃共夜饭。饭后，润出参民进夜会。

清儿来省，佩亦旋返，径入南屋，未之见。有顷，润归。与清谈久之，九时半，清去。

十时，余就寝，仍与润同榻。

3月10日（正月廿八日　丙子）星期六

阴霾，飞雪。午后加大，旋开霁，薄暮竟显夕阳，气却陡寒。

晨六时半起。处分杂事，遂及于午。十一时与滋儿偕出，乘十路到西单，转卅八路到复兴门外基建局下，走至有色冶金设计院宿舍，看澄儿家。遂饭焉。饭后，谈至三时半行。乘三轮到西单，复转十路径归于家，已将五时矣。

未出前，复阿凤，凤有信来，谓已有孕，请向澄家乞取孩衣，今乃复允之，故往澄家一属检寄也。六时即饭，因蕙英今晚八时动身南归。昨道亦来饭。饭后，润、琴遣滋送之上车。余本拟与滋往吉祥看戏，湜适归，滋遂让之，余乃先行。路上无车，走至无量大人胡同西口，始获一乘，及驱至吉祥，已开幕矣。湜儿饭后始来，已两幕演过矣。剧为吴素秋主演全部《木兰从军》，十时半散，父子二人各乘三轮归。归后，洗足拭身，易衷衣就寝。

是夕，与湜儿同榻。润则以蕙英已行，归已寝矣。

3 月 11 日（正月廿九日　丁丑）星期

晴，仍感寒，日中却大有春意矣。

晨七时起。九时出，乘三轮往中山公园晤晓先、芷芬于来今雨轩西侧。茶叙至十一时行。遇乔峰夫妇，立谈片晌。出园后与芷芬北行，由南北长街、景山前街、景山东大街转入景山东街，直到人民教育出版社汉儿之家。至则润儿、琴媳、元孙已先在。有顷，湜儿亦至，惟汉儿以参加义务劳动在广安门外掘河未归，待至一时半乃返，遂共啖杜里馄饨。午后，文叔过汉所来，谈移时去。四时半，余等欲归，汉坚留晚饭，乃复坐闲谈，湜儿则以访友先行矣。八时半，余携元孙乘三轮，琴媳亦乘三轮，润则御骑车，同行离汉家径归。

到家未及九时也。湜儿在灯下看书，告知达、清、建新曾来省余。滋则独出看电影矣。坐有顷，滋归。

十时就寝。仍与湜儿同榻。临睡前作书与冠英，送《话本选》审读意见，属湜儿明晨携交积贤转达之。

3月12日（二月大建辛卯　戊寅朔）星期一

晴,较暖。

晨六时起。七时半,湜儿辞余归校。

九时,点校萧本《李集》十九、二十两卷,至午毕。午后续校廿一卷,完半卷。头岑岑然,只得停罢,时亦四时矣。

午前,滋儿出购物,顺在吉祥购得今晚夜戏票两纸,因于夜饭后偕滋儿步往一观。坐楼下第一排第九、第十一两号。七时半开,先为李庆春主演之《五百年后孙悟空》。继为李砚秀主演之《穆柯寨》。休息后为李万春、李小春、钱鸣业等之《九江口》。十一时半乃散。万春戏已久不看,此戏却颇卖力,末后《九江口》接援一场,率家将渔装混战,煞是好看,盖吸取川剧《秋江》之长,而加以衍变者。

出场后乘三轮遄返,到家已近十二时,少坐,饮茶,即寝。

3月13日（二月初二日　己卯）星期二

晴,和,

晨六时半起。八时续校萧本《李集》二十一卷,抵午毕廿一、廿二、廿三三卷及廿四卷三分之二。

午后写信复漱儿,详告近状,亦希望伊能详告一切也。

三时,与滋儿出散步,顺将漱信投邮。走出大雅宝豁口,本拟闲逛东便门,以日中甚热,棉袍且不胜御,只得由东总布豁口入城,循大牌坊、贤孝牌、牛角湾、大雅宝、羊圈而归。

许妈告我,顾先生曾来取书,并留书三册见赠。余知颉刚见过,此三册者即求之数十年未获之《棅字一冊三》也,深感其情,

（前此见访即云，近在冷摊购得此书，当移赠也。）兼悔早出一步，未及把晤耳。

夜小饮，十时就寝。黎明起视炉火，遂醒。

3 月 14 日（二月初三日　庚辰）星期三

晴，和。

晨六时即起。八时续校郭刻萧本《李集》，抵午将廿四卷残馀各首及廿五、廿六两卷校点毕。

元孙昨夜略有咳嗽，琴媳令休息在家，十时仍着衣起，照常顽戏也。

下午，续校郭本《李文》，又尽廿七、廿八、廿九三卷，至四时停罢，腰亦不能支矣。可笑也。

夜饭前，清儿、达婿、建新孙来省，以春卷、包子为献。余正小饮，即命炸春卷代馔。饭后点阅《通鉴补正》，尽《唐纪九》。十时就寝。

3 月 15 日（二月初四日　辛巳）星期四

雾未开，闷热，午间遂雨，下午时雨时止，达晚不休。

晨六时起。七时半，所中车来，过接平伯，同驰出城，八时半达所，即开会。仍由冠英主席，发言者不及上次之多，而其芳、毛星各占二时许。纷议澄清不少（套公式及罗列史实均受批评），会亦因而延长，十二时停会。余仍随冠英过饭其家。途经雨，外衣湿矣。二时，复返所，越半时，续开，至五时一刻散。仍乘原车送归。

夜小饮，饭后闲翻架书，至九时半就寝。

3 月 16 日（二月初五日　壬午）**星期五**

晴昙兼施，颇闷湿。

晨六时半起。八时为所中补注《古代短篇白话小说选》（即《话本选》）。盖昨日携回之任务也。抵午得廿六条。饭后，偕滋儿出，随便径至柳树井华北戏院看日戏，坐楼下第一排十七、十八两号。一时开（群力京剧团演出），先为康春来等之《百凉楼》，平平无足观。继为杜震华之《清官册》。杜系女演员，扮相、唱工俱佳，不输徐东明、杨菊芬也。深赏之。休息后，为喜剧《三不愿》，似由楚剧《葛麻》及京剧《勘玉钏》吸取而成。张春山饰八儿，孙秋芬饰崔秀英，崔湘云饰邓文焕，较秀出，馀亦平平耳。四时一刻散，仍乘一路车北返，到东安市场下，在四川小食堂啖蒸饺，并在吉祥购得后晚毛世来戏票，然后走归。

六时一刻小饮，且夜饭。颉刚来访，未晤，留条告以中突于前晚逝世，闻之不怡，饭亦为减也。

夜饭后，调孚见过，以其社中所收明季史料稿两种，属整理，谈移时去。

十时就寝。二时半起视炉火，闻窗外风作。

3 月 17 日（二月初六日　癸未）**星期六**

云翳终日，时有雨意，地湿气不舒，恐终致雨也。

晨六时起。七时写信与积贤，寄所注《话本选》二十六条去。八时续校郭本《李集》第三十卷，抵午毕之。于是，郭刻萧本又通校一过矣。

午饭后二时，偕滋儿往八条访圣陶，晤之。知墨林尚未出院，

坐谈至三刻,圣将赴院探视,余父子遂行。乘电车往天安门,就人
民文化宫参观今日开幕之北京市工业手工业品种展览会。凡太庙
正殿后殿,东西两配殿,戟门及四隅隙地,亦支屋布满物品。日用
百货咸具,诚洋洋大观矣。匆匆一周,费时一小时半而出,乘十路
车遄归,到家已五时半。

夜饭时,清儿来省,以大华电影票两纸为献。因于饭后,与琴
媳往看之。遇青年出版社旧识多人。七时半开,坐楼上六排第七
号。戏为梅兰芳舞台艺术摄取片段,以表精华。今演为上集,仅
《断桥》及《宇宙锋》。彩色片而已。究不能与真人实唱相比耳。
九时一刻散。乘三轮归,已将十时。少坐即寝,睡至一时半,起视
炉火,复睡至五时醒。

3 月 18 日(二月初七日   甲申)星期

晴,和,微有风。

晨六时起。八时半,偕润、滋两儿出,润骑车,余与滋则乘公共
汽车,先十路转三路,同到厂桥嘉兴寺吊以中,兼其夫人殷生绥贞、
晤颉刚、昌群、觉明、天木、斐云、有三、盼遂、国钧、辰伯、了一、叔
湘、圣陶、调孚诸人。十时参加公祭,十一时许起灵,赴朝阳门外火
葬。余未及送,即与滋过北海公园少憩。润则先赴宣外友人家午
饭矣。以中,十四日由图书馆下班回寓,夜饭时,曾小饮,饮后,管
宿舍之工友向收水电账,态度恶劣,致起争执,当时气厥,经送医院
即无救矣。后经剖验,心脏梗塞,遂尔不起。先后仅半小时耳。
酷哉!

余与滋入北海后,先至五龙亭,坐槛上曝日,旋乘画舫渡至漪
澜堂,已十一时三刻,乃择座午餐。食毕出,未及一时也。度陟山

桥,循东路,仍出后门,乘环行电车,到灯市口下,由内务部街、南小街,步以归。抵家正一时三刻。

夜饭后,独往吉祥看和平京剧团演出,滋儿陪同步往,伊则去百货大楼购物先归。七时半开,坐楼下一排七号。先为何德亮(高登)、毛庆来(花逢春)、常长升(呼延豹)、李铁刚(秦仁)等之《艳阳楼》。继为毛世来(何玉凤)、朱鸣秀(安骥)、朱桂华(张金凤)、刘鸣才(赛西施)、祁树春(安学海)、文金涛(邓九公)等之《十三妹》。自悦来店、能仁寺、青云山至弓砚缘,撷纪多文止。十一时馀始散。

乘三轮以归。小休就寝,已十二时矣。

3月19日(二月初八 乙酉)星期一

晴朗,西南风紧,但不冷,夜星月交辉。

晨六时起。为人民教育出版社之请,考订李白《早发白帝城》一诗之年月先后。至午成书面千言,备明日交琴珠携交姚韵漪。

午后偕滋儿出,乘十路转五路,到陶然亭,正在修缮,仍茶于窑台。四时行,循黑窑厂、粉坊、琉璃街至果子巷北口,乘电车东达崇文门走入城,穿东单公园到东单汽车站,乘十路归。

五时半抵家,元孙已归。六时许,即夜饭。饭后,琴出看话剧于青年艺术剧院(即前青年宫)。润、滋则往百货大楼购物。余独与元孙嬉庭前耳。

八时,觉明见过,长谈至九时三刻去。老友拳拳,弥可感也。佩九时即归,有顷,润、滋亦归。十时就寝。

3月20日(二月初九 丙戌 春分)星期二

阴霾,午后晴,气较和暖,走日中且出汗也。

晨六时起。心情不快，万般难遣，一因今日为余六旬晋七之辰，诸儿循例为余称觞，只以珏人下世，不在家中举行（免触余愁），移樽森隆晚面聚餐。又一因滋儿遭遇勃溪，昨夜犹高声口角也。

十时半，澄儿挈垲、培、增三孙来省，亦为余生日故，饭前后与畅谈，因知熊婿将有调沈之行。果尔，则又须挈家远去矣。别恨离愁，殆将终绕我身乎？四时，偕滋儿挈垲孙走至博氏幼儿院接元孙同往森隆，在三楼七号室。坐下半小时后，澄儿、培孙、增孙、润儿、琴媳、权婿、达婿、锴孙、镇孙、汉儿、熊婿、濬儿、清儿、晓先以次至。六时三刻，遂合坐开饮。凡到十八人，元孙、垲孙、培孙别几进餐，外十五人共围一圆桌，虽略挤，而趣殊热烈也。八时许散，分道各归。余乘三轮行。到家未久，佩亦归。

十时就寝。二时起大便，盖夜饭不免过饮多食耳。

3 月 21 日（二月初十日　丁亥）星期三

晴，暖，略有风。

晨七时起。点阅《通鉴补正·唐纪十》。午饭后，与滋儿出散步，由大雅宝城豁子出，信步而南，入东便门蟠桃宫前，迤西一带正在疏浚城河，盖承引用永定河水而相应施。两岸堆积土方，不能西行，只索而东南行去。土松路窄，而运土汽车又往来驰逐于其间，竟致进退失据，引避无方，最后由新建之铁路职工宿舍旁隙地抄到外城之东城根，始沿城南达广渠门，得乘八路车折回东单，再转十路回家。时已三时半，且风尘满襟矣。亟掸拂盥漱，始稍苏困。初意彳亍东郊，或可领略野趣，少舒闷郁，乃竟堕恶道，扫兴而归，亦可笑也。

四时，续点《唐纪十》，抵暮毕之。

夜饭后，琴、滋出看电影于大华。（润以值班未往，元孙则留家。）清儿、达婿来省，为滋事颇致惋叹，真有爱莫能助，坐观发展之痛也。谈至九时半，琴、润、滋皆归。有顷，清等去。

十时，余亦就寝。佩十一时后始返，余竟未之知。

3月22日（二月十一日　戊子）星期四

昙阴兼施，气亦较暖。

晨六时起。八时点阅《通鉴补正·唐纪十一》，抵午乃毕。

饭后，与滋儿出散步，由城阙口信行至朝外新声剧场，买票入览。一时开，四时半散。剧目为《一箭仇》、《武家坡》、二本《虹霓关》、《大泗州城》，虽二次复看，以无戏单，仍未得主名耳，甚惜之。散戏后仍由原路步归。

潜儿来晚饭，饭后权婿亦至，谈至近十时，权婿先返。潜候佩华一谈，十时一刻，佩归，潜劝喻之，至十一时别去。未得要领，亦无反感耳。

余俟诸人就卧后，解衣拭濯，洗足，易衷衣而寝。贴枕入睡，已十二时矣。已两夜未生炉，今以易衣，复生火也。

3月23日（二月十二日　己丑）星期五

大雾，旋开，颇暖，夜月略晕。

晨六时起。上午、下午各点阅《通鉴补正》一卷，《唐纪十二》、《唐纪十三》皆毕。迨贞观之季矣。

夜饭后，偕滋儿出散步，过访达婿、清儿，谈至九时乃归。

十时就寝。

3 月 24 日（二月十三日　庚寅）星期六

阴森竟日，急步则棉衣嫌重，坐定则微寒恻恻，令人殊难为怀也。

晨六时起。八时看范宁《话本选》序言，至午读完四节。于话本流变，亦言之详矣。适余日来心绪甚劣，行止动定，举无聊赖，或天气影响身体耶？抑环境刺戟精神也，不自知其所以然。总之，茶敝无法收心宁坐耳。只索少俟再谛看矣。

饭后，偕滋儿出，乘十路到天安门，换一路到珠市口，由煤市街北行，至观音寺街信托公司寄售营业部闲看。滋购一大型椭圆磁盆，类旧时厨用之鸭船，挟以归。步至天安门西，复转十路归于家。

五时半，颉刚见过，谈至六时去。约明日上午会圣陶家。

夜饭后，润、滋两儿出城访瓦匠徐成田。余则独坐闲阅《双桂轩尺牍》。十时，润等回，告徐姓已遇到，谓正在模式口作引水工程，顷甫归家，日内必不能来应活（接受工作），须五一后始有望。明日将先来一谈云。公私合营后，土木工人俱受组织分配，民间修建恐不能呼应如指矣。

润、滋归后，余即寝，佩于何时返，未之知也。

3 月 25 日（二月十四日　辛卯）星期

初晴，渐转阴霾。傍晚风紧，轻寒袭人，颇似酿雪。

晨六时起。八时三刻，出访圣陶，兼探墨林之病（闻昨已出院）。在禄米仓口汽车站上遇雪村夫人及达婿、清儿，因同往，至则圣陶已赴颐和园开会，晤墨林，气色尚好，惟少力气。九时半，雪村夫人等先归。余留至善所略谈，十时许，颉刚夫妇亦来探视，谈至十一时，蝼生至。少选，余与颉等辞出，伊等径归，余则赴达婿家午饭。汉儿亦在。饭后，润儿亦至，因与清、达、汉、润、元镇、建昌同游陶然亭。余与清、汉乘十路行，馀皆骑车径往，三时许，在园门口会齐，同茶于窑台。四时半起行，又泛舟一小时，然后登岸出园，齐往煤市街丰泽园晚餐。餐将毕，滋儿寻至，盖伊下午送佩华至刘家大门新华宿舍（滋儿同意分居一时故，竟遂佩之志）偕来就餐，见存车识之，乃来就谈耳。

佩在别室，未来见也。余满腔不快，徒唤奈何！只索任之。有顷，滋去，余等亦少坐即行。行近施家胡同乘三轮，偕润儿先归。清等仍前行也。到家，滋儿亦甫归，无言相对，黯然久之。有顷，潘儿、权婿来省，兼视滋儿。谈至近十时去。余亦就寝。

3 月 26 日（二月十五日　壬辰）星期一

凌晨阴寒，禺中降雪，阔片细点，夹杂纷下，近午乃止。午后渐晴，晡时呆呆红日竟现西南矣。入夜，皓月东升，光照满庭，乃忘午前有一场春雪耳。

晨六时半起。八时，看范宁《话本选》序言，近午毕之。午后一时，予同叩门见过，谓来此已将一周，应高教部招生会议而来也。今已会毕，故相访。不但友情可感，而初无函告，千里突至，真不啻从天而降，其为欣快匪言可喻。长谈彼此情况，直至四时三刻，乃辞去。

夜小饮，饭后润出开会，滋往探潘，盖闻今日未上班，昨夜失眠也。

九时许，滋归，言潘明日或将上班，初无它苦。十时，润亦归，余乃就寝。寝前曾阅谢帆初《东池草堂尺牍》六七篇。

3 月 27 日（二月十六日　癸巳）星期二

竟日阴霾,轻寒恻恻,怪难堪也。

晨六时起,精神阑珊。八时,坐下,头微晕,植立又觉脚软,不自知何由也。

九时许,勉为颉刚所赠《東字一冊三》书一跋语。

午饭后,滋儿劝我出散闷,乃乘二路北行,到朝内大街,转九路东出朝阳门,止于朝外市场。因走新声剧场,购票入览,时已开戏,正演《钓金龟》,老旦与小丑均不知谁某也。是日卖座特多,有二百许人,较之前两次上座陡增十倍,想为朝外必有工厂停电辍工,故能纷杂如此耳。《钓金龟》后为《三盗芭蕉扇》,饰孙悟空者为陈金彪,即前此饰《艳阳楼》中之花逢春、《一箭仇》中之史文恭者。前铁扇公主即前此《桑园会》中秋胡妻及二本《虹霓关》中之了环者。今日大显身手,转盘舞绸,屡作卧鱼势,甚矫捷,真十步之内必有芳草矣。惜仍未知其名耳。

休息后,为李金声之《古城会》,饰马童者甚伶俐,前此亦见之,未知为谁。饰刘备者乃龙文玮,饰张飞者亦尚可观,亦不知名,深为若辈惋叹也。其实,规模纵不必大,戏单终当印发,即使赔贴不起,不妨酌收工本,以资挹注。吾不与之稔,否则,必向之提出意见矣。

四时三刻散,与滋缓步南行,由大雅宝城豁口入,径归于家。未几,元孙归,芷芬、琴珠亦至。盖在出版管理局听报告,故得早散半小时也。匆匆夜饭,饭后,芷去上俄文,琴则往教育部听课。润儿则六时三刻乃归饭。

十时就寝。琴媳归来,余已入睡未之闻也。

3 月 28 日（二月十七日　甲午）星期三

阴森欲雪，下午乃晴，夜星烂如，深宵月光洒地。

晨六时起。八时点阅《通鉴补正·唐纪十四》，至午毕。午后又点《唐纪十五》，三时毕。头晕时作，脚软郎当，不知何因，岂血压增高渐臻中风之兆耶？心绪灰懒，或坐此故？瞑坐久之。

夜饭时，潜、汉偕润同归，盖在出版管理局同听报告故。饭后，权婿、达婿、建昌、清儿陆续至，笑谈至十时左右，始各归去。余等亦各就寝。

3 月 29 日（二月十八日　乙未）星期四

破晓阴翳，渐见细雨，禺中雨止，有风，向晚晴，风亦凄紧。夜有星月，较前昨加寒，复御皮袍。

晨六时起。气闷头晕，不减于昨，不敢认真看书，案头适有《敦煌的故事》一册，昨晚清儿携来，青年出版社新出版者（著者潘絜兹），乃顺手翻阅之，内容好，叙述畅，五万四千字，竟于上午一气看完，精神转为一爽。盖著者不但熟悉敦煌艺术的源流，而且本人的艺术修养亦足以说明艺术的意义，发为正确的批评也。

午后二时，农祥见过，三星期未见矣。因与偕出，（滋儿留家，以今日有瓦匠捉漏耳。）先出城豁口闲眺，旋折至无量大人胡同乘十路车，到天安门，西转五路车，径达陶然亭，茶于窑台。五时乃行。循东西湖沿散步一周，出东园门，在太平街乘五路车，复回天安门，遂与农祥别。独乘三轮归，已六时三刻矣，即夜饭。

饭后，熊婿来省，告组织上已决定调伊到沈阳，先出差赴山东五〇一厂工作，三月后，径赴沈。家眷须暑假中再迁。伊后日上午即动身云,因约明午共饭。谈至九时余,辞去。时西风正紧,伊骑车迎风西行,至为系念也。

十时就寝。

3 月 30 日(二月十九日　丙申)星期五

晴,不甚朗,轻寒,夜仍御皮袍。

晨六时起。八时,为人民出版社看《中国历史图说》稿,盖日前由所中转来者也。秦朝及汉前期之部,午前看毕。十二时,与滋儿乘十路赶到西单恩成居,为业熊饯行,汉儿、达婿、潆儿、润儿陆续来到。最后熊、澄挈增孙乃至。开饮已将一时矣。二时毕,潆、汉、润、达上班去。熊、澄、增归去理装。余偕滋儿亦附电车到新开路,再转十路车归。瓦工今日继作东西屋漏,基本修好,大约明日找补一下,初步可以结束矣。

夜饭后,与滋儿乘三轮赴前外广和剧场看明来剧团演出。七时半开始,先为《玉堂春》、《起解》、《会审》。徐东来饰苏三,张永义饰崇公道,关韵华饰王金龙,马小禄饰刘秉义。前后历两小时,极认真可观。东来扮相妩媚,的是可儿。休息后,为徐东来主演之《失空斩》,只有东来一人尚可一听。余等坐至将十一时,《斩马谡》上场,即起行,仍乘三轮遄返。

到家小坐,就寝已十二时矣。

3 月 31 日(二月二十日　丁酉)星期六

阴,细雨连绵,间以雪花,轻寒袭人,颇有凛凛之感。

晨六时半①。八时,匠工仍来,雨中勉将北屋临街屋边裂缝略

---

① 此处疑阙一"起"字。

加嵌刷，未及午即止。不识能否度至五一后大修也（徐匠云五一后始能来），甚为担心。

《中国历史图说》秦朝部分九页，汉朝部分卅二页，今日午前都已阅毕，签出意见九处，写信与沈从文、王崇武，送还之，即属润儿带去顺交人民出版社。

午后接湜儿信，知课忙事冗，明日上坟不能去，且待春假再归省云。（前日滋儿有信去约，故有此答。）

点阅《通鉴补正·唐纪十六》，过半卷，未及终卷也。

佩华有电话约滋儿，滋匆匆夜饭已即出。余十时就寝，尚未见归，及十一时半醒来，迄无声息，因而失寐。归否未晓，殊念之耳。

4月1日（二月廿一日　戊戌）星期

阴，寒胜昨，微雨间雪，九时后大雪团絮而下。地泞气湿，甚凄凉也。

五时即起，因欲出城上坟，故唤醒润儿，时天又雨，余遂未往。滋儿昨夜十时后归，适余初睡，竟未之闻。伊亦主缓日陪余再往。惟润儿坚欲往，适建昌来询行止，并告其父母决同往。润遂独出，将过偕达、清等赶赴西直门乘火车也。润行后，雪转大，遥念如清、达、建昌皆去，或澄、汉等亦在站相候，必且同罹风雪，衷心为之不安，深悔不力阻润等之行也。

雪窗无聊，续点《唐纪》十六及十七，皆毕之。已抵午矣。

午饭时，佩华归。饭后不久，润儿偕潇、清、澄、汉、权、达及升埔、昌硕、建昌三孙来。盖在车站遇合，同往福田省墓，同乘火车、汽车，复归家来省者也。据告，墓工完好无恙，途中风雪亦无所苦，且在礼堂休息，及在站候车等等俱极从容云。为之引慰不置。因煮粥遍享之。三时许,滋、佩偕出,有顷,清亦归去。

傍晚,芷芬亦至,遂共小饮,并夜饭焉。大小十三人围坐不下,间有立食者,纷纭扰攘,亦自有乐也。适颉刚见过,食后乃移坐就之畅谈。时,滋儿亦返,已饭矣。七时半,颉刚去。九时许,濬、澄、汉、权、达、埙、硕、昌等俱去。十时就寝。

4 月 2 日(二月廿二日 己亥)星期一

晴,薄寒。

晨六时起。瓦工盛姓上下午各来二小时,前日所圬之处,又遭冰雪,今乃重为压治。据云,眼前决无渗漏之虞矣。账即算去,计此次小修,计工料费二十元一角九分。

午前,点阅《通鉴·唐纪十八》毕。下午四时,偕滋儿出散步,五时许即返。滋写信复湜,约后日能住归,则大后日可与同游樱桃沟云。

填注三月分工作汇报表,即函寄王积贤。

夜小饮。九时后,洗足濯身,易衷衣。十时就寝。

4 月 3 日(二月廿三日 庚子)星期二

拂晓浓云蔽日,几疑致雨,禺中乃开晴,气亦较和。

晨六时起。八时点阅《通鉴补正·唐纪》,中间午后芝九过谈一小时外,直至下午四时,完十九、二十两卷。

六时夜饭。饭后滋儿送余上十路车,伊到东单下,余则径往西单观剧于长安(票为今午滋儿往购)。七时半开演(明来剧团),先为徐东祥之《行路训子》,唱做尚可,其人当系东明、东来之姊妹。继为关韵华之《白门楼》,唱亦甚佳。继为徐东明之《文昭关》,配

以马小禄之《东皋公》,亦可听。休息后,为徐东来之《贵妃醉酒》,
配以关韵华之裴力士,罗小奎之高力士极精采。东来姿媚横溢,醉
态婆娑,令人神移。真可儿也。十一时散,即乘三轮遄返。到家已
十一时半,小休就寝将十二时矣。

4月4日(二月廿四日　辛丑)星期三

晴,温。

晨六时起。上下午各点《通鉴补正》一卷,《唐纪》廿一、廿二
两卷完。连日所览,皆为武后革命任酷吏周兴、丘神勋、王宏义、来
俊臣等诛夷异己事,阴狠残毒,无所不至,为之不怡。累日夕因念
以贪酷奖成特务真千古一辙也。今日政由人民,除残去贪,一切更
新,后之读史者,将不识封建王朝何以有此奇迹矣。

夜饭后,与润、滋两儿挈元孙出散步,在外交部街东口永祥茶
庄购得花茶半斤归。到家则湜儿已归,正在晚饭。盖明起春假,且
接得滋儿之信,故赶归也。

九时半即寝。湜儿与余同榻。

接鸣时片,约星期见过,同访圣陶。

4月5日(二月廿五日　壬寅　清明)星期四

晴,和。

晨六时起。八时偕滋、湜两儿过访倪农祥,同游西山,在西直
门乘小型汽车,径到卧佛寺,已十时。即由寺西樱桃沟溯涧而入,
至寿安山渐入佳境。涧水不大而乱石错落,颇呈潆洄之观。及鹿
岩精舍(为周肇祥所营构,故俗称周家花园),地陡高,泉始潺潺有
声。拾级上,入园门,山势纡回,因依结屋,有水流云在之居及石桧

书巢两所,俱面北。北岸坡上有亭翼然,涧上有石洞,即所谓白鹿洞也。滋、湜循涧穷胜,余与农祥憩亭上。十一时半,滋、湜始回,乃沿涧南下,到卧佛寺西院新辟茶室,乃就坐饮食。至二时许,历佛寺出,迤逦由野径趋碧云寺,到山门左右始盘登入寺,茶于大殿前碑亭旁,一瞻罗汉堂。已四时半,遂下山(未登金刚宝座一眺)达停车场。今日为春假开始,学生及教职员云集,观所悬徽章,凡十馀校,而北大为尤众。场上待车,列队者百许人,余等侧身其间,立待至一小时,开出第六辆乃得上,到西直门已六时矣。即附电车赴六部口,滋、湜再转车归。余为农祥所邀,过饮其家。遇朱继文、卢潄玉夫妇。惟亦秀以学习未归。至九时乃辞别而归。

乘三轮行,到家已将十时,少坐即寝。仍与湜儿同榻。

4 月 6 日(二月廿六日　癸卯)星期五

竟日阴霾,又转薄寒,午后曾见细雨。

晨六时起。滋儿饭后为购民主剧场夜戏票三纸。傍晚,镇孙来,送到酱汁肉及新蒸花卷,少坐即去。有顷,湜儿同学于君来,因留同饭。饭后刷牙失手,又将下颚所配义齿跌折,颇恼。六时半,于君辞去。余乃与滋、湜同出,步往金鱼胡同东口,乘电车达珠市口下,径至民主剧场,坐楼下一排三、四、五号。坐甫定,即开演。是晚为中国京剧院二团演出。先为徐玉川之《扈家庄》。继为王泉奎、韩少芳之《打龙袍》。继为王清乾、罗喜钧之《三岔口》。休息后为赵炳啸、贾松龄、周金莲、郭韵和之《三不愿意》。最后为云燕铭、徐玉川之《水漫金山》。十时半散。各场削肤存液,精采紧凑,不愧改进二字矣。

父子三人离场后,仍走珠市口乘电车北归。在青年会下,循无量大人胡同、什方院徐步而行,到家小休即寝,已将十二时,仍与湜儿同榻。

4月7日（二月廿七日　甲辰）星期六

晴。

晨起不冷,盥漱讫,未及七时也。接鸣时片,告明日将有潭柘寺之游,来访之期改迟一周云。

十时,偕滋、湜两儿出,步往东安市场家庭牙科修折齿,顺便重做一副（止下颚计费十八元,接补费只一元耳）,约定补接者明日上午十一时可取,预制者须下星五可取配云。揿牙模时不顺利,先后五次,颇感轧痛也,亦只得听之而已,不识取得时如何耳？在牙医室较久,及离去已将十二时,乃同过东单三条鑫记南饭馆,进面,本想吃鳝糊,乃以缺货,改用虾仁,勉强吞食而已。一时,乘十路归。滋、湜仍用饭,余则否。濬儿在家候余,近二时乃上班去。

余就案点《通鉴补正·唐纪廿三》,至四时半乃毕,终武后之世矣。湜儿三时半返校,盖明晨须与同学结队游八达岭也。

元孙亦早归,云园中亦放春假三日,将于下星四乃就园耳。

六时夜饭。饭后,独出,乘三轮径赴珠市口民主剧场,看明来京剧团演出《王宝钏》。七时半开,十一时许乃终。徐东来饰宝钏,徐东明饰后平贵,关韵华饰前平贵。其中以别窑、回窑为最精采。算粮、三击掌次之。花园、彩楼及三打不过凑数而已。散出,仍乘三轮遄返。

到家就卧,已将十二时。

4 月 8 日[①](丙申岁二月大建辛卯　戊寅朔廿八日　乙巳)**星期**

晴,和。

晨六时起。十时,命润儿往取修好之义齿,十一时许,携回试装,服用居然不轧痛,较之上次为胜多矣。午饭因而得畅也。

饭后出,乘十路到九条下,走访圣陶、墨林。适介泉亦在,畅谈至四时三刻乃行。介泉出城,余亦赋归。

夜饭后,文权、潜儿来省,谈至九时去。

十时就寝。中夜醒,为屋朽耽心,竟致失眠。

4 月 9 日(二月廿九　丙午)**星期一**

晴,和,午后微有风。

晨六时起。八时半,与滋儿携元孙同出,先乘十路往朝阳门大街,转二路往西郊动物园。连候两车俱以载儿童园游,箱满难上。余等在第二车勉登之,挤立近一小时,乃得达。下车购入门券,亦须排队始可及。到狮虎山已将十时。狮虎等仍处槛中,未放出山,不免失望耳。旋就豳风堂啜茗,亦困坐儿童群中,喧阗至不辨对话。待至十一时三刻,乃入食堂午餐。餐后复导元孙饱览猴山、熊山、象圈及熊猫等。近二时始出,仍乘二路车回城,虽仍拥挤,较之往时已大松,居然三人俱得坐也。在南小街北口下,比走归家中,正三时。扑尘漱饮,入坐小憩。

翻阅默存《宋诗选》初稿之一部,盖日前所中寄来征求意见

---

①底本为:"念逝日记第四卷"。原注:"丙申三月二十七夜灯下容叟。珷人病中,余胸次矛盾特甚,见其剧痛,阴祝早为解脱,免久沦疾苦。一俟稍止,便望苟延,当时曾默诵有句云:'但得相守多半日,犹胜浮生过百年。'此情此景,今不减昔,奈何释此念耶!"

者也。

夜饭后，润儿出学习，八时半，余即睡。及润归未之知。一觉醒来，已三时一刻矣。昨晚所失，足以抵偿，况随后又复入睡耶。

4 月 10 日（二月三十日　丁未）星期二

晴，暖。

晨六时起。八时校读《宋诗选》稿，通体点阅，并于有疑处偶亦发本核对，先后提意见七处，至午后五时乃阅毕。

夜小饮。饭后听中央电台播送京剧晚会，叶盛兰、杜近芳《断桥》、王玉让、李盛藻《煮酒论英雄》。九时三刻即寝。

滋儿微感不适，八时许即就卧，不识得免发热否也？

4 月 11 日（三月　小建壬辰　戊申朔）星期三

初有云翳，旋开晴，气暖如昨。

晨六时半起。滋儿睡足无恙，为之一慰。八时点阅《通鉴补正》，至下午四时止，完《唐纪》廿四及廿五之半，感目累矣。

未点书之前，写复鸣时，言十五日已有它约，只索延下一周再晤叙云。

午后，汉儿来省，二时与润儿同去听报告。滋儿则为余出购戏票，二时半归来，居然购得今晚长安票一纸（明来京剧团）、明晚广和票四纸（新到昆苏剧团也）。六时夜饭。饭后，独乘三轮赴长安，坐楼下第一排第廿四座。坐刻许，始开演。剧目为全部《穆桂英》。自穆柯寨资木起，至大破天门阵止，除中间辕门斩子一场，桂英、宗保易人扮饰外，馀都由徐东来、关韵华饰。（东明只演唱斩子一场。）十一时乃散。东来与韵华配演甚好，细腻熨贴，风致非凡，诚令人振奋也。

散出,仍乘三轮遄返。小坐,就寝已十二时矣。

4 月 12 日(三月初二日　己酉)星期四

晴,暖,午后微风,薄暮云翳,夜深星烂。

晨六时起。九时,与滋儿同乘十路往西长安街走访农祥,适已出门,未及晤,乃偕滋转电车赴西直门,乘小型公共汽车径往八大处四平台。时为十时半,询知八大刹俱已开放,且容携摄影机、望远镜自随。遂入山,先至二处灵光寺,憩归来庵(清末端方所筑),复在水心亭前池上摄得一影而行。迤逦至三处三山庵,旋瞻其殿宇及十八罗汉像,规制较隘,未多流连,即在附近农家借坐啜茗,并出山下所购桃酥饼干充饭。盖已十二时矣。上次来游,已历四处(大悲寺)、五处(龙泉寺)、六处(香界寺)、七处(宝珠洞)。今拟别穷它胜,即由此下山,越涧转登卢师山,入证果寺,所谓八处秘魔崖也。崖依山面西,正把翠微之秀。其南接招止亭,登览一望,层峦积翠,景致绝胜,憩息久之,并在崖前亭前各留一影焉。二时下山,穿由故袁氏别业而南,循道径抵四平台,复越路而南,直趋一处长安寺。寺在平麓,位最南,规模亦宏,殿前后各有翠栝(俗称白皮松)两株,大合抱,五六百年物也。巡历一周,仍走还四平台待车。至二时四十分,车至,相将登,不久即驶回,三时半已到西直门,再转电车到天安门,复转十路而归。

抵家正四时半,拂尘盥洗,小坐、饮茶,知农祥午后曾来,然已不及同游矣。为之怅然。

六时晚饭。饭后,偕润儿同往广和剧场看昆剧。余乘三轮,润御骑车。七时廿分到,在场遇昌群、平伯、晓先三伉俪。(平伯曾有电话相告,将赠余今日戏票,以已购四张,谢之。)略谈数语,又遥见舍予、辰伯等,未及把谈也。七时半开演,十一时乃毕。剧目为全部《十五贯》(新加整理)。王传淞饰娄阿鼠,周传瑛饰况钟,包传铎饰周忱,周传铮前饰尤葫芦,后饰中军。(此三人俱曩在沪上习见者。)朱国梁饰过于执,张世莩饰苏戍娟,龚祥甫饰熊友兰,凡七场。(一鼠祸、二受嫌、三被冤、四判斩、五见都、六疑鼠、七审鼠是也。)其中一四五六七场皆精采,传淞浑身是戏,松灵轻快,无出其右,盖艺而进于道矣(在京所见诸名丑竟无能望其项背者)。传瑛雍容中寓果决,亦能曲达其情,较前大进,惟传铮、传铎依然故我耳。世莩年尚稚,亦能戏,个妮子,它日亦当出头地也。国梁虽半路出家,却能刻画宛转,似胜铮、铎。祥甫亦不弱,《被冤》、《判斩》两场俱能展其所长。休息时,潜、汉(先我而至,坐楼下第七排廿二、廿三号,余与润则坐第六排廿二廿三号)、润皆至后台访传淞、传铮,询以剧团团名何以冠浙江省?则答今受浙省文化局领导,经常驻杭州。言外似有苏省不要他们之意,亦可诧可叹之事矣。

　　戏散后,潜乘电车行,余乘三轮,汉、润御骑车,夹护以归。是夕以时晏,汉即留宿家中。就睡已十二时后矣。

4 月 13 日(三月初三日　庚戌)星期五

　　晴,暖。

　　晨五时半即起,汉儿以赶赴学习,六时即去。十时,澄儿来省。写明片寄漱儿,询何以五十日无信?并将《宋诗选》稿寄还积贤。

　　饭后,澄、润、滋三儿协同拆除四屋火炉,去尘拭垢,包扎停当,至二时半始竣。润入局办事,余与澄、滋乃出游,在无量大人胡同东口候十路车,忽风起扬尘,幸上车后即渐息,比至南樱桃园转五路到陶然亭,风止日出矣。入园赁小艇荡湖,由滋儿打桨,泛游半时许,即舍舟登岸,茶于窑台。四时三刻行,乘五路至中山公园转十路归。时已黄尘涨天,风扇正急,将六时矣。澄等为包饺子共餐。正进食间,颉刚挈其子德堪来,因与畅谈移时,近八时乃辞去。余复进食,计啖饺廿馀枚云。

余未归前,所中专人送薪水来,并有急件相告,知明日下午二时有重要报告(史梦兰作肃反工作报告),下星六(廿一日)下午二时半,漫谈学习关于无产阶级专政的历史经验之体会问题。届时均放车来接云。

澄儿七时三刻归去。十时,余就寝,睡至三时醒,颇感饱胀,明系贪食过多所致。垂老不免嘴馋,弥可笑也。

4 月 14 日(三月初四日　辛亥)星期六

晴,不甚朗,而气暖还润,恐不久致雨矣。午后起风。

晨六时起。八时点阅《通鉴补正·唐纪廿五》,抵午毕之。早饭以待所中之车,乃甫举箸,有传呼电话来,谓北大张姓者因命滋儿往应之。接通后,知为所中张雪明,据云今日下午报告会不拟重烦我去(待后传达),汽车不放来,恐望,故电知耳。顺询余工会证号码及入会年月,滋不知,允即函告之。

午后一时写信寄积贤,询昨寄之件收到未,并以查得工会证号次及入会年月告之,属转达工会负责人。

今年北屋当大修,需添瓦千馀张,而此瓦缺货。(以现时建筑不需此老式瓦,窑中已停造,须遇巧拆卖旧瓦始可购得之。)润儿归言,承同事介绍,文化部东郊工地有拆下旧瓦,可斥卖,乃于午后偕滋儿同往接洽之。三时半滋始归,谓地在朝外赦孤堂,持函洽购得千四百张,缴价廿一元,雇车三辆,计价四元正,在搬运前来云。四时廿分始运到,卸外院中,以过重为言,饶资七角乃了然,而储料得大部解决,亦快事也。

午后续点《补正·唐纪廿六》,四时半毕之。并致书积贤,亦同时完成矣。

夜饭后,清儿、达先、文权来省,谈至九时去。佩华亦归,约滋儿同出,滋归已十时,余正洗足濯身,易衷衣,及毕即寝。

4 月 15 日(三月初五日　壬子)星期

晴,不朗,暖,无风。

晨六时起。九时,全家出游,余挈元孙乘三轮,润、滋、琴各御骑车,径到天坛北门,入览祈年殿,即在东侧长廊之北茶棚中啜茗。润、琴挈元孙四处游眺,余则与滋儿对坐闲谈而已。十一时出,又赴丰泽园午餐,啖醋椒桂鱼,风味绝佳。十二时半离。食次,滋儿往广和购《十五贯》戏票,余与润、琴、元径行北归,至东安市场,余折入吉祥,看明来剧团演出。盖十馀日前预购者。坐楼下一排二号,正对台中,坐甫定,即开幕。剧目为全本《蝴蝶杯》。自龟山打暴至当堂杯圆。四时半散。徐东来饰胡凤莲,关韵华饰田玉川,徐东明饰田云山,薛广福饰卢林,张永全饰董温。俱呈力作,而东来光艳动人,尤觉缠绵。观者皆惟恐演之早辍也。

乘三轮回家,知上午芷芬曾来,而人民文学出版社《史记选》出版合同又送来。滋儿买票亦购到楼座三张云。余即以其一属滋送与清儿,俾同观。其二则属琴、滋同往一看也。

六时即夜饭,饭后琴、滋往广和。余与润、元在家耳。

九时半就寝。琴、滋归来已十一时半,隔窗禀告,余乃安枕。

4 月 16 日(三月初六日　癸丑)星期一

晴,大风扬尘,气尚暖。

晨六时起。八时,与润儿偕往出版管理局参加古籍出版社春游,徇诸友及濬儿之请也。以时尚早,过访彬然家。彬然养疴住院,慰问其夫人及公子。有顷,雪英至,余乃诣社会王迺夫、王淑民、徐调孚、丁晓先、张静庐、萧家声、文仲涛、高尔松、赫思诚、朱树春等。《史记选》出版合同今晨答回,即属润儿转送。九时,濬、澄皆至,同乘大型公共汽车(社中赁用)开行,凡乘大小六十馀人。出西直门,经海淀、颐和园、青龙桥等处,径达卧佛寺山门。瞻仰佛殿后,穿侧门出,直赴樱桃沟花园,抵白鹿洞稍憩。树春在园中为余及濬、澄合摄一影而返,茶于卧佛寺西偏小卖部,出饼饵充饥。十二时复步至碧云寺,余仅在殿前小坐,饮茶,仍未上金刚宝座一瞻五塔也。三时下山登车,三时半开回,过卧佛寺接别组同游之人,径驶入城,澄儿与晓先、雪英在西郊公园转七路车归去。余仍回抵局前,乃徐步以归。到家亟卸衣拂尘,洗面漱口,始得安坐,正五时也。适仁林姨甥来省(已在多时,滋儿与谈),询悉其家平安,伊工作亦有进步,仍调回丰台机务段云。甚慰。有顷,润儿、元孙、琴媳皆归,因共晚饭。饭后,仁林即去。以赶车回丰台也。

九时半就寝。十时后始入睡。至三时醒,起解便,旋复入睡。再醒已翌晨六时矣。

4 月 17 日(三月初七日　甲寅)星期二

阴,还冷,旋晴,风较昨稍杀,夜有朦月。

晨六时起。八时点阅《通鉴补正·唐纪二十七》。

午饭后,与润、滋偕出,先过百货大楼一逛,顺看选夏季衣料备措置单衣,未购也。继过田济川牙医取配下颚义齿,经半小时之修整,戴上居然合用,亦一快也。顺往稻香春购糕饵,即乘三轮以归。润则上班去。滋则御车取照片,随后亦归。

滋儿今晨九时诣医院复查,又透视摄影,下一星期可知检查结果云。

下午续点《唐纪二十七》,毕之,已将五时。芷芬来夜饭。饭后去习俄文。

夜饭后,清儿、汉儿、建新来省,润儿赴局学习,滋儿出看电影。谈至将九时,润归,清、汉等去。滋亦归,晤之。

汉儿送明日广和昆剧《长生殿》戏票二纸。

九时一刻听广播,赵炳啸、周金莲《三不愿意》,未及终即就寝。

4月18日(三月初八 乙卯)星期三

昙阴兼施,薄寒不释,入晚东风又急,但星月犹见耳。

晨五时起。七时点阅《通鉴补正·唐纪》廿八、廿九,至午后五时乃毕。中间仅饭后休息一时,不知何以不能速进至此也。

夜饭后,与润儿同出往广和看昆剧《长生殿》。(往返乘三轮,润儿骑车从。)七时半赶到,坐楼下五排二、三号。开戏后,汉、芷始到,坐六排二、三号。周传瑛饰唐明皇,张娴饰杨贵妃,王传淞饰高力士,包传铎饰陈元礼,朱国梁饰杨国忠。自定情起,有敬果、密誓、舞盘、边报、小宴、惊变、埋玉等目,凡八出,其中以小宴、埋玉最精采,而舞盘最动看。惜传淞无施展之地,不免悒悒也。十时半散,与润遄返,正冒逆风,颇感冷。到家正十一时,少坐即寝。

4 月 19 日（三月初九日　丙辰）星期四

晴，大风时作，抵晚少息，背风即暖，风中大冷。夜月色好。

晨五时半起。八时点阅《补正·唐纪》，至下午五时停，凡毕三十、卅一两卷耳。

接漱儿十七日复书，知余十三日去片已到，但前信未提，不识附去韵启照片究否收得也。下次去信当一问之。

傍晚，农祥来访，因留夜饭。七时半辞去。约下星四同游官厅水库云。九时就寝。

4 月 20 日（三月初十日　丁巳　谷雨）星期五

晴，暖，仍有风，不甚烈。夜月甚姣。

晨五时半起。七时点阅《补正·唐纪三十二》，至午方毕。

饭后忽动探花之兴，盖今日谷雨，北地虽寒，牡丹应已萌发，去年为珏人病，竟蹉跎未之见，故今拟一探之耳。先乘车径到前门肉市买得明晚广和戏票两纸，然后徐步入城，诣中山公园，茶于筒子河畔柏林中。园内丁香盛开，牡丹才辨蓓蕾，芍药则仅见勾萌而已。三时起行，过人民文化宫，在故太庙后殿参观服装展览会。匆匆一巡而出，别无可以歆动之色也，旋在天安门乘十路以归。到家正四时半。

接王有三、唐鸣时及湜儿信，王托介绍顾均正开课（《自然科学目录学》），唐又以临时有突击工作爽后日来访之约。湜则告事冗，不能归省，须五一前夕乃返云。（附最近照片五。）

六时夜饭。饭后独往吉祥看明来剧团演出。七时半开，先为徐东明（乔玄）、徐东祥（吴国太）、马小禄（刘备）、罗小奎（乔福）、常鸣晋(孙权)之《甘露寺》。继为徐东来(孙玉娇)、关韵华(付朋)、张永全(刘媒婆)之《拾玉镯》。休息后为徐东明(赵廉)、徐东来(宋巧娇)、吴松岩(刘瑾)、罗小奎(贾贵)等之《法门寺》。东明前后两角,东来亦前后两角,俱出色。博得采声不少。可见同赏矣。十一时散,乘三轮径归。十二时就寝。

4月21日(三月十一日　戊午)星期六

晴,暖,午后发风扬尘。薄暮雷雨挟雹如豆,旋霁,夜见星月。

晨六时起。看《关于无产阶级专政的历史经验》。午后半时,所中车即至,因登上过接平伯,车中樊骏先在,为余二人传达肃反总结报告(以上星期六二人俱未去)。二时到所,即出席工会全体会,改选部分组长。近三时,漫谈《关于无产阶级专政的历史经验》。余对个人崇拜一点发言,十分钟,于贡谀导谀两方面均有论及,而以谦德为尚云。会时,大风扇沙,顷刻黄涨,惟校区及附近终仅见小雨数点而已。五时半散,以等待同事附车入城,至六时一刻始开行。车抵阜成门始见地湿,入城有水洼也。余在西四下,即换乘电车赴前门,时已六时五十分,便过华北饭馆晚餐。餐已,步往广和,楼下一排九号坐定,十分后,乃开幕。有顷,润儿至,坐余左侧第十号。携来雨具及毛绒衫备用,并言滋以须早睡故,由伊来陪也。(滋儿今晨又吐血一口,甚为轸念。)剧为全本《贩马记》,自别家贩马起,至三拉团圆止。十时三刻乃散。徐东明饰李奇,徐东来饰李桂枝,关韵华饰赵宠。哭坟、监会、写状、三拉各场俱精采,馀点缀而已。散出后,余乘三轮,润御骑车从,比到家已十一时半矣。少休后,即就寝。

4 月 22 日（三月十二日　己未）星期

晴，昙，暖，午后阴，傍晚雨，黄昏后月出。

晨六时起。八时，滋儿出，往看佩华。九时后，余乘十路车往八条访圣陶及墨林。晤蟆生、至美、至诚。知圣陶与至善往孔嗣伯处询药方。盖墨林喉痛增剧，病象转坏也。余心怀难言，触景钩愁，念珏人之往迹，益觉墨林之可危，不得不造为好语强慰之。实亦无法自遣耳。留彼午饭。饭后一时行，乘三轮径归。到家，润、琴及元孙俱在，滋则尚未返。馀人亦无有来访者。因就坐打五关数盘为遣。四时后，雨作，润为余出购食物，幸于雨前赶回。滋儿在中和看戏，五时三刻赶回，已沾湿。琴为元孙购衣料，六时后乃回，更值雨矣。

夜饭后，小坐，文权来，谈至九时去。余亦就寝。

4 月 23 日（三月十三日　庚申）星期一

晴，大风如吼，午后稍戢，气较冷，夜月甚好。

晨六时起。八时写信两通，一寄均正，告北大图书馆系欲延讲课；一复有三，告已与均正洽，请径谈。

九时半，点阅《通鉴补正·唐纪卅三》，抵午毕之。

午饭后，潘儿来省，以就诊途经故，少停即上班去。三时，仁林甥来省，四时半去。余下午本拟续点《补正》，以人来耽阁未果。

仁林去后，芷芬来省，五时去。知往圣陶所探病也。琴媳以学习未归晚饭。润儿夜饭后出，仍到局整理记录。

接漱儿十七来信，谓接六姨信，知余将往沪，极盼成行，并遍举时新食物来相歆动，其孺慕之情可嘉也。附来笙伯、弥同各一纸，语意同。

夜饭后，润、琴尚未归，元孙却思睡不支矣，乃为之脱衣就床，持书在旁伴之。比九时，琴归，余乃归房就寝。有顷，润儿亦返。滋则以连日痰中带红，明日又须赴医院听检查结果，心绪甚劣，亦于九时顷就寝矣。

4月24日（三月十四日　辛酉）星期二

晴，微有风，较昨为和，夜月亦姣。

晨五时半起。八时点阅《补正·唐纪》，至下午四时半毕卅四、卅五两卷。

滋儿往医院听检查报告，并以近日带红痰为言。九时往，十一时半归。据医云，依照片诊断，已入好转期（生活指导已达九级），不须服药，仍再休养三个月。痰中带红并无大关涉，只要不太劳动便得云云。如此不仅本人心理负担大为轻减，余及家人亦俱获慰不少矣。

傍晚，潜、清俱来省，亦皆为滋检查报告关心耳。因于夜饭后八时乃去。农祥亦同时来访，约后日定游官厅，留饭未果，即去。

七时，余独乘三轮往吉祥看明来剧团演出（票为午后滋儿所购），坐楼下第一排十七号，正当台左豁口，本一佳座，乃大报国剧中李良之坐位适当其冲，正将正中李艳妃遮住，绝未露见一丝，殊以为憾耳。七时半开，先为关韵华（饰吕布）、马小禄（饰陈宫）、薛广福（饰曹操）等之《白门楼》。八时半毕，即休息。继为《大保国》、探皇灵、二进宫。徐东来饰李艳妃，徐东明饰杨波（中间马小禄代），胡松岩饰徐延昭。唱做俱紧。十时三刻散，惜未能饱看东来也。乘三轮亟归，到家正十一时。小坐，就寝近十二时矣。

今日为余与珏人结缡四十六年之辰,往时岁有欢宴,而今人亡物在,徒增悲切。皓月当头,反滋凄景耳。

4 月 25 日 (三月十五日 壬戌)星期三

晴,午后天际黄涨,日西匿色深蓝,知将有风。比暮风作,入夜声吼撼户,气亦较冷。

晨五时半起。八时为古籍出版社看王船山《思问录》清样,至下午五时乃毕。书复调孚并及尔松。(此件昨由潜儿携来,今仍交伊带去。)潜午前来,傍晚亦来,文权先至,因共夜饭。饭后谈至八时半,同去。琴媳以开会作记录,未归夜饭。近十时乃返。风中御车,真亏伊硬挺也。

十时就寝。风仍狂作,而月色却明润,亦奇。

本约农祥明日会西直门车站,以刮风,拟罢之。滋儿于晚饭后用传呼电话欲通问,而彼站因已过八时,坚不肯呼,只得听之耳。

4 月 26 日 (三月十六日 癸亥)星期四

风吼而日出,天宇亦清,气冷如昨。

晨五时起。恐农祥独往呆等,仍偕滋儿冒风于六时半出,乘十路至西单,转电车径往西直门,复乘三轮赶奔车站,当有十分钟,而农祥不在,遍寻无着,只得看火车开出,废然而返。仍乘电车回六部口,过访农祥之家。则门扃未之见,晤其邻舍孙孝丞,知渠未赴车站,今则不知何往云。遂与滋儿复乘十路而归。到家未及八时半也。

看报后点阅《唐纪补正三十六》,至午后四时,并及三十七之太半。以头晕眼花而止。

夜饭后,与润、滋两儿出散步,在胡同口遇农祥,正来访余。知伊一人在站久候不及,竟独赴官厅,傍晚返家,知余父子曾往访,故特来告知云。余甚以为歉,伊却大为余称庆,盖其地无息足处,在湖边一望,只须一小时,而火车往还之隙,须待四小时,风大几难立足,久伫实不禁寒战也。幸车中遇派往工地工作之学生数人,攀谈兜搭,始克随入招待宿舍暂憩,然亦苦矣,云云。然则,余父子之未及与,实不足悔也。立谈有顷,辞去。余三人徐步至东单,在公益食品店(原三益牛奶房)啜酪,甚佳。在新开路口乘十路车以归。将九时矣。少坐即寝。

午前寄有三一书,附均正信去,盖昨接均正信,辞谢不任开课也。

4 月 27 日（三月十七日　甲子）星期五

晴,较和,近午始有风,傍晚云翳,夜深东风甚紧,月色为之朦胧。

晨五时半起。元孙连日以咳嗽在家休息,今日始入学。八时点阅《唐纪补正》,至下午四时止,完卷三十七之下半及卷三十八。

六时晚饭。饭后独出,乘十路到东单,转电车达珠市口,观明来剧团在民主剧场演出(坐楼下一排廿一号)。七时半开,为徐东祥之《行路训子》,继为徐东明之《上天台》。即休息,旋为《凤还巢》,徐东来饰程雪娥,关韵华饰穆居易。十一时始散。仍乘三轮遄返。值风紧,在车上颇感冷,幸车驰尚速,四十分即抵家门。小坐饮茶,就寝已十二时。

4 月 28 日（三月十八日　乙丑）星期六

阴晴间作,午后始开朗,风亦微,气较和。

晨五时半起,天色不佳,因思昨日上午滋儿为余抢晒皮棉长袍诸件,为得时可嘉也。比风起,已拂拭停当。午后且购置樟脑精片,折叠入箱矣。脱再延迟竟恐不及,深用欣慰。

八时点读《唐纪补正三十九》,午后二时乃毕。息半时,与滋儿偕出,往大栅栏观音寺信托公司寄售门市部,看得上青缎必丁春大氅一件,尚称意,即购之,计价四十三元,遂挟以行。乘五路诣陶然亭公园,先绕湖一周,原亭址修饰将竣工矣。仍茶于窑台。五时乃行,复乘五路返天安门,再转十路以归。

汉儿来省,因共夜饭。饭后,清儿挈建昌、建新两孙来省,诸儿杂谈,九时后去。余乃洗足濯身,易亵衣,十时就寝。

4 月 29 日 (三月十九日　丙寅) 星期

晴,和。

晨六时起。今日国务院命令不休息,移用于五月二日,故诸儿仍照常上班。八时点阅《唐纪补正》,未终卷。写详信寄漱儿,将佩华事及余须修屋时始去沪事备告之。

午饭后,偕滋儿出,乘十路到天安门,转一路至珠市口,径往华北戏院,看燕声京剧团演出。坐楼下一排十七、十八号。先为陈金彪(王大娘)、白凤鸣(化身)、李金声(鹊神)等之《百鸟朝凤》(即《大补缸》)。休息后为王紫苓(陈秀英)、姚玉成(匡忠)、白凤鸣(陈母)、田荣贵(王大人)、田玉龙(皇甫刚)等之《大英杰烈》。紫苓初见,色艺俱佳,惜喉音欠润耳。此团已不止看一两次,以皆在次等剧院(如华北及朝外之新声剧院),卖价不能提高,剧目多不印发演员之名姓,太半不之知,今日以紫苓故,卖七角,于是有剧目。余按图以索,昔所未识之演员,十得七八矣,亦一快也。四时一刻即散,乘电车到新开路转十路以归。

知唐鸣时曾来访,(本约今日上午来,以临时不休假,谓其不来矣,不意竟失之。)约二日再来。澄儿亦来,已到章家去矣。

夜饭后,达先偕澄儿来省,增孙从。盖已在章家晚饭矣。谈至九时,辞去。

余小坐至三刻,亦就寝。

4 月 30 日(三月二十日　丁卯)星期一

阴,午前后微雨,晡时大雨,气转冷。

晨六时起。八时点阅《唐纪补正》卷四十,至午毕之。午后看曹道衡研究报告提纲(清初顾、黄、王、颜等思想家是否代表市民),至三时。偕滋儿出散步,时微雨甫过,地不扬尘,信步出大雅宝东城豁口,将抵日坛,雨突至,即转步返走。入城加大,地泞雨淋,狼狈而归。幸所御外氅(即前日购得者)乃晴雨两用之具,居然不渗,乘此得一考验,亦复心安。惟足下布鞋则遭泞沾湿矣。不无扫兴耳。

夜饭后,清儿来省,九时去。明日为伊与达婿结婚十五年纪念,特邀往夜饭云。

湜儿九时半始归,偕同学三人来宿,盖明晨一同参加游行者。佩华表妹郑素娟亦来,滋儿乃电招佩归伴之。而身与余同榻。湜儿则与三友宿南屋。余十时后就寝。

5 月 1 日(三月廿一日　戊辰　国际劳动节)星期二

初阴,有微风,近午晴朗,且风平气和。入晚更无风矣。

晨五时起。湜偕其同学于六时三刻出,赴红楼北大旧址集合,参加游行。

十时，收听转播五一节天安门游行实况，至午后二时乃毕。盛况又较前数年为胜，参加人数五十万，宜其有此四小时之长行矣。

三时，偕润儿出散步（滋于饭后与佩同出），过城外杜家楼访高尔松，未值。因信步北行，达于朝外大街，复东至东岳庙（庙现为公安学校，未得入览）。即在神路街候车西行，乃以游行久阻，候者云集，只索徐步入朝阳门，由南水关、小牌坊而归。知湜儿已归（偕其全班同学来谒余，未得，遂又送其同学诣车次，俾返校云）。有顷，湜亦归。

六时，偕润、琴、湜，挈元孙过章家饭，盖今日为达先生日，且与清结婚十五年矣。到彼未久，权、瀋、芷、镇咸来集。滋儿亦至。

夜餐后，偕瀋、清、润、湜、琴、权、达、芷及元孙、镇孙、昌孙、新孙同出，趁热闹信步往天安门看焰火。至于东单，不能进（以怕受挤），即立观移时，爆声响处五彩缤纷，火树银花，不是过也。六年来，余尚初次涉是境地耳。道旁观者如堵墙，天安门前狂欢歌舞，更不知热烈如何矣。九时许，在公益食品店饮冰，然后各返。到家已十时矣。滋儿以倦，未参加先归就卧云。余抵家小坐片晌，亦就寝。

5月2日（三月廿二日　己巳）星期三

阴，午后微雨，傍晚止，入夜又雨，气又转凉。

晨五时起。拂拭整治。诸人始陆续起，许妈亦将近七时乃见耳。

看曹道衡报告提纲，近九时，鸣时见过，乃与同访调孚。谈至十时半，又同访圣陶，余入内候墨林疾，知昨霄又失眠，心绪烦恼，今又延孔嗣伯午后将来诊云。十二时饭于圣陶所。史晓峰同席。二时许，嗣伯来诊墨林，候其去，已雨。始辞圣陶出，鸣时、晓峰西行，余则东行，乘三轮遄返，已三时半。润、滋俱出游，湜儿已返校矣。余乃续看曹报告提纲，毕之。又为其芳看《孟子选目》（作家出版社委托审查），至晚亦完。

润、滋亦归来，乃与家人共饭。夜饭后，写审阅《孟子选目》意见，备明日开会带与积贤。（此件昨日湜儿交来，盖托伊带来者也。）

九时后即寝。以明晨八时文研所有会也。

5月3日(三月廿三日　庚午)星期四

晴，薄寒，不类三春。

晨五时起。六时半，所中车至，即乘以行，过接平伯，同驰出城。七时三刻即抵北大哲学楼。八时开古代文学组例会，讨论曹道衡报告。冠英疾尚未愈，仍由其芳主席，并请北大哲学系教授冯友兰及张、王两先生、中文系教授浦江清（历史系请而未到）诸人出席参加。本所现代文学组亦到，发言者为范宁及北大冯、张、王、浦，本所钱默存、力扬、平伯及余。最后由其芳总结，十一时半散。仍乘原车送归。到家刚十二时十分。滋儿正候余午饭矣。一时许，芝九、剑华见过，谈至二时去。二时半，余偕滋儿出，乘十路到中山公园探牡丹消息。仅有数种蓓蕾初放耳。恐尚须若干日始得怒放也。茶憩于来今雨轩，四时行。出便门入阙右门，再由端门、天安门出，乘十路归。到家已五时。

夜饭后，润、滋出访瓦匠徐姓，催修屋。芷芬五时许来省，坐至六时辞去。九时还报，徐匠仍在工次，其妻云须十日方能回。回后即令来前洽谈云。天气日趋变化,雨季将近,而屋待修甚亟,发动甚早,迄无匠应,深为廑虑。

九时一刻,听徐玉川、张春华《挡马过关》广播。十时就寝。

5 月 4 日 (三月廿四日　辛未) **星期五**

阴,旋闷雨不休,午后略停,气冷,须御棉。夜大风。

晨六时起。闷坐无聊,精神大差。八时点阅《唐纪补正》,垂头伏案,至下午四时完四十一、四十二两卷,胸次感闷抑矣,乃止。即填出四月份工作汇报表,寄与积贤。

傍晚颉刚见过,谈移时去。约后日游西郊。

夜饭后,看《清史列传》,十时就寝。

润儿以参加公园晚会未归饭,逮其归来已将十一时。余睡至十二时,为屋外风声所觉,撼窗振牖,屋梁尘簌簌下,真有将压之惧。此一威胁竟影响睡眠矣。屋一日不修,吾心一日不安。奈之何哉!

5 月 5 日 (三月廿五日　壬申　立夏) **星期六**

晴,和,微风中薄寒而已。

晨五时起。七时点阅《唐纪补正》,至午毕四十三、四十四两卷。

午饭后,与滋儿出,徐步至泡子河参观观象台,今日起开放,为中国古代天文仪器陈列馆。特往一看之。至则观众甚挤,排队购票排队入览,但老妇稚子特多,无复行列。(大多临近居民驻足其间,听相告语云:我等住在此处已数十年,从不教人进去过,今日可以进去,大家须开开眼也。)先挤入陈列室,多照片及清代时宪书与民国历书（但并不完全）。苏州府学宋淳祐刻黄裳（字文叔，号兼山）所作天文图拓片居中高挂，旁列汉张衡、齐祖冲之、唐一行、元郭守敬四造像而已。涉览一周出，东登城垣即台矣。台上陈列铜制浑仪天球等多种，以人挤不得上，只索去之（以陈列室中多具照片）。在雉堞间俯视东郊，亦别饶佳趣。留连久之始下台出门。复徐步往崇文门，即在城外乘电车达天坛北门，就祈年殿东长廊北茶棚中小坐啜茗，至五时乃行。南诣圜丘西北经斋宫出西天门乘电车北抵大栅栏，已六时半，便往中和南首兴升馆夜饭。饭已，尚仅七时，乃逛大栅栏，然后折返中和。坐楼下第一排九号、十号。七时半开演，为徐东来、关韵华、徐东祥主演之《红娘》。自《惊艳》至《拷红》，历两小时（九时半）休息。余与滋儿即行，其下尚有徐东明之《失空斩》大轴戏，竟弃而不之顾矣。（本为看东来而来，得看乐得早归也已。）人将谓余父子为冤头，其实乃真老官也。行至蒋家胡同西口，一路公共汽车适至，乘至天安门，十路亦至，乘以东归。未及十时也。

汉儿、清儿及雪村夫人、建昌俱来我家，值余外出，久候而行，遇之途中。汉仍折回谈。又经半时，锴孙来接，乃母子同归。余等亦各就寝。比入睡亦将十二时矣。

5月6日（三月廿六日　癸酉）星期

轻云薄雾笼罩半日，偶亦见细雨。午后开朗，气仍不暖。

晨六时起。七时，润儿出与其同仁游八大处。八时，滋儿出，往访佩华。八时三刻，余挈元孙往赴颉刚之约。先乘十路到东单，转三路。假日人多，挤立未得坐也。十时到动物园，先看狮虎山，居然放出双虎五狮，于山外高栏下，得凭栏俯视之。天然活泼，较伏处槛中迥不侔矣。欣看久之，既而诣幽风堂西牡丹亭前啜茗。颉刚、静秋伉俪及其儿女潮、洪、湲、堪俱在矣。并晤其姨丈王硕甫，年八十矣，犹健步，可羡也。有顷，晓先携其外孙小明至，小坐片晌，即引去。余等即在彼午餐（颉刚所携），餐已乃行，硕甫先去。余等又在儿童体育场看诸儿坐马车、玩滑梯等等，直至三时三刻乃与颉刚等别，乘三路车入城，仍在东单换十路，比到家已四时半。润儿已归，雪英亦在，承以藤萝饼相馈，因留晚饭。饭后，伊挈元孙过清儿家，顺道归去矣。八时，润、琴往接元孙。滋儿亦归。十时就寝。

5 月 7 日 (三月廿七日　甲戌) 星期一

晴，和。

晨五时半起。八时始点阅《唐纪补正》，至下午五时乃毕四十五、四十六两卷，中间仅午饭一时之隙耳。

夜饭后，看赵荫棠《中原音韵研究》，此书二十年前商务印书馆出版，近以戏剧研究炽盛及国语规范化运动展开故，特予再版，可知著作之行否显晦实亦有待于时与势也。可为一叹。

夜饭后，听转播云燕铭京剧《穆柯寨》。十时就寝。

5 月 8 日 (三月廿八日　乙亥) 星期二

初晴，旋阴，午后且有细雨，但气闷地润而不冷，恐终致大雨乎？

晨六时起。八时点阅《唐纪补正》，至午毕第四十七卷。

饭后与滋儿出，步往米市街红星影院看今年五一大游行片。前杂新闻片多种，正片仅二十分钟耳。二时十分出院，已微雨，即步归。少坐,即续点《唐纪补正四十八》,至五时半毕之。

傍晚,清儿来省,因共夜饭。饭后,清、润、滋、琴为余挪移卧室,将卧榻移至中间,并小橱、镜台各一随搬,将原设中间之小方桌、沙发等移入原卧室,冀暂时解除心理威胁。其实未必立时塌下也。有此一搬,无论心头略得稍舒,即眼前亦觉改观一新,不无得些好处耳。

夜九时听转播昆曲《十五贯》录音,十时就寝。以天燥热,又值新换环境,良久始入睡。

5月9日(三月廿九日　丙子)星期三

午显昼片晌,终日阴沉,且时见濛雨,夜半雷雨,气躁闷。

晨五时即起。八时点阅《唐纪补正》。近午,平伯见过,谈不多时去。知将往苏杭视察也。午后仍点《唐纪》,至五时,仅毕四十九卷及五十卷四之一耳。然已胸次抑闷,头且岑岑矣。

六时,潏、汉来省,因同夜饭。饭后,潏归,汉往首都剧场看话剧。润挈元孙出访友。滋往大华看电影。(琴未归饭,亦径往焉。)余亦独往吉祥看燕鸣剧团演《英雄义》与《红娘》。兹戏由徐元珊主演,工架俱好,后戏由赵燕侠、郑盛艿主演。赵学尚香玉,唱尚像,依余偏见,似不及徐东来,而票价必增高一角,却不免为东来叫屈矣。十时半即散,乘三轮归。小坐就寝,正十一时。

睡至一时,雷声大作,电闪自眼窗射入,雨亦随至,势颇壮,幸已迁出旧卧,否则必且失眠也。

5月10日(四月大建癸巳　丁丑朔)星期四

晴,有风,午后时起云翳,旋散去。气转凉爽。

　　晨六时起。八时续点《唐纪补正》第五十卷,十时半毕之。接点第五十一卷,抵午完其半。午后心郁不畅,乃偕滋散步,乘十路到天安门,换电车到大栅栏,先往中和一看,拟购明日徐东来演《评雪辨踪》戏票,乃临时改码为《打龙袍》,遂罢。顺过前门零售公司食品部购得泰康罐装凤尾鱼及五味社虾米、鱿鱼、辣酱各一挟以行。适五路车至,因乘以南,径达陶然亭,在窑台茶憩久之。四时起行,北由黑窑厂、粉坊、琉璃街走至果子巷口,乘一路到天安门,再转十路归。

　　六时半夜饭,涵侄之奶姆叩门来谒,昨方自沪至,盖弟妇近方遣其北返也(年七十矣)。由其弟导来,因留共饭。润儿往告潘、清,属来会晤(此媪来我仲弟家乳涵侄,迄留未遣,今卅三年矣。琤人以下俱以家中人视之。)须臾,潘、权偕来,清则以学习未归饭,不及面之也。正谈间,颉刚偕绥贞见访,自以中之丧,绥贞受戟刺过剧,神情失常,以余忝旧师,故偕其姑丈颉刚来谒谈也。余深悯之,亦只得设辞喻慰之而已。八时许,辞去。九时,大奶姆(此余家习呼之称也)偕其弟回天桥寓所,约明晚由润、滋往接来我家小住,俟其子由乡间(三河县境内)来接去云。又有顷,潘、权亦去。(权前为肃反事受窘,今日其组织已公布结案,渠无事,以前历史已查明云云。亦释一累也。)

　　十时就寝。清、达乃来,亦以得讯而来看大奶姆也。就榻前谈片晌,以余已睡,未久即告去。

　　许妈告三时许,农祥来访,未及把晤,为之怅歉。

5 月 11 日 (四月初二日　戊寅)星期五

　　晴,爽,午后西风大作。

晨六时起。八时写信与漱儿,详告家事,并告大奶妈自沪来。午后,滋儿为余购得今夜吉祥张君秋戏票,剧目为《怜香伴》,卖座甚好,故仅得楼上第一排七十一号(在左侧第一位)贴台边矣。

二时点阅《唐纪补正五十一》,五时乃毕。

六时半夜饭。饭已即往吉祥,已七时三刻,朱玉良之《盗御马》演过半矣。继为《怜香伴》,张君秋饰崔笺云,刘雪涛饰崔介夫,陈少霖饰曹有容,任志秋饰曹语花,李四广饰花铃,耿世华饰老尼。都能举其职。君秋容端喉润,不愧所称,宜其卖座之盛也。十一时散,乘三轮亟归。少坐即就寝。

大奶妈已由润、滋接来,清、达及建新亦来见过云。

5 月 12 日(四月初三日　己卯)星期六

晴,南风甚劲,气又见暖。夜有星。

晨六时起。八时,滋儿陪大奶妈往游故宫,元孙以感冒在家休息,见伊等出游,坚欲同去,只得带走。

余写信与积贤,告学习汇报表无法填,(前日有通知,属填送学委会樊骏。)请就近一说。十一时三刻,滋等归,因共午饭。饭后,亦秀、潸儿皆来,亦秀约明晚过饭其家。二时皆去。

午前煦桪来访,告后晚即动身赴南京,已得社方准许,下学期调宁师范学院任教矣。谈移时去。约后日上午十时在中山公园来今雨轩小叙云。

二时后,湜儿自校归。余则点阅《唐纪补正五十二》,至四时半毕之。因与滋、湜两儿同出散步,信行至隆福寺,吃锅贴及馄饨,并在人民市场闲眺,无当意之物,又值风起,乃步出寺后钱粮胡同,到东四北大街乘电车,南抵灯市口下,即由内务部街、南小街、禄米仓走归。

夜饭后,润、滋、湜三兄弟御骑车往视澄儿,十时乃还,知明日澄儿将挈诸孙来我家云。余待伊等返始就寝。湜儿与余同榻。

5 月 13 日（四月初四日　庚辰）星期

晴,暖,下午略有风。

晨五时起。六时,偕润、滋出,乘十路北行,转二路到北池子北口下,步往马神庙人民教育出版社,入晤芷芬、汉儿及诸外孙。有顷,潸儿、文权亦至。盖约同附该社工会举办之旅行队,往京西一探潭柘寺之胜也。八时开车,在车上遇剑华。十一时乃到。初行甚坦,过石景山,路渐涩,由模式口、三家店转而南,径益仄,或循河床,或依山盘旋,凡越岭三重,颇险。（盖汽车道盘山弯度太陡,而坡路斜度亦过大,每开足汽力上冲,辄倒退而下,不胜其任。）历时遂长。抵寺门（寺额为岫云寺）须凭介绍信接洽,良久乃得入（以寺为唐山铁道学院分院所占）,入门后限制重重,不能越领看人所引进之道一步。先看猗玕亭,继看千年大银杏（五株并峙）,继看舍利塔,继看楞严坛,匆匆而出,未及一时也。印象不甚切,名胜而为个别机关所占,有殊堪愧叹耳。出寺门,即在桥前坊下憩息,出所携糗粮为午餐。因综看寺身与山势,似与他处不同,四围拥山,寺嵌其中,已感紧束,而房舍太密,亦嫌迫促,无足留连,或佳处俱为机关所占用,不听人览,竟无从领略乎?二时开车东返,尘较重（以风微发故）,五时回抵人教社,即在汉儿家拂尘洗脸,暂休啜粥,（潸、润、滋、权四人皆径先归去。）至六时乃行。乘三轮径诣官马司访农祥、亦秀,至则平伯伉俪及季龙皆在。农祥则先已过对面全聚德定座待往矣。笛师徐姓亦在,因请季龙歌《辞朝》、《惨睹》

两曲,声气足以副之,甚佩。有顷,步往全聚德晤农祥,遂共饮宴,扰其烤鸭。近九时散,余又与季龙复过农祥、亦秀,谈至十时,乃辞返。临行,余属亦秀代约胡嘉、振甫明午与煦棨同叙云。即出,与季龙偕乘电车至西总布胡同口乃下(季龙径归东四头条),转乘三轮,归家已十时四十分。知清、汉皆来过,清转达煦棨意,坚辞明日午饭,并云振甫、胡嘉皆不必邀云。然则,顷与亦秀之言只得明晨属润儿电话回复亦秀止约矣。何不巧乃尔?

十一时洗足濯身,易衷衣就寝,及入睡已十二时后矣。

5月14日(四月初五日　辛巳)星期一

晴,有风。

晨五时半起。九时点阅《唐纪补正五十三》。十时许,煦棨见过,辞行并面谢今午不能承情之故,少坐便去。(约胡、周事已属润电止亦秀作罢。)甚以为歉,以是耽延,至午仅及半卷耳。

午饭已,大奶奶坚欲归其弟所,滋儿即送之去。临行,余以三元给之,滋送到后,顺在前门看电影《董存瑞》,归来已四时许。一时半,余正续点《唐纪补正》,至三时许,东华偕其女公子娟见过,盖愈之招来谈文改工作,上午方到京也。谈至五时乃辞去。承以板烟斗及老头牌烟丝为赠(自沪携来),约明后日余往看之。客去,乘斜阳续点《唐纪五十三》,垂暮乃毕。

夜饭后,润儿赴局学习,九时归。余亦就寝矣。听广播马连良《四进士》,未及终即入睡。

5月15日(四月初六日　壬午)星期二

晴,暖。

晨五时起。七时点阅《唐纪补正五十四》，至十时毕，又续点五十五，抵午毕半卷。

午饭后，与滋儿出散步，信行至朝外新声剧场，随便入览，先有垫戏《渭水河》、《铁弓缘》两出，俱做十分许钟，当然无聊，惟饰开茶馆老婆子之彩旦系一年轻女角，颇有劲，惜未知其名耳。后为姜蕴卿（系一中年以上之女角）主演之《打严嵩》，饰邹应龙甚佳，有声有色，确亦难能。休息后，为《十三妹》（《悦来店》及《能仁寺》），饰何玉凤者即前（三月廿七）所见芭蕉扇之舞绸转盘之人，今方知其名为安桂秋。其中饰安公子之小生，唱做亦尚到家，年亦不轻矣。饰赛西施者即前开茶馆中之彩旦，俱可观。惟饰张金凤之女角则殊不耐看也。四时三刻散，乘九路入朝阳门，到北小街南口，转十路归。

五时半，芷芬、清儿、诗圣、葆华、琴珠俱至，盖在出版局听报告，顺道偕来一看耳。六时许俱去。

夜饭后，润儿出看电影，十一时乃回，余已就寝矣。

5 月 16 日（四月初七日　癸未）星期三

晴，闷热，傍晚尤甚，入夜有风。

晨五时起。七时即为所中填报年度工作计划表，分季进程及工作内容、使用书籍俱须备载。抵午乃毕。（一式两份，一送秘书组汇送科学院，一存本组组长备查。）

午饭后写信与积贤，寄出此项表报，并将前发参考之人民文学出版社选题目录三种另包挂号寄去（因昨日有信来索还也）。一时许，达先见过，将代购之书（《唐人万首绝句》及《二十史朔闰表》）送来。坐谈至二时半乃辞去。

　　三时,余偕滋儿出,乘十路到东单邮局,寄出挂号件,复上十路至石驸马大街转七路到丰盛胡同下,走往达子庙乙卅三号访东华,晤其父女,谈至四时三刻行。走辟才胡同西口,乘七路回石驸马桥,再转十路径归禄米仓,已五时半。六时夜饭。饭后,滋出城,往看佩华。

　　九时就卧,十时许,滋归。余始入睡。

5月17日(四月初八　甲申)星期四

　　晴,暖,惜不甚开朗,夜有大风。

　　晨六时起。八时半,农祥见过,约出游,因偕滋儿于九时半同出,先乘十路到东单,换三路到西直门,换西山小汽车径赴四平台,以车次衔接适时,凡一小时半即达八大处。登山先至灵光寺,已设有茶座及小卖部,较前大不同,(据主者云,仅设三星期前。)清洁舒畅,极快慰,坐憩久之,即在彼进点及饮啤酒,并在鱼池之畔摄影而行。经三山庵、大悲寺,憩殿后高台上,鸟鸣山更幽之感油然而生。旋出旁侧之门,穿林越涧(未循大道)达于龙泉庵,即茶于听泉小榭。北院修洁殆过灵光。二时复登山,经香界寺,到宝珠洞,憩息久之,亦沿途摄景也。(灵光、龙泉俱经常有茶座及小卖,宝珠洞惟假日有小卖,不具茶水,馀处皆无此设。)三时三刻许下山,四时半乃降达四平台,适回城小汽车升火待发,三人乃相将而登,到西郊公园前下(农祥则径赴西直门),转乘二路车东归,在灯市口下,步以返家正六时。往返顺利,至为适意。

　　夜饭后,文权来省,谈至九时半去。余又听转播《十五贯》录音,至十时半乃就寝。

5 月 18 日（四月初九日　乙酉）星期五

晴，暖。

晨五时起。七时点阅《唐纪补正》，中间午饭及饭后小睡半时外，直至五时乃歇，续完五十七卷，并点完五十六、五十七两卷。

六时晚饭。饭后独出，乘三轮出城，径赴粮食店中和剧场，看明来剧团演出《四进士》。七时半开，十一时一刻始散。余坐二排（楼下）第七号，甚舒适。明饰宋士杰，来饰杨素贞及万氏两角，关韵华饰田伦，马小禄饰毛朋，胡松岩饰顾睥，俱佳。朱锡林饰看堂人，虽仅一瞥，竟压倒其它丑角，（张永全饰杨清亦佳，以久不见朱演，更觉盖过耳。其实亦未免成见为梗也。）尤以为快。

散出，乘三轮径归，到家已将十二时，少坐便寝。

5 月 19 日（四月初十日　丙戌）星期六

晴，暖。

晨五时半起。家人告知振甫昨夜见过，并以新龙井茶为赠（由杭州方正大购来），歉感交并矣。即瀹以尝新，色香俱佳，真上品也。八时，为古籍出版社校船山《噩梦》清样，至午后四时毕，凡四十四页。尚有《黄书》待校，须后为之。

接大奶妈家来信，知已安抵三河小田庄家中矣。为之一慰。

夜饭后，滋儿出会佩华，清儿挈建昌、建新、小逸来省，九时许，清等去。余亦就寝。

十时半，滋乃归。十二时半，门铃大作，润起开视，则湜儿在城参会方罢，归来就眠也。事前不通一讯，夜深叩门，不免令人憎嫌，此儿真淘气哉！

5 月 20 日（四月十一日　丁亥）星期

阴翳，午后偶飘细雨，但亦时露日光，气遂燠闷。

晨五时一刻起。八时半，与润、湜两儿出，初拟往陶然亭划船，继又欲至酒仙桥看新兴市场，终走诣朝阳门乘四十二路车径往通县。九时上车，四十分到城内万寿宫，停于新辟大道上，原停车场一带俱为新建筑，屋栋连云矣。路几难辨认，后寻得南北大街，由鼓楼迤北出北门，抵运河之滨，徘徊久之。沿河折返，仍入北门，即在南大街八十四号大顺斋购得糖火烧一斤，名产也。十一时就其斜对门（路东）小楼义和轩午饭。啖拌粉皮、红炖牛肉、酱腱子等，均佳，又啖馅饼六张，味亦较前年在别一家吃到者更佳（据云小楼本最著声）。食后，瀹茗小坐，以风起恐致雨，乃行。仍在万寿宫上车（别乘客运小汽车），时为十二时五十分，至朝阳门内下，亦历四十分。循南水关、小牌坊等归家，已将二时矣。

卫生设备年久失灵，昨日唤匠来修，今日始来，由滋儿监之，讵须大动，润、湜乃共同参作，抵晚未竟全功，须明日再来结束之也。幸水门已通，不影响其它用水耳。

预孙上午来言，显孙将于廿一日由哈尔滨动身来京云。其父母或将来告余适赴通未之见，晚上待至九时，未见权、濬前来。

听转播评弹节目，至十时半就寝。

5 月 21 日（四月十二日　戊子　小满）星期一

初阴，旋晴，午后有风。夜有月，气仍暖。

晨五时起。七时，湜儿赴校。八时，余为古籍出版社校船山《黄书》，至午毕之。并写信与调孚，复论数事，仍属润儿携交（此校样等本亦润儿带归)下午点阅《唐纪补正五十八》,至五时毕之。

夜饭后,与润、滋两儿挈元孙出,乘十路到王府井南口下,先过新华书店,购得五月号《人民画报》。继过百货大楼选购衣料,未当意,即走东安市场啜酪后至合作社衣装门市部,选得凡立丁中山装料一套,连里子计六十三元七角九分。询其加工部制成须两月后,遂挟以行,与元孙先乘三轮归。将约张裁缝来量制也。

有顷,润、滋俱归,谓已晤及张工,明日上午来家量剪云。

听转播京剧两出,候侯宝林相声不及,十时许,即就寝。气燠难入眠,良久始朦胧睡去。

5 月 22 日(四月十三日 己丑)星期二

阴晴间作,晚有风,气仍暖。

晨五时起。八时许,缝工张姓来为余量制夏服,约十日后可取用云。

十一时三刻,潜儿偕显孙来,盖甫自车站接到也。询悉,身体须休养,故给假来京宁家耳,因同饭。饭后,硕孙来,有顷,偕显孙归去。潜儿亦于二时上班去。

余午前理发,午后点阅《唐纪补正五十九》毕之,并完六十之半。已抵暮矣。曾小睡一时。

晚饭时,权、潜、显、硕回来,余则先饭而行,盖滋儿为余购得中和明来剧团戏票,前往看戏也。步至米市大街乘电车到大栅栏,以时尚早,先逛市一遭,然后步入中和,坐楼下第一排第九号。七时半开,先为徐东明、徐东祥、马小禄、常鸣晋之《甘露寺》,继为徐东来、关韵华、朱锡林之《拾玉镯》。朱饰媒婆,趣甚,确较它角为长。

休息后,为徐东明、胡松岩、朱锡林、徐东来之《法门寺》。朱饰贾贵,《念状》一场清脆之至。十一时廿分散,乘三轮归。途中有风,稍感凉,到家就寝已十二时。知预孙住余家,以其姊远归,故让床与之也。

5 月 23 日（四月十四日　庚寅）星期三

阴霾,时见微雨,午后渐霁,向晚晴。气稍凉。

晨五时半起。预孙六时许即上学去。七时半,续点《唐纪补正六十》,至午毕之。

汉儿来饭,午后赴出版局听报告。

饭后,博氏幼儿园饬人送元孙归,谓感不适,谛察之并无它故,嬉游如故。二时半,脱衣令睡,余亦小睡片晌。起续点《唐纪六十一》,至五时,完其半,即停罢。

六时晚饭。饭后与滋儿偕出,走至青年会乘电车到前门下,滋陪我至广和门口,伊乃去购物。余则径入（票为昨日购到者）,坐楼下第一排第九号（居中稍偏台左,不若中和同号之座,乃太偏于台左也）。七时半开,先为徐东明（程婆）、马小禄（公孙杵臼）、胡松岩（屠岸贾）之《搜孤救孤》（其实要在法场换子耳）。认真不懈,可看也。休息后,为徐东来（苏三）、关韵华（王金龙）、马小禄（刘秉义）、朱锡林（崇公道）、刘俊诚（潘必正）之《玉堂春》。（自起解会审至监会团圆）近十一时散。乘三轮遄返,到家刚十一时半,时月正当天,而色甚朦胧,盖又经雨甫霁耳。

小坐未久,即解衣就寝。昌、预仍来宿。（显孙未行,将以为常。）

5 月 24 日（四月十五日　辛卯　月食）星期四

阴雨，午后止，向晚微见夕阳。夜有月，隐现云中，气乃大凉。

晨五时半起。元孙以无恙，今日照常入学。上午点阅《唐纪补正六十一》，并为人民文学出版社题署《史记选》封面。（昨有信来，要我自写。）即作函送王利器。下午为古籍出版社校王船山《俟解》清样卅二页。三时许小睡片晌。

夜饭后，与滋儿挈元孙往中山公园看花，以陡冷难禁，一转即回，往返俱乘十路行，八时即归家。振甫适来访在坐，因与闲话，至九时半乃去。十时就寝。

5 月 25 日（四月十六日　壬辰）星期五

晴，气仍凉。夜月甚姣。

晨六时起。八时，滋儿出往访澄儿之家。余摊书点阅《唐纪补正六十二》。

十时一刻，姨甥仁林来省，以后日即将去抚顺学习电气开车事见告。留之饭不果。十一时十分行。余续点《唐纪六十二》，抵午未能终卷也。午后续点至三时乃毕。小睡片晌。四时起。续点《唐纪六十三》，甫开笔，叩门声作，乃绥贞见访，细谈以中身后诸事，留伊夜饭，七时半去。

滋儿六时始归。夜饭后，昌显来省，佩华亦归，正欲访显，适逢其会。九时同去，滋儿送之。

振甫夜见过，谈至九时半去。

十时就寝。窗隙月光照耀，竟致失寐，一时后始朦胧入睡。

5 月 26 日（四月十七日　癸巳）星期六

晴朗，陡暖。夜月姣好。

晨六时起。上午点毕《唐纪补正六十三》，下午点毕《补正六十四》。已五时矣。

午前得所中电话，询余今日下午三时怀仁堂有关于百家争鸣的报告去否参听？如去，须在府右街门口守候，俟所中车到乃得持票入场。余以天热，鹄候衢路之中，恐致两误，遂谢不往。

夜饭后，与滋儿偕出，走至米市大街乘电车往前门，径诣广和看北京市京剧三团演出。到已开演，入坐楼下第一排第四、第五两位。台上正演《取洛阳》，刘连荣饰马武，历一小时。休息。继以张君秋、陈少霖之《王宝钏》。自武家坡起，至算粮登殿斩魏虎止，将十一时矣，散。君秋唱做皆纯，耐看耐听，近日旦行中不可多得之材也。散出各乘三轮遄归。月下奔驰，微风送拂，至快适，到家未久，湜儿亦归。盖在文化宫参加歌唱甫散也。

午后得西谛手书，约明日上午往谈共饭。

余洗足濯身，易衷衣，十二时半始睡。湜即与余同榻，以南屋已为昌、预占卧也。躁热不易入睡，一时半后乃得朦胧。

5 月 27 日（四月十八日　甲午）星期

晴，暖，下午有风。

晨六时起。八时半出，乘三轮往黄化门大街访西谛，至则圣陶已在，而老舍与余同时到门。略谈后，知今日邀周传瑛、王传淞等来饭，特约余与老舍、圣陶共谈耳。

有顷，周、王及姚传芗、沈传锟、张娴俱至，并有一新华社女记者伴同前来,以十一时五十分车即须离京赴津,故十时即午饭。席间谈昆剧前途,及各剧种发展情况至悉,老舍尤有新见,不觉忽届十一时十分,周、王诸人遂行,而许钦文至。饭已,略坐,余与老舍同附圣陶车归(先送老舍,次及余)。到家十二时甫过也,湜儿正坐待进餐。余即令独食。盖润、琴、元孙与清儿等往中山公园未回,滋儿亦出会佩华,家中仅有湜一人耳。

午后,润等归。又有顷,滋、佩亦归。四时,湜儿返校,滋、佩又出。

六时夜饭,饭后滋始返。润、琴挈元孙出购物,九时许乃归。

余九时四十分听侯宝林相声《改行》,至十时半就寝。

5 月 28 日 (四月十九日　乙未) 星期一

晴,暖。

晨六时起。今日为珏人逝世一周年。瀯、清、敏晨来行礼,余触目伤心,颇欲遁而之他,冀减苦痛,而无地可适,只索咬紧牙关,垂头点校。自上午八时至下午五时,尽《唐纪补正》六十五、六十六两卷(仅午饭歇一小时耳)。

抵暮,澄儿及埙、垲、培、增四孙,瀯儿、文权及预、硕两孙,汉儿、芷芬、清儿、达先及昌、新两孙先后至,显孙最后至,遂共夜饭。(佩华午间展谒,旋去。)

晚饭后,余独出乘三轮赴珠市口民主剧场看明来剧团演出(票昨令滋预购)。至则胡松岩之《牧虎关》正演上。(余坐楼下第一排第廿一号。)继为关韵华、薛广福等之《辕门射戟》。休息后为徐东明、徐东来、朱锡林、马小禄等之《御碑亭》。关韵华仍预焉。是夕卖座不佳,难免影响演唱,十时五十五分散。仍乘三轮返家。

到家,潜等早去。润等已睡,阒然孤寂,只有珏人遗容在黯淡月色下若隐若现而已。开电灯,小坐饮茶,徐宁吾神,然后就寝,已十二时矣。

5月29日(四月二十日 丙申)星期二

晴,闷热。午后渐起云翳,三时半雷阵作,顷刻大雨如注,挟以雹子,大如豆。至夜雨止,气亦稍凉。

晨六时起。八时点阅《唐纪补正六十七》,至午乃毕。饭后苦闷,与滋儿拟出散步,乃天气变幻,迟疑久之,二时半仍出,行至南小街,乌云四合,雨意甚浓,便走回,抵家未几,雨即至,心神为之不怡,只索摊《唐纪》续点之。至暮完六十八之半耳。

夜饭后,灯下小坐,九时半就寝。

建新孙因同院小孩有患猩红热者,昨日避居我家,今日其家已彻底消毒,垂暮归去。

5月30日(四月廿一日 丁酉)星期三

晴,暖,夜深有雨意,转闷热。

晨六时起。九时偕滋儿出乘十路到东单,走出崇文门,再乘电车到天坛北门,步往祈年殿东长廊下茶憩。时雨后新沐,地不扬尘,松柏交翠,树草竞碧,列坐其间,清芬徐挹,快甚。坐至十一时起行,出祈年门,循西天门大道出,至永定门大街乘电车北行,在王府井南口下,复走至东安市场,饭于五芳斋。其地本常去,以三年前偶感不满意,过门未入数载矣。今与滋复过之,觉品质已好转,或公私合营之后,配料已充之故乎?饭已,在吉祥顺购今晚明来剧团《四进士》戏票,仍折回王府井南口,乘十路东归,到家正二时。

小坐后假寐,至四时半起。

六时夜饭,饭后徐步独往吉祥,坐楼下十七号(头排)。此剧已重看,明与来演技更进,韵华、松岩亦都可看,永全、锡林逗趣甚松。十一时十分乃散。乘三轮归。小坐,就寝已十一时半,以天气转燠,厚褥尚未撤换,转侧难宁(盖被则汗,揭露则冷)。直至二时后,始得入睡,不适之至。

5 月 31 日(四月廿二日　戊戌)**星期四**

阴森沉郁,午后尤有雨象,薄暮竟有夕阳。

晨六时起。八时点校《唐纪补正》,至十一时完第六十八卷。续点六十九,抵午完三之一耳。午饭后,续点至五时方毕。

夜饭后,小坐至九时即寝。先将厚褥撤去,被亦易较薄者,是夕睡眠便佳,虽时或醒来,不久仍复入睡也。

6 月 1 日(四月廿三日　己亥)**星期五**

阴翳,时有雨滴,午前后日出片晌,闷热。夜又有时雨,深夜二时后,雷雨间作,檐注声喧达旦未休。

晨六时起。今日为国际儿童节,元孙坚欲出游,因于九时后,乘天色暂明,偕滋儿挈之往陶然亭。先乘十路,行至象来街下,因城豁子外正在修桥,只得步行而过,直至三庙前始得换车到南樱桃园,再转五路到陶然亭。入门一片葱翠,迥非曩比,询悉慈悲院台址已修葺完竣,售茶已数日矣。乃径趋之,则诸室洞开,皆焕然一新(原有居户已早迁空),西廊及毗连之室,皆售座。余三人仍择西廊南首茶憩焉(余室询悉将布置展览会)。坐甫定,而雨作,时停时降,却亦不碍畅观也。遂从容饮鲜啤,啖面包进小食,以代午餐。味亦佳。（座旁有小卖部，糕点、糖果、小食、啤酒色色俱有，至便。）惜邻座一南方老妪挈两孙同来絮聒，无片刻休，至可厌。亦尝来攀谈，支吾而已。午后二时，日出乃行。过儿童运动场听元孙玩滑梯，等久之。离园乘五路东发，在大栅栏下，过中和购得今晚春秋京剧团戏票，乃先与元孙乘三轮遄返。滋儿乘电车转十路，比余等归，伊先到家久矣。三时四十分，余开卷点书，至五时五十分，完《唐纪补正七十》之半。

六时夜饭。饭后独出，乘三轮赴中和，时尚早，又在窗口购得明晚明来剧票，然后入场，坐楼下二排七号。七时半开演，先为李元春（孙）、孙克温（龟）、刘承童（虾）等之《闹龙宫》。该团以武术见长，使械及软功均堪称，宜其独树一帜也。继为李韵秋（崔丽英）、徐永海（崔华）、于占鳌（八儿）、马玉堃（杨知县）等之《三不愿意》。休息后为李元春（刘丽华）、李韵秋（任堂惠）之《三岔口》。十一时始散，又值雨，乘三轮到家则雨已停。入室少憩，然后就寝，未及十二时也。初入睡，二时后为雷电雨声所扰，颇不能安耳。

6月2日（四月廿四日　庚子）星期六

阴雨竟日夕际隙甚少，气较凉。

晨六时起。元孙腹泻，今日令在家休息，大概受凉多食之故。幸多睡，未发热。入夜即松。

九时点阅《唐纪补正七十》，至十一时毕之。接文研所通知，约今日下午三时往听传达报告。饭后一时半车至，冠英来接，盖其伉俪来协和医院疗疾，顺道相过也。即偕之起行，二时三刻赶到所中。三时开会，由王办公室副主任传达周总理所作毛主席十项决定之报告,至六时一刻始完。在场晤介泉、默存、季康、健吾、范宁、彦生、大冈、朗山、耀民、妙中、之琳、逸群。会后原车送归。同人附车者三人(王主任、葛涛、张慧珠也)。到家已七时,家人正在进饭,余即坐下,即以今晚戏票交滋儿,属令前往,余惮于行矣,且恨阻雨。

夜洗足,濯身,易衷衣,九时半就寝。

十时半,预孙归来(盖周末活动故)。十一时四十分,滋儿归。十二时,门铃又作,湜儿参晚会赋归矣。仍令与余同榻。一时后始入睡。

雪村今日归京。(曾来访余,未值,适赴北大开会故耳。)

6月3日(四月廿五日　辛丑)星期

竟日闷雨,午前后及黄昏时尤豪壮,街衢积潦,屋多渗漏矣。气仍忽变,时凉时燥,颇难把捉也。

晨六时起。坐雨不得出,闷损殊甚。十一时,满子乘车来,将圣陶命,迓往午饭,兼过接雪村同往。遂先晤之,共载以赴八条。晤圣陶、至善父子,且饮且谈,不觉已至午后二时,乃罢。入视墨林,气色好转,坐谈久之。四时,雨仍未休,圣陶又具车送归。今日为雪村与耦庄夫人金婚之庆,本邀过彼晚饮,遂径往其家。在座见倪哲生之子,长谈抵暮。士敏一房先至。有顷,汉儿、芷芬、濬儿、文权亦至。始饮唉。食罢,雨益大,润儿携雨具来接,至九时许,乃相扶以归。胡同中水过足背矣。到家,北屋及东屋俱微漏。(病屋支雨三日,仅见小漏,亦幸矣。)

十时就寝。十一时半,湜儿归,盖往人民剧场看歌剧,据云归途无雨矣。

6月4日（四月廿六日　壬寅）星期一

晴，温。下午雷阵，浓云中天而过，渐向东推，当地仅洒大点数四，未果成雨。傍晚夕阳映霞，树翠欲溜矣。

晨六时起。七时湜儿归校。八时点校《通鉴·唐纪补正七十一》，至十一时毕之。续点七十二，至午后三时亦毕。因少睡片晌，四时半起，复续点《补正七十三》，未及半即夜饭。

饭后以胸鬲闷饱，偕润、滋挈元孙同出散步，出大雅宝城豁口，徜徉至日坛根而返。气乃稍舒。

夜听广播京剧，杜近芳《柳荫记》，裘盛戎《姚期》，王泉奎、李宗义、云燕铭《二进宫》。十一时乃入睡。

是日填报五月工作汇报表寄积贤。

6月5日（四月廿七日　癸卯）星期二

晴，暖，夜有云。

晨六时起。昨夜胀闷终宵，早起如厕后始略舒。而腰拧头重，百无一是，欲偃卧以休，恐坐致疾病，欲强自伏案，又惧增闷益苦。因于九时偕滋儿出，信步所至，期自放。先乘十路到东单，见三路来，乃乘以往西郊动物园。看新到动物长颈鹿、麋（俗称四不像）、袋鼠等，又看狮、虎、熊、象等。十一时离园，乘三路入城，在护国寺换电车到西单市场，因入览。其地新加修葺，各业分类设店，所有摊设亦各从其类，联营合作，不但形貌焕然一新，而精神亦迥非昔比矣。余与滋略涉一周，便在峨嵋酒家（川菜食堂）午餐。吃红烧鳝鱼、鸡油笋尖及冷面、担担面，并饮鲜啤半升，计价二元馀，较东安市场五芳斋及通州小楼尤廉矣。食已，才十二时三刻，乃北走西单游艺社,看群力京剧团演出,坐头排十一、十二号。先为张少彦之《樊城》(填戏),继为张春山之《连升店》,最后为安桂秋之《拾玉镯》、《法门寺》。四时三刻散,乘十路东归。到家已五时二十分,元孙亦既归矣。

夜饭后,达先来省,盖今日甫自长春公干返京耳。谈途中闻见甚悉,至十时半乃辞去。余亦就寝。

6 月 6 日 (四月廿八日　甲辰　芒种) 星期三

晴,暖如昨。

晨六时半起。八时点校《唐纪补正七十三》,至午方毕。午后续点七十四,至三时,仅及少半,以腰酸不任久坐,即假寐片响。四时一刻即起,精神阑珊,竟未能续点矣。

午饭后,润儿告接高祖文电话,属转询昭君出塞事,因书一纸答之,仍交润儿饬送。

夜饭后,独往吉祥看春秋京剧团演出新排《仁义北霸天》。缓步前往,途次遇雷阵,未果雨。入场后,坐头排第十六号,七时半开,十一时半始散,剧情热闹,开打紧凑而已。散出后乘三轮返家,略坐。就寝已十二时矣。

6 月 7 日 (四月廿九日　乙巳) 星期四

晴,暖,下午起阵。入夜雷电交作,但雨不甚大,气仍闷热。

晨六时起。八时半,农祥见过,约共出游,已两周未晤,遂偕滋儿陪同出门。先乘十路到东单,转十二路到崇外花市口,再转电车到天坛北门,入茶于长廊北茶棚下,适食品公司举办之食品展览会正在预展(明日正式开幕)。汽车甚多,廊边停驻,初无其例,余等未有请柬,当不得入视,但茶棚之侧设有陈样试售部,各省市名品略备,余等选购天津、青岛、武汉、上海等四处所出食品九种。十一时行,再由电车转五路诣陶然亭,即在慈悲院台上西廊茗饮啜啤酒,以所购物下之,甚以为适。午后二时起行,复在湖中荡舟一小时,以天色转劣,即登岸出园,仍乘五路到天安门西首下,别农祥后再转十路东归。甫到家,雨即至,幸未沾及也。有顷,元孙归。薄暮,润、琴亦后先归,乃共夜饭。出食余之品同享之,犹饱餍未尽,(计其价只二元,余如上馆子小吃所费,将不啻倍蓰,且无余物可以持归也。)颇快。

饭后,琴媳挈元孙往视潜、显。有顷,雷作,润儿亟往候之。归来已不免淋漓矣。

九时半即寝。

6月8日(四月三十日　丙午)星期五

晴,闷热,时阴,亦兼细雨。

晨五时半起。八时后,点校《唐纪补正七十四》,至午毕之。午后小睡片晌,起点《唐纪七十五》,无多页即罢,已暮矣。

夜饭后,独往中和看明来京剧团演出(票为滋儿午后购来),三轮往,已七时四十分,东明与胡松岩之《上天台》已开演。余坐楼下第二排第七号,迨八时许,即休息。休息后为关韵华、徐东来主演之《彩楼记》,自彩楼绝父起,至寺会团圆止。十一时五分始散。其中《赶斋》、《评雪》、《泼粥》诸场刻画精微,益显韵华之能矣。散出仍乘三轮遄返。

十二时就寝。

6月9日（五月　小建甲午　丁未朔）星期六

晴,热。

晨四时半即醒,五时起。三刻乃偕润、滋两儿挈元孙同出,赶乘十路转三路到西直门,六时四十分达车站,乘七时十分丰沙线快车赴西黄村,七时半即达。下车出站,循路径奔福田公墓,越永定河新翻堤两道(正在作引水工程),始抵墓门。余等径诣珏人墓前展拜(去年今日珏人逝世),默哀久之,既而过礼堂休憩,由管理员杨姓煮水瀹茗,坐至十一时乃行。(例犒一元)

走西道出亚洲学生疗养院,院东即八大处通西直门汽车道。少立以俟小型汽车即至,附以东行,十一时四十分便到西直门(今后往返展墓当取此道为便)。换乘电车到西单市场下,祖孙父子四人顺逛市场,饮酪啜冰,然后饭于峨嵋酒家。饭后走至西单南首,乘十路以归。到家已二时,润儿仍上班去。湜儿已自校归,滋儿翻盆莳花(盖自坟所向杨姓乞取来杂花多种)。余洗脸濯身,就榻偃卧,盖不胜其累矣。睡至四时半起,复洗足易衰衣,乃始宁坐,已薄暮矣。

夜饭后,潴、权、显、硕来省,谈至十时始去。余亦就寝。湜儿仍与余同榻。

6月10日（五月初二日　戊申）星期

初晴,近午阴。午后雨,即止,气闷热。

晨五时半起。八时三刻雪村见过,因与偕出,乘十路往中山公园,润儿挈元孙从。在来今雨轩茶。有顷,文叔、心如、芷芬至。又有顷,晓先挈其外孙小明至。又有顷,灿然亦来谈。十一时散,余与雪村往黄化门大街访西谛,晤之,遂留午饭,兼晤空了。午后二时乘三轮归。已值雨,幸未沾湿耳。谈次,西谛以整理古籍计画告,欲调余至古籍出版社参与其事。谛性急,谓明日晤其芳即提出,余以在座人多未便坚却,颔之而已。比归,思之,目前该社组织未健全,骤焉加入,恐多纠纷,因作书陈此委曲,属暂缓向所中提出(此函即令湜儿送去)。

夜饭时,达先来省,谈至九时去。看明日开会文件(国务院科学规划委员会召开哲学社会科学规划座谈会)。十时就寝。

6 月 11 日(五月初三日　己酉)星期一

晴,热,日中挥汗不止矣。

晨五时起。七时四十分,所中放车来接,湜儿附以归校。车过东厂胡同西口,接叶水夫,同往西直门外科学路西苑旅社参加座谈会。时为八时,只得坐待。余参加古典文学组,至九时,西谛、其芳、江清、林庚、国恩、利器、舒芜、友琴、翔鹤、长之、丕权、道衡、世德等陆续至。九时开会,西谛去主持考古组,其芳代主本组,道衡、世德司记录。讨论一九五六至一九六七哲学社会科学规划草案(初稿),至十二时未毕,休会,诣饭厅会餐,无意中同席遇宽正,盖亦被邀来京与会者也。

饭后会中预备休息铺位,余不惯午睡,又值易地,毅然谢让,拟往动物园一游(以近在咫尺故)。讵知,同心者多,一时与国恩、林庚、友琴、舒芜、长之、羡林、利器俱往参观兽室及狮虎山、熊山、象房等,日中仆仆,亦颇热。至二时半,即折回会所。三时续开讨论,前案毕,续讨论文学研究工作十二年远景规划草案,至六时一刻,休会(未毕)。复诣饭厅共进晚饭。无意中又遇数十年前老友郭一岑。饭后，逸群坚劝同参招待晚会，因乘特备专车径赴天桥大剧场。坐楼下四排廿七号。八时开幕，参加节目凡十，中间休息十分钟。一、京剧《钟馗嫁妹》(上海京剧院王正屏)，二、琵琶独奏《阳春白雪》(上海乐团民族乐队马圣龙)，三、京剧《贵妃醉酒》(上海京剧院童芷苓、王宝山、王泗水)，四、笛笙合奏《欢乐歌》(民族乐队陆春龄、曹序震)，五、京剧《盗仙草》(云南大戏院关肃霜)，六、盘子舞(红旗舞蹈团赵美芬等)，七、二胡独奏《月夜》(民族乐队许光毅)，八、民乐合奏《春江花月夜》(民族乐队许光毅、陆春龄、马圣龙、曹序震)，九、《采茶舞》(红旗舞蹈团孙秀兰等)，十、京剧《闹天宫》(上海京剧院李仲林等)。近十一时半散。逸群又张罗汽车送归，至感也。

到家，润儿犹未睡，与谈久之，乃濯身易衣，就寝已十二时后矣。在剧场曾晤斐云、芝生。

6 月 12 日 (五月初四日　庚戌) 星期二

晴，热，下午有雷阵。

晨五时半起。校正昨日文件中误字并略注意见，备交还作参考。

十时半，滋儿去东安市场办节物，盖明日端午矣。近午即返。

午后二时三十分，翔鹤车过，因附以出城，径赴西苑旅社，续参座谈会。以时已略晏，会谈已开始，并知所中已派车去接余矣，为之歉然。会上发言人多，以林庚、舒芜、李长之、范宁为最，就中结合工作经验，并反映工作甘苦之谈不少，真意外收获也。六时一刻散，仍就饭于膳堂，晤一岑，即与同席，并遇及斐云、叔湘。饭毕，仍附翔鹤车东归。时阵雨方过，彩虹高悬于东南，余处迤逦，一碧空翠欲滴,快目畅心,积日未得如此矣。

七时半抵家,盥洗小休,九时半即就寝。

6 月 13 日（五月初五日　辛亥　端阳节）星期三

晴,热。

晨五时半起。吃粽子。属滋儿买鲜花供珏人遗容前。午饭后,汉儿来省,送来粽子,因再剥两只供之。

八时点校《唐纪补正七十五》,至午毕之。潘儿来省,因共饭。佩华饭后亦归,奉鲜花献珏人遗容前。二时半,与潘、汉同往出版管理局听报告。余假寐片时,看陆定一讲话《百花齐放,百家争鸣》(就前见讲稿修正登今日《人民日报》二三两页)。

清儿晨来省,八时前上班去,未及与潘、汉遇也。

三时续点《唐纪补正七十六》,至五时半亦毕。未几,元孙自幼儿园归。六时,偕滋儿挈元孙乘三轮往景山东街汉儿家晚饭。润儿、琴媳、达婿俱在,文叔、元章亦至。宴饮笑谈,八时半方罢。又谈至九时半,乃行。余乘一三轮,琴媳挈元孙乘一三轮,润、滋、达各御骑车夹护焉。行至南小街,达婿辞去。余等径归。十时就寝。

6 月 14 日（五月初六日　壬子）星期四

晴,热。

晨五时半起。八时点校《唐纪补正七十七》,抵午毕之。午后小睡片晌,起后续点《唐纪补正七十八》,至五时半完三之二。

六时半夜饭。饭后,独乘三轮往广和看春秋京剧团演出,坐楼下第一排第六号。先为顾荣长主演《青风寨》。休息后为全部《酒丐》，其中范大杯应为李元春饰，以伤臂辍演，由孙克温代之，艺亦不恶。李韵秋饰王翠娥，出场不多，但演技仍能翘然，示异于众云。其他徐永海饰石世茂，于占鳌饰酒保，均松快，惟另一丑角马玉堃无戏，不免少获笑料耳。十一时散，仍乘三轮归。到家小坐，饮茶，至十二时乃寝。

6 月 15 日（五月初七日　癸丑）星期五

阴森燠闷，午后遂雨，气亦渐凉。

晨五时半起。八时点校《唐纪补正七十八》，至十一时毕之。印本劣甚，大段脱落，抄补需时，因而延迟也。

得十一日颉刚黑龙江伊春县来片，知正在带岭参观森林工业学校，并知将赴佳木斯、牡丹江一行，始返辕归京，当在本月二十五日以后矣。壮游可羡，恨无力以赴耳。

平伯午前见过，谓昨方自苏杭德清返京，今日下午即须出席人民代表一届三次会议云。谈故乡情况甚悉，余亦恨久离不得暂回也。谈至近午去。

午后阻雨，闷损倍甚，伏案既可头重，出游又恐沾濡，只索偃卧，翻《聊斋志异·田七郎》诸篇观之，亦曾入睡片晌。滋儿以闷气难任，雨中亦出外，顺取所修照相机。傍晚乃归。

夜饭后，灯下看刘体智《续历代纪事年表》（专载清天命至光绪之末）。顺读杜云川《读史论略》一过。十时就寝。窗外雨声淅沥，彻宵未休。

6 月 16 日（五月初八日　甲寅）星期六

阴雨连绵，亭午显昼。午后雨益甚，气却未见大凉也。

晨五时半起。七时点校《唐纪补正七十九》,至十时半毕,续点八十,至午饭完其半。

饭后日出,颇欲一出,以纾积闷,乃未几阴合,雨又随至,只索拥衾闷睡。

湜儿午前归,盖校中停课,准备大考,渠乃返家温习也。

夜饭后,瀋、权、显、硕来省,谈至九时半去。余亦就寝矣。

6 月 17 日(五月初九　乙卯)星期

上午阴雨间作,午后晴,仍时有细雨,入夜乃有月,气凉于昨。

晨五时半起。因阴雨未得出,闷甚。饭后乘日出,余乘十路北行,往八条访圣陶、墨林。至则先晤蝶生、满子,知墨林病突增,创处红肿,体热加高,形势颇见恶化,正在准备再送北京医院。有顷,圣陶、至善俱见。又有顷,满子、至美扶掖墨林出,余等送之登车,蝶生陪去,情形历乱。余伤其境之黯淡行,自悲吾昔所遭也。未几,圣陶往人民教育出版社改文,余与至善乃往新侨饭店访云彬。盖云彬来京出席人代会(住新侨饭店四六号),有电话来约至善往谈也。余与至善乘电车前往晤云彬,长谈,在座遇许昂若,廿馀年未见矣。坐至五时许,辞出,与至善别,即乘三轮归。

到家澄儿与基、垲、培、增四孙在。有顷,汉儿、芷芬、晓先、雪英自圣陶所来,知墨林未住院,仍送归,其况盖与往年珏人送苏联红十字医院退回同。闻之益感不怡也。又有顷,达先来邀雪英、澄儿等饭其家,晓先、芷芬、汉儿则留家共饭。

匆匆饭已,余辞众先行,以滋儿为余购到民主剧场夜戏票,亟往看之也。出门遇吴海,即乘其三轮遄往珠市口,行虽疾,至剧场已开幕矣。戏单亦已分完未得。入坐于楼下第一排廿四号。先为李万春、钱鸣业等之《温酒斩华雄》。继为刘英华、商四亮之《拾玉镯》（小生何人不知也）。休息后，为李万春主演之《铜网阵》，适演蒋平之李庆春因病请假，《捞印》一场遂缺。十时半即散，仍坐三轮归。

抵家湜儿犹未睡，从容同卧，对话至十二时后始入睡。

6 月 18 日（五月初十　丙辰）星期一

晴阴间作，气稍爽。

晨五时半起。七时点校《唐纪补正八十》，至九时毕之。湜儿欲往古代天文仪器陈列馆参观，因与滋儿偕行，诣彼适值星一休息，三人废然而返，但藉此散步，计亦甚得也。

午后小睡，至四时方起。六时晚饭，待湜儿不至（伊五时出，言六时必归饭），只得先吃。饭后，余与滋儿徐步同往吉祥剧院看明来剧团演出，坐楼下第一排四号、二号。正居中央，时胡松岩、徐东祥之《遇皇后》方上，均卖力，尚可听。继为关韵华、马小禄等之《白门楼》，只有关之吕布与马之陈宫可看，余都应景而已。而薛广福之曹操尤失望也。休息后，为东明、东来之《乌龙院》，朱锡林饰张文远。全剧始终不懈，煞是好戏，但东来以荡妇身份出现，终被刺杀，未免不舒，或者主观有偏见所致乎？早先吴素秋演武松、潘金莲，只看一次，终不愿再见，此剧想亦同坐此故耳。一笑。十时五十分散，与滋各乘三轮归。

抵家湜儿亦甫自外归，盖在安定门外和平里中央歌舞团看表演也。近十二时乃各就寝。

6 月 19 日（五月十一日　丁巳）星期二

阴雨延绵，午后日出，竟放晴。傍晚雷阵未果雨，入夜月色皎然矣,气先凉,后热,但爽而不闷。

晨五时半起。上午看所中同人陈友琴《论白居易作品中的思想矛盾》稿。午饭后,偕滋、湜两儿诣天坛参观食品展览会(以天热不能延长展出,明日下午五时即截止)。先乘十路到东单,转十二路,再换电车,径达天坛北门,虽天气不佳,而参观人多,余等入场涉览一周后出,就长廊下茶棚小憩。滋、湜复过售品部购得武汉金钱肉及上海肉脯、肝脯等数事,以购者拥挤,排队一小时馀始到手,亦可笑也。三时行,仍循原路而归。去时以恐雨,挟雨具而往,归时红日高照,热汗直流,到家不得不卸衣盥沐矣。

六时夜饭,饭后与滋儿同出,步至东安市场,伊购物,余则入吉祥看春秋京剧团演出(票为滋儿昨日所买,今又顺为余购明日票)。坐楼上第一排六十三号(明日票亦同此号)。剧为李桂春(即小达子,盖此团以李元春病,特邀伊来帮场撑持者也)主演之《包公》,自庞煜放粮起,至赵州天齐庙遇皇后止,颇热闹,每场换袍并屡易其冠,殊觉海派,但桂春年已老迈,而唱音仍洪亮远送,亦难能矣。惜身体太矮,与四周张龙、赵虎等比,显见不称,亦无可奈何耳。剧中发见孙玉祥之李宸妃及于占鳌之范仲华大为出色(虽微嫌过火,而刻画生动),亦不能没其善也。李韵秋饰庞妃,不能显其所长,惜哉! 十时三刻散,乘三轮径归。湜儿犹未睡。余洗足而寝,已十二时矣。

6 月 20 日(五月十二日　戊午)星期三

晴,热,夜月晕,气转闷。

晨五时半起。七时校点《唐纪补正八十一》,抵午毕之。于是,《唐纪》尽矣。

下午小睡片晌，绥真见过，谈以中身后事，甚久，慰劝至近五时乃去。

六时，农祥来访，言上周以体感不适，星四未及走谒，明日又以工作调整不休息，恐见盼望，特来告知云云。此君诚悫可佩。留与共饮，七时即去。以亦秀候伊同饭耳。农祥行后，余亦出，乘三轮诣东安市场吉祥，看明来剧团演出。七时半开幕，先为关韵华、朱锡麟之《连升店》。刻画旅店东之势利及书生穷途落魄之况味，一切呈露炎凉变于俄顷，荣悴决于即时，诚旧社会之写照也。休息后，为徐东明、徐东来、张蝶芬主演之《四郎探母》，（此剧在日寇瓦解后即辍演，近始露现，或亦扭转偏向乎？）自坐宫盗令起，见母回令止，十一时始散。东明饰杨延辉，始终不懈，东来饰铁镜公主，细腻中有轻松，蝶芬饰萧后，扮相俊中有媚，时辈中无出其右者；加以韵华兼饰宗保，锡麟兼饰大国舅，徐东祥饰佘太君，益增左右掩映之致，宜今日卖座几满矣。

散出后，仍乘三轮返。湜儿尚未睡。余以热汗拭身，然后就寝，又十二时矣。

6 月 21 日（五月十三日　己未　夏至）星期四

晨阴，间以雨，偶亦日出。午后大雨，断续抵暮，气乃大凉，夜又须棉被矣。

晨六时起。上午点毕《通鉴·唐纪补正》后，接之《后列国纪》一，迄于唐亡。

午后二时廿分，雨中车至，即乘以赴所，出席古代文学第一分组例会，湜儿以明日应考故附车前往。三时开会，晤其芳、冠英、力扬、默存、友琴及周桥、刘曹诸同人。冠英主席，讨论友琴所作《白居易作品中的思想矛盾》。余提改用字数处,并校正误字若干。自三时至五时五十分散,仍于雨中乘原车送归。湜儿以考试改期,仍附车同返。到家未及七时,即与家人共饭。饭后休息,九时半即就寝。

6月22日(五月十四日　庚申)星期五

初阴,旋晴畅。夜月皎甚,还暖。

晨五时半起。八时后,看陈寅恪《唐代政治史述论稿》。午后小睡片时,起后复看陈著。湜儿饭后即返校,准备明晨应试也。夜饭后,偕滋儿出,乘十路到天安门转一路到大栅栏,步入中和剧院,看明来剧团演出全部《玉堂春》。坐楼下一排廿二、廿三号。甫入坐,即开幕。自王金龙游院起,至监会团圆止。十一时半始散。韵华、东来饰主角,固尽其能,而朱锡麟前饰沈延龄,后饰崇公道,亦大展所长。新丽华饰鸨儿,尤见安排(饰正角似非所宜)。戏散出场,各乘三轮以归。

到家已十二时。皓月当空,澄鲜异常,就寝后月光自窗棂透入,耀同白昼,转难入睡,直至二时后,乃朦胧合眼云。

午前雪村见过,约星期日在来今雨轩会晤云彬。

6月23日(五月十五日　辛酉)星期六

晴,热,夜月微晕,后渐澄澈。

晨五时半起。看陈著《唐代政治史述论稿》。午后小睡。

夜饭后,偕润、琴、滋、湜(午后考毕归)挈元孙同往中山公园,先涉历一周后,在园西服务部前树荫下茶憩,看月渐自树际冉冉而上,不觉透出林杪,乃起行,步月出园,兴殊不恶,所惜躁热浴汗,为不适耳。乘十路归,挤甚尤可厌。到家已十时半,即濯身易衣,就寝已十一时许矣。

澄儿归途为余购得明日人民剧场日戏(京剧新编《三座山》,根据蒙古歌剧改作)票,余以明日已约出会诸友,恐无暇往,即以票属琴媳往观之。

6 月 24 日(五月十六日　壬戌)星期

晴,午后渐阴。夜微雨,中宵大雨延绵,达旦未休,气先燠后凉。

晨六时起。八时半出乘三轮径赴中山公园来今雨轩,至则云彬、雪村、晓先、小明(晓先外孙)已先在。有顷,调孚至。有顷,心如、芷芬、汉儿至。芷芬言圣陶、文叔诸人在人教社改文字,午当到萃华楼。午后仍须返社续改,属云彬暨在座诸人届时同往共饭云。云彬以先应他约,十时即行,谢不赴。调孚以饭后拟往看《三座山》,亦不赴。至十一时半,芷芬、心如往萃华楼,余偕雪村、晓先、汉儿、小明步往西交民巷东口玉华食堂小饮。食客拥挤,几不得坐,勉挨获五座而已。吃软兜带粉、炒虾仁、水晶肉、汤包、轻丝等,皆得醋饱而止(付钞七元馀)。食已出,晓先挈小明乘七路归去,余与雪村、汉儿北行,至天安门遇介泉甫自城外来,亦欲往玉华饭,立语片时,雪村、汉儿各去。余二人乃折入中山公园,先诣来今雨轩食堂,皆满,乃往瑞珍厚,亦不得间可进餐,在棚下啜茗以待之,近二时许,始得食,余又再饮鲜啤半升也。食后,就茶座长谈,上天下地,无所不谈,真痛快之至矣。至四时半乃起行。复至王府井大街闲逛,至五时半,介泉诣东华门乘车返燕东园,余亦乘三轮径归。

润儿今日星期加班,琴媳往看《三座山》,滋儿去约佩华同看明来《四郎探母》。惟湜儿在家温课,元孙午睡嬉戏而已。至是皆归,乃共夜饭。

饭后,余乘十路到东单转电车,到大栅栏,独往中和看明来演出。坐楼下一排十七号。正当台之中央,待十馀分钟开幕。先为徐东祥之《望儿楼》,继为徐东明、马小禄、常鸣晋之《搜孤救孤》,八时半即休息。后乃为徐东来(梨花)、关韵华(丁山)、董蕙玲(金莲)、马小禄(仁贵)、徐东祥(迎春)、朱锡麟(丫环兼中军)等之全部《樊江关》(自梨花下山至锁阳关解围止)。十一时始散。时已细雨,余乘三轮至南小街,雨乃大,亟赶到家,幸未大湿,急启门入,湜儿犹未睡,少坐就寝,又届十二时矣。

6月25日(五月十七日　癸亥)星期一

阴,时有濛雨,气尚凉爽。

晨五时三刻起。看陈稿中篇,迨午未毕。神怠气倦,不知所措,因于饭后与滋儿出门散步,信行至朝外大街新声剧场,乃购票入场,占二排四、五两座,随意观听。(剧场规模狭小,不印戏目,演员多不知名,仅知主角耳。)先为《洪洋洞》,饰延昭及焦赞、宗保者多为女角,唱尚可。继为《红楼二尤》,前饰三姐后饰二姐者为王素琴,艺尚可。先饰二姐后饰熙凤之女角,不知为谁,饰熙凤时尤出色,是否砚凌云?十步之内必有芳草。未能以其狭小而少之也。四时半散,乘二路入朝阳门,至北小街南口换十路到禄米仓西口下,徐步以归。

夜饭后,文权来省,谈至九时去。余亦少休便寝矣。大概气候影响起居,俱感不适,睡眠尤甚,以是数数醒醒,又筋骨牵掣耳。

6 月 26 日（五月十八日　甲子）星期二

阴雨竟日，入夜好转，气凉于昨。

晨六时起。看陈著中篇毕之。又续看下篇若干段，未毕也。

湜儿午饭后返校，以明晨须应考也。

余午饭后小睡，四时后乃起，精神稍振。

夜饭后又续看陈著下篇，至九时仍未毕。十时就寝。

6 月 27 日（五月十九日　乙丑）星期三

晴，暖，转热，夜有月微晕。

晨五时半起。七时后，看陈著下篇，毕之。并续看陈著《隋唐制度渊源略论稿》，抵午看完二十页。

午前，湜儿自校考毕归。饭后，余偕滋、湜两儿出，乘十路到南樱桃园转五路到陶然亭，即窑台茶憩，至四时行。循西湖西岸绕之而南，见抱冰堂已收入园内，辟为露天剧场，白天门扃未得入，想房屋待修之故耳。旋过云绘楼，登慈悲院，陶然亭周历前后乃下。出园乘五路到珠市口下，在民主剧场购得当晚剧票，楼下一排十三、十四号。复徜徉于前门大街，至正阳桥，滋儿先归宁家。余与湜儿乃在西河沿、观音寺、大栅栏一带闲逛，六时许，走往煤市街丰泽园夜饭。饭后复在西柳树井、虎坊桥徐步以下之，七时半进民主剧场，坐甫定，即开幕。先为徐东祥之《钓金龟》，继为徐东明（苏武）、徐东来（胡妇）、关韵华（李陵）、朱锡麟（卫律）、马小禄（傅介子）等之《苏武牧羊》。初意剧中安排东来最难，大概随凑而已，讵知饰胡阿云先后四场尽偶倪缠绵，义烈之极致，末了别夫推子自刎一场，颇令人同情陪泪。十时三刻散，而卖座甚惨，殊为不平也。

散戏后,与湜儿乘三轮径归。十二时就寝。

6 月 28 日（五月二十日　丙寅）星期四

阴晴间施,时有细雨,气转躁燠。

晨六时起。看陈著《隋唐制度渊源略论稿》,自上午八时至下午五时（中间午饭及小睡两小时）,仅得二十四页,以其精博未可草草阅过也。

夜饭后,偕润、滋及元孙出散步,徜徉于大雅宝城豁口外,沿护城河滨闲眺,及灯上乃归。

九时听周总理关际于国际形势及解放台湾报告（广播最近人代会上之发言）,十时后乃毕。就寝后,以燠凉交织,盖被既滋汗,引出又感凛,反复难宁,二时后,始得朦胧入睡云。

6 月 29 日（五月廿一日　丁卯）星期五

阴,时间细雨,午后大雨两场,旋转阴,气亦遂凉。

晨五时半起。八时看陈著,至午后四时三刻,尽二十八页,凡论都城建筑及职官章,俱毕之矣。征引繁博而商务本排植多误,发本重对,颇费力也。

藏云午前见过,谈移时去。故人抽暇长谈,机会难得,彼此倾吐,殊畅夙怀耳。

夜饭后,偕滋儿出,乘十路到天安门,转电车达大栅栏,步入中和,坐楼下头排十七、十八号。坐甫定,即开戏。先为徐东明主演徐策《法场换子》。继为徐东来（花木兰）、关韵华（贺廷玉）、马小禄（花弧）、徐东祥（花母）、朱锡麟（投军人）等之全部《代父从军》。十时三刻散,东来倒串小生,在余为初见,忽筝忽弁,左右咸宜,诚不输吴素秋也。

出中和后,乘电车到青年会下,由无量大人胡同徐步以归,到家适十一时半,湜儿温课犹未寝也。小休至十二时,乃就卧。

6 月 30 日(五月廿二日　戊辰)星期六

晴,热。时昙。

晨五时半起。竟日看陈稿,兵制、财政、音乐诸章,至暮全书读毕。前后凡一百十四页。

夜饭后,琴媳挈元孙参加人教社工会晚会,余偕润、滋、湜三儿乘环行电车到北海后门,初拟赁舟荡什刹海,以人挤排队,待次甚长,乃入北海公园,茶于仿膳厅前棚下,至九时行。乘画舫渡海子而南,在漪澜堂前登岸,步出园前门,乘二路车东归。到家已十时余。十一时就寝。

对门顽童屡在余家大门上涂泥,并将门锁钥孔塞住,今日撞见,与之理论,其家长反以吓唬其儿为辞,乘机讹诈。旋经润、滋两儿偕之同往本段派出所陈说,乃已。此辈无赖,恐终不免尚有馀波也。可气亦可笑,不图今日犹见此状耳。

7 月 1 日①(丙申岁五月　小建甲午丁未朔廿三日己巳)星期

晴,热,午后及黄昏郁燠如蒸。

晨五时半起。八时出,乘十路至八条,往访圣陶、墨林。至则

①底本为:"牵萝赘记"。原注:"小雅老屋久待修葺,以工料不继,自春徂秋,迄未入手,乃霪雨延绵,北房竟致摧崩,幸先时移避,获免于难。雨中抢修,实等重建,仍困料作前,迻达五十日,始见粗完。念逝余痛,又值斯厄,俯仰今昔,殆同赘寄,因署此名,藉志创深焉。丙申秋分后一日。容叟。"

圣陶已出主持语文教学会议,晤墨林。知自院归已三日,目前似大见好,深为引慰。并与至善、至美、至诚谈久之。十时许,藏云、雪村、乃乾亦来叶家访问,不期得一快晤。知乃乾已就古籍出版社之约,于昨晚抵京,先来接洽云。谈至十一时,同离叶家,藏云归去,余则与雪村、乃乾乘电车至王府井,先往鑫记一看,人已坐满,乃走东安市场五芳斋午饭,亦立待须臾,与人并桌,始得坐。亦久待至一时一刻乃罢。离市场后,雪村归家午睡,乃乾亦别有所访,遂别。

余独乘三轮出前门,赴珠市口民主剧场看春秋剧团演出。至则刘承童等演《泗洲城》已将毕矣。休息后,为《大英杰烈》,李韵秋饰陈秀英,徐永海饰陈母,于占鳌饰石文(以无戏单,余均不知)。余坐楼下一排十五号。韵秋武功到家,反串武生尤佳。四时半散,仍乘三轮返家。

知昨日讹诈事果有馀波,幸两儿相机应付之矣。

夜饭后,九时即寝。

7月2日(五月廿四日　庚午)星期一

寅初大雷雨,达旦方休,阴霾至午始开。午后晴热,夜深又雨。

晨五时半起。八时往雪村所候乃乾。九时,乃乾始来,因共诣古籍出版社,访调孚、晓先、静庐、淑民、乃夫、尔松诸人。又过访彬然(伊住院疗疾,出院未久,不便多谈,即行)。

十一时半,偕乃乾返家同饭。知颉刚昨日返京,今来访未值。饭后二时,遂偕乃乾同往访之。

湜儿饭后即行入校,须十四日考毕始归云。

余与乃乾晤颉刚,谈至三时三刻,同出,乃乾归修绠堂搬行李,入住出版社招待室。颉刚赴政协洽事,余乃扬长而归。天热汗透重衣矣。

傍晚，潗儿来告，今晨显孙举一女孩，请命名。因共夜饭。饭后，潗去，清来，九时半去。十时，余亦就寝矣。

7 月 3 日（五月廿五日　辛未）星期二

阴霾竟日，偶有细雨，仍见闷热。

晨五时起。本约乃乾八时来，与之同访颉刚，游陶然亭。近九时，未见来，而颉刚先至。有顷，乃乾始来，潗儿为导。因同出过雪村，滋儿亦偕往。十时，五人共发，乘十路转五路，径抵陶然亭，已十一时。匆匆历慈悲院、云绘楼、清音阁，绕西湖西岸过抱冰堂，达于窑台，已十二时半矣。即茶座憩息，饮鲜啤，啖饼饵。一时半始行，乘五路车到珠市口下，走至煤市街丰泽园，拟入就食，乃时已过二时，停止营业，废然而出，即在近旁一饺子馆啖烧麦（北京做烧麦）。食毕，已三时半，乃乾往琉璃厂访友，余等四人乃乘电车至东单，转十路各归。

到家接传呼电话，盖所中通知可于一月之内，择十日往北戴河休养。余以暑天跋涉不如在家静摄之为愈，乃复谢之，让同人递补云。

夜饭后，听云燕铭、李宗义、王泉奎全部《二进宫》录音，十时乃寝。燠湿难宁，睡眠颇不佳。

7 月 4 日（五月廿六日　壬申）星期三

阴雨延绵，薄暮显晴。夜有星，仍燠湿。

晨五时起。填寄六月分工作汇报表（寄王积贤）。

九时，乃乾来，遂长谈，直至午后二时始行。

四时许,绍华来,以重印开明本《廿五史人名索引》(今归中华书局借印)为赠,顺谈民进欲余参加之意。近六时乃去。

汉儿为在出版管理局听报告,午晚俱来家饭。晚饭后,挈元孙往看清儿。移时,余亦往晤雪村,在坐遇静庐,因共谈久之。潏儿亦在清家,九时许,余挈元孙归。十时就寝。

接潄儿二日复湜儿信,仍劝余去沪小游。

7月5日(五月廿七日　癸酉)星期四

晴,热。

晨五时起。积雨初霁,杲杲日出,欣快之至。

八时半,农祥、孝丞偕过,因与同出,乘十路到天安门,入游中山公园,茶于来今雨轩。遇农山、绍华、新城、文迪(俱中华书局同人也)。农山坐谈久之,颇为太极拳宣传。绍华三人则仅一握而已。十二时,往农祥家,三人共啖饺子,并小酌玫瑰酿。二时许,辞归。顺过长安购得今晚明来剧团戏票(楼下一排第二十三号)。在西单乘十路东归。以正值上班,挤至几不容足,殊闷损也。

到家小休,阅报不觉日云暮矣。六时半饭。饭后,独出,仍乘十路而西,诣长安看戏。时已近八时,东明之《洪洋洞》已过半。休息后,为徐东来(狄英鸾)、关韵华(卢昆杰)、徐东祥(英鸾祖母)、新丽华(英鸾之母)等之《雌雄镖》,自教镖说破至下山止。十一时乃散,诸述及者俱各致力,而二徐一关尤见刻画细致,令人俯仰随之耳。

自剧场出,乘三轮遄返,到家寂然,皆入睡乡矣。余小休,饮茶,至十二时,始就寝。

7 月 6 日（五月廿八日　甲戌）星期五

晴,热。

晨五时半起。七时摊书,取李调元本与王琦本对勘,李本全袭王本而削其注,重撰一序冠首,若出其手辑者,可鄙也。乾嘉学者李调元固不得齿,顾其好刻书,如《函海》之流,每为恒人所称,其实掩袭他人之作,殆不一而足,稍稍留心,其覆立发,而被刻诸书,又多舍粹存粕,徒褙梨枣,真书林恶道耳。因抽取其中年谱之部作王本摘抄之底,便涂抹改窜焉。

午饭后,与滋儿出散闷,信行乘车出前门,径抵西柳树井华北戏院看日戏(平日他院都停),入坐于楼厢第一排八、九号。剧为天津市扶新分剧团所演。自一时半开,至五时半始散。先为《收关胜》(郑富玉主演)、《汾河湾》(董盛岩、华慧麟)、《能仁寺》(张艳芬、孟月宝)、《战长沙》(刘汉臣主演)。休息后,为小盛春主演之《孙猴大闹御马圈》(仅此一出略有武功可看)。取与昨晚所见相较,愉快与可厌真成鲜明对照矣。颓然而归,转车抵家,已六时许矣。

夜饭后,少坐即寝。未及九时也。

7 月 7 日（五月廿九日　乙亥小暑）星期六

晴,热,午后微阴,即开。

晨六时起。

九时,乃乾来长谈,知明日晚车返南接眷矣。十一时去,约明日共赴来今雨轩之约。

午后看江人度《书目答问笺补》,绍华假自科学院图书馆,送来属校审侯堮《书目答问校补》者。江书为光绪三十年家刻本(汉川江氏),传本极稀。范(希曾)、侯两书即基此衍成,推轮之功不可没也。余意能汇合印行,亦大佳事。将建议绍华白中华行之。

接友琴书,欲湜儿往谈日文,以徒知在东语系而未知其阿拉伯文专业也。致兹唤柄,当去书释之。

夜饭后,洗足濯身,易衷衣,九时半就寝。

初卸棉被,用毛巾被睡眠较好矣。可见,清凉之贵,有时实胜温暖耳。

7月8日(六月小　建乙未　丙子朔)星期

晴,热,时昙,夜雨。

晨五时半起。八时半,乃乾来,有顷,雪村来,因同往中山公园。十路车待两次不得上,乃走青年会,乘电车以往。茶于来今雨轩。仅调孚于十时至,馀人俱未见到也。十一时许别。乃乾过饭雪村家。调孚归之。余则至王府井闲逛,先赴鑫记,坐皆满,立而待者若而人去,而之东安市场奇珍阁,亦如之,乃往五芳斋,仅得与人合坐,匆匆啖包子一笼(十枚)充饥。

食后即过吉祥登南楼,坐一排六三号,观湘剧。一时开,先为陈剑霞(咬脐郎)、徐绍清(刘智远)、王福梅(李三娘)、彭俐侬(岳氏)之《打猎回书》。休息后,为何冬保(刘海)、萧重珪(胡秀英)之《刘海砍樵》。谭宝成(鲁智深)之《醉打山门》。上出,俱观摩演出得奖之作,前年亦曾看过,深为赞许,今来京演出已久,未尝一看,今因即将离京,特往观之,回味更深矣。而其中饰胡秀英之旦角,活泼玲珑,它剧种中难见也。四时十分散出,乘三轮归,未及五时也。

夜饭后,清儿、达先、建昌、建新来省,谈至十时许去。已见雨矣。清等去,余亦就寝。

渥儿午后归,仍与同榻。

7 月 9 日(六月初二日　丁丑)星期一

晴,午后雷阵雨。晚晴,夜见星,气稍凉。

晨五时起。精神不爽,九时复睡。滋、渥两儿请游故宫,未能行,伊兄弟前往,余稍稍苏息,近午亦起。

一时,滋、渥归,乃同饭。饭后看江、侯两家《书目答问笺》。侯盖袭江、范之长,所谓后来居上也。但不著所出(以无凡例故),又削去书后所附清代学人姓名,略增加图书分类号码(十种分类,并无定论,亦嫌蛇足),似欠谨严。缓日当据此书告绍华也。

夜饭后,偕润、滋、渥三儿挈元孙同出散步,径达东安市场,欲添置单布中山装,现成尺寸无裤可配,仅购得上衣一袭,费四元馀(布票九尺)。旋过丰盛公啜奶酪、奶卷,又至百货大楼一转,亦无所得。九时半乃与元孙乘三轮先归。有顷,三儿亦归。十时半就寝。

7 月 10 日(六月初三日　戊寅)星期二

晴,爽,亭午热。下午五时,西北阵起,大雷雨,顷刻沟浍皆盈,间以電子打窗,淅沥作声,闷处室内,陡觉燠热,移时雨止,又杲杲日出。入夜见繁星。

晨五时起。八时,所中车来,渥儿附以入校,过接平伯同驰出城。九时到哲学楼,出席古代文学组例会。检查各人对百家争鸣的认识,及工作中有无违背之处。发言盈庭,颇热烈。到其芳、冠英、毛星、力扬、范宁、友琴、默存、道衡、念贻、世德、佩璋、妙中等。十二时廿分始散，仍乘原车送归。到家已一时十分，匆匆午饭，颇感劳累矣。

饭后小睡，四时起。未久，听雨矣。元孙今日午后即返，明日起暑假矣。在家午睡等都听话，颇喜之。

夜饭后，润、滋出看电影，九时后归。

十时就寝。

7 月 11 日（六月初四日　己卯）星期三

晴，热。傍晚阵雨，有雷，夜见月。

晨五时起。将李调元本《李白年谱》阅毕。全袭王琦本，而删其注，竟掠其功，貌若己出，颜亦厚矣。大为一叹。又阅江作甫（人度）《书目答问笺补》，其凡例及笺语颇有独到处，流传反稀，亦只有托诸书运而已。

午后小睡。

夜饭后，润、琴、滋挈元孙往红星看电影，九时即归。未几，余亦就寝。

中夜为雷电大雨所扰，平明又为一大土鳖爬墙作声搅醒，殊可恚也。

7 月 12 日（六月初五日　庚辰　初伏）星期四

丑初大雨雷电，黎明后放晴。竟日炎热。

晨五时起。看《书目答问》江笺及范、侯两补作。范似未见江书，而侯全掩江、范之作。（未见凡例，不知亦曾提及否？）余意欲印此书，不如以张著为主（大字），以三家笺语及补录诸目分别附著(用较小字排,重复者去后存前,笺语有不同处并存备考),署曰《书目答问三家笺》。不审中华书局能照行否耳。

午饭后小睡。三时,农祥见过,谈至近五时去。(约出少游,以炎暑作罢。)六时晚饭,芝九见过,谈移时,亦去。

七时独出,乘十路到西单,往长安看春秋剧团演出《龙潭鲍骆》,坐楼下第一排十五号。甫定,即开幕。自嘉兴府四杰村、酸枣岭至巴骆和止。十一时十分始散。李少祥前饰宏勋,后饰余千。刘承童前饰冯洪,后饰胡理。顾荣长、李鸣川饰前后鲍自安。各显身手,时间遂尔拉长。韵秋之马金定十时后乃出场也。散戏后,乘三轮归。

到家洗脸,小休至十二时后,始就寝。

晓先晨至,以雪英手制黄鳝烧肉见馈,甚感。

7 月 13 日 (六月初六日　辛巳) 星期五

晴,热,傍晚雷阵雨,夜半又大雨。

晨五时三刻起。看报摸索,不觉近午,绍华见过,谓明日即须动身赴青岛,属将《书目答问》二稿看毕后,送卢文迪,又商谈数事,抵午乃去。

午饭后小睡,三时起,写审阅《书目》稿意见,未毕。六时夜饭。

饭后雨过,偕润、滋两儿挈元孙出散步,信行至东安市场,见春秋剧团在吉祥演《孙悟空三盗芭蕉扇》,颇适儿童兴趣,因购票入坐(润先归,未入也)楼下第二排第廿二、廿四、廿六号,时于占鳌之《扫松》正演至过半矣。(于为丑角,反串张大公,全学周信芳。)继为主戏,刘承童饰悟空,王九龄饰八戒,李韵秋饰罗刹公主,李少祥饰红孩儿,李鸣川饰牛魔王。此团本以武技胜,终剧大半为开打。韵秋仅绸舞稍纾力耳。十时四十分散,余携元孙乘三轮,滋亦独乘三轮偕归焉。

十一时就寝。中间为雷雨所扰,醒半小时。

7 月 14 日(六月初七日　壬午)星期六

晴,热,晚起阵未果雨,转凉爽。

晨五时起。写毕《书目答问》三稿审查意见,其间虽有断续,竟费半日之力也。

午前,滋儿以屋漏,出访匠工,盛姓以病莫能应,而亟待葺补如之何,乃自购灰麻,躬为上屋修补焉。曝烈日下三小时,竟葺完,并补破壁数处。青年有勇事无不可为。如此亦足证劳动创造世界之说为信而有征耳。

薄暮,湜儿归,谓已考毕,今来城集合练习若干日,十八日即结队赴包头参加各族青年联欢会云。晚饭后,即挟衣包去,须月底乃返。

晓先傍晚见过,取前日所赠空器去。

清儿、达婿、小逸、建新来省,共坐庭院纳凉,谈至九时半归去。余等亦各就寝。

7 月 15 日(六月初八日　癸未)星期

晴,热,多云。

晨五时起。八时出,往八条访圣陶、墨林,谈至十时许,辞出,乘电车到西单,往长安购今日日戏票(徐东来、关韵华之《玉堂春》),排队者近百人,望望然去就别窗购得今晚夜戏票。(楼下一排廿七号,亦明来剧团之戏,东来之《红娘》也。)乃乘十路东返,在车中遇文权,知在绒线胡同高姓教英文也。

到家佩华在,有顷,偕滋儿同去,谓往视显孙也。(傍晚滋归。)

饭后小休,看报,二时假寐,三时半起。写信与卢文迪,备送还《书目答问》稿件。

夜饭后,独乘三轮往长安,时已开演,戏目竟无有(纸荒少印,一抢而空)。好在演员多熟悉者,不看剧目亦无所窒碍也。先为朱玉良主演之《牧虎关》。休息后为徐东来主演之《红娘》。关韵华仍饰张生,徐东祥仍饰老夫人,惟莺莺则换去新丽华,改为杨慧娟耳。剧情又有改进,略去浮文不少,增入琴挑一场,前后更见完密矣。十时三刻散,仍乘三轮归。

到家已十一时半,洗足濯身,易衣而寝,已十二时许。

7 月 16 日(六月初九日　甲申)星期一

晴,炎热,无风。

晨五时半起,即感闷热,头晕。诸事莫能为。

九时许,业熊来省,谓昨甫自张店赶回,明日即须听调赴沈阳也。携来肥城桃多枚,惜车中郁蒸,烂已及半,乃与家人纵啖之,余连下三枚,生平所未尝也。抵午,基、埙、培、增四孙踵至,因共饭,兼煮面享之。盖今日为滋儿二十八岁初度之辰也。午后小睡,熊于五时往潆儿家看显孙,六时半复来,携基孙等往饭清儿家。余等夜饭已,澄儿挈垲孙来,因又煮面享之。九时许,澄、垲往会熊等,同归其家。

是夜大热,久久不得安睡,因念报载上海百年来无此大热,昼

夜均在华氏表一百度以上,颇忆在沪诸亲友,复自庆未去上海小游
也。十二时后,始入睡。明月照窗,有如白日,益增热感。

7 月 17 日（六月初十日　乙酉）星期二

昙,热,午后阵雨数四。

晨六时始起。颉刚见过,取钞件等去。顺谈连日开会状,颇及
慎重,古书今译及提倡朴实学风诸端,今再三敦属,宜广说此事云。
移时始别去。

随手抽架看《宋诗纪事》,以炎暑难遣,无法坐定摊书,故竟日
赤膊偃卧,执卷就枕以观耳。

午后,滋儿出,欲往天桥看梁益鸣日戏,去不久,雷阵作,大雨
随至,檐瀑奔流,有如决注。而雨中湜儿适归,竟体淋漓矣。据云,
今夜八时须赶回集合处（北京铁道学院）,明晨即出发赴包头参加
本年各族青年联欢周代表团。移时雨止,湜往视昌显。而滋儿归,
谓遭雨未及看戏,在一家理发店避雨,乘便剃头云。有顷,湜亦归。

六时半,夜饭。饭已,湜儿去。

九时就寝。

7 月 18 日（六月十一日　丙戌）星期三

昙,时有微雨,向夕晴,较昨热稍戢。

晨五时半起。心神仍不怡,只得翻阅《宋诗纪事》及点阅张香
涛《輶轩语语学》一章。午后竟未睡。

薄暮濬、汉两儿来省,因共饭。饭后,余先出,乘三轮往吉祥,
看北京市京剧四团演出。此团离京已半年许,特往一看。剧目为
《十五贯》,全袭四月中来京演出之苏昆剧团所演者,并布景亦无

所异。张元才饰尤葫芦,吴素秋饰苏戌娟,张春德饰熊友兰,张荣善饰过于执,姜铁麟饰况钟,萧英翔饰周忱,而以钮淮华饰娄阿鼠,始终紧张饱满。十一时半乃散。统观诸人所演,均有出蓝之感,即淮华亦不弱于传淞也。快慰之至。出场即雇得三轮以归。

到家濯身,易衣,已十二时,稍稍休凉,即就寝。

7 月 19 日(六月十二日 丁亥)星期四

晴,热,黄昏阵雨,不大。

晨五时半起。八时,偕滋儿挈元孙出,乘十路至天安门西,转五路到陶然亭,茶于窑台。茶客止一人,正执卷凝思,盖避嚣来此静修者。有顷,农祥至(昨夜与亦秀过我未值,约今晨在此相晤)。其他茶客亦陆续来,每多挟卷之士。余等在风棚之下,谈至十一时始离园行。在太平街,乘五路到珠市口下,步往煤市街丰泽园午餐。啖醋椒鳜鱼及葱花脂油饼果腹而止。食已,与农祥别,伊附电车径归。余等先乘一路到天安门东,转十路以归。

在禄米仓口寄售商店见到荣宝斋制油楠文具匣,内附刀、尺、墨匣、印泥、图章、毛笔、笺封等十七件,虽久搁有失色处,而诸件尚完整,标价八元。即出资易以归家,命滋儿拂拭,整治,焕若新自工场登市者,甚乐之。

夜饭后,锴、镇两孙来省,以阵雨故,留至九时半乃遣归。十时就寝。

7 月 20 日(六月十三日 戊子)星期五

晴,炎热如蒸,晚起阵未果,益感闷郁。

晨五时起,炎威逼人,神昏气惰矣。午前闲翻架书,看《宋人诗话》数种。午后，偃卧时多。夜卧听广播京剧唱片，计有谭富英、尚小云、马连良、裘盛戎、梅兰芳等五人。九时半就寝。

蒸热难当，汗出如沈，裸卧至二时后，始著衣，比天明始覆毛巾被耳。滋儿午饭后独出，在大栅栏张一元茶庄购得自拼花茶四两（店友特介之品），并在中和为余购得明晚春秋剧团戏票一纸，楼下二排七号。伊与佩华亦在广和购得晚尚小云剧团戏票两纸云。（春秋团为《三不愿意》及《大闹天宫》，尚小云团为《汉明妃》。）

7月21日（六月十四日　己丑）星期六

晴，炎热，但较昨爽，夜有月。

晨五时半起。九时，高祖文见过，谈历代中央与地方组织关系问题，近午始去。

午后小卧，看凌扬藻《蠡勺编》，采撷颇富，而时有创见，佳书也。

夜饭后，独乘三轮出前门，径往中和看夜戏。七时半开，为《三不愿意》。此剧前已看过，演员并无变动，但松动有趣，仍感新鲜也。休息后，为《猴王闹天宫》，自蟠桃园起，至十八罗汉战猴王止，历二时半，纯以开打显技，及逗趣引笑见长。看热闹而已。十一时一刻散，仍乘三轮归。滋儿亦自广和归家未久也。

余取汤濯身，洗足，立庭中纳凉，至十二时半，始入寝。浴汗难当，久久乃合眼。

7月22日（六月十五日　庚寅　中伏）星期

晴，暑。晚起阵未果，通宵蒸热，汗如浴豕。

晨五时起,已无清凉之感,自分不外出,仅御衷衣不衫履也。

九时,润、滋两儿及琴媳往省墨林之疾,十时半归。谓未见及圣陶,仅晤至善、至美云。并言墨林病状尚不甚恶,精神亦佳。余为之引慰。想圣陶心境当亦暂可一舒耳。

十一时许,接浞儿包头市二十日来信,谓十八日上午八时卅五分离京,十九日上午九时五十五分即安达包头。旅途甚顺,招待亦佳云。有顷,汉儿、芷芬、鉴孙等三人来省。佩华亦归。十二时,滋、佩同出,余等乃饭。佩本邀滋出同饭看戏,汉则坚请余出外午饭,而余惮热,未允,故与汉、润、琴、芷、鉴、元在家共饭也。饭后,汉等皆午睡。余亦偃卧,看《岁时广记》为遣。至四时,雪英来。五时,清儿挈建新来。滋儿亦归。遂重支圆桌(久已撤除,今以人多重支),九人共饭。(鉴以看电影先去。)饭后,坐院中长谈至九时,雪英、清、汉等皆去。

今日热甚,十一时尚不得睡。通宵浴汗,难过之至。

7 月 23 日(六月十六日　辛卯　大暑)星期一

晴,热,傍晚有微风,多云。中夜一时大雨如注,三时始停,其后断续有声,直抵天明,仍终宵浴汗也。

晨六时起。看报外偃卧而已。

八时,颉刚见过,告后日又须出门赴青岛休养,特来话别,长谈至十一时始去。

午后浴汗难当,拭身裸卧,闲看《岁时广记》。夜坐庭中纳凉,润以瓜露进,稍稍苏息,及十时入卧,又类蒸甑矣。半夜又饱听檐瀑,数起视有无渗漏,竟致失寐。

7 月 24 日（六月十七日　壬辰）星期二

早晚俱有微雨，黄昏且闻雷，中间炎热如故，中夜月色尚朗。

晨五时起，精神颓然。看报。

财经出版社送审阅费六十元至，仅有油印例信，无文迪手复，颇感见慢，它日遇绍华时当说及之。

午后偃卧，看前抄《旧京琐记》，抵晚毕之。所记虽仅片段，而于同光以迄民初之掌故大足供人探讨也。作者自署枝巢子，阅其自序及书中所述，知为光绪戊戌进士，杨姓，江宁人，曾官刑部、农工商部为曹司，且在京创立商会，其伯父似官刑尚者。暇当一考之也。

夜饭后，庭花竞开，与家人坐其侧招凉，进瓜，稍遣烦暑。九时浴身就寝。仍感热，夜深始入睡。

7 月 25 日（六月十八日　癸巳）星期三

晴，热（较昨略爽）。傍晚阵雨骤至，雷电以风，庭花为折，夜虽有星，终阴。月遂黯澹。

晨五时半起。看报，阅《宋诗纪事》。滋儿今晨往医院听检查结果，乃主者云，已送上级会诊，决定须一两星期后始有定论。索然而返，以此精神上又不免增起负担矣。可恼！可恼！

午后佩华归视滋儿，伊谓医院主者可能遗落病历，一时寻不到，漫以申请会诊相塞云。（此言亦有可能，明当往究询之。）

夜饭后，潜儿、权婿、硕孙来省，九时去。清儿晨亦来省，谓昨晚遇云彬，云明日如购得票，即回杭，否，当来小雅宝看我也。抵暮未至，其殆行乎？

夜听杜近芳、叶盛兰《白蛇传》播音,十时后就寝。

7 月 26 日（六月十九日　甲午）星期四

拦朝阴雨,旋日出,仍雨,午后放晴。气稍热于昨。

晨五时起。本约今晨携元孙往游西郊动物园,与农祥会圃风堂,以雨未果。滋儿雨中往社保健科接洽,同诣医院了解复加会诊情形。十时后归,谓已晤主任李大夫,据调病历及迭次透视照片同观言,右肺上尖有小孔（一九五三年已呈嫌疑,今已证实云云）,九月以来之休养,颇有效果,今宜更进一步,略施手术,可以嵌一小金属球,俾得根治云。医且力以年青,正好及时治疗为勖。余聆此当然不怵,且俟从容商量再定。

午后正偃卧看《清史列传》中之儒林文苑,而农祥来访,起与长谈,近四时始去。

夜饭后,余独出,乘十路到西单,步入长安戏院,看明来剧团演出。坐楼下第一排第七号。剧目为全部《穆桂英》。七时半开,十时五十分散。角色与前次所见无多变动,惟焦赞以朱玉良饰,穆瓜以朱锡林饰,则较胜。其中东来之桂英、韵华之宗保,真有越做越好之感,难怪观众看不厌,常见满座耳。

散戏出场,乘三轮遄归,到家已将十一时三刻。取汤拭身洗足,易衣就寝,早近一时矣。

傍晚,清、澄两儿俱来省,即折往清家晚饭。饭后,滋亦往,潘亦在,伊等已对滋儿进行治疗事商约,大略（佩华处午后滋亦往告之）决定进行会诊后,俟医示办法再定究否施手术。盖其慎矣。

7 月 27 日（六月二十日　乙未）星期五

晴,炎热。

晨六时起。看报,翻书。午后小睡,起后看《清史列传·文苑传》。连日市场供应每多不继,肉类、鸡蛋常买不到,而应令冷饮如生啤、冰棍,有时亦缺,报纸纷纷致诘,正不知司其事者作何交代耳。谚云,与其管不全,无宁全不管。此言虽嫌消沉,然亦有至理存焉。所谓加强计划、掌握计划者,或于此有反省乎?

夜热甚,终宵浴汗,睡眠竟成象征矣。苦透!

7 月 28 日（六月廿一日　丙申）星期六

晴,热。

晨五时半起。九时,偕滋儿及元孙、硕孙同游天坛。先乘十路至东单,转八路至花市,再转电车到天坛北门入,茶于长廊之北柏林下。两孙啖瓜嬉游,至十时三刻出天坛西门,乘电车回王府井,步至三条鑫记南饭馆。以非星期,且时甫过十一时,尚能获坐,因啖鳝糊、素什锦等,取饱而归。仍乘十路行,硕孙在外交部街东口下,径返其家。余等三人在禄米仓口下,走归。热甚,亟解衣洗濯,偃卧良久始苏。炎暑真逼人哉!

澄儿来家,告已得一事,在崇外缆子胡同卫生出版社,星一即将分配工作,以未见余,特留条禀知云。

下午四时,镇孙来省,送来花卷及酱肉,因留同夜饭。

饭后,润儿往人民剧场听音乐,顺道送镇孙归。滋儿则以佩华电约往崇外卧佛寺访友,亦同出。七时,芷芬来省,谈至九时去。芷去后,余即洗足濯身,裸卧床席。十一时许,润、滋等始归。余十二时后始得入睡。

7 月 29 日 (六月廿二日　丁酉) **星期**

晴，热，傍晚起阵，自八时至十一时，雷雨连作，道途顷刻积水，屋亦有数处渗漏。夜凉犹感闷热也。今岁北地亦奇暑矣。

晨六时起。气怠神倦，即科头跣足，准备不出门。

十一时，清儿、达婿偕来，至午去。盖须赶往苏联展览馆参观也。滋儿九时许往中山公园会佩华，饭后偕归。向晚，佩去。润、琴亦偕出看电影（在隆福寺前蟾宫）。而澄儿来，因与共饭。知伊明日即往人民卫生出版社报到。谈至七时，以云起阵作，亟归去。行未半时，即见雨。有顷，雷电交至，大雨倾盆矣。不识能不值雨否？殊念之。

九时濯身洗足，静卧候润、琴，而雨不止，心知受阻，一时难返矣，益不能睡。至十一时，始见涉水归来。盖久待无车，只得冒雨遄归耳。真扫兴之至。今日星期例假，雨时恰值黄昏，与润等同此遭遇者数殆以千计也。

十二时后始朦胧入睡。

7 月 30 日 (六月廿三日　戊戌) **星期一**

阴间晴，晨有大雨，仍热，但较前昨略好。

晨六时起。润言昨夜遭雨时，汉、锴、鉴及建昌俱同时阻行，亦终涉水而归云。是诚天不作美矣。看报。

接颉刚廿八日来信，知已安抵青岛，寓杨向奎家。

澄儿午后来告，已向人民卫生出版社报到，以打字机尚未办到，暂任抄写工作，大约尚须经过若干试用时期，乃得正式编制云。

二时上班去。下午，小睡片晌。夜饭后，权婿、潜儿来省，谈至九时去。

润往青年宫看话剧《娜拉》，十一时乃归。余已就寝矣。

7 月 31 日（六月廿四日　己亥）星期二

拦朝大雨，旋阴，午后晴间阴，夜八时大雷雨，近十时始稍止，逾三刻大雨又狂作，雷电交加，平地水深没踝，嗣后时作时辄，达旦未全止也。气燠闷难当，较南方黄梅时节尤甚。

晨六时起。不久即大雨，烦恼甚，因念此时澄儿由复兴门外来崇文门外上班，必在路上遭雨，对就事人未免沮兴耳。与之同遭遇者更不知凡几也。午饭后，冀其来，却未至，尤念。

湜儿午前归，谓前日由包头公毕返京，因在京尚有演出，故此时始归。告云下午伊与滋儿同出购物，准备去沪所需。滋顺为余购得珠市口民主剧场今晚戏券，楼下一排七号一纸（明来剧团《花田错》及《龙凤呈祥》）。

六时夜饭，饭后独出，乘三轮径赴民主看戏。至则《花田错》已开，但东祥所饰之春兰犹未上场。是戏主角为春兰及小生卞济（韵华饰），其中春兰之娇憨活泼，东来曲曲演出博得采声不少。继为《龙凤呈祥》，自刘备过江、甘露寺相亲，至回荆州、芦花花荡止。散时已十时三刻。剧中东明前饰乔玄，后饰鲁肃。东来饰孙尚香，朱玉良饰孙权，韵华饰周瑜，都好。常鸣晋饰张飞则较次。馀角本为备员，可以不论矣。方观剧兴浓时，雷鸣夺台词，雨声喧窗牖，余意必遭雨矣，私期散戏时或已过去耳。乃甫戏毕，观众竞出，而雷雨骤至，烟雾迷离，道绝行人，顿见水漫街衢，无法出院，俾候良久，迄无间歇，只得冒雨在院门口试唤三轮，连遇二辆，都以道远不愿去。无意中乃见吴海披蓑引车至,真是喜出望外,即登之北行,一路大雨如注,水深及胫,雷电交作,幸遮护周至,未遭沾濡。十一时半到家,仅两膝染湿及左鞋略透而已。亟以二元谢之。启门以入,润、滋两儿正为余未归彷徨无策,惟湜儿则以积倦故,酣睡不省也。及见余安归,皆释怀,各就寝。余亦饮茶少坐,至十二时始睡。户外雨势加剧,屋漏时作,又起视数四,至二时后乃倦极入睡。雨却达旦始稍止。

是日下午二时,调孚见过,以周叔迦注《佛国记》属审。

8 月 1 日 (六月廿五日　庚子) 星期三

阴曇间作,亦见细雨,闷燠未减,湿气难耐也。

晨六时起。看报。接所中通知,今日起放假二十天。

十时许,平伯见过,谈至十一时半,假郭本《李集》六册去。

午饭后,澄儿来省,知工作尚顺利,以尚未饭,煮面享之。二时前上班去。湜儿二时出,今晚将在虎坊桥工人俱乐部有会报演出(三时即须报到),恐深夜始得归休云。

夜饭后,清儿及士㪽、士敢兄弟挈建新来省,知建新今日已入托儿所,甚好云。谈至十时,清等乃去。余亦濯身就寝。

一时半湜儿始归,知车票已签妥,明日下午六时五十分,即动身赴沪云。

8 月 2 日 (六月廿六日　辛丑) 星期四

阴,时有小阵雨,午后竟连绵不绝,气则稍见松减闷压矣。

晨六时起。十时许,湜儿同学于生来送湜行,因留饭。十一时许,所中办公室主任王平凡来访,承嘱好好休息,同时带到八月分薪水,谓照顾各人暑中或需旅行等用,特提前发放,以后仍照科学院规定按月七日支付云。少坐即行,谓须过访平伯也。

午饭后,二时,湜儿即携行箧,偕于生出,于则返北大,湜则先过电话五局,邀同伴偕赴车站,再候齐其他同学之南行者,共乘火车也。此去将近两旬,未识独自远行,不出事故否?

滋儿出修钢笔,顺道购物,余一人独处(元孙午睡),坐卧皆非,真有莫名惆怅来袭之感耳。

五时半,滋乃归。余心亦稍宁。

夜饭后,清儿来,言昌预感冒发热,今晚不来住,将由昌硕来住,且言昌显明日将携大本来我家移巢云。有顷,昌硕至,果如所言。

九时,清去。余收听张君秋唱《祭塔》,十时后就寝。

睡至三时,为大雨所醒,屋隅有漏声,因起检视,书橱上靠北正渗滴,亟为张盆承之。独醒益感孤寂,如何再能入睡,闷苦愤怨交织一片,竟坐以待明,而雨仍不止。

8月3日(六月廿七日 壬寅)星期五

连夜雨脚如绳,延绵不绝,午后曾少歇,顷刻仍雨,黄昏雨止,然至夜半又滴沥声作,抵明未已也。气闷郁,虽转凉,竟未能去恼耳。屋内漏处甚多,除书案附近盈丈之地,尚不见渗迹外,几无处不受威胁,即卧床前后亦滴水,因而移床数四,奔走承漏,滋儿佐余料理,劳累异常,心实怜之而无可如何。十时许,大雨中昌显携大本至。为此,滋儿又两度出外购物(上午买菜肴,下午买糕饵),雨淋漉殆遍,当下午滋出时,二门外厕所门口走电,幸余遥见,即将总电门拉开,孤挺念外(以滋未归),倍觉伤怀。及滋归,花架又吹倒,滋与硕赶将电路修复及整治花架,向晚,南屋外围墙里侧又倒塌矣。心乱如麻,而昌显与安官正值此境,不得不强颜抚慰之。及晚,潽儿来,因共夜饭。饭后,乘雨隙雇车送显、安母子归去。潽亦少坐便行。佩华归视,移时亦去。是日,处境之窘,亦生平可记者矣。

是夜,不敢独宿,令滋儿伴我同榻。

8月4日(六月廿八日　癸卯)星期六

闷雨,午后三时半停,入晚又濛雨,深夜十一时、二时、三时俱闻檐滴及渗漏漉水声,气又燠热。

早五时即起。愁坐听雨。午后雨隙,闻邻近坍房声,又目击后墙半落,小庭内满塞砖砾,心甚难安。北屋中间西侧之梁复下沉数寸,因即与滋儿赶将另物及什锦橱抢搬入西屋滋儿室,复将一部分书籍抢入南屋。傍晚,润儿归,即乘雨出,觅木材支撑危处。然岌岌之感无从少减。

是夕,汉儿来夜饭,因留宿伴慰,但余终夕未敢合眼也。

(以下各日日记另用钢笔写别本上,至九月廿四日,始得陆续补录,乃此字字皆痛苦实录也。)

8月5日(六月廿九日　甲辰)星期

细雨时作,夜半后又雷电大雨,气闷郁之至。

晨五时起。八时后,与汉儿挈元孙过清儿家,晤雪村、稚圃及彬然夫人。知彬然又入院疗治,似甚严重,深为可虑。十时半,辞归。

汉则挈元往潽儿家探显孙之婿岑永康到否?(有信来京,约今晨可到。)

到家,润儿见禀,谓已看到瓦匠徐成田,伊说明日将来一看,但天雨不能上屋,非待老晴,土硬不可蹒动翻修云。心虽焦灼,无如之何也。同时,润请达先来助,与滋儿等三人赶将五斗柜及书案等搬入南屋,大床亦拆去,狼狈之至。正将饭,顺林来省(自抚顺暑假回南过此),即共饭。饭时,芷芬亦来,知顺林今晚即须返苏,余以家中无法存身,且亦雅不欲目睹颓毁,遂决定挈元孙去沪暂避。润儿即于饭后四出奔走购票,但抵暮归来,毫无所得,即预购五日后票亦须明晨排队,碰幸运也。无可奈何,只得让顺林先行(本拟同行,路上可得照应)。决定暂住汉儿家,候票到即行也。潘、清两儿日间俱来看视,知永康已到,今晚将来谒省云。

五时许,汉儿携余衣物先返其家,余与芷芬乘三轮往鑫记,欲饭,以挤不容足,去而之闽江春,勉强得坐,但坐候两小时,至八时始得食毕。离开天已黑,仍乘三轮与芷芬径往景山东街人民教育出版社宿舍,晤汉儿及诸外孙。十时就寝,即睡元锴、元镇所用大床。(伊等借住邻家,让余独用。)然转侧难安,无法入寐,而夜半又闻大雷雨,心悬家屋,真心跳不止也。

8月6日(七月大　建乙未　乙巳朔)星期一

在汉儿家。阴,午后晴,六时起。七时,琴珠挈元孙来告,昨夜大雨时,北屋东间全坍,中间北墙亦坍,西间北墙将坍,现正雇吴海等协同润、滋抢救北屋馀剩书物,除漏湿图籍及打破玻璃及电灯罩若干处外,其他损失尚不大。当坍塌时,声甚大,滋儿及元孙皆惊起发抖云。余心念儿辈之健康,又惧房屋之续坍,平生难堪之怀,此为最矣。知润、琴均请假料理善后,即命琴归去,留元孙自随,并遣镇孙亦赶往帮同料理。十时后,镇孙返命,谓北屋两衣橱及玻璃书橱俱已抢至南屋,沙发大桌等寄存清家,《丛书集成》则寄放出版管理局中,北屋已空无所有,续坍亦无大妨。刻下大、二舅正待休息,令即归报,属勿挂怀。惟车票则无法分身去买云。

十一时,文叔来慰问,因向借纸笔写信与漱儿,飞告一切,并属即令湜儿赶回,顺告如得票,余即携同元孙去沪也。

午饭后,芝九来慰问。余又令镇孙午后再往小雅宝探视两舅状况,旋回报一切无恙,不必牵念云。

四时许,圣陶适来社开会,因过我慰问,谈有顷去。

写信寄积贤,告所遭,并托转告其芳、毛星、平凡、冠英诸人,请假赴沪休养。

夜饭后,潽儿挈其女昌显及婿永康来谒,并访问汉家。(昨晚未坍屋前曾到家访候。)滋儿亦至,将昨晚遭际及今日措置情形禀白一过,并告瓦工徐成田亦来看过,提出修治方案三种,估量添料,即中策亦须千金,因决取中策,属归与润再商定夺。润劳累更甚,未能同来,不识不受影响否,至念。近十时,潽、滋等同去。余拭身洗足,带元孙同寝。

8 月 7 日(七月初二日　丙午　立秋)星期二

在汉家。六时起。阴湿,午后晴,仍多云,奇热终日夕,浴汗不休。元孙尤感热,竟体殆同滑鳅。九时许,微雨初过,以闷极,即易胶鞋携鉴孙、元孙游景山,由后山绕至西端,上历五亭,下东麓,思欲就茶棚饮,而地湿桌叠,应市者竟顾而之他。乃走还汉家,坐熬午热,无法稍遁。

下午三时,锴孙归来,乃与鉴、镇同出,走景山东门入,南门出,迤逦达于北海,攀登揽翠轩,人挤不得坐,勉从白塔西侧隙地树荫下,觅得一座就茶焉。坐至六时行。下山度陟山桥,沿海子东岸出后门,循地安门大街、景山后街、东街回汉家。

夜更热,挟元孙浴汗以寝,挥扇未停,腕几脱矣。终宵合眼时极少也。

8月8日(七月初三日　丁未)星期三

在汉家。六时起。初有晴意,旋起阵,甚严,但未果大雨,稍洒大点即止。午后晴热仍烈,晚较昨略平。十一时后,居然得睡也。

锴、镇两孙晨为余往崇内铁路营业所购车票,十时许返命,空走无着,惟已到过小雅宝,知匠工徐姓已来接洽,且将施工之具取来,如明日天晴,必可开工矣。并知两舅已将木料购来一部云云。闻之略慰。

下午,元孙入睡,余与锴、镇两孙乘三路往北海后门,入憩于五龙亭后,又茶于仿膳厅前茶棚中。四时半行,仍出后门走归汉家。

六时,芷芬、琴珠都下班来看我,我乃与锴、镇、鉴、元四孙分乘骑车及三轮径往东安市场森隆菜馆,盖应文权、潏儿之约,为权五十生日预祝及接待其新婚永康也。余到时,文权、雪村夫妇、小逸、建昌、建新正亦登楼。有顷,晓先、澄儿、升埒、升基、士秋、清儿、昌预、昌硕、永康、滋儿、佩华、润儿、芷芬、潏儿、琴珠先后至。达先最后来,惟昌显适患重感冒发高烧,且延医诊治,竟不能到,真大感缺典耳。

七时半聚餐,八时半毕。以购票属润儿,以元孙交琴珠带归小雅宝。余仍与锴、镇、鉴三孙先返汉家。有顷,芷、汉亦归。

余濯身就寝已十一时。夜二时一刻,又见闪电,且闻雷,幸未成雨。

8 月 9 日(七月初四日　戊申)星期四

在汉家。六时起。阴霾四罩,恐又将雨,但未见点。八时许,余与锴、镇两孙登景山,历五亭,九时半返。

坐甫定,农祥来访,承慰问一切。谈至十时,因与同出,携元孙自随,乘三路偕行西郊游动物园。先看长颈鹿,十一时一刻即到豳风堂谋食。虽非假期,而游人甚众,已坐无隙地矣。再三交涉,始启扃入正厅,勉得就食。食已,走看猴房及狮虎山,既而在牡丹亭亦勉挨得一席地就茶焉。茶寮服务员态度甚好,较之食堂服务员之傲慢判若两界,亦可诧也。坐至二时,又见上云,即匆匆出园,乘三路返景山东街。(农祥于西直门下车,转电车归。)已见雨点,幸未几即止,携元孙急走返汉家。

在桌上见高逸群留条,知来慰问,且劝勿去上海,明日上午当再来面谈云云。

三时许,允和来访,长谈至五时,乃别去。伊亦住社内别院也,伊去未久,芝九踵至,谈半小时去。

傍晚,又大雷雨,历一小时始止,间歇未达一小时,又继作,此后即淅洒达于明旦。第一次雨中,润儿冒雨来省,告徐成田已同工匠三人来开修。逸群曾来小雅宝访问,所说与留条同。既而乘雨隙归去。然第二次正在途中,恐未能避过也。汉儿因开会第二次雨中涉水归。润已去,未晤及。

十时就寝。

8 月 10 日(七月初五日　己酉)星期五

在汉家。六时起。阴昙间作,午后晴,气较凉矣。

午前写信复逸群,谢慰问,并提出请配给住房问题。十时半,剑华来致慰(盖乘工间休息来),少谈即去。琴珠晨来,谓昨夜润儿涉水狼狈,家中北屋残壁又塌云,甚以为恼。

午后,圣陶见过。滋儿亦来,告匠人施工状况,知料将买齐,并述昨晤逸群语,余亦出复书留底相示。谈次复告余昨夜雨中潀寓亦坍,现暂迁外交部街社中安顿云。今年雨多,坍房相继,不图我家乃两遭此厄,可叹孰甚! 滋儿以家中无法脱人,即辞归。有顷,圣陶亦行,余送之出,适逸群又来访,因接谈良久。告以信已寄出,并谢所中照顾之意。谈次,渠意及所中领导同志之意,均不赞成余暑中南行,再三申说秋凉尽可前去,目前最好不去。余谓现既买不到票,如一时未能果愿,自当缓行。渠又谓明日将派由培福同志前来小雅宝照料数天云。移时乃辞去。

夜饭时,芝九夫妇见过,长谈至八时乃去。

元孙随琴珠归宿,大璐回来。

十时就寝。

8月11日(七月初六日　庚戌　末伏)星期六

在汉家。五时三刻起,颇凉。晴。八时,琴珠送元孙来。升垍正来约元锴等同去游泳,适锴校中有事,未克去,余乃携垍、镇、鉴、元四孙游故宫。出入俱由景山穿神武门行。参观东路历代艺术品陈列各馆,回至御花园金鱼池上小憩。无热水供应,仅得冰红茶解渴(余冷饮不止渴),至十一时许,走还汉家。

接九日漱儿航函,复余六日去信,附有湜儿书,知甫自苏州回抵上海,即日转杭。盖证明书签至杭州,限七日到达,不能不到杭再转回也。漱亦留之不能,立即返京,须廿一二日始返云。伊姊弟均力劝余去沪,而此间车票难买如此,真可浩叹!

夜饭后,本拟偕锴孙等登景山看月,适文叔、晓先来,谈至九时许始去,遂罢。元孙仍随琴珠归去。

十时就寝。

8 月 12 日(七月初七日　辛亥)星期

在汉家。五时三刻起。八时,文叔见过,至九时偕汉及文叔往中山公园,茶于来今雨轩。出门时,遇见予同来视光岐(盖来京出席高教部会议),因约谈于公园。十时半,予同偕光岐及其媳同来,长谈至十一时。元镇导韵启来。(晨出时命锴、镇往小雅宝协助,韵启昨到京,今晨来访余,未值。复到小雅宝晤润儿,遂由镇孙导之来。)晓先、士秋及两孩亦于十时来会,未及十一时先去。十一时半,予同等行。汉亦往城外全聚德赴戚约。余则与韵启走瑞珍厚饭。人已挤满,拈号得十三,只得再瀹茗别座以俟之。十二时半得食,食已,稍憩。二时又步往北海,先游团城,继乃入园,游人之众,坐无隙地,后在倚晴楼侧勉得一席,与人并桌啜茗,至四时乃行。渡至五龙亭,步出后门,乘三轮同返汉家。时汉已返,余因添菜沽酒,为汉儿庆生日兼招待韵启也。

入暮,润与锴、镇同来吃面。食后,谈修屋诸事。九时,韵启回宿舍去。又有顷,润亦归去。余乃洗足濯身,易衣就寝,已十一时半矣。

8 月 13 日(七月初八日　壬子)星期一

在汉家。六时起。晴爽。七时写航信复漱儿,告家中狼狈状,属立即催促湜儿,见信即归。

九时,不见琴珠来,即属镇孙往人教社办公处所一探,知今日请假未来,殊以为念,不识元孙有病(昨夜润言伊在拉稀),抑琴珠本人有何不舒也?九时,锴、镇往颐和园游泳。余独往景山公园一行。先从后山道往西,由西麓登,历五亭,每到一亭,必周眺小憩,十时半始下,复往寿皇殿前一瞻牌坊,然后走返汉家。

十一时半,滋儿来省,因共饭。饭后偕之同归,乘三轮行。到家一望,破烂夺目,水、木料坌集,纷乱凄凉,不禁难过欲涕矣。见润、琴及元孙。元孙已入睡,知昨夜急诊打针,寒热幸退。据云,系轻性肠炎。未几,润、琴俱分头上班,余与滋看匠人施工,自二时至六时,仅砌砖五层耳。以此推之,十天何能完工耶?(原订十五天毕工,今已过五天,是仅馀十天矣。)暗为焦急而已。六时半,与润、滋话别,独乘三轮径往煤市街丰泽园。盖与清、汉、达、芷公请岑永康及潜儿一家也。至则都已到齐。七时半即聚餐,九时乃散,仍偕汉儿乘三轮径返其家。十时就寝。

以滋儿明日即须住入青年出版社休养所(在复兴门外公主坟附近)静待医院传诊,遂悬悬不能成寐。

8 月 14 日(七月初九日　癸丑)星期二

在汉家。六时起。阴,有时昙。

七时半属锴、镇去小雅宝照料。琴珠、元孙未见来,想在家休息矣。滋儿不知何时出门去休养所,去时状况奚似,至以为念。八时,独往景山遣闷。遍历五亭及山前后大道,至十时,拟就茶棚饮,岂知炉火尚未生旺,须再过半小时后乃可应客。遂废然而行。十一时返抵汉家。

十二时,芷芬下班回家,乃两人共饭(锴、镇外遣,鉴卧病)。

饭后检视连日来所用临时出入证,已于昨日(十三日)限满,忘属芷芬续办,颇觉无味,遂交与芷芬续请之,以人事科负责人不在,谓少停送来,乃待至五时,未见其至,遂致不得出门,竟成无名囚徒。初不料购买车票如此艰难,蹉跎十天竟无眉目,独坐愁叹,真不胜愤惋已。

二时许,达先以来人教社开会,过余省候,谈至三时一刻去。去后,只得强求排遣,乃为圣陶看文学课本。五时半,圣陶、达先俱来谈,六时三刻,圣陶去。达则留此共饭。汉亦归矣。饭后雨,达留谈至九时去。

锴、镇晚饭后归来,告余二舅已入休养所,由二舅母送去。北屋后墙已砌至十七砖,檩椽亦都钉好。大舅属转告勿念云。琴珠午饭后来省,知仍来上班,元孙已痊,伊本人拟于下周起到班半天云。当即理检元孙衣物若干携归。

夜十时就寝。细雨延绵,三时后有声打窗,达旦未休,厌恶甚矣。

8 月 15 日(七月初十日　甲寅)星期三

在汉家。六时起。雨时作时歇,但不大,气乃凉爽,想不致有豪雨矣。

晨雨未歇,遥想家中,工匠是否上工,至为不宁。待至八时后,琴珠来,知小工已来,谓如大工不来,亦只得回去。并知元孙一人在家,更是牵挂难安。因命锴、镇仍往照料,如开工,即留彼照看;否,则带元孙同返。此间至十一时不见来,知当动工也。午饭后,琴珠来,谓得润电话,知徐成田仍来,大约上工无疑,惟不识究来几人耳。

天时不测,骤感凉,穿三层布犹不见暖,恐须归去添衣,始得解乎? 上下午俱看初中一年级文学课本,已看三之二矣。四时三刻,锴、镇归报,今日匠工照常上工,仅少瓦工一名,包檐墙已砌至近檐,屋椽已钉齐,如明日不雨,墙可砌完,且开始修建屋盖云。至慰。

夜饭后,与芷芬、元锴过景山,绕山前山后一周而出,八时返汉家。

十时就寝,转侧不成寐。

8 月 16 日(七月十一日　乙卯)星期四

在汉家。五时半起。晴爽。

八时,锴、镇去小雅宝,琴珠送元孙来。九时,余独出,由景山东门出南门,穿故宫到中山公园,在来今雨轩遇一岑,遂与共坐啜茗。十一时许,一岑先行,余略坐后,步出公园西门,乘三轮返汉家。

午饭后,又出,乘三轮归视润儿,至则锴、镇正在午睡,而润则出买铅丝(扎缚顶棚用)、绿纱矣。良久归来,仍垂手而已,盖此两物市上已售空脱销云。殊为懊恼。有顷,润去上班,余看施工至五时,包檐墙已砌就,新装之窗亦装好两处(共三扇),明日屋面可上泥,候干即可盖瓦矣。六时四十分,偕两孙返汉家。彼等御骑车,余乘三轮也。

夜饭后,知农祥曾偕一友人来访云,未晤为怅。晚八时与汉儿、芷芬、元锴、元镇登景山赏月,居中临眺,则九城灯火历历在目,尤以北面鼓楼大街衬以寿皇殿,更为灿烂惹人。惟时皓月当空,鉴人须发,洒然清凉,几忘尘俗。久霾乍朗,宜有此心情耳。九时四十分下山,徐步以返。十时就寝。

8 月 17 日 (七月十二日　丙辰) 星期五

在汉家。六时起。晴。

十时前看毕初中一年文学课本。十时半出,独乘二路到西四,转电车到西单商场,就峨嵋酒家午餐,吃拌面及担担面各一,瓦块鱼一盘,啤酒一瓶,计价一元三角馀。面味尚好,鱼却大坏,头尾脊骨俱入,整块鱼乃不见也。质量大降,竟拆坍宣传号召之台矣。迩来类似此次者不少,其过渡时代应有之现象乎?食后,走西长安街西头,候卅八路车。有顷挤上,直至公主坟下,在四周寻访青年出版社休养所,屡问不得要领(即站岗警察亦不之知也)。徘徊历一小时,终得当地一妇女之导引,乃寻到火道沟三号,晤及滋儿。盖四日未见,系念之至,故独往一访耳。在所中兼晤谢宗玄、洪光仪,就草地树荫下坐谈至四时,始行。滋儿送余至公主坟商场,乘卅八路车东行入城。滋则徐步返所矣。余到西单下,转乘三轮径归汉家。错、镇早归(是日仍遣视故居),告余屋顶已糊泥,室内顶棚木条亦在钉,明日晾干,后日即可上瓦云。

晓先来访,有顷,其女士秋及婿谢蒙来见,又陪同往芝九、剑华、文叔诸家一走,回至汉家,晓等辞去,余等乃饭。饭后,坐至十时就寝。

今日元孙由琴珠携来,仍与余同榻。

8 月 18 日 (七月十三日　丁巳) 星期六

在汉家。六时起。晴。

八时半与元孙往景山,十一时返。错、镇两孙仍遣视故居。午饭后,挈元孙回故居,晤润儿及两孙,暂憩于西屋,见北屋屋面涂泥已完，正在做屋脊瓦，屋内西间顶棚已扎好，东间板条亦钉就，只剩中间未钉，及东间未扎而已。询诸徐匠，据云整瓦须五天（每天四工），室内圬墁却易之，或可乘夜来作也。以此推之，再加修饰，月内能完已大幸矣。

六时，润下班乃偕伊及三孙同往森隆，应晓先之请，陪其新婿同宴。到者大致与日前文权所请者同。惟雪村以腹疾未到耳。叙至九时，散。元孙随润归去。余仍返汉家。十时半始就寝。

8 月 19 日（七月十四日　戊午）星期

在汉家。六时起。晴，热，夜月好。

九时，与芷芬出，走至地安门乘十三路到铁狮子胡同东口下，复走八条访圣陶。途遇蝾生，谓昨甫自牯岭经汉、宁、沪等处返京。因同折还，晤圣陶、墨林、至善、至美、满子、绍铭等。见墨林尚平顺，惟卧床未起而已。长谈抵午，遂饭其家。盖昨日为墨林生日，今日乃圣墨结婚四十年纪念也。饭时，雪英、弘宁、弘琰亦至。饭后复谈至四时许，始辞出。与芷芬乘十路径回小雅宝一看。见南面屋瓦基本盖好，中间顶棚亦将扎完。我想一星期后或可弄好也。有顷，达先来省，因与润、芷等共为余设计装设书架事，至六时仍偕芷芬乘三轮返汉家。

夜饭后，文叔见过，谈至九时去。十时就寝。

8 月 20 日（七月十五日　己未）星期一

在汉家。五时三刻起。时阴时昙，午前有小雨，午后三时左右加大，见檐瀑，未久即止。气凉于昨。

九时独出，走景山后街，乘五路车径往陶然亭。已将十时，见小雨急趋窑台茶社,小憩兼避雨,坐定,雨即止,且微露阳光。十一时行,先乘五路至南樱桃园,转十路北行,直达王府井南口下,步往东单三条鑫记南饭馆,勉得插坐一隅,叫鳝糊面缺供(近日菜场一切短缺),只得改虾仁面,却用海虾充数,味殊不佳,匆匆食已,即乘三轮赶回小雅宝。锴、镇见余至,即行,谓偕升埔同去看电影也。(埔时适来此。)润儿告余,匠人多磨洋工,无法促之,亦只有浩叹而已。三时半,正在屋面工作,雨突至,竟闻檐注声,所刷青煤全随雨漂去。天亦真不作美矣哉!本欲过访雪村,以恐再雨,亟辞琴珠、元孙,乘雨隙登三轮返汉家。

午后在家接湜儿十八日复信,谓签票不得,须廿三日始得行。前此吾所寄航信大误事。接到已在十六日午间云。此次湜之南行,初不料家中遭坍屋之灾,而会逢其适,家人多不免抱怨,谓其不负责任,逍遥事外,是亦家庭问题纠纷之一般耳。余已为之不安累日矣。

夜饭后,本拟登景山望月,并赏北海荷灯之胜,以天又阴霾,废然而罢。适芷芬有戚串来访问,余因偃卧室中,遂解衣睡。乃未及夜半,雨大至,继以雷电,移时不息,余心念屋面泥涂处未全盖瓦,而西屋尚未施撑,真是点点雨粒和愁滴,声声雷响撞心敲矣。辗转未得成寐,既念家屋,又念滋、湜,此身殆同撕碎也。

8 月 21 日 (七月十六日　庚申) 星期二

在汉家。五时半起。阴,旋转多云,午后晴,较热。

七时写信与漱儿,告半月来生活状况,八时许出寄信。终不放心昨夜之雨(虽已遣锴、镇往视),即乘三轮径归小雅宝。知南面盖瓦处未漏,北半略渗,但今日基本可以铺瓦,而昨日调好之石灰,亦未流出,东西南三屋俱不漏,元孙亦正嬉戏如常,心乃大定。即走遂安伯访雪村,遇幼雄亦来访,乃大谈别后情况,正谈间,镇孙引觉明踵至。盖余未到小雅宝之前,觉已来访,未值,留条相约,谓外庐、援庵诸先生俱欲余转至历史研究第二所,改日再来访谈云。既而,复来,故镇得导以来雪村家耳。因约廿六日(星期)上午再来小雅宝,同访外庐商谈。少坐便行。余亦随返。

坚吾之女令琰上午亦来小雅宝访余,未值,留条告已毕业,正待分配工作(未识分发何地),一见分晓,即日就道,恐不及走辞,故特来告知云云。未能一谈,为之怅然。

午饭后,润儿归。有顷,琴珠亦归(盖开始下午休息)。余与锴、镇闲谈至五时,乘三轮返汉家。两孙御骑车夹护焉。夜饭后,本拟看月景山,又以云遮而止。十时就寝,却又月照前窗矣。

8月22日(七月十七日　辛酉　处暑)星期三

在汉家。六时起。阴,时有雨意,午后略露阳光,黄昏大雨雷电以风,移时始止。气郁闷,雨后始还凉。

八时半出,乘二路到西四,转电车到西单,再换卅八路往公主坟,走火道沟三号看滋儿。遇之,谈至午,即留彼啖饺子,厨司卢姓,亦苏州人,对余极殷勤,同时晤宗玄、光仪。饭后,与滋出散步,信行至玉渊潭西,转至农业大学宿舍前,就商场中新由东安市场移往之国强餐馆小憩,冷饮,坐至二时三刻行。仍在附近乘卅八路,东入城(滋步归休养所)。到西单转十路归小雅宝。至则锴、镇已去,晤琴媳及抚元孙与嬉耳。

六时,润儿下班,乃与同赴崇内新侨饭店公宴谢蒙及晓先一家。到雪村、达先、建昌、文权、潜儿、澄儿、汉儿、芷芬、润儿等。七时开饮,风忽狂起,继以雷雨,顿时冥黑。久之,清儿始冒雨至。余身虽在席娱宾,而心悬家中,大为不宁。八时食已,雨犹不止,只待至九时许,始乘雨隙各奔其家。润儿先行,余仍与芷、汉乘三路至景山东大街下,走返汉家。竟勉沾濡,亦大幸也。

席间,雪村告余,乃乾已移家来京矣,为之大慰。到汉家后,与芷芬闲谈,就寝已十一时矣。

8 月 23 日（七月十八日　壬戌）星期四

在汉家。六时起。晴,较热。

八时出,乘三轮往看农祥,适今日不轮休,已上班去矣。遂折至北长街卅九号看乃乾,晤其夫人。见沪来行李满堆,尚未拆卸,乃乾本人则访医未回。少坐,约期再往而别。乘原车径归小雅宝,知昨夕之雨尚无损害也。（车资被敲一元一角。）旋访雪村,谈至十一时许,返小雅宝饭。饭后,润儿归。达先亦来,同量北屋西壁,估计木料,准备装置一大书架,以容散漫杂庋之书册。下午,看匠人工作,三时半,锴、镇先归去。五时半,余属许妈预备铺盖,明后日即须回住小雅宝矣。遂行,仍乘三轮返汉家。

夜饭后,芷、汉出探亲,而清儿、达先、振甫来谈,九时半皆去。有顷,芷、汉返,余亦就寝。

接渥儿片,知廿二夜已上车北来,预计廿五或廿六日必可到京云。

8 月 24 日（七月十九日　癸亥）星期五

在汉家。六时起。晴,热,早晚凉。

八时出,从景山后麓绕至前山,出北上门,入神武门,历内外六殿,径出午门,到中山公园,憩于水榭东南旱桥上。遥望唐花坞,掩映高柳,碧荷间幽秀特胜,久坐乃行。出园乘电车到王府井,在新华购得八月份《人民画报》,复走至东安市场闲逛,继又往百货大楼一看,十一时后乃走鑫记午饭。饭后乘三轮返小雅宝。润及锴、镇都见及,知购到书架用板料。未几,两孙即行,余憩息于西屋滋儿卧房,至五时三刻,仍乘三轮返汉家。明日即迁返小雅宝。盖卢家邻人之子即将返京,锴、镇须住归。在势只得让迁也。

夜饭后,韵漪见访,商谈教本注释数事,九时后去。

十时就寝。

8月25日 (七月二十日 甲子) 星期六

晴,时昙。入夜起风上云,有雨意,未果下,气返燠闷。

六时起。八时出汉家,先往景山一登临,延眺九城,依依久之。出北上门西行,走北长街访乃乾。乃乾以理物积劳,卧病在床,就榻前谈,近十一时始辞出。乘三轮径归于家。饭后,正拟偃卧少休,湜同学于生来访,谓湜今日当归,因已晤到先一日北来之同学,已于昨日到校也。谈至五时半辞去。

六时半,果自沪返。车行凡六十五小时,始得达,亦太劳顿矣。匆匆共饭。饭后,潜儿、文权、昌硕来省,谈至九时去。

十时就寝,与湜儿同宿西屋。

8月26日 (七月廿一日 乙丑) 星期

阴,微雨时作,傍晚雨渐大,入夜濛然。气较凉。

六时起。十时,觉明偕外庐见过,谈及转所事,余谓须先与西谛商量,如彼此无妨,本人无执见也。十一时,外庐先去。少顷,余偕觉明同出,乘三轮至东安市场,初拟就餐奇珍阁,以客满,乃过隔壁和平餐厅饭焉。遇觉友施君父子,因得并桌而食。餐后,略逛书摊,觉明坚属归休,即先乘三轮归家。三时许,农祥、亦秀见访。未几,汉儿、芷芬亦至。又有顷,清儿、达先踵来。雨濛烟湿,坐无是处,甚窘,抵暮皆去。

雪村晨来访,知将去青岛休养。

石灰买不到,几有停工待料之势,恚甚。午前,润、湜添买木板作书架柱子用。午后,盛姓(徐成田之师)通知,谓有石灰可买,湜又添购二千斤。说起石灰,亦堪痛恨,成块好灰固谈不到,即末状干灰亦无有应市者,只有成抔成团,挤握可以出水之风化灰,但价格仍照块灰计,原需三千者,今用一万四千斤矣。对政府大力号召抢修房屋,实为一打击,正不知何以善其后也。

十时就寝。

8 月 27 日(七月廿二日　丙寅)星期一

濛雨,旋昙,竟日阴霾。

六时起。工匠又少来一人,石灰以受湿成团,故不经使,又须添千斤云。慢甚。

午后,乃乾见过,与同访雪村,谈至四时后,始别。伊乘三轮回北长街。余则走归。夜饭后,闷甚,坐庭中挨时,挨过十时乃入寝。昏昏忽忽,又过一日矣。奈何!

是日午前理发。

8 月 28 日(七月廿三日　丁卯)星期二

晴,偶有云,较昨热。

六时起。匠工又少一人，大约为盛姓所迫使然。盖盛恃徐，力坐开工资，不事事而指挥他人则神气活现，宜其不副众望耳。然而误我工事不小矣。总之，徐成田太不负责，我房为伊久待，致塌，而临事又自身脱去，实不成话也。

午前，接漱儿廿五来信，复余廿一去信者。

竟日闷坐，一筹莫展，恚甚。夜饭后，偕润、湜两儿挈元孙逛百货大楼，购得算盘（余家久缺此物）、圆镜（一面能放大照看者）各一。归已九时三刻，往返俱乘十路车。到家热甚，拭身洗足，然后就寝。

湜儿为石灰规格与价格相权太不合理，曾写信向《人民日报》反映，不识能生效否？

8月29日（七月廿四日　戊辰）星期三

晴，热。

五时半起。石灰晨夕俱往铺中催询，一无着落，到派出所说明，亦无效果，恨甚。午后，与湜儿出（琴媳今日起在家休息），乘十路转卅八路，径往火道沟三号看滋儿，晤谈至四时半，乃同出散步，余与湜仍乘原路车归家。

夜饭后，潏儿来省，谈至九时许去。十时就寝。

深夜二时许，急雨骤至，撼户打窗，势颇甚，幸不久即止，然已辗转难寐矣。近日心境之劣，于此可见。

8月30日（七月廿五日　己巳）星期四

初晴，热，近午阴合，旋大雨时作，而气不凉，入夜渐转好，竟见星月。

六时起。八时出，乘十路往六部口，走官马司访农祥，兼晤其女婿张文奎。张君学经济地理，现在师大专研，已著有概论十万言，交上海新知识出版社排印云。与之谈，极朴实，翁婿极相类，甚以为慰。

九时半，三人同出，往游陶然亭，茶于窑台。十一时许起行，循湖西岸至云绘楼，雨作矣，乃亟登陶然亭，就西轩再茶，以避之。十二时一刻雨止，复行出园，乘五路到珠市口，步至煤市街丰泽园午饭。又值大雨，二时后，始乘雨隙坐三轮径归。农祥坚约晚饮其家，只得辞谢之矣。

抵家接圣陶约晚饮函。严大椿托看少年儿童出版社选题计画函，及人民文学出版社托提《荀子选》篇目意见函。并知润、湜两儿午后往朝阳门外添购木料。雨淋湿透而石灰竟不可得也。

五时一刻出，乘三轮往八条践圣陶招饮之约。晤墨林，知又发热不舒，勉慰之。有顷，调孚至。七时，乃乾至。及八时，两医章次公、徐衡之始来，俟其会诊处方后，乃共饮。据云病势尚不致立即恶化，言外之意，根本治疗实无办法耳。食已将十时，乘三轮遄归，已十一时矣。知韵启曾来访，谓一日即去沪。清儿亦来省，皆未晤及，殊怅怅也。少坐即就寝。

8 月 31 日 (七月廿六日　庚午) 星期五

晴，爽。

六时起。八时出乘十路到中山公园西首下，步往北长街访乃乾。晤之，谈至十一时，与偕出，过中山公园茶饭于来今雨轩。

午后二时，复共乘五路到地安门，步往黄化门大街访西谛。正值午睡，待半小时后始晤之。与谈二所及古籍出版社事，伊为前函

遽谢之故,不无介介,竟不得要领而罢。余本无移地之心,徒以西
谛先有出版社之属,后有觉明二所之约,遂尔难解,既如此,只索两
不参与,仍本我原来文研所之工作,对付过去矣。四时辞出,与乃
乾各乘三轮行。伊往出版社,余则径归。车过石灰铺,见有少许次
灰积庭中,即属湜儿亟往购之,勉强弄到五百斤,明日工作可以应
付云。

夜饭后,倦甚,九时即就寝。

9月1日（七月廿七日　辛未）星期六

晴,较昨略见躁热。

六时起。竟日未出,亦无客至。瓦工进行甚慢,木工今来两
人,尚看得过。下午三时,湜儿出购物,并送韵启上车回南,至六时
乃归,居然遇见并已将在沪挪漱之款亦托带归还矣。

夜八时,听北京电台转播当晚中山公园音乐堂之会串戏。先
为孙毓堃、虞俊芳、李万春、黄元庆、郝寿臣、小翠花等之《八蜡
庙》,继为裘盛戎、刘雪涛、高宝贤、慈少泉等之《锁五龙》,最后为
李多奎、尚小云、张君秋、吴素秋、马连良、谭富英、奚啸伯、陈少霖、
李和曾、萧长华、马富禄、李砚秀等之《四郎探母》。直至十二时始
罢。因此睡眠颇受其影响,二时后,始合眼也。

9月2日（七月廿八日　壬申）星期

阴昙间作,午后晴,闷热。

六时起。上午瓦工沈姓与盛姓冲突,引起纠纷,殊为难,总之,
徐姓不亲来之故耳。午后,闷损甚,出散步,顺送湜儿入校,不觉信
步至东单,见其上三路车后,乃乘电车往中山公园。人极挤,茶座

无隙地,散椅亦占满,徘徊于林中廊下,逢可憩处即坐下,先后凡歇五处。近五时乃出,复步至王府井,乘三轮归。适瓦工徐姓来,始将一场小风波略得解决。但不识以后发展如何,深以为累。

夜饭后,汉儿、芷芬及锴、镇来省。有顷潆儿、文权、昌预亦至,谈至九时半,皆去。余亦就卧。

9 月 3 日 (七月廿九日　癸酉)星期一

阴,继而晴昙兼施,颇闷热。夜有雨意,但仍见疏星也。

六时半起。今日起,瓦工徐姓已辞谢,改由沈姓承之,石灰仍买不到,即令续作亦只敷一日所费之材耳,至为焦虑。木工则照常进行,书架已竖起,只待装上庋阁之板矣。

竟日未出,偶看木工作架,余但闷坐愁叹而已。

五时,晓先见过,谈至六时半去。

夜饭后,达先来省,谈至九时半去。十时就寝。

9 月 4 日 (七月三十日　甲戌)星期二

未晓前(四时左右)雨声作,时断时续,迨天明雷电大雨矣。

六时起。阻雨不得出,西屋唤人授伞,始得上南屋盥漱,苦极。九时后,渐霁,近午晴,气亦大爽。

十二时,瓦工沈姓来,即属赶将后面围墙抹灰了事。抵五时,剩灰用罄,屋后事亦粗毕。遂算结之(瓦工只索待料,再招致矣),木工装架已毕,甚合适,门窗等处亦修整粗了,明日将减来一人,拆修角棚及另活也。截至眼前止,只馀沿街墙面未涂,南东西三屋找补未完,北屋油漆及安装电灯工程未能及时进行耳。因写信告高逸群,托伊两事,一转达领导展假半月,一转王积贤,说明七八两月工作汇报表无由填报也。

午后三时半,乃乾见过,谈至六时去。属为起草请部行各省市调查书板,又允明日过彼再商之。

夜饭后,农祥、亦秀见过,有顷,诗圣亦至,谈至九时许,先后去。

十时就寝。

9 月 5 日 (八月小　建丁酉　乙亥朔) **星期三**

晴朗,凉爽。积霾尽扫,为之一快。

六时起。八时,为乃乾草一文稿,十时毕。乃挟以出,先乘十路到六部口,走至西长安街西头,转附卅八路车往公主坟,径至火道沟三号看滋儿。正与同事疗养诸人雀戏为遣。询知,医院会诊结果同意施手术,只待院中床位空出,即前往云。因留彼处午饭。饭后偕滋儿步至附近商场闲逛。一时三刻仍乘卅八路返西单,转雇三轮往北长街访乃乾,交文稿。谈至三时半,偕其夫妇同过北海双虹榭茶憩,五时三刻行。余乘三轮径归。

到家,汉儿在,木工已去。角棚已修好,明日瓦木工俱停,须石灰到手,再雇工矣。电灯、玻璃、油漆等匠虽屡招,迄无应者,大都以缺料之故,会逢其适,恚恨无益,忍受而已。

夜饭后,琴媳出看话剧《娜拉》,票为清儿奉余者,余不欲往,遂转令琴去耳。汉儿则留谈至九时三刻乃去。

十时就寝。

9 月 6 日 (八月初二日　丙子) **星期四**

晴,午后西北风陡作,扬沙撼树,势甚可怕,移时乃定。迨四时又天清日朗矣。入夜星光灿灿,气昼热,早晚凉。

六时起。石灰又去催询,仍无着落,而玻璃、电灯、油漆等等无一有望,只得任其纵横,徒延时日。盖收拾必须配合先后,乃可行也。真是束手无策,空唤奈何!

九时出,乘十路到六部口,走访农祥、亦秀。晤之,因同出,乘环行电车往北海后门入园,即雇小艇荡舟为乐。十二时半,登陆,就饭于仿膳厅。仿膳最近宣传恢复宿昔名菜,及试尝,实不然,依旧老套而已,且价较昂,颇失望。食已,已一时半,稍憩于九龙壁下。正拟在公园后门乘三路游动物园,而大风忽卷地括沙,陡令天地变色,乃改计,仍乘环行电车回西单,走返农、秀家。长谈至四时许,又约孙孝丞同出,四人共茶于中山公园上林春。六时半起行,仍往农、秀家晚饭。朱继文先已在坐。有顷,亦秀曲友王剑侯至,遂共饭。饭后谈至九时始归。农祥、亦秀复走送至新华街北口,及余登车乃别。

到家,知佩华曾归省,留条告余《史记选》出版情形,劝余向人民文学出版社力争今年出书云云。少坐就寝,已十时半矣。

9 月 7 日 (八月初三日　丁丑) 星期五

晴,爽。

六时起。匠工停顿,一切空延,即室内清洁亦无从下手也,苦闷极矣。琴珠九时出,往医院复查,十二时半始归,谓尚须时日,始克免身云。

午饭后一时,余独往吉祥列队购票。盖明来剧团明后晚演出上下集《雁门关》。演毕离京矣。此剧久想一看,而地又近,故奋勇一往排队也。居然均买到楼上特座第一排第六十五号两场同位,亦可喜耳。继往百货大楼闲逛,无所欲,即走东长安街乘十路返家。坐视工事徒延,烦恼难堪,不得已,展张元长《梅花草堂笔谈》为遣。晚饭后收听广播,此收音机坏已三日,今晚润始取归也。现在修建诸事一切困难,无论加工修理,动须两月为期,其它购料招工等等,更谈不上时限矣。十时就寝。

9月8日（八月初四日　戊寅　白露）星期六

晴,爽。

六时起。闷视室芜,无能为力,奇窘。何图今日乃有此一切缺供之象乎? 十一时许,晓先见过,坐移时去。约下午二时会来今雨轩。饭已,润归,为打扫北屋,费水四桶,帚且敝而灰痕漫坊,地砖之上,剔拭不去,虽水拖仅去浮面尘土而已,亦难矣哉!

二时出,乘十路到中山公园,见明日日场音乐堂有明来戏,因试购票,居然得到第三排卅三号也。入晤晓先于来今雨轩,谈至四时半起行,循唐花坞、水榭一带,然后出,与晓别。仍乘十路东归。

到家知琴媳已做动,润儿送之赴院待产矣。有顷,汉儿偕孟通如来,通如不见已六年,今来京开会,即将返去,特过一看,惜匆匆赴宴而去,未及长谈也。留汉与共饭。澄儿亦至。七时,余先行乘三轮往吉祥看《雁门关》,七时半开,十一时散,紧凑热闹,唱做俱佳,而冯金芙助演之萧太后殊出色,眉目贯串悉系此角之一身。满意而归,仍雇三轮。

到家,湜儿在,知考试已于今日提前举行,故得连夜归省耳。十二时就寝,湜与我同榻。

9月9日（八月初五日　己卯）星期

晴。

六时起。八时,湜儿出访友。十时,滋儿归省,即四出催询电灯、玻璃、油漆等作,回报玻璃后天可来配;电灯登记廿四号须挨到,乃可来;油漆则殊无望也,未及十一时,即去中山公园会佩华。

十一时,润自医院归,知琴媳已于昨晚七时另七分(酉初)产一男孩,重三千克(六市斤),母子俱好,甚喜。为命名绪茂,乳名宜官。有顷,湜儿亦归。

午饭后乘三轮至中山公园会滋、佩,同看明来剧团演出。余昨购之票退去,乃与滋、佩共坐第七排第九、十一、十三号。座较居中,且便交谈也。一时开,先为东来、韵华主演之《红娘》。因将离京,特别卖力。继为东明及朱玉良主演之《失空斩》。余等看至《空城计》进场,即起行,时方四时三刻。滋、佩各返其所,余仍乘三轮归家。润挈元孙往视琴媳及宜孙,五时三刻归报平安,极喜慰。湜下午及夜间为拭檩柱等积垢,大致粗了,然尚待大整治(非油漆不可)也。玻璃居然来配矣。

夜饭后,独乘三轮往吉祥看《雁门关》下集。七时半开,十一时散,东来及邹慧兰、关韵华均大卖力,而冯金芙仍不掩其所长,可观也。余自今年春初起,常看明来戏,几于每周必往,今夜演毕离京,再来未卜何日,余可谓赏其终始矣。

散戏归,湜儿尚未睡,十二时后乃就寝。

昨日买到湿灰七百斤,今日瓦作来一小工,先令化灰待用,以明日可有一瓦工两小工来续作云。

9 月 10 日 (八月初六日　庚辰) 星期一

晴,爽。

五时半起。从灰堆中理出笔砚,乃得握管作书(一月来未搦毛笔矣)。写信三封,一复乃乾,告书面纸本有,容检出送去(先有书来,谓富晋有毛边纸,惟尺幅较小,并缺少书面用纸)。一致钱亲家伯衡,告添孙之喜。一寄潄儿,详述家中近状,并告宜孙诞生情形。午饭后,润儿未归,余乃自出投邮。

文研所薪水八日当送来,迟至今日尚未见到,何故而致此,殊不能不令人见讶也。

下午看《北平庙宇通检》及《梅花草堂笔谈》。

夜饭前,晓先来贺添孙。夜饭后,文权、潀儿亦来省,九时乃去。十时就寝。

9 月 11 日(八月初七日　辛巳)星期二

晴,爽。

六时起。文研所薪水仍未送来,盼甚。闷视工延,百无聊赖。饭后三时,竟如坐针毡矣,乃奋起独出,乘十路转五路往陶然亭,就窑台茶憩,稍纾郁怀。尔时徐风拂面,轻乐远度(附近有文化部所设舞蹈学校),若从云外飘来者,悠然久之。然终不能释我悬悬也。五时出园,仍循原路遄返。农祥在,已候我半小时矣。约后日同游碧云寺,旋辞去。

清儿来省,因共饭。谈至九时去。润儿为选票事七时半去开会(动员小组),近十时乃归。余俟其归而就寝焉。三时即醒,竟未再入睡,苦甚。

今日傍晚,瓦工徐成田来言,后日当抽空亲来结工,然则可告一段落矣。

9 月 12 日（八月初八日　壬午）星期三

晴，爽。

五时起。八时，晓先见过，携来茭白及肉丝，谓晚上雪英与汉儿将来我家夜饭云。

瓦工今日仍来一人，小工却为三人，后面夹道中填平并扫除碴土、屋面小缝等，当可涂完。电匠已催过，据云无电线料，实难应命。总之，催促即稍有眉目，坐待自来，必无其事，而我家缺乏人力，若欲丛集琐事于我一身，则惫矣。奈何！无人分忧乎？午后更感无聊。

四时，力子见访，谈明日中国青年出版社董会事。余本不欲往，以力子主持其事，雅不愿令人为难，遂允届时前去应卯。复谈他事，至五时半去。

雪英三时半即来，又携到熟肴多品，至感厚谊。六时，晓先亦至，因共夜饭，待汉儿不至，而芷芬来，迨饭毕，汉始来。纵谈至十时，乃与晓、雪、芷同去。

十时就寝。以日间烦扰忧闷，夜又多言伤神，及就榻遂致杂念蜂起，展转不成寐，但闻蛩吟四壁，益助凄清，而蚊又时扰，竟尔细数时钟，自十一时，以至十二时、一时、二时、三时、四时、五时，通宵未曾合眼也。乃不得不霍然起身矣。

9 月 13 日（八月初九日　癸未）星期四

晴。

五时起。八时，润儿挈元孙往医院接琴媳及宜孙，因属顺道过农祥回辞不去碧云寺。

徐成田今日自来,馀仍瓦工一人、小工二人(馀一小工回绝之),预计瓦作今日可以结束矣。修房拆下杂木板条等亦雇人锯劈作柴。目前唯一急工只有电灯耳。

十时,润等接琴等归,用出租汽车安载而来。端相宜孙,极似润儿,准直耳大,眉宇轩朗,至可爱怜。积日愁闷见之都镯。

午后二时,雪村见过,盖今晨八时甫自青岛回京,亦准备同赴董事会者。与谈至四时许,乃偕出,乘十路北行,到九条口下,步往十二条东首之老君堂青年社。众已毕集,专待余两人矣。登楼入室,即开会,由力子主席,先由王业康报告社务及财务状况(仍循老例印件,会毕即收回)。继讨论分派股息及认购公债等案,决定上年度发七厘,本年度起,遵政府规定发定息五厘(一二三季并一次发),公债认额仍分级配搭,但最高额不过百分之五十云云。六时会毕,同驱车至西单恩成居聚餐,预定谭家菜两席,到董事诸人外,圣陶父子、均正、调孚、锡光、祖璋、必陶均到。余与雪村、觉农、圣陶、调孚、李庚、语今、均正、业康、至善同座。肴甚丰腴,酒亦醇美,似稍嫌奢侈耳。九时散,余与雪村、调孚附力子车东归。至什方院西口下,雪村径归遂安伯。余与调孚则循什方院行至礼拜寺南口而别。

归家知瓦工已结局,账亦算去。只剩电灯、油漆未着落。现拟先设法装灯,至油漆则只索暂阁,俟便再行矣。十时就寝。预燃蚊香一盘,遂得入睡。至四时乃醒。

9 月 14 日(八月初十　甲申)星期五

晴,较昨热,入夜尤甚,殆将雨乎?

六时起。十时许,平伯见过,谈悉文研所薪,伊亦未接到,想为评级耽延耳。只得听之。又悉北京新成立昆曲研究社,即由平伯主持(主任委员),承拉作联合社员。谈至十一时半,有电灯匠来洽,伊遂辞去。

电匠于下午二时来,至六时将中间及西间两盏装好,东间及东厢只得待明日上午续作云。

潇儿、澄儿傍晚来省,因共饭。饭后诗圣、达先、建新、文权先后来。诗圣先去。潇、澄、权、达、新近九时乃去。汉介绍油漆工岑姓,于晚九时来洽,谓明日可来帮忙赶作云。极感之。十时就寝,拭身后仅盖毛巾被,尚嫌热。奇哉!

9 月 15 日 (八月十一日　乙酉) 星期六

晴,热,午前后大雷雨,夜仍有雷雨。

五时半起。漆工岑姓及电匠均来,电灯午后三时始装毕。算工料十五元四角一分,去。漆工恐非一两日所能了也。午间值雨,漆工未能出饭,因煮面享之。

浞儿午后即归,阻雨不能动手先搬,心焦之至。及晚打扫一清。

夜饭后,愁坐听雨,十时就寝。不识明日又复白过否? 恚甚!

9 月 16 日 (八月十二日　丙戌) 星期

天未老晴,而气仍郁闷,傍晚始畅晴也。

六时起。漆工仍来。八时,发动搬回北屋,叫吴海等二人来移运,志华之夫毛君亦来帮忙。达先、元锴、元镇、元鉴亦至,众手并举,总算将家具等搬好。书籍则赖浞儿之力,初步上架。将来调整重排,恐大费时日耳。午后,毛君及吴海等二人俱去。家下人仍扰扰至暮也。

汉儿、芷芬四时后来,即往访调孚。有顷,偕均正、国华来访,适积贤来谈,未及与均正周旋,少选即去,至歉也。积贤之来有三事:一送薪水,谓本当早送,稽迟甚歉,请谅之。二洽告所中评级事,余无意见,惟冠英为组长,似当评高一级耳。三告后日开全组会议,是日下午二时前有汽车来接云。谈移时乃去。

夜与达先、芷芬、汉儿等会餐,餐后未久,皆辞去。余以积倦难支,九时半即寝。

是夕始移归北屋,仍与湜儿同榻。

是日下午,佩华曾归来,为我理衣橱。

9 月 17 日（八月十三日　丁亥）星期一

晴。

五时起。湜儿八时即出门返校。漆工仍来。九时,潚儿来省,即去。佩华归来收拾西屋,并为继续理橱及晒晾呢绒衣装等件,垂暮始去(请假一日)。漆工已将书架及北窗三处初步施漆,大约再过一二日,室内或可了事。新搬凌乱,一切不能展开,且兼油漆纵横,竟不克坐下看书,焉能工作?

夜九时半就寝。睡至半夜,右股上部忽拘挛良久乃已,苦不胜言。

9 月 18 日（八月十四日　戊子）星期二

阴,午前后大风,三时许大雷雨,傍晚霁,气乃转凉。

五时起。漆工九时半始来,谓添料需时也。

午后一时,所中车来,乘以过接平伯,同赴北大哲学楼开会。

是日本组全体人员俱到(力扬外出考察),讨论重订研究计画问题。余意《李白年谱》交卷后,改提两项工作:一、诗文述评长编(历代诗文评论的综合研究),二、唐代散文研究。会上俱承采纳。所中之意,欲余专力于后一工作,而兼顾前一工作。然尚未具体规划,不能遽定也。五时许散,候司机未即行。半小时后乃驶入城。范宁、乔象钟及另一女同志附以同行。在开会休息时,积贤告余《史记选》出版交涉已由所中去函,人民文学出版社属径来访余洽谈云。

六时一刻到家,湜儿已归。漆工已去。适清儿亦来,迨夜饭清辞归。

饭后,润等出席选民小组会,余与湜儿乘夜理架,亦仅略加整搬而已,然倦怠已甚,九时半即寝。

9 月 19 日(八月十五日　己丑　中秋节)星期三

晴,日中仍感热,夜深始凉,月色皎洁。

五时起。今日漆工未来,想为度节故。湜儿晨起续为余理书架。十时,乃与之同出,乘十路到王府井南口下,逛百货公司,无所欲购,即扬长至三条鑫记南饭馆,以为时尚早,居然占坐甚适,父子共叫炒菜三色(鳝糊、蟹粉、虾仁);又酱汁肉一块,清血汤一碗,连饭及啤酒,仅二元六角,似较往日为廉矣。湜儿甚满意。食后,同过吉祥,购得今晚四团戏票一纸(楼上特座一排六三号)。复过天义成买酱菜、环球社取照片(俱湜事)。然后,徐步以归。到家时未及一时也。

午后二时,湜儿挟书包辞返学校。

晓先、雪英来访,约共夜饭于汉儿家(伊等受托代邀),余以看戏故辞之。晓等乃去。夜饭后,独乘三轮往吉祥,坐一刻许开。先为姜铁麟主演之《艳阳楼》,休息后为奚啸伯、吴素秋主演之《苏武牧羊》,奚能唱而吴能做,均可取也。十一时一刻始散,仍乘三轮返。十二时就寝。

是日复书君宙。

9月20日（八月十六日　庚寅）星期四

晴,时昙,夜月亦时为云遮,气不甚爽。

六时起。漆工来,询知昨日果为过节自休。今日竟日施工,仅补茸南荣窗门耳。修旧难于新作,信然。正因如此,不免又须拖长日子也。

下午理架,未及三格,已腰折背酸矣。四时许,历史研究二所阴法鲁君见访,盖觉明所属,特来探询究竟者。余以服从组织,不自选择。对如二所果欲余往,可通过院方商调,余不能自示去取也。谈移时去。

夜饭后,文权来谈,九时去。十时就寝。

十一时有人叩门,润起开,问则选票小组送达通知有误耳。琐碎如此,颇使人生气也。

9月21日（八月十七日　辛卯）星期五

阴晴间作,气颇不舒。

六时起。漆工仍来,以年久木朽,嵌填之工甚大,终日栗六,南荣仍未能上油施漆也。余终日理书架,检点分类,殊费劲,抵暮仅得四架,已腿软腰折,状如瘫痪矣。奈何!

夜饭后,八时即就寝。

9 月 22 日（八月十八日　壬辰）**星期六**

晴润,躁热。

六时起。竟日理书,弯腰曲背,则亦耐之,大致已楚楚,只待再行相度部居,一为调整斯可矣。

漆工仍来,以刨剔糟朽,大见蹭蹬,而时与余理书相冲突,颇厌苦之,然三数日内未能毕工也。愠甚。

下午四时,乃乾见过,长谈至六时乃去。余即以检出之书面纸交托之,或不日即可转属富晋钉出日记本也。

夜饭前,澄儿来省。饭后,潸儿、文权来省。九时同去。余亦就寝。

9 月 23 日（八月十九日　癸巳　秋分）**星期**

阴,有雾,气郁不舒。下午晴,夜深有风。

六时起。竟日理书,大体已定,部居亦不致紊乱矣,为之一快。

午前,达先挈建新来省,旋携元孙同去,即饭其家。午后,朱继文、卢漱玉挈其女来访琴媳。既而清儿亦挈建新来。傍晚,朱、卢辞去,清等留此夜饭。饭后,又谈至七时半乃去。

室内鬃饰已毕,漆工明日起请假,别赶国庆漆活,且俟其再来时,室外施鬃饰矣。余以连日劳顿,风火上升,右眼上皮肿胀不舒,午后,服川连汤。

夜饭后,清去,即睡。

9 月 24 日（八月二十日　甲午）**星期一**

晴,较前昨为爽。早晚有秋感矣。

　　六时起。目疾未痊，且加剧焉。上午，处理书桌陈设，备坐定。下午开始将另册所记日记补誊入此册中。因改署此册为《牵萝赘记》，志深痛也。正誊写中，积贤来访，传其芳意，商请余先抽馀力为《唐诗选》。长谈至五时乃辞去。

　　青年出版社应付股息今日始将领，据送到迟亦甚矣。

　　夜清儿来饭。饭后，润出购蟹归，烹以待享，而光暄、守勤至，有顷，湜儿亦自校归，乃合坐共擘，分而食之，余从兴而已。食后，复畅谈至十时半，始各辞归。余与湜就寝，已十一时矣。以多话伤神，颇难入睡。

　　乃乾书来，拟约期与觉明谈，属为先容。

9 月 25 日（八月廿一日　乙未）星期二

　　晴，凉。初御毛线衣。

　　五时半起。上下午均就案补誊日记，中间暂同湜儿理书架。

　　午后三时，湜同学管生来访，即偕湜儿出。直至晚饭后，湜始返。

　　接君宙复书，慰藉备至。傍晚，晓先来。入夜，澄儿来饭。饭后，潆、清相继至。有顷，文权亦来，共谈至八时半，清、澄、晓同去。九时后，权、潆亦去。

　　余目疾晨轻夜重，连日服消炎片，或可渐见减退乎？十时就寝。

9 月 26 日（八月廿二日　丙申）星期三

　　晴，凉。

　　五时半起。写信两通，一复乃乾，告已函知觉明洽照（投邮）；

一致觉明,告乃乾欲谈,及顺告阴君访余谈话(属湜儿面呈)。

九时,与湜儿出,先乘十路到王府井,湜在五兴取照片,又在百货大楼买皮鞋(十九元,余给以廿元),又在大北洗染局洗西装裤。折回南口,乘电车到西单,再换卅八路径往公主坟,十时三刻即到火道沟三号,晤滋儿,并及业康、振康、光仪、宗玄诸人。谈至十一时一刻,父子三人同出,步往商场会丰堂午饭。此饭庄本在城内,商场兴建后,与国强西餐馆同时迁设于此。味尚不恶。饭后,三人徐步东行,达黄亭子,入观碑文,乃康熙中当地汉军旗人感恩记也。正面刻满文,下文则汉文译语耳。碑阴皆施资人题名,碑座白石雕镂蟠螭状,极精。想见当时物力之充盈也。有顷,卅八路车自西来,即别滋儿,偕湜儿乘之以东,到西单后,复逛商场,遂与湜分道乘电车各行。伊赴西直门转车返校。余则到青年会下,步行归家。

到家正三时。雪英在,有顷乃去。夜饭后,佩华归,为余缝制窗帘,以铅丝买不到,只得待明日再办。九时,佩去。十时就寝。目疾仍未见好。

9 月 27 日 (八月廿三日　丁酉) 星期四

晴,凉。

五时半起。上午补誊日记,下午续为之。

三时许,农祥、亦秀至,遂辍作与谈,近五时乃去。是午,润儿为余施窗帘,惟以铅丝缺乏(搜旧储细丝充之),只钉三处,尚馀六处未挂也。近日物料之缺,往往如是,颇可恧。

夜饭后,佩华仍归,为余续制窗帘及取出应用换季衣服,九时去。润儿出看歌舞表现,十一时乃还。余已寝矣。

9 月 28 日（八月廿四日　戊戌）星期五

晴，较昨略暖。

五时起。上下午均补誊日记，抵晚仅至九月十七日，尚有十日须明日补之矣。夜应雪村之招，过饮其家。乃伊本人临时得西谛通知，趋彼洽事，未及与晤。仅与达先及其两表弟（伯梅、仲鉴之子）同饭。饭后，澄、汉、潗、权皆来章家，盖先到家中，知余在彼，乃踵往一谈也。惟清儿以夜间开会未归饭，竟未之见。近十时各散归。达先送余返，途遇润儿，盖以时晏，来迓耳。达先仍伴同到家，坐谈有顷乃归去。十时半，就寝。

是日午后，润儿觅旧铅丝凑合应用，勉将全部窗帘悬挂周遍矣。为之一慰。

青年社董事酬金送到。

9 月 29 日（八月廿五日　己亥）星期六

昙阴间作，气亦还暖。

五时起。尽上午将日记补誊完毕。今起，亦于十二时前开始写上，甚以为快。

晓先九时来谈，越半小时去。午后，阴晴兼施，入暮见雨点，黄昏渐大，有檐注声。夜深始止。

五时许，湜儿自校归。因与共搬卧室家具，一有调度，仍未大落位也，照架数事则已相地悬挂矣。是夕本拟与湜往中和看戏，盖昨晚澄儿特购以送来者，乃天不作美，临时大雨，而湜亦感冒头重，怕出门，竟尔废阁未行。八时后，即属湜儿先睡，余则闲翻架书，十时始就寝。

9 月 30 日 (八月廿六日　庚子) 星期

早起多云,旋朗晴,气亦加暖。

五时起。湜儿浮热未净,八时乃起。昌硕导昌颉来谒,盖昨晚甫自天津乘休假来省其父母也。(向在扬州随其祖母住,今年暑假后考入天津大学。)余乃偕湜儿陪颉、硕姊弟出游,初拟往天坛,忽忆前昨两年俱碰壁。(以国庆在京参加检阅之部队多,暂驻天坛,多处不得通行也。)乃改计往陶然亭,先乘十路至南樱桃园,转五路达北门,十路之挤,几无插足地,过东单后,始得坐。到陶然亭北门,即步入,径至湖滨赁小艇,由颉、硕二人打桨为乐。十时半登岸,复往慈悲院、云绘楼、清音阁等处一逛。十一时出园,乘五路到珠市口下,走煤市街丰泽园午饭。饭后,逛大栅栏,行至前门大街,属湜携颉、硕游北海,余则雇三轮回家。盖已感疲惫不堪矣。到家,知小文曾来,未晤为歉。金泉源返沪后,昨有信来,友人小辈中此两人可谓尚存古道耳。

志华为仲鉴夫人送来煮鸡及豚蹄各一,极感盛谊。

傍晚,湜儿始归,知颉、硕已径返其家。夜小饮。饮后与湜儿相地悬画幅及联语等,焕然改观矣。余尝预计北京工匠之木有称于时,许出期日必不能践若,得坐定恐须待十月一日以后始有少望耳。今夕,收拾停当,果如吾料。然而,漆匠尚未毕工也。

夜十时就寝。

澄儿曾来夜饭,八时去,住卫生出版社中,准备明晨五时集合参加游行。润、湜今年俱不参加,均以体偶不适,不得不暂休耳。

10 月 1 日 (八月廿七日　辛丑　国庆节) 星期一

阴雨。

　　五时起。天色晦暗,且承昨夜积雨,颇感扫兴,迨至十时,天安门正开始检阅,雨且加大,过午犹未辍。天公太不作美矣。为之愤愤无已。父子阻雨不得出,乃乘闲拭治桌椅,及重理杂件,更变庋置,抵午粗毕,亦硬为消磨之一道也。

　　自上午十时至下午二时,中央电台在天安门广播国庆检阅部队及各界游行实况,虽雨盛,毫未挫减热烈表见也。惟飞机出动则以天气关系,临时停止耳。

　　下午,闷雨,润、琴俱睡去,余与湜摩挲杂器,随手整理。至四时许,清儿来省,邀往晚饭。盖其家为招待昌颉,宴请潇等一家也。薄暮,余偕清、湜挈元孙过章家,其时雨亦霁,夕阳且斜照东壁,作金黄色,然则,今夜焰火狂欢仍可收诸桑榆矣。掌灯时,潇、权、颉、硕至,惟预则已入校参加狂欢未到。即共饮,八时始毕,润儿来接元孙,即与潇、权、清、颉、硕、昌、新同出,往观焰火。有顷,清及新及折回,余亦与湜辞归。

　　近十时,润始挈元孙归。十一时各就寝。

10 月 2 日（八月廿八日　壬寅）星期二

　　黎明前大风作吼,撼户敲窗,凌晨晴朗,气转凉,风亦渐止。

　　五时起。七时,写信两通,一寄潄儿,告房屋修好情况,一寄泉源,复慰一切。

　　十时,湜儿返校,即属带出付邮。

　　漆工岑姓今日来续作第九工,着手室外窗栅及露柱门楄等。恐又须拖些日子也。

　　午前后,润均出外访友。饭后,余一人块处耳。闲翻架书,偶赏壁画,终不能破紧压心头之闷闷也。夜仍小饮,听转播李和曾、张君秋唱《四郎探母》,至十时后,乃就寝。

接绍虞来书,知亦有北来之意,惟托向西谛进言则颇感为难。

10 月 3 日（八月廿九日癸卯）星期三

阴霾终日,偶尔显昼,气凉如洗,而傍晚转躁,恐连夜有雨耳。（晨起,玻窗皆蒙汽,或竟凝滴下流,当有霜冻。）

五时起。漆工未来,但昨日去时未明言,似仍不免京工习气也。

八时一刻出,走至灯市东口,乃乘环行电车往六部口,过访农祥、亦秀。晤之,坐谈至十时,偕乘卅八路车,诣火道沟看滋儿。滋适外出,有顷乃返。与谈至十一时许,偕光仪、振康送余等三人到公主坟卅八路站,遂乘以入城,还农祥家午饭。

饭后,少坐辞出。走北长街访乃乾,未值,晤其夫人,知上午九时即出,到来今雨轩会友矣。坐刻许行,乘三轮径归。建昌在,知汉儿、芷芬、元鉴曾来饭,刻已往八条候墨林云。

傍晚,偕润儿出,购果物及香烟,欲买浆糊邮票,则以附近南纸文具店已并至他处,竟未得到手也。

夜饭后,润出开会,余灯下观亚子《怀旧集》,中有晚明史料提要,颇可浏览。九时,听广播,周传瑛、张娴《长生殿》录音。十一时后始关机就枕,下尚有《埋玉》未听也。

10 月 4 日（九月大　建戊戌　甲辰朔）星期四

晴,凉。

六时起。漆工仍未至,不告而旷,甚无谓也。习气中人,奈之何哉！终日坐起栗六,不自知其何故,终感凄凉无聊耳。岂衰气日钟不复能自持乎？

夜小饮。饮后取谢在杭《五杂俎》闲翻之，胜义络绎，竟不能释手也。九时半就寝。

10月5日（九月初二日　乙巳）星期五

晴，时昙，夜深雨。

六时起。九时许，平伯见过，移时去。

填九月分工作汇报表，寄积贤。复绍虞，告文研所房屋情况，并及余两年来遭际之颠沛。盖承其询及，故详告之。下午，又接绍虞三日续信，属缓提，幸函尚未发，因启封加笺以报，固未曾提出也。

六时半，润儿出参晚会（在怀仁堂），乃交两函属付邮。

今日午后曾开始聚材，预备草订《李白年谱》。夜仍小饮。饮后看李竹《嫩紫桃轩杂缀》，九时三刻就寝。

润儿会毕归来，已一时矣。余犹未宁睡也。及闻其隔窗告语，始入睡。

10月6日（九月初三日　丙午）星期六

晨六时起。见庭中积水，知昨霄有雨也。八时后，乃微见日色，其后终阴，气亦不爽。

八时试写《李白年谱》，翻书较多，抵晚仅得五年，则亦收场。

夜饭后，偕润儿挈元孙往红星影院看电影，先为苏联植物园介绍（五彩片），继为欢迎印度尼西亚总统苏加诺及十一国庆天安门检阅（俱黑白片）。场面热烈，极为感动，惜大雨淋漓，不免扫兴耳。九时即散，缓步归。

湜儿晚饭后归，余返时已在家相候矣。十时就寝。仍令湜与余同榻。

汉儿有电话，告润儿谓漆工岑姓二日归后，患腹痛，曾入院求治，非三数日可来续工云（李统汉属转）。洵事有凑巧，会逢其适矣。

10 月 7 日[①]（九月大　建戊戌　初四日　丁未）**星期**

濛雨竟日，时有檐注，气不甚爽，而早晚特凉。

六时起。八时，与润儿、琴媳持伞往附近投票站投选举区代表票，旋返。今日宜孙弥月，琴媳初次出门，即行使选举权，可喜也。

十时，乃乾见过。有顷，滋儿、佩媳同归，盖亦为投票及看视犹子弥月故。十一时，余偕乃乾往访振甫，兼晤沛霖、伯恳。近午，汉儿、芷芬踵来，以归省，知余在彼，故追踪而来耳。谈至十二时一刻，乃乾行，余亦偕汉儿归饭。滋、湜、佩俱外出，而清儿、达先、建昌及佩之表妹郑素娟在，遂合坐共面小饮，甚适。饭后，芷芬自振甫所来。有顷，滋、湜、佩亦归。三时，清、达、汉、芷、湜及建昌同去，将往苏联展览馆参观日本商品展览会，湜则径归北大云。

傍晚，濬儿、文权、昌硕来，因共饮进面。夜九时，濬等去，佩亦返新华宿舍。余留滋宿于家。十时就寝，与滋同榻。

是日本拟挈建昌游通县，且看运河旧迹，以雨罢，竟未偿昌愿也。

日记本适用罄，托乃乾转属王富晋代钉之本尚未到，只得别纸

---

①底本为："澹安日志第一卷"。原注："近顷以远，葺屋粗完，栖止有佗，宜孙初诞，枝茂可期，澹泊自安，婆娑终老，世味备尝，复何可耽，亟求放心，或有回甘之望乎？爰以澹安系我晚景，敢云自勉庶昭实况耳。容翁。时年六十七。"

记之,待誊正焉。

10 月 8 日（九月初五日　戊申　寒露）星期一

湿雾四塞,近午开霁,仍未收燥,且感燠闷。

六时起。八时,与滋儿出,步往八面槽国营上海小吃店（即原设六芳斋湖南馆处）进生煎馒头、粢饭团及牛肉面。因昨晤伯恳,知近方自沪调来做手多人,创设此店改供上海点心,故特过彼一尝。乃以时晏,咸豆腐浆已售完,而生煎馒头亦久离煎盘,冷却矣。勉一试嚼,殊未能餍望也。九时,与滋过百货大楼一逛,以躁热未久留,即走王府井南口,乘十路东归。滋亦附车西去,径返火道沟矣。

到家接漱儿六日信,复余及其诸姊弟者。坐定看报,未几即饭。

饭后,续草《李谱》,至五时得十年。接伯衡复书,庆余知几免厄,且贺生孙。

夜饭后,润儿出开会。九时许,乃乾叩门相见,携到代钉日记本二十册。极感。谈移时辞去。润儿亦归。十时就寝。

10 月 9 日（九月初六日　己酉）星期二

昙,午前后晴日映又昙,气亦凉燠无常。

五时半起。天未明也。七时,将别纸所记日记过录此册。九时,续草《李谱》,而亦秀见过,谈至近午去。午后复草《李谱》,至四时半,眼花矣,仅亦得十年耳。

薄暮见邀于章家,以今日为外孙建昌生日,遂携元孙同往吃面。坐上晤寅初之妇,邹女士,知同在包头服务于包兰铁路,三日前来京公干,今晚即乘车回包头矣。人极漂亮干练,深为寅初庆得助。九时许,清儿送余及元孙归。

到家见守谦、思诚及潘儿等俱在,盖来访问,及看宜孙者。谈至十时,皆去。余亦就寝。

10 月 10 日（九月初七日　庚戌）星期三

晨起积潦见庭中,知昨夜曾雨也。旋放晴,气亦转凉,夜出须御薄大氅矣。

八时续作《李谱》,至下午四时,仅得六年。由培福午前来送月薪,谓科学院七日发,及到所分配再发,须两日,大约每月十日左右可以送到云。只要不无故愆期,迟早一二天固无妨也(有此说明亦较好)。

平伯上午九时见过,谈移时去,知伊被邀赴印度联欢,或且一行耳。

傍晚六时出,乘三轮往东安市场,径登东来顺楼上。润儿已在,盖今晚约其友丁瑜、邱守谦、黄厚培、赫思诚、朱树春吃涮羊肉,请余及潘儿亦往共尝也。就食之客甚众,有分班坐待者,幸思诚及润儿早往,得占七十八号座,故客到即可举箸(朱树春未到)。涮羊尚满意,馀菜则未甚可口,而糟溜鱼片更不逮丰泽园远甚,沾蛋虾仁却尚松酥而已。九时始散,仍乘三轮归。润儿御骑车从。

到家知汉儿曾来省,以时晏,等不及晤面,已先归去矣。

十时就寝。

10 月 11 日（九月初八日　辛亥）星期四

晴,凉,晨夜薄寒矣。

六时起。八时续草《李谱》，至下午四时半，仅得五年。人民文学出版社午后送来《史记选》稿酬，一个定额的百分之七十，计人民币一千七百元，想文研所去信生效矣。并云，书准于明年第一季度内出版（今年以纸紧不及印）。

夜饭后，诗圣见过，与琴珠洽谈语文学习社事，八时后乃去。十时就寝。

10 月 12 日（九月初九日　壬子　重阳节）星期五

晴，凉。

五时半起。八时接乃乾昨发函，告《李太白年谱》旧本乃明关中薛仲邕编，嘉靖中玉几山人刻。《李杜集》中附刻此谱云。感感！容当觅借一阅之。

九时，续草《李谱》，至午仅得一年。

午后二时独出散步，怅怅无所之，姑登十路车，径往南樱桃园，再转五路到陶然亭，信步上窑台，无意中遇亦秀、敏宣、璇庵诸曲友十许人，围坐曲叙，笛师三人伴奏之。余遂被邀入坐，饱聆雅奏，一时歌声四彻，闻而翕集，围观者数十人。歌者唇吻翕张，手舞足蹈（凡唱生者俱作明皇，唱旦者俱作贵妃，合唱小宴），旁若无人，豪情胜慨，致足乐也。余躬逢盛会，幸参雅集，坐俟小宴唱毕，先辞而行。仍乘五路到大栅栏下，过广和剧院购得明日夜场戏票（楼上一排九号座）。复往廊房头条劝业场商场一观（新修重整），便由西河沿后门出，乘三轮径归。到家五时半。

元孙是日旅行西郊公园，看熊猫等，亦甫返也。六时半，澄儿至，因共夜饭。饭后谈至九时，乃与佩华俱去（佩亦于饭后来家，为余补缀窗帘）。

润儿忽感冒发微热,恐传染元、宜,因令与余同榻。九时三刻就寝。

10 月 13 日（九月初十日　癸丑）星期六

晴,凉如昨。夜月色亦佳。

晨六时前起。八时,续草《李谱》,至午后四时半,止得五年。

润儿热已退（服银翘解毒片）,惟疲累不任久坐,在家偃卧而已。午前叶家派人送孩用灯芯绒衣一领来,想系墨林赠与宜孙者,病中依旧不遗细故,可感亦复可闵也。

夜饭后,独出,乘三轮径往广和剧院,坐甫定,即开演。先为李宇秀（饰李三春）、绳世先（饰二爷）等之《打灶王》,次为马永安（饰曹操）、张学津（饰陈宫）、高贵生（饰吕伯奢）之《捉放曹》。至十时休息,嗣为赵惠英（饰水母）、罗长德（饰迦蓝）等之《泗州城》。十时卅五分散,仍乘三轮返。今见演员俱北京市戏曲学校学生,即场面亦该校音乐学生,伴奏者大都为青少年,认真不懈,是其长处,宜乎卖座几满耳。

到家,湜儿在,谓八时始抵家,路上耗二小时馀云。就寝已十二时,与湜同榻。润则迁回己室矣。

10 月 14 日（九月十一日　甲寅）星期

晴,和。夜月好。

晨五时半起。九时出,乘三轮往中山公园,至来今雨轩,无一熟人,即绕园一行。在习礼亭北遇颉刚夫妇及其四孩,因就茶于紫藤架南。晤勔成。十时半,雪村、乃乾踵至,盖达先省余,知在此,伊二人（乃乾正访村）遂寻来耳。谈至十一时半散,余偕雪村乘三轮到森隆，以宜孙弥月，治宴欢叙戚属也。十二时一刻乃开饮，到雪村夫妇、晓先夫妇、亦秀（农祥以上班未来）、濬儿、文权、昌预、昌硕、清儿、达先、建昌、建新、仲鉴夫人、志华（及其夫毛君）、澄儿、升基、升埙、升、垲、士中及润儿、琴媳、滋儿、佩媳、湜儿、大璐、汉儿、芷芬、元锴、元镇、元鉴并余与元孙，凡三十四人。分坐三席，余与雪村、晓先、亦秀、文权、达先、芷芬、汉、润、滋及大璐同座。午后二时始罢。湜儿返校，余与润、琴、滋、佩及元孙乘三轮归家，馀亦各归矣。滋在家摄影数片，傍晚与佩同去。

夜饭后，看平伯属读所为《李白古风》第一首的解析一文，至九时，未及半。十时就寝。

10 月 15 日（九月十二日　乙卯）星期一

晴，凉，略有风，晨起前后玻窗都沾水汽矣。

六时起。看平伯《李白古风》第一首解析毕，正看第二篇，今传李太白词的真伪问题，而乃乾见过，商榷合编室名别号索引例言，并向古籍出版社提出赶印旧籍目录，移时去。余仍续看，抵午亦毕。

饭后，濬儿来省，以越剧票奉余，余不爱看越剧，令转送他人。有顷，亦去。

写信三封：一复伯衡，谢慰贺；一寄漱儿，复告菌油等物都带到，并告昨日森隆聚餐情况；一寄湜儿，令星六归来，其大兄有星期音乐票送伊，可一往听取也。写毕已三时半。四时后，琴媳出购物，即属携函付邮。

夜小饮，饭后振甫见过，以平湖糟蛋相贻，谈至九时去。

润儿感冒未净，夜又出参民进例会，十时始归，是夕又发寒热。

比其归,余乃就寝。

10 月 16 日 (九月十三日　丙辰) 星期二

晴,时有云翳,气较昨暖。

晨六时起。润儿负病上班,下午不支,早退。夜仍有微热,明日当就医一诊之(挂号须延至明日也)。

商务老同事徐寿龄午前来访,为中华会商三家笺《书目答问》事(伊现在中华)。

午后三时,湜儿自校归,以今日下午、明日上午下午俱无课也。四时许,所中派张永芳来访问,并送到修屋补助费四百元,仍以有无困难见询。极感关切。

曾草《李谱》,以头绪纷繁,未毕一年也,甚焦灼。

夜接刚主寄来所撰《清初农民起义资料辑录》一册,分地区叙述,前冠概述,末殿年表,眉目尚清。

九时半就寝。湜儿与我同榻,伊须明日下午始返校也。

10 月 17 日 (九月十四日　丁巳) 星期三

雾,近午渐开。下午晴,气更较昨暖。

六时起。八时写信两通:一致天津谢刚主,谢赠书;一致文研所王积贤,告人民文学出版社送到《史记选》稿酬百分之七十,及所中送来修房补助金,属转达所中关切深挚,代致谢忱。

近午,接宁波戴家来信(致滋儿,或系崇垚所寄),即作函转寄火道沟。饭后,思诚来看润儿,移时去。

二时后,续草《李谱》,仍未能完天宝三载事也。

湜儿二时许辞家返校。

夜小饮。饭后八时,清儿来省,携到云瑞苏州稻香村玫瑰酥糖一匣(十包)贻余。云瑞屡有馈遗,无以报之,殊歉。谈至九时三刻,归去。余坐至十时半就寝。

10 月 18 日（九月十五日　戊午）星期四

凌晨起风,放晴转冷。

五时半起。拂拭整治,七时乃得进餐(近年以来竟成常例)。八时后送元孙上学出门,始克安坐摊书。续草《李谱》天宝三载事毕,并完天宝四载事。午后二时,走访平伯,送还所草两文,并谈《蜀道难》究指何事,三时半辞归。

到家滋儿在,知刚自医院中会诊来。据云,下星四再照气管镜,乃能决定住院疗治也。甚为挂虑。谈至五时,辞返休养所。

夜小饮,八时听转播尚小云在吉祥演出之《穆桂英》,九时三刻即寝。未终听也。

10 月 19 日（九月十六日　己未）星期五

晴,薄寒。

晨六时起。八时半续草《李谱》,迨午毕两年。新用宜孙保姆徐凤翠(顺义人)还乡取衣,今日近午始来(星期下午去),琴媳望眼将穿,以明日即须赴语文学习社到班也。

午后一时,独乘三轮往西城赵登禹路(即南沟沿)全国政治协商会议大礼堂,参加鲁迅逝世二十周年纪念大会。(此会由中国文学艺术界联合会、中国科学院、中国作家协会、青年团中央委员会、中国美术家协会、中国教育界工会、中国人民对外场文化协会七团体主办,由丁西林等八十五人任主席团,周总理亦到场参加,气氛

极为隆重。)郭沫若致开幕词,茅盾、陆定一先后作报告及讲话。继
为外宾讲话,凡十八作家代表十八国,前后达四小时(二时半至六
时半,中间休息半小时)。余坐楼上前排三排廿六号,熟人甚多,无
由多谈,仅与斐云、静庵、朗山、觉明、利器匆匆握谈而已。散出已
掌灯,一时车如流水,挤塞难行,徐步北去,挨至阜成门大街,始雇
得三轮乘以东归。到家已七时一刻,乃独酌进餐,路上略冒寒,至
此始得舒。润儿出看电影,十时许乃归。余亦就寝。

10 月 20 日(九月十七日　庚申)星期六

晴,凉。

晨六时起。十时偕琴媳往八条访问墨林,觉神色较前大好,说
话力气亦较有进步。深为庆幸。谈至十一时半归。过禄米仓口寄
售商店,见有桧木都盛盘一具,有四小抽屉,极玲珑可爱,外附琴式
臂阁一,斜方笔筒一,墨床一,三用笔架一,俱桧木制,询价为十二
元,即购回,亦一赏心事也。

下午三时,湜儿课罢归,因与偕出。逛隆福寺人民市场,内容
日见充实,饮食小摊生涯亦复林盛,竟亦须排队久候,始得就座者。
傍晚走归,道经演乐胡同,知东单区工人俱乐部即在东口里,时有
剧团演出,此后或可就近一往听戏矣。

夜饭后,濬儿、文权来省,九时去。湜儿过饭清儿家,谈至十一
时始返。余已就睡矣。

10 月 21 日(九月十八日　辛酉)星期

晴,和,晨有雾,夜月色皎洁

六时起。七时与湜儿走八面槽上海小吃店进早点,两人共啖

辣酱面一碗,粢饭一团,豆浆两碗,生煎馒头十枚,味不见佳,聊胜于无而已。而好奇者趋之若狂,为时尚早,已处处坐满,应堂诸人肆应无方,凌乱已极,我知必有错失矣。如不改进管理,恐无以善其后也,有负国营矣。食罢,顺逛王府井,由帅府园、煤渣胡同、东堂子胡同而归。

九时半,清儿、达婿、建昌、建新两外孙来,邀同往通县一游。时润、琴、湜往天桥剧场听音乐,余乃挈元孙同行,先乘三轮到前门棋盘街候四十二路车,以星期,人挤,勉得坐位而已。十时开行,十一时一刻到通县东门尽头下,步入东门寻小楼谋午餐,讵知正在落地翻修,询诸其邻,知并入春记矣。乃追踪至春记,即最初余与振甫、润儿同去啖馅儿饼者。觅坐唤酒肴,小酌焉。有熘鱼片、锅贴羊肉、爆鸡肚,俱佳,拌鸡丝、酱牛肉则平平,计大小六人主食仅白饭一碗,馅饼一斤(尚馀三角)而已。邻座将大为惊异矣。食后,步出北门,看运河,即沿堤东去,走至渡口见往来渡者甚夥,知为通津矣。沿堤北望,清流外一片平芜,田畴错列,村树点缀,真不减江南景色也。留连久之。及折回东门车站(即在渡口附近)已三时半,仍候过一班车乃得上。车中拥挤,更甚于先去时。但关于服务态度却值得大书特书者。其售票员和蔼待人,沿途勤恳指引,上下车时又特殊关顾乘客,永见笑脸。数年以来,所仅见也。车抵朝阳门内即下车,清挈昌、新,余挈元孙,各乘三轮径归于家。达婿则仍回前门,盖去时御骑车行,寄存车站,不得不再去骑回耳。

到家见芳娟在,正与琴媳长谈,余因略询近况,薄暮去。

接致觉十九日信,年馀未通问,此老近日体亦大衰,语多哀飒,读竟不觉饮泪也。故人日见凋零,硕果灵光已如星凤,能不黯然?

夜小饮,九时半就寝。以日间多走路,竟得酣睡,至翌晨四时始醒。

10 月 22 日（九月十九日　壬戌）星期一

晴，凉。

晨五时半即起。八时写信复寄致觉，极道相忆之殷，约明春当去沪一图把晤也。午后续草《李谱》，至垂暮得五年。

夜饭后，湜儿归。

是日，琴媳假满上班工作矣。宜孙尚能安静待哺也。而新雇之凤翠却出花样矣，匆匆晚饭毕，即告假外出，许其即返，乃候至翌晨四时始按门铃归。润儿被中强起开门，纳之，是不可以久处明甚，非一当前大问题耶。

十时就寝，与湜同榻。

10 月 23 日（九月二十日　癸亥　霜降）星期二

晴，和。

晨六时起。八时偕湜儿出，乘十路迭转三路（到西直门北首下）、卅二路（到颐和园下）、卅三路，直抵香山之麓（原停车场）。西南行，逶迤登山，游静宜园。园初开放，正在大量修葺中。盘道直造中路之玉华山庄，已十一时半，就茶于西侧露台上。遥看遍山红叶，衬以万里澄碧，天半朱霞，差足方之，诚伟观矣。茶座服务员态极恳挚，遂略购饼饵充饥。坐至十二时一刻，始起行，由中路上，直扣西山晴雪之碑，距所谓鬼见愁（山中最高之峻峰）尚远，即循南路下，历森玉笏、半山亭、听法松、双清别墅而下。其中以森玉笏为最峭削，听法松（即香山寺）最弘伟，双清最幽胜。及出园（据服务员言，园围墙周凡四十里），已二时许。出园后曾在山门北首万松小饭馆啜茗进饭，饭已起行，已将四时，不及游北路矣。亟往停车场，适卅三路将开，即夷然登之，仍至颐和园转卅二路，到动物园下，候二路车入城（连日看日本展览会人挤不堪），排队良久乃得上。在灯市东口下，步以归。

到家已六时矣。坐定，潜儿、文权来，盖今日为湜儿生日，走来吃面也。知汉儿亦将至，湜儿即往清家邀清儿等来面。及清儿偕建昌至，知汉儿与达先俱为民进开会故，不能来矣。余等小饮共面，谈至近十时，乃各归去。十时半就寝。

凤翠果陈言欲辞去，遂约定明日再留一日即遣之云。宜孙将由琴媳携以自随，暂寄社中哺乳室。

10 月 24 日（九月廿一日　甲子）星期三

晨有细雨，即止，继即浓云密布，偶露日光而已。近午始晴，气尚温和。

六时起，即见雨，本欲与湜儿往福田一展珏人之墓，时为雨势所胁，迁延不敢决。比及九时，乃冒险偕出，乘十路转三路，到西直门已十时二十分，换乘直放八大处之小型公共汽车（仍为公私合营）驶抵亚非学生疗养院下，不及四十分钟也。所行为新路（正式行公共汽车才一月馀，甚坦平），不须往复穿过铁道及永定引水河，沿山南盘行，由福田公墓后墙外行，经射击场直达之。据司机言，已驶过一站，其实在射击场站下即得矣。依言折回，果见站口新竖一石，镌有福田公墓由此往南字样，果即往时与诸儿经行之大车道沟也。偕湜径奔墓所，仅十分钟，展视无恙，悲欣交集，不自知何所措身耳。时为十一时。未访守墓杨姓，即离福田回至射击场公路旁，候八大处驶往西直门车。立待二十分钟，乃来，登车只余父子二人,其后稍上,亦只四人。余等到动物园下车,正十二时,因走往西郊商场内广东餐厅谋午餐,乃满座无隙地,且有列队候食者。(以连日参观日本商品展览会者人山人海,故茶坊酒肆及交通车辆皆感奇挤。)乃去而之它,亦复如是。于是,只索入动物园一游,径趋豳风堂食堂,勉得与人并桌而食。一时食毕。遂历观熊猫馆、狮虎山、猴楼、象房等处,扬长出园,时已二时半。余乘三路车东入城,湜儿送余上车后,亦转卅二路车返北大矣。余乘车至东安市场下,顺道一逛,在吉祥购到今晚燕鸣京剧团票(楼上特座一排六十八号),再乘三轮归家。两日出行,走路不少,颇感疲乏矣。休息久之。

傍晚,颉刚见过,谈至六时许去。汉儿来省,因共夜饭。有顷,芷芬亦至,谈至七时,余先行,乘三轮径赴吉祥,入坐时姚世茹主演之《白马坡》已开场。继为赵燕侠、姚玉刚主演之《十三妹》,自《悦来店》起,《弓砚缘》止。十一时始散。燕侠能做,且调有新腔,尚动人。其中配角李淑玉饰张金凤,在《弓砚缘》中亦殊见其能也。散戏后仍乘三轮归。

到家小坐,就寝已十二时。

10 月 25 日 (九月廿二日　乙丑) 星期四

昙,向午晴,午后渐阴,傍晚竟雨,气亦较冷。

晨六时起。上午续草《李谱》两年。下午正盼滋儿照气管镜下落,而农祥、亦秀来访,谈至四时方偕同出行,欲往一看墨林。在中龙凤口遇滋儿自医院归,乃辞祥、秀,与滋折归于家。询悉,气管镜已照过,结果正常,可以施添球手术,但照镜时殊难受,闻其陈述过程,不禁咋舌也。难怪脸色苍白,神情索然耳。因属静坐至六时,始调奶粉乐口福饮之(咽喉大受影响)。是夕,留宿在家,与余同榻。两餐俱未进也。

10 月 26 日(九月廿三日　丙寅)**星期五**

晴,冷。

晨五时半起。滋儿六时起,咽喉已大好,八时即辞余出,以须过医院一询,看 X 光透视照片日期,且须往青年出版社保健科一为报销也。径返休养所,后日再入城归省云。

元孙头晕胸闷,虽无寒热,不能起床,因亦留家休息。凤翠昨晨辞去,琴媳得社中照顾,约每日去一次给取文件,返家工作,俟保姆着实再照常到班。昨日起,已如此办矣。但不知何日始得着落保姆耳。

傍晚,五时许,锴、镇两孙偕来,余先期约来共出夜饭者。询其欲何往,皆云愿去全聚德吃烤鸭。六时十分,润儿归,乃四人同出,余乘三轮,润率锴、镇各御骑车从,径赴西长安街全聚德。呈涯之盛,不减假日,坐待至近八时,乃得入坐就啖。四人共啖鸭子一、炒菜两、冷荤一、薄饼一盘、米饭四碗,亦可谓健啖矣(计费十一元七角四分)。比食毕离店,已九时一刻,即属锴、镇径归,而余仍乘三轮偕润儿东返。

到家少坐,已将十时,以觉冷,即就寝。竟以过饱,睡至二时后,即感胀而醒,几致呕吐,殊堪自哂也。

10 月 27 日(九月廿四日　丁卯)**星期六**

晴,冷。

晨六时起。七时半,所中车来,即乘以过平伯,同载出城,径赴文研所参加学习座谈会。余虽阅读八大文件,竟无从提出意见,听到者亦只有樊骏所谈较中肯,对当前所感似能切中时弊耳。

十一时半散,仍乘原车入城,归家已十二时一刻。进饭得雪英手煮焖肉下之。今晨晓先亲自送来,至可纫感也。

夜饭后,清儿来言,明日青年出版社将集体旅行官厅水库,参观发电厂,约上午六时在其家取齐,六时廿分在西总布胡同西口候社中汽车送往西直门火车站云。余之欲去官厅已至再至三,俱以事故中辍,今既有此约,乃欣然允之。

九时洗足,易衷衣,少坐即就寝。

10 月 28 日 (九月廿五日　戊辰) 星期

时昙时阴,竟日如斯,但无风。夜半雨,淅沥达旦。

晨五时起,匆匆梳洗进食,即加衣出。星光下走抵雪村之门时仅五时三刻。俟至六时,即与雪村夫妇、清儿、建昌同行,至约定地点候车。六时二十二分车到,乃附之以行。四十五分,即到西直门车站。有陈天昌等照料,随即登丰沙线列车,车中遇振甫夫妇、佳生夫妇、似旭夫妇及开明旧人若干。六时十分开车,十时有另乃达。沿途自三家店以上,凡穿隧道六十三(全线至沙城凡经隧道六十五所,桥梁大小二百六十馀,据服务员言),桥梁因在车厢下不计其数。偶在隧外行驶,惟见重山叠岭与千岩万壑。永定河水时壮时细,萦带左右,惟在何处越出长城,迄未之知。中途曾在落坡岭站停十馀分,因得下车眺望,四山围合,峻削天成,真一幅绝妙荆关斧劈大手笔也。留连不忍去。其他道中所见,凡山水画中所用种种皴法,无不备,尤奇者叠书状中偶间有一层薄片一层长方块,上下均匀,若砌砖墙者。到拦河坝下车(即官厅村故址,设有临时车站），正当六十四号隧洞南口，立坝上北望，碧湖万顷，渺无边际，大有南中巨区风味。循南岸沿山遥瞻，竟如无锡鼋头渚南包孕、吴越凿壁摩崖处也。度坝而北，沿山坡东向下行（人工凿成斜坡大道），随众达水电发电厂，经厂中派人介绍指引，数百人鱼贯而入，上下穿行，盘旋机器之间，略无停留。历半小时出后门，复迤逦登山，循上行线公路（即与下行线对称之斜坡）渐降至坝上。与雪村等出其所携面包菜肴共食之。风堤露餐，味亦别饶佳趣也。食后，复往进水塔一看，以排队人多，即折回，一则恐磋失时间，不及登回程之车，一则于机械知识太贫乏，虽穿行其间，亦徒感烦乱，毫无所得耳。（参观须机关介绍，事先与厂方联系，方得入内。余颇负惭此行也。）

下午二时许，沙城开北京之车自六十四号隧道出，余等即相将攀登。回程下坡，车行较速，即隧中烟气亦略减，竟可开窗一线也。四时三刻到西直门，以人多难得上电车或公共汽车，即与雪村等别。与振甫夫妇步入城关，雇得三轮一辆，余乃与振等别，登车径归。

到家已六时半，知晓先、雪英曾来访，滋儿亦归省（照气管镜所受刺戟已完全恢复），皆已去。润等亦既饭毕矣。

余颇疲劳，乃暖酒小饮，从容消停，始进饭。

饭后略坐，九时半即就寝。

接乃乾信，询瑶华道人（清宗室弘旿）有无关系《红楼梦》处？当转以询平伯也。

10 月 29 日（九月廿六日　己巳）星期一

晴，凉。午前后西风甚紧。

晨六时起。八时写信两封，一复乃乾，一致平伯。俱为瑶华道人事。午前自出付邮。归时濬儿来,告昨已由衣袍胡同复搬外交部街,原中国建设社指给之屋,在第三院南北开窗之北屋东间,有地板,甚高爽(迁京来第一称心事)云。因共饭。饭后,同往其新居一看之。走至什方院,遇平伯,遂告以顷寄书之故。据答,瑶华确与《红楼梦》作者有关,惟究至如何程度,则亦未之详。(日内将再告陈。)握别后即偕濬至其家。果然阳光满室,爽垲非凡,为之大慰。略坐至一时半,即走归。

润儿正雇得匠工在装置火炉,以旧料朽烂过甚,拼凑后只能先装东屋一炉,北屋、南屋须添购管子六节,弯头三个,始得装。只索先装东屋一具(西屋滋既不住,暂不装备),馀俟料作买到后再说(据想一切缺供,未必能顺利买到)。二时,琴媳去社中洽事。三时,志华又送一李姓老妪来作保姆,姑留下试用,俟润、琴自决。五时半,琴始归,李妪允于明日上午以袱被来。遂去,不识果否耳。

夜小饮,九时半就寝。

10 月 30 日 (九月廿七日　庚午)星期二

晴,冷。

晨六时起。续草《李谱》,上下午各得一年。九时,李妪果来,琴媳甚满意,户口亦报进矣。

接湜儿片,告有事今日不入城归省云。

木匠无着,二门及其它门窗待修者都阁不行。漆匠患病,一去不返,剩下油漆未了,久久停废,安装火炉又以烟囱缺货,呆立地上,无由配置,诚所谓头头不了账账不清。烦绪麻起,迄无一解。恚甚!恚甚!初不料时至今日一切不便乃远过往昔万万也。

夜饭后,看《金壶七墨》,九时半就寝。三时即醒,未再睡。

10 月 31 日（九月廿八日　辛未）星期三

晴，较昨和。

晨六时起床，精神索然。九时后，平伯见过，出近作《李白蜀道难说》相示。谈至十一时许乃去。接人民文学出版社寄来《史记选》二校样，全份属于十一月十三日前阅毕送还。所排都夹用简体字，甚以为恼。午后，续草《李谱》，抵晚亦得两年。

夜小饮，润儿早出，晚九时乃归，竟无三语相及。

九时半就寝。

11 月 1 日（九月廿九日　壬申）星期四

晴，和。

晨六时起。听广播新闻，匈牙利局势仍波荡中，英法已向埃及提最后通牒，埃及亦下动员令以应之。时局风云正展开，是策动颠覆及公然侵略同出一源，祸首有归，人所共知。只有团结力量，一致奋起抗之耳。我侪责无旁贷，宜时时警惕也。

八时出，赴农祥之约，晤亦秀，以走不动，未偕行。只余与农祥仍往香山。抵停车场已十一时三刻。附近设有食堂，遂就餐焉。餐后，登山，先游北路，得览眼镜湖、昭庙及庙后之琉璃塔。坐岩石上，遥聆檐马玎璁，殊令人意远也。既而度至中路，茶憩于玉华山庄。二时后行，度岭至南路，过红光寺、听法松、双清别墅而下，途中曾憩息于某别墅（人言上海刘鸿生所筑）之亭台上，四围苍梧石笋缀其间，颇静峭。所惜红叶已失鲜，且日已西颓，为山巅所遮，益见黯澹耳。在停车场待车回城，已四时。仍由颐和园转车到西直门，再转电车到东单（农祥于西单下）换乘三轮归。

抵家已六时半,即饭。滋儿归省未遇,留条告前照之片已看过,无变化,决施手术,入院手续亦办妥,只待通知即行矣。余胸次耿耿,仍有矛盾,但求顺利经过,早释重负焉。每天送牛乳,六年来已成恒例,今日忽靳不予,突以字条交许妈,谓供量不足,十一月一日起,暂停供应,视其所盖之章,赫然国营北京市牛奶站东单分站管理股也。事前既不商量调查,贸然停供,粗暴无理,至斯极矣。夜饭后,润儿亲往交涉,面折以理,谓明日可照常供应云。

九时半就寝。宜孙时啼,余睡亦为折减。

11 月 2 日(九月三十日　癸酉)星期五

晴,冷,夜半发风,撼户振窗,势颇汹汹,明日必须添衣矣。

五时半起。牛奶仍未送来,当再交涉。然而,今晨晨餐缺供矣。现在干部处理事务之失当在在,而是鲁莽灭裂,将偾其辕领导者不及时纠而正之,任其自流,危机之发,有不可胜虑者(即小见大,非过言强调也)。上午,填十月工作汇报表,封好待发,所中有工友至,持条通知,明日竟日开会,谓仍有汽车来接,即以此函交其带与积贤,托向学委会请假,明日不必来接。(昨晚已先有信去,大约已接头。)盖危坐一永日,体力实有所不胜也。

下午,看《史记选》校样,有必不可用简体处标签指出,以是进行不能速,恐须拖延时日耳。

湜儿以参加抗议英法侵埃游行入城,傍晚归来省余。

垂黑谭季龙见过,因与共饮。饮后,谈至九时乃去。渠暑中曾南返复旦,近又来京,仍住历史研究第二所,或不能久居北地,仍须迁沪也。

十时半,听广播新闻,英法仍轰炸埃及,但被击落飞机不少,匈牙利局势未宁,中枢改组政策大改变(竟有反动之象),不胜杞忧。

是夕与湜儿同榻。夜深风作,伊竟呼呼入睡,余却难于合眼矣。

11月3日(十月小　建己亥　甲戌朔)星期六

晴,冷。

晨五时半起。六时听广播,埃及、匈牙利局势仍进展,匈反动大张,已声称废除《华沙条约》,要苏联撤退驻军云。

八时三刻,湜儿辞家返校。

平伯托人将假去之《清真词释》送还,书首已加题辞,甚可宝玩。

午前,续看《史记选》校样,《项羽本纪》毕之。加签处不少。午后再续看《陈涉世家》及《留侯世家》,抵掌灯乃毕。

夜小饮。饮后小坐,看《五杂俎》,九时五十分就寝。

润儿在演乐胡同合作社购得白铅烟筒六节,据云,发见后顷刻便售罄,几于抢购矣。时局紧,物资少,不能不令人回味曩日�迍难时也。

11月4日(十月初二日　乙亥)星期

晴,寒。已见冻。

晨六时起。听广播,时局仍紧张,匈牙利反动势力益猖獗。(帝国主义者明目张胆唆嗾之,美竟又以援助金钱唂反动者。)至可忧念。

九时出,乘三轮径造圣陶、墨林谈。芷芬已先在,见墨林神色益好,谈亦较健矣。甚慰。长谈不觉抵午,即饭其家,且小饮焉。

饭后,与圣陶、芷芬漫步隆福寺,余购得白石朱砚(连天地盖)一具(价六元)。旋与圣、芷别,仍乘三轮归家。

有顷,履善来访琴媳。又有顷,清儿、达婿、建昌、建新来省余。未几雪村挈小逸踵至,谈至近五时,皆去。

夜小饮。九时半就寝。是夕始御厚褥丝棉被。火炉本约今日来装,乃垂暮不见来,润儿往催,谓须过两天再来云。一切不顺,殊可生恚也。

11 月 5 日(十月初三日　丙子)星期一

晴,寒。

晨六时起。写信与王利器,送还《史记选》校样,力言古籍不可用简体字杂排之故。必须照原稿改排,否则贻笑当世,疑误后生,谁尸其咎耶? 即令润儿上班时特访利器一谈之。

昨日自圣陶所假归潘博山辑印之《明清画苑尺牍》六册,致足观赏,随手翻纸后,当即归之。九时,观赏《明清画苑尺牍》并谛阅小传,恍与古人游处,不忍释手,抵晚尽五册,并其第六册。博山遗作山水花果册题为"蓬盦遗墨"者,亦展玩数四也,艺之移人,如此耶!

夜小饮。饭后,与润儿挈元孙出,乘三轮如百货大楼及儿童用品服务部,欲为元孙购致一御风外套,乃遍访俱无合适尺寸者,废然而行。过八面槽上海小吃店,欲一尝鸡鸭血汤,亦以时过无着得,进酒酿汤圆而已。自店出,仍乘三轮径归于家,已九时许。知文权曾来省,留有显孙抱安官照片若干帧,属为分赠诸舅妗及诸姨云。

十时就寝。

匈牙利在苏联协助下已成立工农革命政府,纳吉之反动政府已不存在(见各报)。然则,局面已较定,虽警惕仍不能懈,而气势已扭转矣,为之一慰。

11月6日(十月初四日　丁丑)星期二

晴,寒,微风。

晨六时起。八时续草《李谱》。

十一时,工匠始来安装火炉,北屋南屋俱安置妥贴,居然省下新烟筒两节,亭午乃毕。

下午仍草《李谱》,至四时得两年。绍华适见访,遂罢。

有顷,文研所勤务员来,将到密件,立待回复。启视乃最近评级名单,询有无意见,余列二级,似已忝占,当然无意可申,即于原件注"无他意见,惟余冠英同志负责一组,似应有异"云。封固,仍交原手带回葛涛。

又有顷,乃乾至,谈移时,绍华先辞去。乃乾则掌灯乃行,留之饭,以伛须回家添衣对,只得任之。

夜潘儿、权婿、清儿、达婿、汉儿、芷婿及建昌、建新俱来面,以今天为润儿三十晋一生辰,故小饮长谈,亦颇热闹。是夕,北屋始笼火取暖。十时许,潘等俱去。余亦就寝。

11月7日(十月初五日　戊寅　立冬)星期三

晴,有浓霜,较昨略和。

晨五时三刻起。八时续草《李谱》,至午,又足一年。全帙初步轮廓略完矣。

午后出,乘三轮往东安市场,欲购吉祥当晚燕鸣剧团所演《桃花扇》戏票,已无较前之座,遂罢。徐步出王府井南口,附电车至西单,再转卅八路车,径赴公主坟,走火道沟看滋儿。时将三句钟,见方午睡,询悉,体气尚好,惟医院仍无消息,殊感焦虑耳。谈不多时,即偕出,仍回至公主坟,送余上卅八路车而别。余入城到西单,即换十路车返禄米仓,走归于家,刚四时半。

夜小饮。十时就寝。

参报纸及广播,知匈牙利工农政府已渐稳定,国内秩序亦粗复,英法侵埃及仍吃紧,苏联已提请联合国安全理事会立即制止,并径向英法提警告,将使用武力裁制侵略云。

11 月 8 日(十月初六日 己卯)星期四

阴,晨有细雨,午前后晴。终阴,殆酿雪欤?

六时起。七时,听广播,知英法已接受停火,但诡谲多端,未必遂能平贴耳。

翻阅架书,加题标签十四种。午后,闷损益甚,抚存念逝,百无聊赖,爰于三时独出散步,由无量大人胡同、东四南大街、灯市口、八面槽入东安市场,漫无目的,彳亍而已,偶过吉祥,见排队人尚不多,乃购得明晚燕鸣剧团票(楼上特座一排六十三号),再回八面槽。两过小吃店,只见服务人员出入频繁,男女嬉笑而门树红纸大招云“现在休息”,使需要之人徒自往来,望门不得入。国营云何哉? 怅叹久之。(一切不如意事,可以此为准。)即由金鱼胡同、无量大人胡同而归。到家正五时。夜小饮,九时半即寝。

11 月 9 日(十月初七日 庚辰)星期五

阴昙间作,气不甚寒,夜深有雨。

晨六时起。听广播新闻，知英法仍藉停火为名，进行袭击。匈牙利秩序又较复，兄弟国家正纷纷以物资输援其人民云。八时，写信两封，一复致觉，一致圣陶。盖致觉昨有书来，报余去信，并对文史馆待遇有望（苏馆薄，而沪馆较厚故然），属圣陶为一言，遂分别作函传达耳。

下午，翻检架书。五时三刻小饮，六时饭。

饭后独出，乘三轮往吉祥，入座未久，即开演。首为姚世茹、徐世宸之《白马坡》，四十分钟即了。休息后为赵燕侠、姚玉刚、郭元祥、刘盛通等之全部《英杰烈》，自《茶馆》起，至《团圆》止。十时半即散，甚稀松。及乘三轮返，润儿方就余寝卧，盖其妻妹慧英自皖来京，住其姊室，故润就余耳。

11 月 10 日（十月初八日　辛巳）星期六

阴，晨午俱有雪，午后霁，晚略见夕阳，气陡寒。

晨六时起。七时半，正执笔作日记，汽笛鸣于门，盖所中派车来接，参加学习讨论也。未及进食，枵腹登车，询诸司机，知平伯不去，余乃独往耳。八时半赶到，在所长办公室开会，晤默存、其芳、力扬、思仲诸人。先讨论国际形势，继讨论八大文件学习问题。十一时半散。以待车故，与积贤及其爱人张小梅坐谈移时，至十二时十分，乃乘原车送入城。比到家已将一时。饭已过，重具餐焉。

午后二时三刻，湜儿归。三时半，因与偕出散步，走至东安市场，就一家川馆吃点心，旋过百货大楼一逛，购笔四枝。五时三刻，作归计，已掌灯矣。北地寒天，日短于此可见。仍走归，到家已六时四十分，即小饮，夜饭。

饭已，替湜儿整理书画另件，十一时乃就寝。

是夕润仍与余同榻,湜则就南屋己室卧。

11 月 11 日（十月初九日　壬午）星期

晴,寒 。

晨六时起。八时出,乘三轮往北长街访乃乾。晤之。谈至九时半,偕过中山公园,径赴来今雨轩。园中适辟作菊花会,茶棚已施席置花,啜茗处遂移在露天,不得已,走西偏小卖部室内就坐饮茶,人已挤满,勉得两位地而已。十时许,晓先踵至,盖已先到吾家,追踪而来也。以室无隙地,只得移出窗外廊下。坐有顷,遇祖文,乃邀同小谈,十一时起行,至保卫和平坊下各别。余出园乘三轮径归。

到家,达先、芷芬、汉儿俱在,乃共饭。饭后,湜复至,滋儿、佩华随归。未几,湜儿返校去。有顷,汉儿、达先去。又有顷,芷芬亦去。询滋儿医院日期,仍无要领,可诧亦可恼矣。硬拖三个月,究竟作何解说耶?

近五时,滋、佩皆去,琴媳挈元孙出就浴,润儿则早于三时前独出访友矣。六时小饮。七时许,琴、元偕归,遂饭。饭后,至九时许,润始返。

听广播新闻,知美国加紧作战时戒备,蒋机扰浙,在杭州被击中,落萧山境云。如此情势,显然美国欲策动远东风波耳,可恶之至。十一时就寝。

11 月 12 日（十月初十　癸未）星期一

晴,寒,夜月好。

晨六时起。八时后,增补所草《李谱》稿,至午后四时,得十八年。许妈在门口叫得修桌椅之木匠一人,令修二门等处(前修未了者也),自一时至五时,仅钉好二门两扇耳。坚欲算账而去(许半工付一元四角),仍遗下未了事,不识明日能续作否也。总之,一切徒唤奈何而已。

五时许,刚主见过(今晨自津南开来京),长谈抵暮,与同过雪村,即留饭其家,以今日为建新生日(三周岁矣),本被邀往彼吃面也。至则澄儿、汉儿、元鉴、雪英俱在,有顷,晓先、文权、濬儿亦至。其后润儿、元孙至。最其后元锴、元镇至。食后复谈,近十时始散归。比就寝已十一时矣。

是日为孙中山诞生九十年纪念,首都及各大都会均有隆重祝贺,报纸及广播几全为此一事而设矣。风行草偃信然哉!

11 月 13 日(十月十一日　甲申)星期二

晴,较暖。夜半后风作,撼户声吼,翌明止。

晨六时起。八时半,木匠居然来续作。九时,滋儿归,十时,余偕之同出,步往东安市场,在吉祥购得今日日场戏票(楼下一排十九、廿一两号)。旋逛王府井,十一时诣三条鑫记南饭馆午饭。鳝、虾、猪肉皆缺,只得吃红烧桂鱼、青鱼川糟、红烧羊肉而已。十二时十分食毕,过百货大楼暂休。三刻许,复诣吉祥入坐。一时开戏,先为姚世茹、徐世宸、沙振祥等之《金锁阵》,半小时即休息。继为赵燕侠、姚玉刚、郭元祥等之《勘玉钏》。三时三刻即散。余偕滋徐步王府井,将及南口,属伊乘电车再转卅八路回火道沟,余则雇三轮径归。

是日为珏人诞辰,凌旦,清儿捧鲜花来献,达先、建新俱来行礼。傍晚,建昌亦来行礼,湜儿亦于五时归来,因与润、琴、湜、元、昌共饭。饭后建昌去。

九时余即就寝。润仍与余同榻。湜仍宿南屋。

11 月 14 日（十月十二日　乙酉）星期三

晴，有风，较昨寒暖略等。炉旁即不能御棉也。

晨六时起。午前，潩儿就医过此，遇湜儿，约午后往视新屋。及饭后，湜往一省之。二时归，屏当书包，未几，即辞家返校矣。

午后，颉刚见过，知伊日内将赴广西考察，余即将代收映娄抄件交之。谈移时，去。

余续补《李谱》，自上午八时至下午四时半，又得四十四年。于是，第二步稿毕矣。

夜小饮，九时半即就卧。

11 月 15 日（十月十三日　丙戌）星期四

晴，冷，略有风，夜月好。

晨六时起。听广播，知美国第一舰队自太平洋东岸西来，当然有诡计。匈牙利事美已策动联合国安全理事会，硬列入议程，前途不知如何展开也。

上午翻书，午后写信与漱儿。

三时许，子敦见过，盖九日抵此，为中华事洽商，住米市大街北方饭店一〇八号。长谈至五时乃行。

夜饭后，佩华归来，为余送到代购《鲁迅全集》一、二两卷。有顷，清、汉、达至，为昌颉事邀润同往潩所。理说佩已前去。润则于十时后始归。父子就卧已十一时矣。

11 月 16 日 (十月十四日　丁亥) 星期五

晴,不甚寒,夜有月,翌明见飞雪,地且白矣。

晨六时起。九时半出,先过雪村,同走访子敦于北方饭店,谈至十一时,偕至东安市场,诣奇珍阁午饭(奇珍阁本设五芳斋对门,年初曾迁至国强原址,今又迁回),叫和记送酒二斤,酌之,菜品供应仍多缺,菜牌列名者十有六七无以应客也,真一大不快事矣。(似此情形不但居家购买生料难,即馆子亦零落不周,将何办?)而余三人以老友话旧故兴,仍健谈,仍剧,不觉至午后二时始罢,仍各走归。

余归后,小坐打盹。傍晚晓先来访(午前已来过),约星期日过饭其家。是晨且将再来同余前往西单同春园进早点云。盛意至感,终觉负疚生受耳。

夜小饮,九时半就寝。

11 月 17 日 (十月十五日　戊子) 星期六

寒雪。凌晨顿成严冬,午后始稍霁,而地冻泞滑,终阴矣。

晨六时半起。八时,重写《李谱》,翻检修整之功为多,至下午四时,仅得四年。

傍晚,接长沙彭三和笔庄寄到极品鸡狼毫十七枝,盖托达先函致孟伯泉代购者。(寄去十元,每枝五角五分,共九元三角五分,余作邮费。)可以大松一口气矣。(此间笔工大退,历试都不如湖南毛笔。)

夜小饮。饭后七时半,润儿、琴媳、元孙往贺慧英、明道结婚。(今夕慧英即离琴珠,移住青年出版社所配新房。)十时乃归。

是夕洗足濯身,易衰衣,余俟润等归后就寝。

11 月 18 日（十月十六日 己丑）星期

大雾,近午始开,午后晴。夜月甚姣。(下午四时后月全食,当地不见。)气不甚寒,积雪都消。

晨五时起。六时半,晓先即至,因与偕出,在禄米仓口乘十路往西单,虽甚早,仍甚挤。到西单后,径赴同春园,汉儿与士中已先在,因啖烧饼、馄饨等,然后行,晓先、士中先归去。余偕汉儿逛西单菜场,货色生熟俱有,且相当丰富,惟鲜猪肉无应市,盆菜柜排队如长蛇耳。又往商场一看,则栅门尚闭也,乃同往察院胡同十八号晓先家。时未迨十句钟,汉儿送到即行。余则就彼午饮。曾晤及出版总署旧人潘君宜,其人于思绕颊,类初剃之田,甚有风趣,及午去矣。饭后长谈至四时一刻,始辞出。晓先送余至手帕胡同,看余上三轮乃别。挚情可感也。

三轮五时抵东安市场,径赴奇珍阁惠英、明道之约。至则润、琴、元孙及伊夫妇已先在守座矣。六时半始饮,七时,清儿、佩华乃来。知佩甫自火道沟返城,滋儿尚未有入院确期,今日不进城云。七时许罢,已有食客多批挨次候座,真匆促无聊也。

出菜馆后,琴、佩陪惠英、明道去照相,余乃偕清、润挈元孙过稻香春购饼饵等,然后徐行同到清家,访雪村及达先。并晤及寅初,至八时半乃归。

抵家,许妈告余,汉、芷甫来省余,以未值,即行。未入坐也。

十时就寝。

11 月 19 日（十月十七日 庚寅）星期一

晴,时昙,而气不甚寒,恐又将致雪也。夜深后月色尚明。

晨六时起。八时重写《李谱》，至下午四时半，仍续得四年耳。

傍晚，汉儿来省，买到浦五房酱鸭等，因共小饮。夜饭后，长谈至九时半乃去。且为余另备一份送与墨林，明日当特往一看之。据闻，近又变坏也。此症害人将不知伊于胡底。余闻警伤心，何能自已耶！十时就寝。

11 月 20 日 (十月十八日　辛卯) 星期二

晨起飞雪，午前后间以雨，遂致雨雪竟日，泥泞载途，气仍不甚寒。

六时起。九时，微雪中出，携酱鸭等乘三轮往八条探墨林疾。晤之，兼及满子。觉其说话尚好，神色已不如前，且新行呕吐，深感棘手耳。坐至十时半，辞归，适雨雪交作，为雇车送余返，且以绍酒两瓶馈余焉。此等酬酢本不足记，出于病中弥珍矣。余又安得不追念珏人之与墨林交谊乎？途中凄郁久之。

十一时半得所中传呼电话，谓下午二时有汽车来接，而不知何事。饭后，俟之二时，不见来，以为传讹矣。越半时，汽笛及于门，其芳入延，谓同到弓弦胡同中宣部礼堂听周扬作报告，乃共登车。车中已有水夫在，同过平伯前往弓弦胡同。在门首遇积贤诸人，同入礼堂，已开讲，坐且满，遂挨入最后两排就坐焉。周之报告乃传达八届二中全会之决议，自三时至六时一刻始毕。于国内经济建设、文教计画、国际形势及正风运动都有涉及。比散出，泥泞濡湿，车多人挤，觅得原车，仍送余归。抵门湜儿出接，盖亦甫自北大归来也。

夜小饮。九时半就寝。湜儿仍令与余同榻。

11 月 21 日（十月十九日　壬辰）星期三

晓起积雪皑皑,阴氛四罩。八时许,开晴日出,风转烈,吹雪纷飞,气骤寒,檐际冰箸有长至尺许者。

晨六时起。十时许,滋儿归,遂偕之同出,浞亦携书包俱行。乘十路到王府井南口下,冰雪载途,一步一滑,真有行路难之叹耳。以时已十一时,乃径诣三条鑫记南饭馆午餐。父子三人居然占一席地,吃炒鳝丝、炒虾仁、砂锅鱼圆、煎糟青鱼,殊得味。十二时食毕。过百货大楼,浞欲选一暖帽,竟无合式者(尺寸不合,脱销严重),复走盛锡福,选配亦无着,余乃看中一獭绒帽,须四十五元,惟尺寸略大,店友允改小,约星期日下午往取云。又入东安市场,乃在一小帽店购得浞用丝绒帽(价三元五角)。再行至东安门大街,浞在北京剧场购得廿七晚音乐会票二张,余亦于其对门新设之浦五房购得羊糕、素鸡等物,始作归计。看浞儿上三路车,余乃与滋由八面槽、甘雨胡同、干面胡同等处徐步归家。时正二时。越半时,滋儿亦辞余去,谓就浴后,径返火道沟,星期上午归省云。

下午枯坐无聊,摊书搦笔都无一是,状类痴呆,竟不自知何以致此也。

夜饭后,清儿、达先携建新来省,为余取出皮袍大氅等件,盖昨日墨林见余尚未御裘,特属满子电告清,令亟归为余安排云。殊令人感且泣矣。珏人背我逝世乃唯墨林、雪英能体其遗念耶。

润儿是夕值班,晨出未归,直至夜九时三刻,清、达等去后始返。

文权夜饭后亦来省,与清、达等偕去。

十时就寝。

11 月 22 日（十月二十日　癸巳　小雪）星期四

晴，寒，窗冰微作花。

晨六时起。八时续写《李谱》，至下午四时半，仍得四年。已感吃力，奈何！

夜小饮。九时三刻就寝。偶收得上海方面所播送之弹词，但飘忽不易把握，未终即睡。

11 月 23 日（十月廿一日　甲午）星期五

晴，寒。

晨六时起。

元孙以感冒三日未入学，今始上学。三轮工春姓来接，已将九时矣。

重写《李谱》，自上午八时至十时，下午一时至四时半，又续得七年。十时，独出，往演乐胡同东口里东单区工人俱乐部购得当晚和平京剧团票一排十二号一纸，仍徐步归。冰滑难行，几每一跬步必拄杖而走也。下午四时半，已渐冥黑（北地昼短乃如此），亦只索罢手耳。

六时夜饭，饭后曳杖独往俱乐部看戏。七时开，先为毛庆来（饰脱脱）、何德亮（饰徐达）之《战徐州》。继为万啸甫（饰花云）、于玉芹（饰郃氏）、文金涛（饰陈友谅）之《战太平》。休息后为毛世来（饰潘巧云）、祁树春（饰杨雄）、常长升（饰石秀）、刘鸣才（饰潘老丈）、郝鸣超（饰海和尚）之《翠屏山》。此剧久已辍演，近始重露。惜世来渐老，已非复当年形色矣。十时许即散，步归家中，润儿犹未睡也。余洗脸，小坐至十一时就寝。

11 月 24 日（十月廿二日　乙未）星期六

晴，寒。

晨六时起。八时重续《李谱》，至下午三时半，目花心烦，竟不能持而止，仅得五年（李白二十四岁止）。接人民文学出版社廿二日发二发字一六七号函，复余四日去信，谓所说各点完全同意，正改排繁体字，惟当稍迟出版云。想初接去函时，颇费周章，今乃有此处理说法耳。

傍晚，又接西谛廿一日苏州南园饭店来书，谓游天平得过赵凡夫故居及墓，顿忆昔游凋零，苦忆老友。又云趁此腰脚尚健，颇拟多走些地方。足征此公亦有老态矣。相看各成翁，能无怃然？

夜饭后，与润儿出，往王府井及百货大楼稻香春等处一走（来去都挤十路），购得俞振飞唱《长生殿》、《闻铃哭像》及《玉簪记》、《琴挑》片子两张，红茶、饼饵等数事。归家已九时许，潚、清、澄三儿及文权俱在，共谈至十时后，乃去。及余就寝，已十一时矣。

今日午后四时，漆工岑姓来，谓患胃病住院三星期，出院休养又半个月，已恢复，将争取时间来为余完工云云。余慰藉之，只索待春融再作也。

11 月 25 日（十月廿三日　丙申）星期

晴，寒威较杀，冰途已有数处融解，以此道滑更甚，小胡同口尤甚。

晨六时起。看报，等待滋儿归来。十一时许，始见偕佩华来，因共午饭。饭后，与滋、佩同出，徐步往王府井，先在盛锡福取得獭绒暖帽，后至东安门大街一行，行人及道旁列队候公共汽车者真有接武连踵、挨肩叠背之感。偶在路隅见一修配钥匙摊,滋出钥令配,讵知非携原锁前往不行,遂止。(与上海同类摊工相比,诚远之不逮。)继回王府井,登美术作品服务部之楼,一为巡览,大都近人作品,且多伪充齐白石者,殊无足观,匆匆即行,乃与滋、佩别。

雇三轮独自归家。润儿出访友,而芷芬、汉儿来省。傍晚,汉往招达先及清儿同来小饮。

夜饭后,振甫夫妇来访,遂与诸儿辈长谈。九时半,振甫夫妇去,而润适归,又与清、汉、达、芷谈,十时乃辞别。余亦就寝。

11 月 26 日 (十月廿四日　丁酉) 星期一

晴,寒如昨。

晨六时起。九时续写《李谱》,至下午四时半,又续得五年。

润儿为余在王府井电器公司购到天津制和平牌收唱两用机一具,四灯能放唱片,价一百五十三元。(旧有者已陈旧失灵,故购此相代,试听尚好。)夜听唱片及广播,十一时始睡。

夜饭后,雪村来长谈,九时半,润径去。

11 月 27 日 (十月廿五日　戊戌) 星期二

晴,时昙,寒气不甚烈。

晨六时起。八时,续写《李谱》,至下午四时,得五年(李白三十四岁)。

湜儿自校归,当晚偕润去听中央乐团星期音乐会。余因令为购吉祥燕鸣剧团票。俾夜间亦可出娱也。未几返,报买到楼上特座第一排五十四号。

夜饭后,与润、湜同出,伊等往北京剧场听音乐,余则如吉祥看

戏。七时开,先为姚世茹、杨世祯、徐世宸等之《恶虎村》。继为赵
燕侠、姚玉刚、李淑玉等之《红娘》。十时一刻散。仍乘三轮返家。
抵门湜来接,盖润、湜亦归来未久也。

余洗足濯身,易衷衣而寝,已十一时许矣。

平伯饬人送来近词一阕,假去《容斋随笔》。

11 月 28 日 (十月廿六日 己亥) 星期三

晴,寒,有风。

晨六时起。上午,湜儿为架书之损折者整包七册,皆经常须翻
阅之工具书。往后,或可经用些时乎。

午后二时,湜儿辞家入学,余亦独乘三轮赴东四八条访圣陶、
墨林。晤之。墨林病情依然,时须抚摩减痛,余见之不禁回忆珏人
垂危情形,倍增惨戚。坐至四时,与辞归,走至九条东口,乘十路车
南行,至禄米仓口下,然后步归。

夜小饮,饭后听广播京剧,张君秋之《玉堂春》,且逗宜孙为
乐。十时就寝。

11 月 29 日 (十月廿七日 庚子) 星期四

晴,寒。

晨六时起。八时,续写《李谱》,至午得五年。

午后二时半,农祥见过,邀饮其家。遂偕之同出,先乘十路转
二路,达北海公园,茶于双虹榭。四时起行,循漪澜堂长廊度陟山
桥,沿海子东岸出后门,乘环行电车到西单,诣农祥家时已五时半。
坐有顷,亦秀归,因共小酌夜饭。饭后,又长谈至九时乃行。伊二
人又送余至西单,看余得乘三轮乃别。

抵家，滋儿在，知明日将入院治疗，今日下午七时归来，明晨须奔走办入院手续云。谈至十一时始就寝。滋儿与余同榻。

漱儿书来，知绒拖鞋为我买到，将托人带来。

11 月 30 日（十月廿八日　辛丑）星期五

昙，不甚寒，恐又将酿雪。

晨六时半起。滋儿出办入院手续，先与社中接洽后，又往派出所转出户口，近午始归。十一时三刻，佩华归共饭。饭后一时半，青年出版社派车来送人事科保健员等人伴往。佩华偕去。余目送车绝尘去乃入，大半日心旌悬悬，至是始有着落，而又顿感空寂矣。奈何！

六时半，佩华回报，已安全送到其地，在通县西郊马厂村，院名北京市第二结核病医院，现暂住三号楼一层十七号房。尚须稍待时日，始克施治云。并言，将来施行手术时，可由家属陪住一星期，当先向新华联系，届时请假前往陪伴云。余心莫名惆怅，竟无从下语也。

夜饭后，佩华去。元孙入学两天，又发烧，今日又休息在家。夜间竟因咳致吐，明日当问医矣。

十时就寝。

12 月 1 日（十月廿九日　壬寅）星期六

晴，多云而寒。

晨六时起。七时许，所中派车来接，参加开会，余身体精神两不爽，且尚未进餐，因令润儿谢之，遂未行。心悬滋儿在院待施手术，真不敢设想，于是呆坐不宁，诸事不能办。九时，琴媳挈元孙往和平门内翠花街九号中医陆湘生处诊治,十时半回。据方为肺燥,用润理药属连服三剂云。

下午二时,乃乾见过,长谈至三时三刻,去,约余过其家晚饭,余心绪百结,只得谢之,不图近日于孤寂之外,突加忧煎,如此其能耐乎?

夜小饮,饭后,潜儿、权婿来省,谈至近十时,乃去。伊等去未久,余亦就寝。

12 月 2 日（十一月大　建庚子　癸卯朔）星期

晴,多云,气冷如前。

晨六时起。八时写详信复漱儿,将家中状况、各人动态备细告之。

十一时许,汉儿、芷芬、大璐来省,因共饮。午饭后,趾华来访,长谈,知伊近已搬到小椿树胡同,与调孚同院矣。三时,趾华去。余与芷芬、润儿偕往八条访圣陶、墨林。见墨疾作难过久之,旋与圣谈至五时乃辞归。芷芬则径归矣。到家接吴增慧书,告其父致觉中风逝世。呜呼! 前接觉书,知其衰病,去书告慰,谓将于明春赴沪把晤。得复后便成永诀。五十年交谊,竟靳最后之一面,惨痛何可胜言。夜饭后,闷坐至十时,就寝。

12 月 3 日（十一月初二日　甲辰）星期一

晴昙兼施,寒不甚烈,风夜作,户牖有声。

晨六时起。八时半漆工岑姓来上工,下午五时前停,仅将南荣铲刨之功施毕,嵌填上油等等正不知何日也,只索度外置之,任其自然矣。写信复唁吴增慧,并将来信属琴珠带与圣陶。

续写《李谱》,至下午五时,又得四年(李白四十五岁),天已黑矣。

夜饭时,润儿归来,已晤及沪来之郑洪音,取得漱托带京之毡呢拖鞋,当晚即服用。

晚饭后,佩华归省,为余购到俄文《世界地图集》精装精印一巨册,只四元一角六分(同人折扣)。苏联输入之图书便宜极矣。九时许,佩去,约星期下午与之同往通县西郊看滋儿。

十时就寝。

夜接湜儿片,谓须星期四夜归来,星六晨去。

12月4日(十一月初三日　乙巳)星期二

晴,较冷于昨。

晨六时起。漆工仍来,已九时多矣。余续写《李谱》,抵午得三年。下午写信复湜儿,并附信与积贤,寄去十一月分工作汇报表。又写信与漱儿,告郑洪音带来毡呢拖鞋已于昨日由润儿取到矣。

夜小饮,接滋儿三日写信,告院中情况,告慰一切,知佩华二日下午曾去看伊也。晚饭后听广播新闻等,十时就寝。

12月5日(十一月初四日　丙午)星期三

晴,时昙,较昨稍暖。

晨七时起。八时半续写《李谱》,至下午四时半,得六年。

漆工仍来,上午十时始至,下午四时半即停工,量太差,殊不合算,牵于成局,只能姑息之耳。

夜小饮,夜饭后,润儿出看电影,清儿、达婿偕来,携到代购书籍数种。谈至十时左右,润乃归,又谈半小时,辞去。余亦就寝。

12 月 6 日（十一月初五日　丁未）星期四

晴,大风,较寒,入夜风止,月色微茫。

晨六时起。九时漆工仍来,以风大手僵而止,未几,即去。此人殆有神经病,只索听之。

续写《李谱》,正值安史乱作之年,事迹纷繁,至六时,天黑,仅完二年耳。

傍晚,澄儿来省,买来浦五房酱汁肉为献。因共饭。饭次,湜儿自校归,遂同进餐。润儿则以看电影未返家食也。

夜饭后,达婿来省。有顷,偕澄、湜同去过清谈,九时半,湜始归。又有顷,润亦归。余疲倦甚,未逮十时,即就寝。湜儿与余同榻。

12 月 7 日（十一月初六日　戊申　大雪）星期五

晴,寒。

晨六时半起。九时后,漆工来作,下午四时半即停。

余续写《李谱》,疑难较多,至下午五时,仅成一年。午后,湜儿为余购得吉祥夜戏票,春秋剧团演出,占楼上特座一排六十二号。余因于夜饭后独往观之。七时开,先为李少祥、李树明、曹淑珍之《白水滩》,次为李元春、李韵秋、李树元、于占鳌等之《十字快活林》。十时四十分散,即归。来去都雇三轮。到家知汉儿、芷芬来过,约星期日同往看滋儿也。

湜儿感冒,当夜有微热。元孙自幼儿园返,谓头痛不舒,竟吐,但无寒热,想系受风所致耳。就寝已十一时半。

12 月 8 日（十一月初七日　己酉）星期六

晴,寒,微有风。

晨六时半起。九时后,漆工仍来。元孙属在家休息,湜儿本定上午入校,因昨夜寒热,亦令暂休在家。午饭后,与之同出,就南小街合作社,为购棉外套,到时看货,乃忘带布票,废然而还,余徒行一次,即令伊持票再往,半小时,即取货归矣。可笑之至。

夜小饮,是夕,湜已无寒热,但转咳嗽耳。

十时就寝。

所中送到十二月份薪水,仍旧额,未审定级改资事,何以迟迟不决也?

12 月 9 日（十一月初八日　庚戌）星期

晴,寒。

晨六时起。七时,汉儿即至。有顷,杜小川至。又有顷,佩华至。八时许,余偕汉、润、佩、川同出,步往朝阳门候四十二路车。去通州新改素走十路之小车,因而甚挤,余以年迈,得托老,得人让坐。余立至通州市电信局站乃下,历时一时有馀。复雇三轮径向北行,直奔马厂村第二结核病医院。经径运河桥,桥北有李卓吾之墓,未及一展。抵院门已将十时,填报手续讫,至更衣室易衣而入,先看洪光仪,以较重,看护不任多谈,一望即出。然后,往看滋儿,见在文娱室奕棋。招至其病室长谈,观其气色尚好,询知检查各项,俱已作毕,体重亦已增加一市斤。为之略慰。既而,汉儿访院中主任杨大夫一谈,知一月初即可施行手术,旧历年终,当可出院云。逗留至十一时半,余五人一齐辞出,滋送至院门口,依依而别。

徐步南向,未再乘车,以初往急于赶到,冒风北行,在车上更冷。余
须竟有坚冰。至是,日亭午,又南向行,只索徒步之为愈也。复过
李卓吾墓,得一展之。仅存一碑。近年加以砖甃耳。唏嘘久之。
行抵市中心,仍在春记饭馆午餐,啖涮羊、鱼片、炖牛、熘鸡及馅饼。
一时始罢。走通运门(东门)汽车站候归车,以尽头,尚各得坐,然
中途上车者亦不少,将至朝阳门竟挤住难下矣。仍徐步走归。

觉明见过,以去通未接晤,至歉。

杜小川即去。佩华四时半去。汉则往看清后携升基同来晚
饭。饭后升基先归去。汉则至十时许始去。

湜儿服神曲及银翘片,咳稍好,但四肢乏力,夜仍有微热也。
是日,漆工未来。

12 月 10 日(十一月初九日　辛亥)星期一

晴,寒。

晨六时半起。今日湜儿未能松爽起床,想热尚未净,属再休息
在家。元孙则照常上学矣。

九时后,漆工来。

续写《李谱》,至下午四时半,又得三年,仅馀一年矣。

夜小饮。九时后,洗足濯身,易衷衣。十时半听广播,杜近芳
《起解》,未终即就寝。

午饭时,所中有传呼电话来,及命湜儿往复,打则已下班无人
来接,究为何事,迄未之知,亦无从打听之也。闷闷而已。

12 月 11 日(十一月初十日　壬子)星期二

晴,寒。

晨六时半起。七时半，所中车来，始恍然昨日之电话即为此事耳。乃草草进食，即与湜儿同登以发。询诸司机，平伯谢不往，遂驱车至东厂胡同接叶水夫，亦回绝焉。独余赶到所中开会。至则湜儿回宿舍，准备上课，余登哲学楼，晤介泉、默存、季康、其芳、蔡仪、健吾、积贤、思仲、之琳诸人。盖就培养年青研究人员，讨论办法也。其实，此是老问题，一时无法解决者。健吾首先发言，蔡仪、之琳、思仲、季康、默存、其芳、贾芝、介泉、燎荧俱有话，大致皆对后进治学态度及对人轻率各端有所纠正，不识年青人能否虚心接受耳。十二时一刻散，蔡仪与余同车入城，伊在东安市场下。余到家已一时。匆匆午饭，倦极矣。在车中与蔡仪颇谈李白事，甚快。

下午休息未久，即将《李谱》末一年初稿重写一过，抵晚完毕。间架粗具，心为一松。

琴珠五妹慧英来，今晚即须回皖南铜官山，盖请调未准，必返去交涉云。因共夜饭。

饭后，余独坐看《钱梅溪丛话》，十时就寝。

润儿十一时送慧英上车，比其归，余已入睡矣。四时醒，起溲，看书。五时半复睡，遂失聪。

12 月 12 日（十一月十一日　癸丑）星期三

晴，寒。

晨七时起。上午，看其芳《论红楼梦》稿六节。下午看南斯拉夫铁托在普拉发表之演说全文，于当前世界局势颇有一针见血处，但批判斯大林而自矜过甚，不免夫子躬蹈之嫌，终感狂妄耳。政治家有政治家之风度，过此则难令人服膺也。

漆工仍来,不觉又蹉跎八日矣。为之一叹。

夜小饮。九时半就寝。因明晨又须出城开会。

12 月 13 日(十一月十二日 甲寅)星期四

晴,寒甚。

晨六时起。八时,所中车来接,赵司机云今日仍不接平伯,以有病电知不去,故余又独往。八时三刻到北大哲学楼,九时在文研所所长室参加检查工作会议及制订明年研究计画事。上午,各人检报工作,十二时散。即偕其芳过其家饭。饭后,伴我过介泉,然后别。因得与介泉伉俪长谈,絮语家常,颇承关切。二时许,其芳复过介泉所见招,乃同返研所续会。临行,介泉夫人擘亲制酱鸡半只见惠。甚感厚意。到所续会商定明年研究计画。其芳、冠英意属余参加《唐诗选》工作,因议定与冠英、友琴、佩璋四人合作。余一月写完《李白年谱》,二月修订毕事后,即转入选诗注诗工作云。(此一新工作,友琴与佩璋先开始,余俟冠英印度归国后再开会决定。)五时三刻散,即偕一新来同事复旦毕业生濮良沛(沪人寓苏)同车入城,伊到王府大街首都剧场观剧,余则返家。乃天寒冱冻,汽车水箱受冻,竟缓慢难行,勉强到达首都剧场,车能即停滞不动(俗所谓抛锚),不得已,余转雇三轮而归。虽御裘而两膝当风,到家已偃蹇难行。润儿在门扶掖而入,可笑矣。

七时小饮取暖,然后夜饭。饭后,润友、邱守谦等四人来访,同赏音乐片,盘桓至九时乃去。

敫婿亦来省,清儿属献旗参十一条,肉饺十枚,先守谦等去。

十时就寝。

12 月 14 日（十一月十三日　乙卯）星期五

晴，冱寒，有风，夜月甚姣。

晨六时半起。看完其芳《论红楼梦》稿。于书中人物分析及各方面研究讨论所及诸点俱有评释，洋洋八万言，直可作曩时书院山长，刻课艺之范作论。虽非最后定论，亦足为本所一致之看法矣。

漆工仍来，以冻不能操作，仅及两小时即去。余属明日如果不暖，只索暂停进行也。当前修建工程如此之难，则报载一切侈言亦徒资画饼耳。又何益哉！

傍晚，汉儿来省，因共小饮。夜饭后，汉偕润往看潘，九时后润归，汉亦径其家矣。

是夕元孙与余同榻，八时半，即令睡。余则十时始就卧也。

滋儿昨有信来，详告院中近状，大约一月初即可施行手术云。余胸次矛盾，忧喜交织，终觉悬悬难释耳。奈何！

12 月 15 日（十一月十四日　丙辰）星期六

晴，冱寒，有风，夜月仍好。

晨六时半起。漆工未来。午前看曹道衡论文。午后，潘儿来省，二时上班去。三时，余独出，步往吉祥购得当晚京市京剧第四团演出戏票（楼上特座一排七十四号）。然后乘电车往八条，走访圣陶、墨林、兼晤满子、至诚。墨病益深，竟同趋尩人下坡路矣。惨戚之至，强谈至四时半，辞归。

夜饭后，乘三轮往吉祥。已开演矣。为姜铁麟、徐喜成之《伐子都》殿上着魔风死一场，极精彩。休息后为吴素秋、李德彬、张曼君、张荣善等之《人面桃花》,已照欧阳予倩本改动不少,较前观者大不同。梦舞一场特佳,其挥毫作画一场,则删去矣。十时三刻散,仍乘三轮归。

到家正十一时,润尚未归,俟至十一时四十分,润、湜偕返。盖伊二人在虎坊桥工人俱乐部听中央乐团星期音乐会也。

是夕,余与湜儿同榻。

12 月 16 日(十一月十五日　丁巳)星期

晴,寒,风较昨小,夜月仍姣。

晨六时起。湜儿八时即出,约午会汉儿家。十时半,余出,乘三轮赴景山东街汉儿所。回忆秋初迁回后,第一次前往也。坐有顷,清儿、达先来。又有顷,澄儿、基、垠、垲、培及建昌来。近一时,湜儿始来。在汉家午饭,并唤和记绍酒饮之。

午后三时许,余偕湜儿先行,走黄化门大街访西谛。遇之,长谈及五时始别。承以《劫中得书记》见惠。湜径上三路车返校。余则仍唤三轮遄归。白日苦短,一路疏林明月,竟类黄昏,比到家已满街灯火矣。

夜饭后,小坐,听广播,九时即就卧,挈元孙同寝。

12 月 17 日(十一月十六日　戊午)星期一

晴,寒风烈。

晨六时起。八时半所中车来接余,过东厂胡同接叶水夫(平伯仍未去)同驰出城,径奔北大临湖轩,参加讨论会。到时已开会,其芳主席,讨论《论鲁迅》,发言者七八人,健吾较长,余静听而已。久坐痰作,咯咯有声,难受之至。挨至十二时散,仍与水夫同车入城,一时始得到家午饭。

知漆工曾来,以风大未果作,十一时去。下午以工会易证,须重填登记表,为此填写格小、噜苏,颇费劲,其实亦文书灾害之一,枉费多时,可笑也。

夜小饮,潜儿、权婿俱至,因共饭。饭后忽忆今午后本约圣陶往晤(以明日即须赴印),遂令润儿电话询之,明日何日成行,俾可赶往一谈,并说明开会填表所扰,竟尔遗忘。据至善接电话,谓明晨六时半即须起飞,谢不必往云云。为之废然久之。

八时许,觉明见访,畅谈种切,至十时半,乃与辞,登车出城回北大南大地。时潜、权俱已先去。余亦少坐即寝。

月色朗澈庭除。

12 月 18 日 (十一月十七日　己未) 星期二

晴,寒。夜月甚好。

晨六时半起。为应付所内之属填写一九五七年度工作计画表,细格密行,且须三份,竟费去一整天。后日出席讨论会时,当可带去。今日为宜孙诞生百日,晚上吃面,并小饮自慰。

午后,接业熊十六日来信,问候顺告近况。同时,佩华托同事便道带来一信,告星期往看滋儿所得之情况,大约阳历年头即可施行手术云。并知体重又增加一斤,略慰。

夜九时半就寝。

12 月 19 日 (十一月十八日　庚申) 星期三

晴,寒如昨,夜月仍佳。

晨六时起。漆工仍来。上下午写信三封,分复滋儿、佩华、业熊,以皆有信来,遂分告近况也。

夜饭时,农祥见过,约明晚过饮其家,因拉与共饮,未饭即去。

夜饭后,清儿、达先来省,谈至十时乃去。余亦就寝。

12 月 20 日 (十一月十九日　辛酉) 星期四

晴,有风,但较暖。

晨四时即醒,五时起。七时三刻,所中放车来接,即乘以过接平伯,再至东厂胡同接叶水夫,不去,复过羊市大街接李荒芜,遂同驱出城,径抵临湖轩,正九时,已开会矣。今日之会由默存主席,发言者有舒芜、杨晦、俞平伯、冯至四人。十二时散,仍乘原车偕平伯、介泉及科学院沈君同载入城。沈先下,介泉则赴锡拉胡同戚家午饭。继送余归。然后送平伯。一时始得午饭。本所评级已定,今日补发四月至本月工资,即由会计科交余带还。

今日漆工仍来,屈指又达十三工,事犹未了,殊感闷损也。傍晚六时,乘三轮赴农祥之约,晤亦秀、佳生、文奎、季龙。共饮畅谈至十时始散。余与季龙、佳生乘电车东归。约下星四在丰泽园小叙。余在米市大街下,转三轮返家。少坐便寝。

12 月 21 日 (十一月二十日　壬戌) 星期五

晴,无风,较往日多佳,夜月色亦好。

晨六时起。八时半,晓先见过,约下星一立斋将来看我(来京开会),询是否有暇,谈片刻即去。

漆工仍来,大约明日再作一天,当可结束矣。

夜饭后,晓先偕立斋来访,盖星一即须回南,明后日俱有会,只能于此时抽空来谈耳。畅谈至九时半,始辞去。余近日多咳,时发头眩,因亦就寝。

12 月 22 日(十一月廿一日　癸亥　冬至)星期六

晴,和如昨。

晨六时半起。漆工仍来,至晚全部毕工,算去工资四十元六角(前账尚未计入),涂料在外,拖日近百天,总之,了一事。眼前亦一清,顿感焕然改观矣。不能不谓之一快耳。

湜儿下午归。

夜小饮,十时就寝。

元孙因易车故,蹬者发生争执,今日竟未至,只得令元孙在家休息矣。

12 月 23 日(十一月廿二日　甲子)星期

晴,和如昨。

晨六时半起。八时半,汉儿偕镇孙来省,邀余同出剪料制衣,遂偕湜同行。先过清儿家,晤雪村,略谈。清以昌昌学校教师来访,未能陪同出去。余等四人乃走至金鱼胡同,乘电车往前门外蒋家胡同下,即在大栅栏瑞蚨祥选定袄裤料一端,以中装缝工尚未上班,而里子绸亦无相巧之货,遂挟料行。过都益处午餐,啖三鲜烧麦,十二时许复乘电车到王府井,汉等为余再往百货大楼等处选配里料及驼毛絮等,余则径往吉祥看日戏(票昨晚湜儿去买,坐位为楼上特座一排五十号)。入座十分后开演。先为姜铁麟、张龙华、钮淮华等之《十字坡》,继为吴素秋、李德彬、张荣善、杨元才、阎韵喜等之《苏小妹》。四时五十分散,乘三轮遄归。见案上有《清华学报》,知为觉明亲自送来者,竟未之晤,又增歉不少,奈何?

夜小饮,与潞、清、汉、昌昌及家下诸人共面,盖今日为琴媳生日也。食次,佩华亦归,谓甫自通州医院中看滋儿来,知体重又有增加,蛔虫亦打去四条,施手术总须在一月上旬云。

夜饭后,佩先去,潞等则谈至九时乃去。湜儿出听音乐会,十时乃返。

余洗足、拭身,易衷衣就寝。

12 月 24 日(十一月廿三日　乙丑)星期一

晴,寒。

晨六时半起。七时半,湜儿辞家返校。元孙又感冒,今日车夫王姓来接,乃回绝之。诚令人有无所适从之想矣。

上午手录《清华学报》第十卷第一期所载陈寅恪著《李太白氏族之疑问》。感觉明之高谊,亟欲录副存留,好将原件奉还也。下午,浏览林庚、王瑶、舒芜三人关于李白诗作之籍,先统翻一看,然后再谛审耳。

夜,潞、权来饭,润叫缝工来量,即将昨购之料交去裁制,由潞指示之。九时,潞、权去。未几,余亦就寝。

季龙下午过告星四竟日开会,不能赴约,须下星期内再定云。余即作书告亦秀,拟交清儿带去,而潞行时忘交之。

12 月 25 日(十一月廿四日　丙寅)星期二

晴,寒。

晨六时起。七时半,亲往遂安伯胡同看清儿,已上班去矣。索然而归(带信未遂)。

十时一刻出,乘十路车到六部口下,走官马司农祥家,晤其管家王妪,即以信交之,少坐便行。知农祥尊人逝世故乡,惜未能面致唁语也。自农祥家出,时尚早,乃信步由西单安福胡同、新昌路、新平路抵绒线胡同,径造新华书店,看汉儿、佩华,兼晤龙文、联棠、世泽及裘汝成。谈至十一时五十分,偕汉儿出,仍返西单就食于同春园。食次,佩华亦寻至,已为我在长安购得明晚明来剧团年终汇报演出票(楼上一排五十四号),至惬。食已,偕出,佩华御骑车先回新华,汉儿则侍余上十路车后步回上班。

元孙昨夜发寒热,今未退,而车夫王姓却洽妥来接,因属于后日再来,但愿届时已霍然,则大幸。不然,似与儿童车开玩笑矣。薄暮,澄儿、锴孙来省,因共饭。饭后谈至八时,澄儿先去。

是夕,润儿以参加民进开会未归饭,九时始返。润返而锴去。

十时,余亦就寝。

12 月 26 日(十一月廿五日　丁卯)星期三

晴,多云,不甚寒。

晨六时起。元孙热仍未退。

接所内通知,明日上午、下午俱有会议,又接廿四日下午滋儿来信,告院中近情,并及佩华最近态度好转云云。又昨日接皖南铜官山顾咏屺来信,其人素昧平生,慕我浮名而来求书,自言为余亲家钱伯衡之老友,因提劲写信,分复屺、滋。

五时半即夜饭。饭后,独出,乘三轮径赴长安,登楼坐定,即开演。为全部《雁门关》。徐东来饰青莲,关韵华饰八郎,徐东明饰四郎,徐东祥饰太君,新丽华饰萧后。上下集并演,相当紧凑,不见此团已三月,得此一睹,亦足慰也。十一时十分始散,仍乘三轮归。

少坐,就寝已十二时矣。

12 月 27 日 (十一月廿六日　戊辰) 星期四

晴,多云,不冷,无风。

晨六时起。七时四十分,平伯叩门,盖所中车先往接之,后过我也。因同登疾驱出城,八时廿五分赶到哲学楼,参加会议。晤其芳、默存、思仲、范宁、妙中、佩璋、积贤、小曼诸人,十二时一刻散。余与平伯请假回城,下午不复参加矣。一时到家午饭。

元孙热仍未退,午后润、琴抱往张静容处求诊,据断,为痧子。于是,处理宜孙等等,遂大为紧张。

夜小饮,看蒋叔起《南漘楛语》。叔起名超伯,号通斋,江都人,道光乙巳会元。历官广东高州、潮州知府,权臬篆,《楛语》博雅精核,乃知者甚稀。商务书馆出版《人名大辞典》且遗之,致足讶也。

九时半就寝。

连日新感风寒,咳呛加剧,痰涕雍阻,遂致气急,临睡润儿以北京市制药厂所出复方甘草含剂片进含一片后,略见平复。睡至十二时醒,旋复入睡至黎明五时,乃以咳痰故,遂起。

12 月 28 日 (十一月廿七日　己巳) 星期五

晴,和。

晨五时半起。开灯穿衣。元孙痧子未畅发,上午保健所有人来看,谓一切正常,须三日乃出齐云。琴珠请假在家看护。宜孙则经常在北屋打顿,但愿不相沾染,乃大幸也。

身体不松爽,惮于摊书。

夜饭后,佩华归省,为余购到书及台历等,九时乃去。临行告余,西屋将赶装火炉,想为滋儿出院布置耳。

十时就寝。

湜儿本言今晚来家,竟未至,不免悬盼。

12 月 29 日(十一月廿八日 庚午)星期六

晴,时昙,早浓雾,气较昨更和。

晨六时起。七时四十分,所中赵司机驾车来迓,即乘以过接平伯,在门首久伫,卒得一条,谓今日不去矣。乃独驰赴所。到会刚八时半,续讨论检查工作,十二时一刻散。赵司机又以事他往,所中乃别派一车送余归。来去匆匆,未及一询湜儿也。

午饭后,已二时许。少坐,独出乘十路车到王府井南口下,徐步北行,不觉已至东华门大街北京剧场,遂入购一日夜场明来剧团票(西楼一排六号)。继折返东安市场,又在吉祥购得卅一白天北京市戏曲学校票(北楼四排四十号)及今晚荀慧生剧团票(楼上特座一排六十四号),以年例,可以预买,故乘便并购之也。旋往百货大楼一转,即乘三轮遄返。

元孙瘀子已多见,明日当可出齐,略慰。

五时半夜饭,晓先见过,又在闹情绪,余劝之,仍悻悻去。

六时四十分,余独出乘三轮往吉祥,坐定而幕启。先为俞少笙之《洪洋同》,继为荀慧生之《卓文君》,十时一刻散。终感年力已衰,涂泽不能掩枯窘耳。仍乘三轮返。小坐,就寝已十一时。

12 月 30 日(十一月廿九日 辛未)星期

阴,晨见雪花,寒威反减。

晨六时起。九时往访雪村,谈晓先事,约明晨会余家共谈之。

近十一时乃返。

午后三时,湜儿归,共出散步。由大雅宝豁口出城,至日坛折向北行,抵朝外大街。在道旁小食店吃切糕,遂迤逦入朝阳门,循南小街走归,已掌灯矣。昼短可知。

夜小饮,十时就寝。

元孙痧子出齐,渐见回矣。大慰。

12 月 31 日（十一月三十日　壬申）星期一

晴,时阴,气温如昨,酿雪之候也。

晨七时起。九时,雪村至。良久,晓先至,展开长谈,余与雪村力劝晓先勿执持,颇下针砭。近十二时,晓先同雪村去,即返其家。余亦匆匆就食。午后一时赶到吉祥（乘三轮）。坐位太后而观众又欠佳,竟未能看清首出《借靴》,贯振山（张三）、卢东来（刘二）扮演年龄俱不过十三、四,而口齿做作颇老到。次出《十字坡》田克成（武松）、叶红珠（孙二娘）、张少华（小解差）,扮演叶扮相甚好,开打亦佳,美材也！压轴为《法门寺》带大审,马永安（刘瑾）、绳世先（贾桂）、张学津（赵廉）、李玉芙（宋巧娇）等扮演均能称职。童年有此自富前程,诚新生力量矣。

四时四十分散出,乘三轮径往官马司访农祥、亦秀。亦秀正卧病（感冒小热）,伊等坚留晚饭,适其子维桢及未婚媳姚女士亦至,因共饭。饭后孙孝丞过谈,直至九时始辞归。农祥、维桢父子送余上三轮始别。

到家知湜儿二时即返校。芷芬来晚饭。文权、潀华、清华俱往通县看滋华（惟未见回报）。佩华则未来,或须明日再往乎？

十时半就寝。